देश, समाज
और
राजनीति का आईना

देश, समाज और राजनीति का आईना

एम.जे. अकबर

प्रभात प्रकाशन, दिल्ली
ISO 9001:2008 प्रकाशक

प्रकाशक • **प्रभात प्रकाशन**
4/19 आसफ अली रोड,
नई दिल्ली-110002

संस्करण • प्रथम, 2016
अनुवाद • भविष्य कुमार सिन्हा
मूल्य • चार सौ रुपए
मुद्रक • यश प्रिंटोग्राफिक्स, नोएडा

DESH, SAMAJ AUR RAJNEETI KA AAIENA

by M.J. Akbar ₹ 400.00

Published by Prabhat Prakashan, 4/19 Asaf Ali Road, New Delhi-2
by arrangement with HarperCollins Publishers
e-mail: prabhatbooks@gmail.com ISBN 978-93-5186-631-2

निक्की, मार्क नौर्देनबर्ग

और

सोनिया, गोपाल एस.जे.बी. राना

को समर्पित

प्रस्तावना

पत्रकारों का काम गंभीर होता है। क्या उन्हें स्वयं को भी उतनी ही गंभीरता से लेना चाहिए? इस बात की तो सराहना की जाती है कि उन पर नायक की तरह प्रस्तुत होने का दबाव रहता है। हालाँकि जो दुनिया को बचाने का कार्य करते हैं, शायद उन्हें स्वास्थ्य संबंधी चेतावनी की जरूरत होती है—जितना वे सोचते हैं, दुनिया को उससे कम उनकी जरूरत होगी। अगर आपके दैनिक काम में दूसरों पर हँसना शामिल हो, तो अपने आप पर हँसना भी आरोग्यकारी होगा। इससे एक विचार पैदा होता है। लोकप्रिय भारतीय फिल्मी सितारों की फेहरिस्त में आखिर कौन हो सकता है, जो पत्रकारिता का एक आदर्श प्रतीक हो, जिसकी सराहना हर वर्ग के लोग करते हों? सबसे अधिक संभावना राजकपूर में दिखती है। वे आधे उद्धारक और आधे जोकर थे। गजब के खूबसूरत थे। हाँ, उनकी पतलून की फिटिंग अजीब हुआ करती थी। वे आहें तो देश के नाम की भरते थे, लेकिन डांस देखो तो वही शैतानी वाल्ट्ज। उनकी मौजूदगी दमदार होती थी और शायद ही कभी लेक्चर देने का कोई मौका चूक पाए। पुजारियोंवाली बातें पुजारियों पर ही जमती हैं, भाड़े के टट्टुओं पर नहीं। एक और बड़ा नाम दिलीप कुमार का है, जो चीखते बहुत थे। बड़े ट्रैजिक, बड़े अच्छे। देवानंद और भी बेहतर हो सकते थे। वे कवियों की मधुशाला की बजाय हकीकत की दुनिया में रहते थे। मगर एक कहानी लिखते समय आपको सीधे गोली चलानी पड़ती है और देव साहब की आदत थी कि वे विलेन की बजाय सारी दिशाओं में अपनी बंदूक लहराते थे, जिससे निशाना चूक जाता था।

क्या कोई साठ के दशक का अच्छा सा नाम सुझा सकता है? जॉय मुखर्जी। वह 1960 के दशक में तब हैरतअंगेज (खुद भी हैरत करते होंगे) तरीके से हिट हो गए, जब 'लव इन शिमला' रिलीज हुई, और 1968 में, जब 'लव और मोहब्बत' फ्लॉप हो गई तो वे जितनी तेजी से शोहरत की बुलंदी पर पहुँचे, उतनी ही जल्दी नीचे भी आ गए। पर वे जब छाए हुए थे तो उन्हें देखना बड़ा मजेदार होता था। उनका जबड़ा

वर्गाकार था, ललाट ऊँचा, नथुने चौड़े, चौड़ी मुसकान और सिंथेटिक बैनलॉन की टी-शर्ट पहना करते थे, जो उनकी ऊबड़-खाबड़, बच्चों जैसे थुलथुले शरीर से चिपक जाती थी। उन्होंने कभी कोई बड़ी नाटकीयता नहीं की, बल्कि जो कुछ किया, उसे पूरी ईमानदारी के साथ निभाया। लोकप्रिय सिनेमा के इतिहास में 1960 का दशक संभवत: महानतम वर्ष था, लेकिन ऐसा कोई नहीं था, जो जॉय को 'मुगल-ए-आजम' या फिर 'जिस देश में गंगा बहती है' के नायक का किरदार देने की बात भी सोचता, जबकि ये दोनों उसी साल रिलीज हुई थीं। पहली फिल्म ने अतीत को बचाया तो दूसरे ने भविष्य को। जॉय वर्तमान में जीकर खुश रहते थे। आपको फिल्म-दर-फिल्म वही देखने को मिलता था, एक प्यारा सा नौजवान, जो बर्फ के बीच जूझता हुआ आखिरी रील में उस लड़की का दिल जीत लेता था, लेकिन न तो अपनी, न ही हमारी आईक्यू पर इसके लिए कोई बोझ डालता था। उनके सितारे जब गर्दिश में आ गए और जब उनके फैंस को पता चला कि उन्होंने अपने पहले बेटे का नाम 'ब्वॉय मुखर्जी' रखा था, तो उन्हें यह एकदम तार्किक नजर आया। वैसे भी हम कह सकते हैं कि अगर दूसरा बेटा होता तो जरूर उसका नाम 'टॉय मुखर्जी' रख दिया जाता।

पत्रकारों को हर हाल में अपने कॅरियर की शुरुआत में एक मौजूदा प्रश्न का उत्तर देना चाहिए—क्या उन्हें अपना मिशन एक लंबे चेहरे के साथ आगे बढ़ाना चाहिए या छोटे चेहरे के साथ? मेरा अपना सुझाव स्पष्ट है—अपनी कॉपी की तरह बनिए और इसे संक्षिप्त रखिए। एक मुसकान अकसर चेहरे को उसके सबसे अच्छे आकार में रखती है। मुसकराते रहिए। कुछ और नहीं तो यह उन्हें परेशान करेगी, जिनसे आपका सामना होता है। लंबा चेहरा इस पेशे के सबसे जघन्य अपराध को बढ़ावा देता है—प्रवचनों को। अच्छे पत्रकारों को तरस खाने से बचना चाहिए, यह मानना बंद कर देना चाहिए कि वे भगवान् या राजा के एजेंट हैं और अपनी मूल प्रवृत्ति को खुला छोड़ देना चाहिए, जो दुस्साहसी के साथ छेड़छाड़ करना होता है। इस किताब की तरह स्तंभों का कोई भी संग्रह किसी आसन पर नृत्य करने के आमंत्रण जैसा होता है। आप कुछ देर तक मजे कर सकते हैं, और फिर धम्म से गिरते हैं, जिससे आपका अभिमान बुरी तरह घायल हो जाता है। किसी आसन पर मुद्राओं के लिए बहुत अधिक जगह नहीं होती। चलिए, आपको साहित्यिक सम्मान और सामाजिक नैतिकता के उस परम आदर्श, 'पी.जी. वोडहाउस' की याद दिला दें। उन्होंने जब उस अमर 'बटलर जीव्स' की कहानियों का अपना पहला सारगर्भित संस्करण लिखा तो वोडहाउस ने दंभ की उस हल्की सी भावना को स्वीकार किया, उस आक्रामक दंभ की हल्की शुरुआत, जिससे लेखकों को सावधानीपूर्वक बचना चाहिए। मेरा मतलब है, एक अनेक प्रयोजन वाली किताब···ठीक है, आप उसे उठाकर फेंक दीजिए, पर आप यह नहीं कह सकते कि यह

किसी व्यक्ति के कॅरियर में एक युग को नहीं दरशाती और उसे आम भीड़ से बस थोड़ा ऊपर उठाती है। उनकी दलील है कि इस तरह का दंभ केवल लोगों की भलाई से ही सही ठहराया जा सकता है और इस कारण उन्होंने ऐसे अनेक तरीके गिनाए, जिनके जरिए जीव्स की कहानियों का संकलन जनसाधारण की सहायता कर सकता था।

उन्होंने कहा था कि यह एक शानदार पेपरवेट बन जाएगा। अगर आप छुट्टियाँ मना रहे हों, तो उसका एक पेज फाड़िए और शेविंग पेपर के तौर पर इस्तेमाल कर लीजिए। आप उस भारी-भरकम किताब को अपने सीने पर रखना चाहेंगे, ऊपर-नीचे करें और किसी दूसरे शारीरिक व्यायाम की जरूरत को पूरा कर लेंगे। अंत में, स्कूली लड़के पढ़ाई के बीच किसी भी आपसी झगड़े को निपटाने के लिए उसका प्रयोग किसी हथियार के तौर पर कर सकते हैं। पता नहीं किसी मुँह फुलानेवाले मेढक की तरह प्रतीत हुए बिना मैं इसे कैसे कह दूँ, लेकिन मैं द मास्टर से बेहतर हूँ। करीब चार दशक पहले मुझे पत्रकारिता में पहली मुकम्मल नौकरी मिली। इसके लिए मैं तहे दिल से बेमिसाल खुशवंत सिंह का, जो तब 'इलस्ट्रेटेड वीकली' के संपादक थे और उनकी डिप्टी, फातमा जकारिया का भी शुक्रगुजार हूँ। उन्होंने मुझसे प्रूफ्स पढ़वाए, बेशक उसी तरह जैसे कि सबसे निचले पायदान पर खड़े शख्स की किस्मत होती है, लेकिन उन्होंने लिखने के लिए मेरा हौसला बढ़ाया, जिस पर शीर्ष के कुछ लोगों का एकाधिकार था। 'द वीकली' की उस वक्त एक बहुत बड़ी तादाद करीब 4,00,000 प्रतियाँ बिकती थीं, जबकि पूरे हिंदुस्तान की सारी अंग्रेजी पत्रिकाओं को मिला दें, तो भी उनकी बिक्री 1,00,000 प्रतियों की नहीं थी। मैं तब 20 वर्ष का था और डूबता-उतराता रहता था। मैंने तैरना तब शुरू किया, जब कुछ ही हफ्ते बाद मेरी पहली कवर-स्टोरी छपी। अपने प्रकाशन में, पहली बार अपना नाम कवर पर देखने से ज्यादा रोमांचक शायद और कुछ नहीं होता। मैं जब द इंपीरियल मुंबई में 'टाइम्स ऑफ इंडिया ग्रुप' के ऑफिस के दरवाजे तक पहुँचा तो मेरे पैर जमीन पर नहीं थे। तभी मैंने एक बेघर माँ को फुटपाथ पर, अपनी कवर स्टोरी से अपने बच्चे का पिछवाड़ा पोंछते देखा।

मैं वोडहाउस को चुनौती देता हूँ कि वह मान्वता की सेवा में उसे पीछे छोड़कर दिखा दें। पत्रकारिता किसी नेता के दिमाग को साफ करने में भले ही ज्यादा कुछ न कर पाए, लेकिन यह किसी बच्चे के पिछवाड़े को साफ कर दे तो उसका हर शब्द सार्थक है। पत्रकारिता वह चिनगारी हो सकती है, जो लोकतंत्र को जीवंत बनाती है, लेकिन किसी भी पत्रकार के लिए यह कभी चतुराई भरी नहीं होती कि वह अपने फायदे के लिए ही अच्छा बन जाए। हमारे पेशे पर स्वाभाविक रूप से राजनीति का प्रभाव रहता है। पत्रकारिता इतिहास का पहला कच्चा लेख नहीं हो सकती, लेकिन यह समय पर छूटनेवाले अनेक जहाजों का एक अच्छा रोजनामचा होती है। जीवन एक स्पेक्ट्रम होती

है, और इसमें राजनीति के कुछ रंगों के अलावा भी कई रंग होते हैं। इस संग्रह से जैसा संकेत मिलता है, क्रिकेट और सिनेमा में काबिलियत को दिखाने के अनेक अवसर मिलते हैं। ये स्तंभ आलोचनात्मक, विश्लेषणात्मक और विवेकपूर्ण के बीच विचरण करते हैं। यदि पिछले ने आपको सुलाने का काम किया तो अगले को आजमाइए।

इस संग्रह में मेरी सहयोगी जोयीता बसु और हार्पर कॉलिंस में मेरे संपादक कृशन चोपड़ा की गहन छानबीन का भरपूर योगदान है। इसलिए आप समझ गए होंगे कि आपके मन में यदि यह विचार आए कि आपने इस किताब पर अपना पैसा बरबाद किया है तो किसे जिम्मेदार ठहराना है। मुझमें यह कहने का साहस नहीं कि इस संग्रह का उद्देश्य निर्देश देना है, बल्कि इससे थोड़ी सी भी खुशी मिले, तो एक पत्रकार का दिल जॉय मुखर्जी की फिल्मों के अनेक यादगार गीतों में से एक गीत गा उठेगा।

अनुक्रम

पहचान और चुनाव

नई संस्कृति की तरफ एक कदम

भारत और पाकिस्तान : आमने-सामने

उत्कृष्ट कृति

धन्यवाद जीवेश और पटौदी

एक बुनियादी बदलाव

जब आप सत्ता में होते हैं, आप पर्वत के उदर में ज्वालामुखी की गड़गड़ाहट कभी नहीं सुन पाते हैं; यद्यपि अंदर सुलगती आग पर्वत के मुख को चाट रही होती है।

भारत में आँख के अंधे

खाली पेट के सहारे कोई महाशक्ति नहीं बन सकता।

—26 नवंबर, 2006

भगवान् न करे, अगर मैं विश्वव्यापी प्रचार नाध्यम का मुख्य नियंत्रक होता तो मैं 'सर्वनाश' जैसे शब्द के प्रयोग पर हमेशा के लिए रोक लगा देता : कयामत या अंतिम न्याय का दिन एक ऐसी संकल्पना है, जिसके आगे व्यक्ति की सोच के द्वार बंद हो जाते हैं; इसे सक्रियता का अंत कहा जा सकता है। 'कयामत' शब्द का इस्तेमाल अंतिम प्रतिक्रिया दरशाता है। फिर चिंता किस बात की, विशेषकर जब आप इसके बारे में कुछ कर ही नहीं सकते? बेहतर होगा कि हर समय विषाद या अंधकार में डूबे रहने के बजाय धूप का दामन पकड़े रहें। अपनी पीठ खुद थपथपाने, आत्मप्रशंसा के सागर में गोते खाने के एक अजीब पागलपन ने कुछ भारतीय लोगों को अभिभूत किया हुआ है।

इस पर विस्तार से चर्चा करना अवश्यक है। पहली बात, यह 'हम' कौन है? मैं समझता हूँ, अंग्रेजी अखबार पढ़नेवाला हर व्यक्ति 'हम' से संबंध रखता है। इस श्रेणी में सबसे ऊपर वे हैं, जो चाँदी की चम्मच मुँह में लेकर पैदा हुए हैं। इसके अलावा 'हम' श्रेणी के अंतर्गत वे लोग आते हैं, जिन्होंने लिथड़कर, घिसटकर, पसीना बहाकर, हमारी तरह दुरवस्था के सूचकांक से बाहर निकलकर आगे बढ़ने का सफल प्रयास किया है।

निर्धनता या गरीबी भारतवासियों को विभाजित करनेवाली रेखाओं में से केवल एक है। निर्धनता अप्रतिरोध की रेखा को बहुत आसानी से परिवर्तित कर देती है। वस्तुत: दरिद्र या कंगाल लोगों के पास प्रतिरोध करने की शक्ति नहीं होती है, अन्यथा वे ऐसी तबाही मचाते कि आप कयामत के खयाल से तौबा करने लगते।

गरीबी रेखा के करीब है रोष की रेखा। इस श्रेणी में वे भारतीय हैं, जो गरीबी से बच निकले हैं और रोष व्यक्त करना अपना हक समझते हैं। उनकी दृष्टि में, लोकतंत्र

का अर्थ हर पाँच साल में एक बार मताधिकार का प्रयोग करना नहीं है। वे इसके लचीलेपन की परख जितनी बार चाहें कर सकते हैं और बंदूक की नोंक पर कर सकते हैं, यदि बंदूक उनके हाथ पड़ जाए तो। आप उन्हें नक्सली कहें, माओवादी कहें, जो चाहे कहें, वे परवाह नहीं करते। उन्हें श्रेणियों या वर्गों में कोई दिलचस्पी नहीं है। उनका तर्क है कि भारतीय लोकतंत्र उपचार के नाम पर बैंडएड थमाने की बात करता है, जबकि रोग कैंसर का है। उन्हें बताया गया है कि आर्थिक विकास का शहद बूँद-बूँद टपककर अंततः उनके पास भी पहुँचेगा। यह वैसे ही है जैसे प्यास से मरते हुए किसी आदमी को दूर से बहकर आते पानी की तसवीर दिखाने की कोशिश करना।

उनके नेतागण विद्वेष की रेखा को कसकर पकड़े रहते हैं। यह एक बारीक किंतु शक्तिशाली सीमांकन है। वे रोष को हिंसा की ओर प्रेरित करते हैं। यह कोई नैतिक रेखा नहीं है; क्योंकि जो घृणा या नफरत करते हैं, वे सौदेबाजी करना भी जानते हैं।

विद्वेष के ऊपर है ईर्ष्या रेखा, जिसके अंतर्गत भारतवासियों का वह विशाल जन-समूह आता है, जो आगे बढ़ने की चाह लिये छोटे-छोटे शहरों और गाँवों से आ-आकर लंबी कतार में शामिल हो जाते हैं। ईर्ष्या एक अच्छा प्रेरक तत्त्व है, जो आकांक्षा-पूर्ति की दिशा में अग्रसर होने के लिए उकसाता है। सामूहिक विपणन या वस्तुतः बैंकिंग कार्य से जुड़ा कोई भी व्यक्ति इसकी पुष्टि कर देगा। यह भावी उपभोक्ताओं का वह लक्ष्य समूह है, जो 10 प्रतिशत और संभवतः इससे भी ऊँची वृद्धि दर की अपेक्षा करता है। अर्थव्यवस्था के लिए ईर्ष्या का होना हितकारी है। यह ईर्ष्या सदा फले-फूले और बढ़ती रहे और इन सबके शिखर पर बैठा है 'हम' कहलानेवाला उच्च, दंभी, आत्मतुष्ट, धनी एवं दौलतमंद लोगों का वह वर्ग—जो सोचता है कि उसका युग आ पहुँचा है और पूर्णतया आश्वस्त है कि जब उसने अपना लक्ष्य हासिल कर लिया है तो समझ लेना चाहिए कि भारत भी अपने गंतव्य पर पहुँच गया है। यह भारत का अत्यंत महत्त्वाकांक्षी वर्ग है। यह परी-लोक के सपनों में खोए रहनेवाला 'मध्य वर्ग' है, जो अंतरराष्ट्रीय चर्चा का केंद्र-बिंदु बना हुआ है, जिसे नीचे देखना पसंद नहीं है। अगर वह व्यक्ति नीचे देखता भी है तो नौकर-चाकरों की खोज में। इस वर्ग का मानना है कि कम किस्मतवाले लोगों को अपने हिस्से का दुःख भोगना ही पड़ता है, वे इसी लायक होते हैं। फिर भी, ये नई सीमाएँ कठोर या अनम्य नहीं हैं। आपकी हैसियत रंगीन टी.वी. खरीदने की हो जाए तो आप इस रेखा को लाँघ सकते हैं; और मारुति 800 रखने की हैसियत में आ जाने पर तो किसी की क्या मजाल, जो आपसे पूछ सके।

नए मध्य वर्ग ने अपने ही देवी-देवता बना लिये हैं। भारत माता ने अपनी दस अभेद्य भुजाओं में अब उन अस्त्रों को धारण कर लिया है : एक परमाणु मिसाइल शेयर बाजार सूचकांक की एकमुद्रित प्रति, एक मोबाइल फोन, क्रिकेट की एक गेंद, कम

कीमत का एक हवाई टिकट, किसी बी.पी.ओ. कंपनी से मिला नौकरी का प्रस्ताव, एक रंगीन टी.वी. सेट, चित्तीदार जींस, एक आइपैड—जिसमें बंबइया फिल्मों का टप्पेदार नृत्य संगीत शानदार ढंग से सिलसिलेवार भरा हुआ है, और एक अंग्रेजी शब्दकोश। धनवान् भारत के धर्माध्यक्षों का उच्च पद राजनीतिज्ञों तथा व्यापारियों ने सँभाल रखा है। इन दोनों वर्गों में विविध प्रकार के लोग हैं।

दरिद्र भारत का भौगोलिक क्षेत्र अन्यत्र नहीं है। दिल्ली की झुग्गी-झोंपड़ियों में, मुंबई की दुर्गंध में, अंदरूनी कोलकाता की जीर्ण-शीर्ण इमारतों और तंग गलियों में, सड़कों पर घूमते हजारों अनाथों एवं भिखारियों में आप गरीबी एवं दरिद्रता के दर्शन कर सकते हैं। यह स्थिति भारत की शासन-व्यवस्था की निरंतर विफलता की तसवीर पेश करती है। हम, अर्थात् 'हम लोग' में शामिल हम सभी लोग दिल्ली में आँख के अंधे हैं। हमारे घर की चौखट पर खड़े भूखे के लिए किसके पास समय है?

मैं कोई (यूरोपियाई रामराज्य के सपने देखनेवाला) नहीं हूँ, जो यह मानता है कि समृद्धि को औचित्य के साथ कदम मिलाकर चलना चाहिए; आर्थिक विकास चरणों में आएगा और एक बेहतर भविष्य की तलाश में बढ़ते हुए हमें अवर्णनीय असमानता के दर्शन होंगे; लेकिन सफल भारतीय के साथ ऐसी क्या बात है, जो उसे हमारी निर्धनता की सच्चाई के प्रति अपराधीकरण से उदासीन बना देती है।

हम निश्चय ही एक निराशाजनक अतीत से दूर निकल आए हैं। संभव है, भारत एक महाशक्ति बन जाए; भारत को एक महाशक्ति बनना ही होगा। लेकिन अभी हम वहाँ तक नहीं पहुँचे हैं। हम तब तक अपने आपको कोई शक्ति नहीं कह सकते, जब तक कि आधे भारत को आधे पेट सोना पड़ता है।

□

तूफान का संकेत

राष्ट्रीय सुरक्षा के लिए विकटतम संकट और प्रतिक्रिया का घोर अभाव।

—18 मार्च, 2007

प्रत्येक मृत पुलिसकर्मी सरकार के लिए मात्र एक संख्या प्रतीत होती है। डॉ. मनमोहन सिंह ने अपने कर्तव्य का निर्वाह किया, जब उन्होंने माओवादी विद्रोह अर्थात् बगावत को स्वतंत्रता-प्राप्ति के समय से राष्ट्र की आंतरिक सुरक्षा के प्रति अब तक का सबसे भीषण खतरा बताया। नक्सलवादियों ने छत्तीसगढ़ में 55 पुलिसकर्मियों को उनके मुख्य शिविर (फॉरेस्ट कैंप) में चारों तरफ से घेरकर मार डाला और समाचार एजेंसी की रिपोर्टों ने प्रधानमंत्री के बयान को लगभग 55 शब्दों में समेटकर पेश किया, अगर एक-दो शब्द की घट-बढ़ हो तो उसे मेरे खराब गणित का दोष मान सकते हैं।

अब हम अपने हट्टे-कट्टे भारतीय प्रधानमंत्री से अपेक्षा रखते हैं कि उन्हें इन तीन में से एकाधिक काम करने चाहिए—'नक्सली संकट' पर मुख्यमंत्रियों का एक सम्मेलन बुलाना, क्योंकि इस समस्या पर जब-जब कोई बैठक बुलाई जाती है और पुराने मित्र मिलते हैं तो सभी लोग दलगत राजनीति को भूलकर खूब एक-दूसरे की पीठ थपथपाते हैं; एक्स स्थान से वाई स्थान तक पुलिस की कई बटालियनों को पुनः पंक्तिबद्ध करना। दिल्ली अपनी खिड़कियों को इन्हीं रंगों में रँगती है, जब दिल्ली वास्तविकता से खुद को बचाना चाहती है।

लेकिन डॉ. मनमोहन सिंह को क्यों दोष देना? वह एक ईमानदार इनसान हैं। उनके अपने स्वीकरण की बात करें तो, जैसा कि उन्होंने भारतीय उद्योग महासंघ (कॉन्फेडरेशन ऑफ इंडिया इंडस्ट्री) जैसे पसंदीदा मंचों पर अनगिनत भाषणों के दौरान स्पष्ट किया, उन्होंने अनेक शब्दों में कहा है कि उन्हें अमीरों को और अधिक अमीर बनाने के लिए प्रधानमंत्री बनना पड़ा, ताकि उनकी धन-संपत्ति का एक भाग रिसते-रिसते अंततः गरीबों

तक पहुँच सके। दुर्भाग्य से, तीन वर्ष के भाषणों के बाद भी छत्तीसगढ़ के जंगलों तक या इसकी राजधानी, रायपुर में भी, आज तक कुछ नहीं पहुँच पाया है। निस्संदेह गरीबों के लिए उचित यही होगा कि वे मनमोहन सिंह के अर्थशास्त्र का वेग अपनी झोंपड़ी या मड़ैया तक पहुँचने की प्रतीक्षा करें। लेकिन हमारे भारतीय दरिद्र जन बहुत बिगड़े मिजाज के हैं। उन्हें लोकतंत्र की लत लग गई है और वे एक-एक बूँद के बजाय एक तेज प्रवाह की अपेक्षा करते हैं। इसके अलावा, वे यह भी चाहते हैं कि यह प्रवाह उनके द्वारा चुनी गई सरकार के जीवनकाल के अंदर ही उन तक पहुँचे।

भारतीय विशिष्ट वर्ग के अंदर निर्णयकर्ताओं और भारत के प्रधानमंत्री डॉ. मनमोहन सिंह के लिए छत्तीसगढ़ एक दूसरा देश है, इतना दूरस्थ जैसा कि वियतनाम उनकी युवावस्था में हुआ करता था—और जैसे आज का इराक। मरे हुओं की एक संख्या है, वे वास्तविक हाड़-मांस के इनसान नहीं होते हैं। यहाँ तक कि वे लोग भी, जो इस विशिष्ट वर्ग की रक्षा करते हैं, अर्थात् छत्तीसगढ़ में तैनात पुलिसकर्मी, असल में इनसान नहीं हैं; क्योंकि निर्धन वर्ग में कुछ ही ऐसे किस्मतवाले निकलते हैं, जिन्हें सिपाही बनने का मौका मिलता है और सिपाही बनकर उन्हें एक वरदी मिल जाती है तथा पगार मिलने लगती है। सिपाहियों और नक्सलियों के बीच भिड़ंत में हताहतों की संख्या यह बताती है कि कितने गरीब इधर मरे और कितने उधर। दिल्ली में भोजन की किस्म या प्रचुरता पर भला इसका क्या असर पड़ता है!

प्रधानमंत्री ने इसे आंतरिक सुरक्षा के प्रति वर्ष 1947 से अब तक का सबसे भीषण खतरा बतलाया। उन शब्दों का चयन सावधानी से किया जाना चाहिए था। यहाँ एक सवाल उठता है, जो बहुत स्पष्ट है—तीन वर्ष से प्रधानमंत्री के पद पर रहने के दौरान उन्होंने इस विकटतम संकट के बारे में अब तक क्या किया है? यह संकट 13 और 15 मार्च के बीच अचानक तो नहीं आ खड़ा हुआ। डॉ. सिंह जल्दी ही अपने कार्यकाल के 1,000 दिन पूरे कर लेंगे या सच कहूँ तो 1,000 दिन पूरे करने का 'जश्न' मना रहे होंगे। दो सप्ताह पहले उनकी सरकार ने वार्षिक बजट पेश किया। मुझे याद नहीं कि साठ वर्षों में मैंने इस गंभीरतम आंतरिक सुरक्षा संकट के बारे में कभी कुछ सुना हो या ऐसे किसी सुझाव के बारे में सुना हो कि इस समस्या को आर्थिक नीति के जरिए हल किया जा सकता है और यदि माओवाद किसी आर्थिक समस्या का परिणाम नहीं है, तो कुछ नहीं है।

क्या भारत के प्रधानमंत्री को सचेत करने के लिए 55 पुलिसवालों के शव आवश्यक थे?

न ही यह निश्चित है कि होश में आने पर वह क्या करेंगे। पिछली बार कुछ माह पहले वह तब जागे थे, जब भारतीय मुसलमानों की हालत के बारे में सच्चर आयोग की

रिपोर्ट उन्हें पेश की गई थी। उत्साह के प्रथम आवेग में उन्होंने सुझाव दिया कि सरकारी राजस्व का एक हिस्सा भारतीय मुसलमानों के सहायतार्थ परियोजनाओं के लिए अलग रख दिया जाना चाहिए। उनके वित्त मंत्री ने उस क्षण मूक बधिर बन जाना ही उचित समझा और जब बजट पेश किया गया, उस दौरान इस सुझाव को हेय दृष्टि से देखा गया। डॉ. सिंह ने चुप्पी साध ली। किसी ने उन्हें बता दिया होगा कि भारत के मुसलमान कांग्रेस की दगाबाजी से वाकिफ हैं।

पिछले तीन वर्षों की सबसे बड़ी निराशा डॉ. सिंह नहीं, बल्कि वामपंथी राजनीतिक दल रहे हैं। माओवादियों ने आज मार्क्सवादियों द्वारा खाली किए गए स्थान पर कब्जा किया हुआ है। नक्सली आंदोलन का फैलाव इस बात का सबूत है कि अगर सी.पी.आई. (एम) ने पिछले तीन साल के अंदर पहले बंगाल में और फिर दिल्ली में सत्ता पाने के लालची फंदे में फँसने की मूर्खता न की होती तो यह एक बड़ी राष्ट्रीय शक्ति बन सकती थी। तीन साल पहले, पहली बार, इक्का-दुक्का तजुरबों को छोड़कर सी.पी.आई. (एम) ने दो विशिष्ट गढ़ों (एक क्षेत्रीय और दूसरा राष्ट्रीय) पर कब्जा करने में कामयाबी पाई। बंगाल में इसकी सत्ता निस्संदेह वास्तविक है, लेकिन दिल्ली में इसका प्रभाव सिर्फ एक भ्रम है। प्राचीनतम भारतीय लक्षण के अनुसार भारतीय माओवादी मायाजाल में फँस गए हैं। उन्हें भारतीय दर्शनशास्त्र में दो-चार कोर्स करने चाहिए।

गरीब लोग अनपढ़-गँवार हैं, क्योंकि भारतीय सरकार उनकी शिक्षा के लिए साधनों का जुगाड़ नहीं कर पाई है। इसका अर्थ यह नहीं है कि वे मूर्ख हैं। अनपढ़ भले ही अक्षर न पढ़ पाएँ, लेकिन किसी भी संकेत को समझने में वे बहुत होशियार हैं।

गरीबों को सरकार से मिले संकेतों को पढ़ना बखूबी आता है। क्या सरकार में कोई है, जो गरीबों की ओर से आ रहे संकेतों को पढ़ना जानता हो?

□

भोपाल के क्रोध के ऊपर दिल्ली की चुप्पी

एक सतत त्रासदी के प्रति हमारी चेतना को जगाना।

— 13 जून, 2010

क्या आप भोपाल के साथ विश्वासघात के ऊपर बढ़ते क्रोध पर खामोशी को सुन सकते हैं? भारत में तीन सर्वाधिक शक्तिशाली लोगों—प्रधानमंत्री मनमोहन सिंह, श्रीमती सोनिया गांधी और प्रतीक्षारत प्रधानमंत्री राहुल गांधी ने 26 वर्ष पहले एक सामूहिक हत्या पर पहले चरण का न्यायिक फैसला आने के बाद राष्ट्रीय अत्याचार एवं अपमान के पूरे एक सप्ताह के दौरान एक शब्द भी नहीं कहा है।

सच है, चुप्पी भी एक वक्तव्य कहलाती है; लेकिन एक ऐसा वक्तव्य, जो सवालों से घिरा होता है। शायद उनके पास बहुत कुछ है, जिसके बारे में वे चुप रहना चाहते हैं। कांग्रेस पार्टी उच्चतम स्तर पर इतनी खामोशी की आदी नहीं है। अत: कोई हैरानी न होना स्वाभाविक था, जब इसके द्वितीय श्रेणी के नेताओं ने लोकमत के दबाव में आकर घाल-मेल कर दिया। यह जरूरी तो नहीं कि चापलूसी और स्पष्टता एक-दूसरे के पर्याय हों। सप्ताह की समाप्ति तक कांग्रेस के सक्रिय कार्यकर्ता केवल यह प्रार्थना ही कर सके कि चुप्पी साधनेवाले मुँह खोलेंगे और बढ़-चढ़कर बोलनेवाले अपना मुँह बंद रखेंगे।

दिखावटी सेवा या केवल जुबानी जमा-खर्च से हमेशा कोई लाभ नहीं मिलता है। जयराम रमेश, जिन्हें अपनी आवाज से उतना ही प्यार है, जितना अपने बालों—से यह सोचकर सामने आए कि अगर वह ऐलान कर दें कि उनकी प्रस्तावित ग्रीन ट्रिब्यूनल की स्थापना भोपाल में होगी तो बात कुछ बन सकती है। बनना-बनाना तो क्या था, उनकी घोषणा ने हमें यह जरूर याद दिला दिया कि पर्यावरण मंत्री के रूप में भोपाल की एकमात्र यात्रा पर जब रमेश ने भोपाल पधारने का कष्ट किया था तो उन्होंने गैस-पीड़ितों की दारुण वेदना पर ऐसी फूहड़, उपहासपूर्ण एवं असंवेदनशील टिप्पणी की थी, जो आज तक हमारी समझ से बाहर है। जयराम रमेश ने प्रफुल्लित होकर कहा था,

'मैंने विषाक्त कचरे को अपने हाथ में लिया। मैं अभी तक जीवित हूँ और खाँस भी नहीं रहा हूँ। गैस त्रासदी को 25 वर्ष बीत गए। अब हमें आगे बढ़ना चाहिए।''

राष्ट्र के लिए यह कितने सौभाग्य की बात है कि दिसंबर 1984 की उस रात मेथाइल आइसोसाइनेट नामक घातक गैस कारबाइड प्लांट से रिसकर बाहर आया और करीब 20,000 लोगों की मौत का तथा 1,00,000 से अधिक लोगों को अपंग एवं अशक्त बनाने का कारण बना। हमें उस बात का शुक्र मनाना चाहिए कि रमेश उस समय कितनी ही अनगिनत एवं अज्ञात कोखों में मारे गए भ्रूणों में से एक नहीं थे, या कि वह टेढ़े-मेढ़े और काले अंगों तथा क्रोधपूर्ण आँखों के साथ 26 वर्ष की आयु तक नहीं पहुँचे थे, जिस एक बेबस माँ ने प्यार से अपने पुत्र को एक शॉल में लपेटा। कैसे सौभाग्य की बात है कि जयराम रमेश की भेंट कभी उस महान् एवं दयालु फोटोग्राफर रघु राय से नहीं हुई, जिसने अपने कैमरे से खींचे गए चित्रों के जरिए भोपाल में असहाय लोगों के लिए जो काम किया है, वह काम भारत सरकार या वस्तुत: अमेरिकी सरकार के काम से भी कहीं बढ़कर है।

लेकिन हमें विषैली मिट्टी को हँसकर स्पर्श करना चाहिए और आगे चलना चाहिए।

भोपाल एक तिरस्कारपूर्ण उदासीनता की गाथा है, जिसमें हर उस व्यक्ति को पुरस्कृत किया गया, जिसने भारतवासियों की पीड़ा एवं व्यथा की ओर पीठ करके अमेरिकी कंपनी के हितों का ध्यान रखा। शर्मिंदगी के कलंक की शुरुआत एंडरसन को बच निकलने के लिए एक सरकारी विमान की सुविधा कराए जाने के साथ ही हो गई थी। कहानी का यह सिर्फ आगाज था। सन् 1987 में सी.बी.आई. द्वारा दाखिल आरोप-पत्र (चार्ज-शीट) में एंडरसन के विरुद्ध 'हत्या की कोटि में न आनेवाला' या आपराधिक मानव-हत्या का मामला बनाकर 10 वर्ष के कारावास के दंड की माँग की गई। मुख्य न्यायाधीश ए.एच. अहमदी ने इसे कम कर दिया; यह भी एक विडंबना है कि जिस कांड का शिकार बने अधिकांश लोग दरिद्र-कंगाल मुसलमान थे, उसी कांड में समझौता करने के लिए एक मुसलिम मुख्य न्यायाधीश का इस्तेमाल किया गया। अहमदी को सेवानिवृत्ति उपरांत यथोचित लाभ प्रदान किए गए। भारत और अमेरिका के बीच एक प्रत्यर्पण संधि के बावजूद एंडरसन को मुकदमे में पेश होने के लिए वापस आने के विचार से कभी अनुचित रूप से परेशान होने की जरूरत नहीं पड़ी। उसका बॉण्ड (बंध-पत्र) केवल 25,000 रुपए का था। 26 वर्ष बाद दोषी लोगों से ठीक इतनी ही राशि प्रति पीड़ित व्यक्ति के हिसाब से चुकता करने की माँग की गई है।

समय-समय पर पीड़ितों के आगे अल्प मात्र टुकड़े फेंके जाते रहे हैं। पी. चिदंबरम की अध्यक्षता में, हाल ही में, एक मंत्री समूह का पुनर्गठन किया गया है। अनुमान

लगाएँ, पिछले मंत्री समूह का अध्यक्ष कौन था? अर्जुन सिंह। और चिदंबरम को कैसे प्रसिद्धि प्राप्त हुई? वित्त मंत्री की हैसियत से चिदंबरम ने कमलनाथ, मोंटेक सिंह अहलूवालिया तथा रोनेन सेन को साथ लेकर डाउ केमिकल की ओर से भारत के प्रधानमंत्री पर दबाव डाला और उनसे वादा किया कि अगर डाउ को क्षमा कर दिया जाता है तो अमेरिका की तरफ से प्रचुर मात्रा में निवेश किया जा सकता है। डाउ असल में किसलिए लौटना चाहता था? भारत में कारबाइड भूमि वापस हासिल करने के लिए, क्योंकि उसने कारबाइड खरीदा था, लेकिन भोपाल की देनदारियों को अस्वीकार कर दिया था। डाउ ने एक दूसरे मामले में एंबेस्टॉस-पीड़ित मुआवजे के रूप में अमेरिकियों को देने के लिए 2 अरब डॉलर से भी अधिक रकम एक तरफ रख दी थी, लेकिन भारतीयों को देने के लिए उसके पास कोई धन नहीं था।

डाउ दे भी क्यों? भारतीयों के पास ही भारतीयों को देने के लिए कुछ नहीं था। निस्संदेह, जयराम रमेश इस नए मंत्री समूह में भी एक सदस्य के रूप में शामिल हैं। कांग्रेस प्रवक्ता अभिषेक सिंघवी डाउ की ओर से एक वकील थे और उन्होंने कांग्रेस के लेटरहैड का इस्तेमाल अपने पत्र भेजने के लिए किया था।

बहुत कुछ है, जो खामोशी के नीचे दबा हुआ है।

जिन स्वयंसेवियों ने पीड़ितों की ओर से एक शक्तिशाली, तिरस्कार भाव से पूरित, द्वि-दलीय व्यवस्था का निर्भीकता से मुकाबला किया है, उनके साहस का वर्णन शब्दों में नहीं किया जा सकता—और यह सब उन्होंने किसी पुरस्कार पाने के इरादे से नहीं किया, बल्कि एक चेतना की तुष्टि के लिए किया। क्या मैं सपना देख रहा हूँ या कोई ऐसा क्षण आएगा, जब प्रत्येक भारतीय की चेतना भोपाल की व्यथा को महसूस करेगी?

□

मौन का नफा और नुकसान

नई शुरुआत की आवश्यकता।

—12 दिसंबर, 2010

भारत के ध्वनि (वॉल्यूम कंट्रोल) नियंत्रण पर अंकुश रखने की जिम्मेदारी सँभालनेवाले प्रणव मुखर्जी सरीखे व्यक्ति को यदि यह कहना पड़े कि 'हमारा लोकतंत्र अत्यंत कोलाहलपूर्ण हो गया है', तो इसे सर्वथा उपयुक्त और वर्ष की सर्वश्रेष्ठ टिप्पणी कहना अनुचित नहीं होगा। सन् 1960 के दशक से आरंभ एक लंबी जीवन-यात्रा में प्रणवदा (प्यार से लोग इन्हें इसी नाम से पुकारते हैं) ने फेफड़ों की अपेक्षा मस्तिष्क का इस्तेमाल करना हमेशा बेहतर समझा है। शोर मचाना न तो उनके स्वभाव में रहा है और न उनकी भद्रलोक ब्राह्मण संस्कृति में/मंत्रित्व उनका व्यवसाय है। (इनकी पार्टी जब विपक्ष में होती है, वह शांति एवं संयम स्थापित करने का काम करते हैं। वह जानते हैं कि संसदीय शासन-प्रणाली में सरकार बहुत फायदे में रहती है। राष्ट्रपतित्व शासन-प्रणाली भी सरकार को इतना लाभ नहीं पहुँचाती है, जितना कि संसदीय शासन-प्रणाली; लेकिन यह लाभ तभी प्राप्त होता है, जब सत्ता या शासन की क्रियाविधि की समझ हो। वह पहले व्यक्ति होंगे, जो इस बात को भलीभाँति समझता है कि विपक्ष को बहुधा अपना पहला और अंतिम पत्ता चलने, अर्थात् शोर मचाने का सहारा लेना पड़ता है; क्योंकि इसके सिवा विपक्ष के पास और कोई विकल्प नहीं बचता है।

शोर-शराबा एक निंदात्मक शब्द बन गया है, जो कुछ-कुछ अनुचित प्रतीत होता है। शोर जरूरी तो नहीं कि बहुत तेज हो। वाक्पटुता या प्रभावशाली भाषण देना खूबसूरत शोर की श्रेणी में आता है। संगीत के शोर में एक जादुई प्रभाव होता है। राजनीति विरले ही वाक्पटुता के स्तर तक उठती है और संगीत के स्तर तक वह कभी नहीं पहुँचती; लेकिन हर विपक्षी दल जानता है कि अगर उसकी बात सुनी नहीं जाती है तो उसका अस्तित्व किसी अर्थ का नहीं रह जाएगा। ऐसी स्थिति में क्यों न मतदाता के

साथ सुगम-सुबोध शोर का आदान-प्रदान किया जाए। डेसीबल स्तरों का बढ़ते जाना तभी न्यायसंगत माना जा सकता है, जब उसके केंद्र में जनहित का तर्क हो। मुखर्जी के वक्तव्य को जो एक हल्की सी छटपटाहट प्रतीत होती है, जिन्हें उन्होंने 'कुछ अधिक ही' शब्दों का प्रयोग करके व्यक्त किया है, वह छटपटाहट उनके वक्तव्य को गुजरे हुए से प्रासंगिकता के दायरे में ले आती है। व्यवस्था के लिए शोर अनिवार्य है। फिर भी आवश्यकता से अधिक शोरगुल किरकिरा हो जाता है—जब गला कान के परदे फाड़ने लगता है, संस्कृतियाँ आपस में झगड़ती हैं। लोकतंत्र तभी काम करता है, जब पाँचों इंद्रियों में तालमेल हो, स्वर-संगति हो। मुखर्जी ने जो निदान बतलाया, वह एकदम सही था; लेकिन उनका नुस्खा, हमारे विचार में, कुछ-कुछ अस्पष्ट था। उन्होंने थोड़ी खामोशी बरतने की सलाह दी थी।

चुप्पी या खामोशी के गुणों का बखान बढ़ा-चढ़ाकर नहीं किया जा सकता। खामोशी चिंतन-मनन को जन्म देती है और चिंतन परिपक्वता को बढ़ावा देता है। अगर मुखर्जी की सलाह विपक्ष के लिए थी तो उसमें कुछ अच्छाई अवश्य थी। लेकिन विपक्ष को भी यह कहने का समान अधिकार है कि सरकार खामोशी को बहुधा उसी अर्थ में लेती है, जिस तरह कोई अभियुक्त शुरू-शुरू में अपने बचाव के लिए चुप्पी धारण कर लेता है। किसी भी आपराधिक मामले में पुलिस को एक अभियुक्त को चुप रहने का कानूनी अधिकार देना ही पड़ता है, ताकि वह स्वयं को अपराध में फँसाने से बचा रहे। सी.पी.आई. (एम) के प्रकाश करात और भाजपा के अरुण जेटली दोनों डॉ. मनमोहन सिंह से पूछ रहे हैं कि क्या वह एक संयुक्त संसदीय समिति गठित करने के सुझाव को इसलिए अस्वीकार कर देते हैं, क्योंकि डॉ. सिंह को इस बात का भय है कि अगर वह मुँह खोलेंगे तो अपनी सरकार को एक ऐसे घोटाले में फँसा बैठेंगे, जिसकी आश्चर्यजनक परत हट जाने के बाद अत्यंत चौंकानेवाली प्रतिध्वनि परत-दर-परत प्रकट होने लगती है। अब हमें जानकारी मिल रही है कि सरकार ने दलाल के रूप में काम करनेवाली महिला नीरा राडिया के फोन टैप किए (फोन सुने), क्योंकि सरकार का मानना था कि वह 'राष्ट्र-विरोधी गतिविधियों में लिप्त' है। यह बात उसके खिलाफ आरोपों को परंपरागत भ्रष्टाचार के किनारे के परे ले जाती है और विपक्ष को दो दशकों में सबसे अधिक सनसनीखेज घोटाले की जाँच के लिए संयुक्त संसदीय समिति का गठन करने की माँग को और भी अधिक न्यायसंगत ठहराने का समर्थन प्रदान करती है।

विडंबना है कि सरकार को यह बात सुप्रीम कोर्ट में कहने के लिए बाध्य होना पड़ा, क्योंकि राडिया के मुख्य वित्तीय गुरु और सर्वविदित अभिभावक उद्योगपति रतन टाटा द्वारा एक याचिका दाखिल की गई थी। रतन टाटा ने ही राडिया की कंपनी को नौ वर्ष में न कुछ से 300 करोड़ रुपए की कंपनी बनने में सहारा दिया था। घटिया कानूनी

सलाह पर अमल करते हुए टाटा सूचना पर परदा डालने के लिए अदालत चले गए और अपनी रौ में उन्होंने भारत को एक असभ्य राज्य तक कह डाला। कोई भी अस्त्र इतनी तेजी से वापस नहीं गया है, जितनी तेजी से रतन टाटा द्वारा चलाया तीर उन्हीं की तरफ लौट गया।

अत: इस बात पर विचार करना प्रासंगिक हो सकता है कि प्रणव मुखर्जी ने किस समय थोड़ी खामोशी बरतने के लिए कहा था। वह उद्योगपतियों को संबोधित कर रहे थे। जबकि यह स्वत:सिद्ध है कि धन के बिना घूसखोरी नहीं हो सकती, और जहाँ नकदी होती है, वहाँ कारोबारी भी अवश्य होगा। 2जी तमाशा धीरे-धीरे नाटक में बदल रहा है, जहाँ पहले अंक में मुख्य भूमिका स्टेज पर कारोबारी के आक्रामक प्रकटन के पहले ही लुप्त हो गई। रतन टाटा एक अजीब धृष्टता के साथ सुर्खियों पर छाए हुए हैं; जबकि यह उनकी छवि से मेल नहीं खाता है। वह अल्पभाषी होने के बजाय मध्यस्थ या हस्तक्षेपकर्ता की भूमिका निभा रहे हैं। उनकी आश्रिता की ओर से दुर्बलता के जबरदस्त सुबूत के बावजूद वह अकसर बहस में कूद पड़ते हैं। यह सिर्फ समय की बात थी, इससे पहले कि कोई दूसरा व्यवसायी इसे एक ढोंग या पाखंड कहने का साहस करता, जो राजीव चंद्रशेखर ने किया। हालाँकि अधिक नम्रतापूर्वक टाटा का प्रत्युत्तर प्रधानमंत्री के नाम में व्यक्तिगत अच्छाई का दावा करनेवाला था, दोनों तरफ से प्रशंसा बटोरने का लक्ष्य था, जिसे डॉ. सिंह शायद अनदेखा करना चाहें और एक विपक्षी दल भाजपा पर इस पूरी कवायद में सहयोगी बनने का दोष मढ़ना चाहते हों।

यही क्षण इस बात की ओर संकेत करने का हो सकता है, नीरा राडिया के फोन मनमोहन सिंह सरकार द्वारा छलपूर्वक सुने गए, न कि भाजपा द्वारा। उनका खुलासा उन्हीं लोगों ने किया जो आज सत्ता में हैं, भाजपा के किसी जासूस ने नहीं। अगर रतन टाटा अपना नाम अखबारों में छपी भारतीय घोटालों संबंधी कहानियों में पाते हैं तो वह इसलिए, क्योंकि वर्तमान सरकार ने राडिया टेप प्रचार माध्यम को मुहैया कराया। यह हो सकता है कि इन टेपों का खुलासा गृहमंत्री पी. चिदंबरम की मंजूरी से किया गया हो; बहरहाल, गृह सचिव जी.के. पिल्लै ने दर्ज बयान के अनुसार और भी बहुत कुछ मुहैया कराने का वादा किया है।

प्रणव मुखर्जी की टिप्पणी में निहित आशय को समझने का समय आ गया है—पहले घर में मौन साधना सीखो।

□

हमारे होशियार गृहमंत्रीजी

एक और दुःखद घटना, इस बार दिल्ली में, उच्च न्यायालय अहाते में हुए घातक विस्फोट में 15 लोग मारे गए और 79 घायल हुए।

—11 सितंबर, 2011

शांत हो जाओ, सब लोग। आराम करो, तनाव में मत रहो। हमारे माननीय गृहमंत्री पी. चिदंबरम ने अंततः आतंकवाद का हल ढूँढ़ लिया है। मुंबई में हुए विस्फोटों के बाद 13 जुलाई को उन्होंने यही खुलासा किया।

13 जुलाई को चिदंबरम महोदय ने बतलाया कि इन विस्फोटों के लिए खुफिया एजेंसियाँ दोषी नहीं हैं। खुफिया एजेंसियों को दोष देने के वे पहलेवाले खराब दिन चले गए, जब कंघी-प्रिय शिवराज पाटिल (जो अब किसी राजभवन में झाड़फानूसों के नीचे निरादृत जीवन बिता रहे हैं) भारत के गृहमंत्री हुआ करते थे। चिदंबरम की निगरानी में पुलिसवालों को हर दिन, हर घंटे गुप्त सूचनाएँ मिलती हैं। हो सकता है, पाटिल के रहते उन्हें हर घंटे नहीं, बल्कि हर दूसरे घंटे खबर मिलती हो और सप्ताहांत में कभी न मिलती हो; लेकिन लापरवाही का वह युग समाप्त हो गया है। अब हर काम घड़ी के अनुसार होता है।

अगर यह चमत्कारी नुस्खा बिल्कुल काम नहीं कर पाया और दिल्ली को पुनः मौत का सामना करना पड़ा है तो यह उनका दोष नहीं है। उनकी कभी कोई गलती नहीं होती है। जो कोई अन्यथा सोचता है, वह निश्चित रूप से या तो कोई बेवकूफ होगा या कोई दुश्मन जासूस, जिसका मतलब है उनका (चिदंबरम का) दुश्मन, राष्ट्र का दुश्मन नहीं।

तो फिर, आतंकी हमले बंद क्यों नहीं हुए हैं? खुफिया सूचना की इस झड़ी में योजनाबद्ध हमलों से संबंधित सूचना शामिल क्यों नहीं होती है? अचूक चिदंबरम के पास जवाब है। ऐसा इसलिए है, क्योंकि आतंकवादी 'एक बहुत ही गुप्त ढंग से काम

करते हैं।' यूरेका! बेशक! वे डरपोक कायर! वे कैसे गुप्त बने रहने का साहस करते हैं? अगली बार लाहौर का रहनेवाला लश्कर-ए-तैयबा का मुखिया या भारत में कोई और उग्रवादी एक बम के साथ तैयार रहता है तो उसे चाहिए कि वह चिदंबरम को एक तफसीलवार खत भेज दे, बेहतर होगा कि कूरियर से भेजे, क्योंकि सामान्य डाक पर पूरा भरोसा नहीं किया जा सकता।

और फिर, अकाट्य साक्ष्य पर आधारित एक तोंदल पुलिसमैन दुलत्ती मारता हुआ उन जगहों पर जा सकता है, बम का फ्यूज निकाल सकता है, एक प्रेस कॉन्फ्रेंस बुला सकता है और चिदंबरम को इससे भी और ऊँचा काम करने देने के वास्ते पदोन्नत करने हेतु राष्ट्रव्यापी आंदोलन की शुरुआत कर सकता है।

चिदंबरम साहब एक चतुर वकील रह चुके हैं तथा कोई भी यह मानने के लिए तैयार नहीं है कि उनका आइक्यू उनके मौजूदा काम के लिए अपर्याप्त है। फिर वह मूर्खतापूर्ण टिप्पणी क्यों करते हैं? क्या किसी संकट के समय उनकी श्रेष्ठता सामने आने के बजाय उनकी बुद्धि गड़बड़ा जाती है? क्या हमारे मंत्रीगण यह समझते हैं कि भारतीय मतदाता में सहज बुद्धि का नितांत अभाव है और वह भी कि क्या प्रच्छन्न रूप से काम करने जैसे मूर्खतापूर्ण बहाने जन-आक्रोश को रोक सकते हैं?

भारतीय धैर्यवान, सहनशील होता है। उसकी अपेक्षाएँ अनुचित नहीं होती हैं। वह इस बात में विश्वास नहीं करता है कि कोई जादू की छड़ी है, जिसे एक बार घुमाने से ही यह महाविपत्ति हमेशा के लिए दूर हो जाएगी; लेकिन वह कोई मूर्ख नहीं है। मतदाता क्या सोचता है, इसका पक्का सबूत इस सरकार के प्रकाश-पुंजों विशेषकर राहुल गांधी—को उसी समय मिल गया, जब वह आतंकवाद के पीड़ितों की खैर-खबर लेने शिष्टाचार के नाते अस्पताल के दौरे पर गए थे और उन्हें लोगों के तीखे सवालों एवं गुस्से का सामना करना पड़ा था।

खेद की बात है, आतंकवादी जितना अधिक धृष्ट एवं बेशर्म होते जाते हैं, पुलिस और भी ज्यादा आत्म-संतुष्ट हो जाती है। वे जानते हैं कि अगर वे कुछ नहीं करते हैं, तब भी कुछ नहीं होगा। मुंबई में जुलाई में हुई घटनाओं के बाद सांकेतिक काररवाई के अलावा क्या हुआ है? प्रत्येक हिंसक वारदात के बाद दिखावे के लिए घुटने झटकाने के सिवा कुछ नहीं होता है। यही सिलसिला जारी है।

क्या मुझे यह मंजूरी मिलेगी कि मैं सहज बुद्धि विद्वत् समिति की ओर से अपने पुलिस अधिकारियों को एक अपील जारी करूँ? कृपया इस प्रकार की अफसोसजनक झाँसा-पट्टी देना बंद करें कि संदिग्ध व्यक्तियों की कंप्यूटर-जनित तसवीरें निकालकर दावा कर दिया कि वे ऐसे दिखते हैं। सच तो यह है कि पुलिस को कुछ पता नहीं है और इन तसवीरों को अखबारों के मुख-पृष्ठ पर चेप दिया जाता है, ताकि लगे कि काम

जारी है, हालाँकि वास्तविकता से उसका कोई संबंध नहीं होता है।

अगर पुलिस के पास कोई सुराग होता तो बम फटते ही नहीं। तर्क यह दिया जाता है कि ये स्केच (ये तसवीरें) आक्रमण स्थल पर जीवित बचे लोगों द्वारा दिए गए वर्णनों के निष्कर्ष पर आधारित हैं। उस बदकिस्मत भीड़ नें किसी को क्या पता कि किसने बम वहाँ रखा? आतंकवादी अपने विनाशकारी हथियार और खुद के बीच कुछ दूरी रखता है, वरना वह भी मारा जाएगा। दिल्ली की हिंसक घटना को किसी आत्मघाती हमलावर ने अंजाम नहीं दिया था। क्या इन तसवीरों और वास्तविक संदिग्धों के बीच आखिर में कभी कोई समानता पाई जाती है? क्या कोई इनके आधार पर पकड़ में आया है?

अधिकतर ये तसवीरें लोगों के बीच फैले भय से उत्पन्न कल्पना और पुलिस की ओर से मानव-द्वेषी पूर्वग्रह का परिणाम होती हैं। जाँच करें—'संदिग्धों' की इन तात्कालिक तसवीरों में आप चेहरे पर दाढ़ी हमेशा पाएँगे। यह संस्थागत संप्रदायवाद है और बहुत धूर्तता पूर्ण एवं मुसलमानों के खिलाफ है। दिल्ली में घटी घटना के 48 घंटे बाद गृहमंत्री का बयान आया कि संकेत आशाजनक जरूर हैं, लेकिन बहुत निर्णायक नहीं। फिर भी, जहाँ तक जनभावना का संबंध है, फैसला पहले ही दिया जा चुका है।

व्यवस्था में, सरकार या विपक्ष में जब भी कोई आतंकवाद पर प्रवचन देता है और द्वि-दलीय आक्रमण की आवश्यकता की वकालत करता है, तो चेहरे पर निराशा और उदासी का भाव अवश्य प्रकट होना चाहिए। समस्या इरादे की नहीं है। इरादा बहुत अच्छा है। चिंता यह है कि हमारी पुलिस-व्यवस्था को अध्यक्षता एवं अयोग्यता ने छलनी कर दिया है—और इस सच्चाई को वे लोग अच्छी तरह समझते हैं, जो भारत को हानि पहुँचाने के लिए अत्यधिक सावधानी से काम कर रहे हैं। इस सवाल से जो हमारे सामने ढीठ बना पड़ा है, संसद् की रातों की नींद उड़ जानी चाहिए : क्या भारत में आतंकवाद जोखिम-मुक्त हो गया है?

□

देखा हुआ, अश्लील और अनदेखा

गरीबी के प्रति एक न्यूनतमवादी दृष्टिकोण।

—9 अक्तूबर, 2011

गरीबी की अपेक्षा अमीरी को पहचानना अधिक आसान होता है। अमीरी अथवा धन-दौलत या तो दृष्ट होती है या अश्लील; गरीबी अधिकतर अनदेखी बनी रहती है। सबसे खराब और हद दर्जे की दरिद्रता भारत या वस्तुत: दुनिया के उन भागों में छिपी हुई है, जहाँ यह सरकार के उद्‌गम-स्थान के बाहर है और उन व्यक्तियों तथा संस्थाओं के हितों के परे है, जो आधुनिक जीवन के इंजनों को ईंधन देते हैं, जैसे कि व्यावसायिक संस्थाएँ या अधिकारी तंत्र या प्रचार-माध्यम। जो थोड़ी-बहुत उदार प्रवृत्ति रखते हैं, वे यदा-कदा लगभग भुखमरीवाले इलाकों के निकट से गुजरते हुए गरीबों के प्रति कुछ नैतिक टीस अवश्य महसूस करते हैं, लेकिन गरीबी को किसी बैलेंस-शीट में कोई जगह नहीं मिलती है, वह बैलेंस शीट चाहे उदार प्रवृत्ति रखनेवाले संगठन या संस्था का दो या रूढ़िवादी का। उदार चरित अपराध का उपचार है विमुखता। भूखे को देखकर हम अपनी आँखें दूसरी तरफ फेर लेते हैं। सारी जिम्मेदारी हम सरकार पर छोड़ देते हैं।

सरकार व्यक्तिगत हित और अवैयक्तिक निर्णयन का एक विचित्र मिश्रण है। हम अनुभव से जानते हैं कि सरकार जो निरंतर सेवा सर्वाधिक प्रदान करती है, वह है दिखावटी सेवा। दिखाने की सेवा को एक शास्त्र बना लिया गया है। आँकड़े इस शस्त्र का आधार हैं। आँकड़ों को तथ्य संबंधी वैधता दे दी गई लगती है, मानो तथ्य और सच्चाई एक-दूसरे के पर्याय हों। किंतु यह एक अच्छी दलील है, किसी निर्णय को मानसिक रूप से आगे बढ़ाने का एक बहुत बढ़िया साधन है; क्योंकि वास्तव में कोई भी किसी समाधान के लिए साहस नहीं दिखाता है। आँकड़े सरकार के किसी अँधेरे कोने में खरखराते रहते हैं, जिससे यह भ्रम बना रहता है कि असल में कोई व्यक्ति किसी

विषय को लेकर कुछ कर रहा है। हमारे मामले में, आधार-सामग्री (अर्थात् आँकड़े) एक गुफानुमा योजना आयोग की मिल्कियत बनी हुई है और यह आयोग आजकल 'विदेश से लौटे' एक ऐसे नौकरशाह के अधीन है, जो अभिमान को ही शासन करना समझता है। मोंटेक सिंह अहलूवालिया का परिचय भारत को देना एक उत्तम विचार है। अहलूवालिया और भारत यदि एक-दूसरे को अधिक करीब से जान लें तो दोनों का फायदा होगा; क्योंकि अहलूवालिया तब तक योजना आयोग के कारगर अध्यक्ष बने रहेंगे, जब तक डॉ. मनमोहन सिंह प्रधानमंत्री की गद्दी पर हैं।

कहानी का रोचक हिस्सा तो यह है कि अहलूवालिया, जो अब 32 रुपए प्रतिदिनवाली गरीबी की रेखा के जनक के रूप में और भी अधिक यश प्राप्त कर रहे हैं, गरीबी को मापने के लिए अब कसौटी का भी इस्तेमाल नहीं करते हैं, जिसे अमेरिका और ब्रिटेन जैसे देशों ने अपनाया है। हम उलटा रास्ता अपनाते हैं, सिर नीचे और पाँव ऊपर करके देखते हैं : जीवित रहने के लिए अपेक्षित मुट्ठी भर अत्यावश्यक वस्तुओं की न्यूनतम लागत को लेते हैं; वास्तव में यह गणना करते हैं कि आपको जीवित रखने के लिए कितनी कैलोरी पर्याप्त होंगी। अधिक धनी राष्ट्र निर्धनता का हिसाब औसत अमीरी के एक औसत को ध्यान में रखकर लगाते हैं। अगर कोई उस औसत से कुछ प्रतिशत अंक नीचे फिसल जाता है तो उस पुरुष या महिला को गरीब और मदद के योग्य मान लिया जाता है। यही कारण है कि उन देशों में गरीब लोग भुखमरी के जाल में कभी नहीं फँसते हैं या यूँ कहें कि उन्हें भरण-पोषण की चिंता में मरने के लिए विवश नहीं किया जाता है।

मानदंडों को बदलने के लिए बढ़ाई गई बहस न्यायसंगत प्रतीत होती है। धनवान राष्ट्र तथ्यतः गरीबी रेखा को उठाने की योग्यता रखते हैं; क्योंकि उनके पास आर्थिक आधिक्य होता है, अर्थात् फालतू पैसा होता है। एक भिन्न परिप्रेक्ष्य के बारे में आपका क्या विचार है? धनी राष्ट्र असल में इसलिए धनी हैं, क्योंकि उन्होंने गरीबी की परिभाषा बदल दी है। क्या चीज है, जो एक राष्ट्र को अमीर बनाती है? समाज के ऊपर-ऊपर की परत पर एक बहुत ही विरल समुदाय द्वारा धन-संपत्ति का निर्माण और विनियोग किया जाना, जो फिर अपनी शक्ति का यथा-संभव प्रयोग इस दौलत का फैलाव नीचे की ओर होने से रोकने के लिए करता है? या एक अधिक सामान्य और इस कारण से उदार कही जा सकनेवाली ऐसी धन-संपत्ति का निर्माण, जिसका उद्देश्य यह सुनिश्चित करना है कि निम्नतम आर्थिक स्तर पर रहनेवाले लाखों-करोड़ों लोगों को एक बेहतर जीवन मिले?

भारत में एक कठोर, निर्मम एवं प्रचंड सिद्धांत देखने को मिलता है, जो खाते-पीते लोगों को इतना दंभी बना देता है कि वे यहाँ तक कहने से नहीं चूकते कि गरीबों को जो

मिलता है, वे उसी के काबिल हैं, कि अपनी किस्मत के लिए वे खुद ही जिम्मेदार हैं। जब तर्क इस बात की पुष्टि करता है कि यह सब बकवास है कि गरीब पीड़ित हैं कि गरीबी को हमेशा के लिए अपने ऊपर थोपी गई सजा कहकर खारिज नहीं किया जा सकता, तब हम आत्म-संतुष्टि के लिए अंतिम बहस के रूप में भाग्य या नियति जैसे मूर्खतापूर्ण एवं हास्यास्पद कुतर्कों का सहारा लेने लगते हैं। अतीत में हम इसी कुतर्क को अपनी ढाल बनाते आए हैं, क्योंकि निराशा के मारे लोग असहाय भी थे। वे उस अन्याय को चुनौती देने का दम नहीं रखते थे, जो उन्हें धीरे-धीरे यंत्रणा दे-देकर मार रहा था। लोकतंत्र की यह भी एक महान् उपलब्धि है कि ऐसा विनाशकारी अन्याय अधिक समय तक सहने योग्य नहीं है। राजनीतिक अधिकार आर्थिक सशक्तीकरण का एक माध्यम, एक साधन है या वे कुछ नहीं हैं।

सामंतवाद और उपनिवेशवाद ने लंब समय तक नृशंसतापूर्वक राज्य किया, अकाल उस दौर का एक चरम लक्षण था। लेकिन अच्छे-से-अच्छे सम्राट् और वाइसराय इस बात को बखूबी समझते थे कि जब आर्थिक भेदभाव की नीति गरीबों को मौत के द्वार तक ढकेल देती है तो साम्राज्य मिट जाता है। मेरी लाइब्रेरी में 'जहाँगीरनामा' का एक अमेरिकी म्यूजियम संस्करण मौजूद है। वीरोचित चित्रों में से एक जहाँगीर का बहुत ही स्पष्टवादी, अलंकृत चित्र है—गर्व के साथ पूरे एक पृष्ठ पर फैला हुआ। बादशाह ने अपना धनुष खींचा हुआ है—शिकार के समय या किसी युद्ध में नहीं, बल्कि एक बदसूरत डाइन को मारने के प्रयोजन से। यह कोई ऐसा चित्र नहीं है, जिसे भारत का स्वामी भविष्य के लिए बचाकर, सँभालकर रखना चाहेगा। मेरी कुछ समझ में नहीं आया, जब तक कि मैंने उस चित्र के चारों ओर अंकित शीर्षक को पढ़ा नहीं था। डाइन दरिद्रता का प्रतीक थी और बादशाह दरिद्रता को खत्म कर रहा था।

दीवाली आने वाली है। हमें चाहिए कि मिलकर चंदा इकट्ठा करें और 'जहाँगीरनामा' के इस संस्करण की एक-एक कॉपी दीवाली भेंट के रूप में योजना आयोग के प्रत्येक सदस्य को भेज दें।

□

संसद् में 51 प्रतिशत एफ.डी.आई. के बारे में क्या विचार है?

क्या मंत्रिमंडल (कैबिनेट) की बैठकों में मोबाइल फोन पर रोक होनी चाहिए?

—4 दिसंबर, 2011

समय आ गया है कि आर्थिक सुधार के जनक को अब राजनीतिक सुधारों की पहल करनी चाहिए। प्राथमिकता नं. 1 : डॉ. मनमोहन सिंह को उस गोपनीयता की शपथ का त्याग कर देना चाहिए, जो कैबिनेट मंत्रियों को सरकार के उच्चतम स्तर पर अभिषिक्त किए जाते समय बड़े सत्य-भाव से समारोहपूर्वक दिलाई जाती है। चरण 2 : कैबिनेट बैठकों के दौरान मोबाइल फोन पर रोक होनी चाहिए। दोनों में से कौन सा सुझाव अधिक कठिन है? पहला, क्योंकि भारत के संविधान में संशोधन करना राजनीतिज्ञों की अपनी छवि के प्रति उनकी वैचारिक प्रतिबद्धता को बदलने की अपेक्षा अधिक सरल है। जनवाद की अपनी अपेक्षाएँ होती हैं।

वर्तमान केंद्रीय कैबिनेट ने औपचारिक गोपनीयता के प्रति अपने नैतिक बंधन या दायित्व का पूरा मजाक बना डाला है। कुछ मंत्रियों में तो इतना भी धैर्य नहीं है कि वे बैठक में हुई बातचीत का विवरण मिर्च-मसाला लगाकर अपने दोस्तों तथा पत्रकारों को देने से पहले बैठक समाप्त होने की प्रतीक्षा कर सकें। वे एस.एम.एस कर देते हैं। यदि आप यह कोशिश करना और निश्चित करना चाहते हैं कि आपकी बात सुनकर जनमत आपके पक्ष में हो तो सबसे पहले आपको वह गुट छोड़ देना चाहिए, जिससे आपका संबंध या नाता है। पुराने दिनों में अंदर की किसी भी बात का खुलासा करना एक गंभीर मामला माना जाता था और उसे एक आक्षेप के रूप में लिया जाता था। लेकिन आज बिल्कुल उलटा हो रहा है। कैबिनेट में चर्चित विषयों की खबरें बाढ़ की तरह बाहर

निकलने लगी हैं। प्रधानमंत्री भले ही उस नई प्रवृत्ति से दु:खी या परेशान हों, लेकिन उन्हें अपनी परेशानी जताने का कोई अवसर नहीं जाता है। यू.पी.ए. के न्यूनतम या अधिकतम प्रोग्राम में अनुशासन का प्रावधान नहीं है।

कैबिनेट की जिस बैठक में मल्टी-ब्रैंड रिटेल चेन में 51 प्रतिशत विदेशी पूँजी निवेश की अनुमति देने का निर्णय लिया गया था। एक बैठक के दौरान हुई चर्चा का शब्दश: ब्यौरा दिया जा रहा था, उन सभी पेचीदगियों का विस्तारपूर्वक जिक्र करते हुए कि क्या-क्या हुआ और किस-किसने क्या-क्या कहा। हमें सारी बातें पता हैं, किस तरह वित्त मंत्री प्रणव मुखर्जी ने अपने बंगाली मित्र दिनेश त्रिवेदी को डाँट पिलाई; कैसे त्रिवेदी बैठक से तुरंत बाहर चले गए और फिर कमलनाथ के समझाने-बुझाने पर वापस चले आए। जयराम रमेश की इस टिप्पणी को—कि जो निर्णय लिया गया है, उसके कारण कांग्रेस को उत्तर प्रदेश में कुछ सीटों से हाथ धोना पड़ सकता है—इतने सटीक ढंग से पेश किया गया है कि उन्हें एक प्रेस विज्ञप्ति जारी करके सफाई देनी पड़ी। शरद पवार ने पलटवार करते हुए जो यह अपमानजनक टिप्पणी की कि "कांग्रेस की हालत वहाँ वैसे भी ठीक नहीं है" और जिसे तुरंत खारिज कर दिया गया, घटनाओं के दैनिक विवरण में उसे भी बराबर जगह दी गई। इस बात को लेकर भी गंभीर किस्म की एक द्वंद्वात्मक और गरम बहस छिड़ी हुई है कि कांग्रेस ने एफ.डी.आई. के मुद्दे पर अपने सहयोगी दलों को सिर्फ सूचित किया था, उनसे बातचीत की थी या फिर उनसे सलाह-मशविरा भी किया था या नहीं। यह एक बहुत ही रोमांचक विषय है, विशेषकर मीडिया के लिए।

सुधार नं 3 : संसद् को एक कल्पित संसद् में परिवर्तित कर दिया जाना चाहिए। वास्तव में किसी भी सांसद के लिए सदन में आना आवश्यक नहीं होना चाहिए। वह सांसद, पुरुष हो या महिला, आराम से घर में बैठकर नेटवर्क से जुड़े परदे और ध्वनि व्यवस्था के जरिए सदन की काररवाई में सम्मिलित हो सकते हैं। अगर गैर-सरकारी संगठनों में कार्यरत कर्मचारी श्रव्य-दृश्य नेटवर्क के जरिए अपने घर को कार्यालय में बदल सकते हैं तो संसद् क्यों नहीं? संसद् सदस्यों को न हवाई टिकट लेना पड़ेगा और न उन्हें दिल्ली में निवास-स्थान की आवश्यकता होगी; क्योंकि उन्हें उड़कर दिल्ली नहीं आना पड़ेगा। इससे धन और समय की भारी बचत होगी। सामूहिक आचरण की अनिवार्यता तुरंत खत्म हो जाएगी। इसका नतीजा यह होगा कि उन्हें एकजुट होकर सदन के बीचोबीच आने और अध्यक्ष अर्थात् स्पीकार को सदन की काररवाई स्थगित करने के लिए बाध्य नहीं करना पड़ेगा। पूरा सत्र रोक-टोक के बिना चल सकेगा और यह व्यवस्था टेलीविजन पर भारी पड़ने के बावजूद विधि-निर्माण तथा वाद-विवाद के लिए भली साबित हो सकती है। कुछ राज्यों ने सत्र की अवधि घटाकर न्यूनतम करके गुप्त सुधार करने का प्रयास किया है। दिल्ली विधानसभा का सत्र हाल ही में सिर्फ दो

दिन के लिए बुलाया गया। कल्पित संसद् को ऐसे घृणित दाँव-पेचों का सहारा नहीं लेना पड़ेगा। फिर भी, यदि कोई सांसद कैंटीन में सस्ता भोजन करने के लिए संसद् भवन आना चाहे तो उसके आने पर कभी कोई रोक-टोक नहीं होनी चाहिए। यह तो संसद् सदस्यों का एक मौलिक अधिकार है और भारतीय लोकतंत्र की एक आधारशिला। (ब्रिटिश लोकतंत्र की आधारशिला पार्लियामेंट में मौजूद मधुशाला है। इसी कारण वहाँ वाद-विवाद अत्यधिक जोशीला होता है।

चौथा (और अंतिम) सुधार : डॉ. मनमोहन सिंह को संसद् में 51 प्रतिशत एफ.डी.आई. को मंजूरी देनी चाहिए। इस कदम से भारतीय राज-निकाय में तत्काल पारदर्शिता और व्यवस्था आ जाएगी। लोकसभा शेयरों की खरीद लोकतांत्रिक राष्ट्रों तक सीमित रहेगी, फिर हमें चीन से कोई खतरा नहीं रहेगा। यदि अमेरिका सर्वाधिक शेयर खरीदकर लोकसभा पर नियंत्रण कर लेता है तो हम फौरन अध्यक्षीय शासन पद्धति को अपना सकते हैं। राष्ट्रपति भवन में बड़े हिस्सों को अच्छे-अच्छे कार्यालयों हेतु जगह में बदल सकते हैं और एक उपयुक्त प्रचार-माध्यम को बनाए रखने के लिए आवश्यक सभी तरह का राजनीतिक तमाशा पेश कर सकते हैं, ताकि वे धरातल से सीधे नं. 1 बनने की चुनावी होड़ में कूद सकें। यदि ब्रिटेन की संसद् ने 51 प्रतिशत शेयर खरीदे तो वे उसके बदले सेंट्रल हॉल में तीन मदिरालय चालू कर सकते हैं, जिससे सदस्यों का मिजाज निश्चित रूप से सँवर जाएगा। अगर फ्रांसीसी कब्जा कर लेंगे तो वे भारतीय वायु सेना को अपने राफेल लड़ाकू विमानों की सुपुर्दगी जल्दी करा सकते हैं। इस सुधार में एक ही खतरा हो सकता है कि रोम या एथेंस कब्जा न कर लें। यदि ऐसा हुआ तो वे भारत को ग्रीस या इटली में बदल देंगे; लेकिन किस्मत से उनके पास इस समय इतना रोकड़ा नहीं है।

□

सेंट अगस्तीन की शुचिता

मनमोहन सिंह सरकार बंद किताबों और खुली हथेलियों की लाइब्रेरी बन गई है।

—3 जून, 2012

कैथोलिक संतों का नाम लिखना शुरू करें तो एक मोटा रजिस्टर भी कम पड़ जाएगा; लेकिन उनमें से कुछ ने ही ऐतिहासिक प्रसिद्धि पाई है। 354 और 430 ईस्वी के मध्य रहे संत अगस्तीन ने ऐसी अमिट छाप छोड़ी है कि उद्धरणों का कोई भी संग्रह उनके बिना पूरा नहीं होता है। अपराध-स्वीकरण की किताब 3 में भावी पीढ़ियों के लिए दर्ज एक प्रार्थना किसी भी अनैतिक सूक्ति का भार उठा लेती है। इसे अधिकतर या हमेशा ही गलत उद्धृत किया जाता है, हालाँकि कभी इसका यथार्थ वर्णन नहीं किया जाता है। अगस्तीन ईश्वर से प्रार्थना करता है—''कृपया मुझे शुचिता और जितेंद्रियत्व, अर्थात् आत्मसंयम प्रदान करो; लेकिन इस समय नहीं!''

इसे यू.पी.ए. सरकार के संदर्भ में आदर्श वाक्य के रूप में लिया जा सकता है। प्रत्येक मंत्री शुद्ध और सच्चा बनना चाहता है, लेकिन पद से हटने तक नहीं। सत्ता में जब होते हैं, तब अनेक मंत्री अपनी-अपनी केबिन के बाहर टैक्सी मीटर लगा देते हैं, जो रिश्वतखोरी का चालू हिसाब-किताब दर्ज करता रहता है। यूपीए 2, यूपीए 1 का स्याह और सड़न-युक्त प्रतिशोध बन गया है। घोटालों का जन्म जल्दी होता है। शुरुआती इंतजाम बहुत जल्द कर लिया जाता है। दोनों तरफ के इरादे बतलाने में ज्यादा समय नहीं लगता है। दलाल अपने काम में निपुण होते हैं। अगर कुछ समय जाता भी है तो केवल भाव-ताव करने में। आखिरकार, रकम भी तो बहुत बड़ी होती है। लेकिन जब दोनों पक्षों को पता हो कि सौदे को हर हालत में पक्का करना ही है तो सौदेबाजी एक निश्चित समय के अंदर खत्म हो जाती है। हाँ, घोटालों की गुत्थी सुलझाने में अवश्य समय लगता है।

नियंत्रक एवं महालेखा परीक्षक (सी.ए.जी) को अत्यधिक सावधानी से एक ऐसी रिपोर्ट तैयार करने में वर्षों लग सकते हैं, जो उन लोगों की छानबीन के सामने ठहर सके, जिनका भंडाफोड़ किया जा रहा है—घूस देनेवाले और घूस लेनेवाले अपनी नाजुक खाल बचाने के लिए कानूनी सलाह और जन-संपर्क प्रबंध-कौशल पर बहुत पैसा बहाते हैं। भंडाफोड़ होने के बाद भी जरूरी नहीं कि खुलासे तुरंत आग पकड़ लें। कोल आवंटन में भारी घोटाला प्रकाश में आए कुछ समय निकल ही चुका है। इस लूट में मंत्री के संबंधियों के शामिल होने और उसके पूर्वाधिकारी के भ्रष्टाचार की बात भी अब किसी से छिपी नहीं है। लेकिन असली विस्फोट तब हुआ, जब टीम अन्ना ने प्रधानमंत्री मनमोहन सिंह पर निशाना साधा।

सरकार द्वारा हर कोशिश की गई है, हर तरफ से दबाव डाला गया है, यह संदेश पहुँचाने के लिए कि प्रधानमंत्री की व्यक्तिगत ईमानदारी अनिंदनीय है। शायद है भी; लेकिन जो कुछ कहा गया है, उससे प्रतीत होता है कि 'निश्चित' शब्द अब 'शायद' में बदल गया है। किंतु प्रधानमंत्री एक सच्चाई से नहीं बच सकते। शिबूसोरेन ने जब इस्तीफा दिया, उस समय से कोयला मंत्रालय उनके अधीन रहा है।

अगर यह भारी लूट उनकी आँख के नीचे होती रही तो उन पर जवाबदेही बनती है। अगर उन्होंने अपने दस्तावेजों के तहत राष्ट्र के साधनों को लुटने दिया तो वे अवश्य जवाबदेह हैं, भले ही लूट दूसरों की जेब में गई हो। उनका एक ही जवाब हो सकता है और उनके जवाब में सच्चाई भी हो सकती है कि उन्होंने फाइलों को पढ़ा नहीं लेकिन यह जवाब काफी नहीं है।

यह विडंबना नहीं तो और क्या है कि जिस प्रधानमंत्री ने प्रायः सार्वजनिक रूप से यह दावा किया है कि उनका जीवन एक खुली किताब है, वही प्रधानमंत्री आज एक ऐसी सरकार की अध्यक्षता कर रहा है, जो बंद किताबों की लाइब्रेरी बन गई है। सन् 1947 से आज तक किसी सरकार का रिकॉर्ड इस कदर भ्रष्टाचार से भरा नहीं रहा है; घूसखोरी का पाप शासन-व्यवस्था के चरमरा जाने से चौगुना हो गया। वर्ष 2009 में डॉ. सिंह की छवि ऐसी थी, जिसे चुनाव-प्रचार में असंदिग्ध रूप से भुनाया जा सकता था। वर्ष 2012 तक उनकी कार्यशैली का रिकॉर्ड इतना विकृत हो चुका है कि कांग्रेस जनता के पास नहीं जा सकती और उसका वोट नहीं माँग सकती। जनता वोट वैसे भी नहीं देगी। श्रीमती सोनिया गांधी यह जानती हैं। कोर ग्रुप की बैठकों में उनके हाव-भाव बता देते हैं कि वह पूरी तरह निराश हो चुकी हैं। वह जानती हैं कि सरकार बदलने का समय आ गया है; क्योंकि अगर वह नहीं बदलती हैं तो लोग बदल देंगे और जब लोग ऐसा करते हैं तब हो सकता है कि चिथड़े भी नजर न आएँ।

राजनीतिक पंचांग एक अवसर देता है। राष्ट्रपति चुने जाने का समय आ रहा है।

कांग्रेस ने अपने प्रत्याशी के बारे में चुप्पी साध रखी है, जिसके कारण कुछ छिपे हुए घोड़ों के बारे में तरह-तरह की अटकलें लगाई जा रही हैं, जिनमें से कुछ स्याह हैं, कुछ चित्तीदार हैं तथा एक जोड़ा और भी है, जो लँगड़ा होने के बावजूद अड़ा हुआ है कि वे भी दौड़ने में हैं। श्रीमती गांधी डॉ. मनमोहन सिंह को राष्ट्रपति भवन भेजकर और फिर आत्यंतिक रूप से एक भिन्न सरकार की स्थापना करके अपनी पार्टी का कुछ भला कर सकती हैं। उनके पास प्रणव मुखर्जी के रूप में एक स्वाभाविक उत्तराधिकारी मौजूद है। हालाँकि बक-बक करनेवाले गुट दावा करते हैं कि दोनों के बीच संदेह की एक बड़ी खाई है; फिर भी, इस बात से इनकार नहीं किया जा सकता कि उन्होंने काफी लंबे समय तक साथ-साथ काम किया है और व्यक्तिगत भावनाओं को कभी आड़े नहीं आने दिया है। राजनीति एक जटिल क्षेत्र है। इसमें शांत मन से निर्णय लेने की आवश्यकता होती है। श्रीमती गांधी के पास विकल्प नहीं है, क्योंकि डॉ. सिंह के स्थान पर लाया जानेवाला व्यक्ति मित्र दलों और विशेषकर देश की जनता को स्वीकार्य होना चाहिए। हो सकता है, वह अपने पुत्र राहुल गांधी को प्रधानमंत्री के रूप में देखने की इच्छुक हों; लेकिन यह धारणा कभी निकट भविष्य में फलीभूत होती नहीं दिखती है। राहुल गांधी उत्तर प्रदेश में झंडा गाड़कर अपना नाम कमा सकते थे; लेकिन वह कामयाब नहीं हुए।

यह परिवर्तन मध्य जून में प्रणव मुखर्जी के पक्ष में जा सकता है। यह परिवर्तन इस बार द्वितीय विश्व युद्ध के नायक विंस्टन चर्चिल के एक स्मरणीय उद्धरण के आशय के अनुसार, अंत का आरंभ भले ही साबित न हो, किंतु यह यू.पी.ए. 2 के विनाशकारी आरंभ का अंत अवश्य कर सकता है।

□

एक कोख की कीमत

प्राकृतिक संसाधन राष्ट्र के संसाधन हैं, कांग्रेस की संपत्ति नहीं।

—26 अगस्त, 2012

डॉ. मनमोहन सिंह और श्रीमती सोनिया गांधी के नेतृत्वाधीन सरकार ने अपनी शासन-संहिता निर्धारित कर दी है। आप एक उर्वर या उपजाऊ कोख को भारी छूट पर बेच सकते हैं, जब तक कि वह बच्चा जनने योग्य रहती है। यह रूपक अलंकार सामान्य बोलचाल की कसौटी पर खरा उतरता है : हमारे प्राकृतिक संसाधन, जैसे कि कोयला इत्यादि, प्रकृति माँ की देन हैं। सुप्रीम कोर्ट ने कहा है कि प्राकृतिक संसाधन राष्ट्रीय संसाधन होते हैं। यह प्रजा की संपत्ति होती है और सरकार इसकी केवल एक अस्थायी रखवायी होती है। प्राकृतिक संसाधनों के किसी भी आर्थिक दोहन के मामले में सरकार जनसाधारण को जानेवाले प्रतिफल को अधिकतम करने के लिए कर्तव्यबद्ध है।

सी.ए.जी. अथवा नियंत्रक वं महालेखा परीक्षक, सरकार के एक प्रमुख पदाधिकारी हैं विनोद राय, जो इस पद पर हैं तथा सरकार में अपनी विशिष्ट पहचान बना चुके हैं और वित्त विभाग में सचिव का पद सुशोभित कर चुके हैं, जब पी. चिदंबरम वित्त मंत्री थे। विनोद राय की सक्षमता और सत्य-निष्ठा को ध्यान में रखकर ही डॉ. मनमोहन सिंह ने सी.ए.जी. का पद सँभालने के लिए उनका नाम आगे बढ़ाया था। 7 जनवरी, 2008 को उन्होंने अपना पदभार ग्रहण किया था।

राय ने मानसून सत्र के दौरान कोयला खदानों पर एक रिपोर्ट संसद् को भेजी, जिसमें इस बात की पुष्टि की गई थी कि ''स्पर्धात्मक नीलामी की प्रक्रिया आरंभ करने में देरी के कारण वर्तमान प्रक्रिया (कोल आवंटन की प्रक्रिया) निजी कंपनियों के लिए बहुत लाभकारी साबित हुई है। लेखा परीक्षा के अनुमानों के अनुसार, लगभग 1.86 लाख करोड़ रुपए का लाभ उन निजी कंपनियों को होने की संभावना है, जिन्हें कोयला

क्षेत्र आवंटित किए गए हैं।'' भाषा काफी सरल है। जिस अवधि का यह मामला है, उस अवधि में काफी समय (नवंबर 2006 से मई 2009 तक) के दौरान कोयला विभाग प्रधानमंत्री के अधीन था।

कुछ माथा पच्ची करने के बाद यू.पी.ए. सरकार ने एक जवाब तैयार किया है—इन आवंटनों से कोयला निकाला जाना अभी शुरू नहीं हुआ है, इसलिए कोई लाभ होने का सवाल ही कहाँ उठता है। अत: सी.ए.जी. रिपोर्ट विश्वास करने योग्य नहीं है। यह तर्क गले उतरता, अगर सरकार ने यह भी ऐलान कर दिया होता कि सरकार इन आवंटनों को रद्द कर रही है, चुकाई गई रकम वापस कर रही है और कोयला क्षेत्रों को नीलाम करने जा रही है। यह काम बहुत आसान होना चाहिए, क्योंकि सरकार के अपने बयान के अनुसार, खनन कार्य अभी शुरू ही नहीं हुआ है। दूसरे शब्दों में, निजी क्षेत्र ने इसकी खरीद में कोई निवेश नहीं किया है, अत: मूल कीमत पर्याप्त हरजाना होना चाहिए। वित्त मंत्री पी. चिदंबरम द्वारा जो यह दावा किया जा रहा है कि 'कोई लाभ नहीं हुआ', उस दावे को निरापद करने का यही एकमात्र तरीका है। निजी कंपनियों को भी कोई शिकायत नहीं होनी चाहिए, क्योंकि यह बात पहले ही कही जा चुकी है कि उन्होंने कोयला निकालना शुरू नहीं किया है। सी.ए.जी. रिपोर्ट खुद कहती है कि इसमें 1.86 लाख करोड़ रुपए (लगभग 37 अरब) का जो आँकड़ा दिया गया है, वह 'हो सकनेवाले अर्थात् संभवनीय' लाभ को दरशाता है। अवांछित लाभ की इस मूसलाधार बरसात को रोकने का एक ही उपाय है—आवंटनों को रद्द करना।

यू.पी.ए. का दूसरा तर्क है कि कुछ भाजपा शासित राज्यों ने भी एक बार नीलामी के बदले इस आवंटन प्रक्रिया का समर्थन किया था। तो क्या उनके द्वारा आवंटित किए गए ब्लॉक भी रद्द कर दिए जाने चाहिए? बात किसी राजनीतिक दल के कृत्य या दुष्कृत्य की नहीं है, बल्कि लोगों के अधिकार और उनके हित की है। 37 अरब डॉलर इतनी बड़ी राशि है कि अगर इसमें से हम उस हिस्से को निकाल दें, जो कुछ प्रतिशत के हिसाब से अंतत: अकुशलता तथा भ्रष्टाचार के खाते में जाएगा, तब भी इतनी रकम बची रहेगी, जिससे माओवादी विप्लव-ग्रस्त जिलों में बच्चों के लिए मुफ्त भोजन की व्यवस्था की जा सकेगी और माताओं तथा शिशुओं के स्वास्थ्य की देखभाल के लिए भी हानि जुटाने की चिंता के स्वास्थ्य की देखभाल के लिए भी धन जुटाने की चिंता नहीं करनी पड़ेगी।

लेकिन पकड़ या फँसाव उद्धृत किए गए सी.ए.जी. रिपोर्ट के पैराग्राफ के प्रारंभिक वाक्य में है। सरकार को हुए नुकसान का कारण 'स्पर्धात्मक नीलामी की प्रक्रिया शुरू करने में विलंब' था। एक व्यवस्था चली आ रही थी, जिसका पालन सभी पार्टियों द्वारा किया जाता था, जब उनकी सरकार हो, लेकिन वर्ष 2004 में यू.पी.ए. की सरकार बनने

के बाद और संभवतया डॉ. मनमोहन सिंह की ईमानदार छवि से प्रेरित होकर कोयला सचिव पी.सी. परख ने 16 जुलाई, 2004 के एक औपचारिक नोट में, आवंटन प्रक्रिया की नीलामी में बदलने की सिफारिश इस मान्य आधार पर की कि ऐसा करने से पक्षपात के लिए गुंजाइश कम रहेगी और राजस्व भी कहीं अधिक प्राप्त होगा। यह विचार 28 जून, 2004 को आयोजित सभी स्टॉक होल्डर्स की बैठक में हुई चर्चा से निकलकर सामने आया।

कोई भी सोच सकता था कि कैबिनेट में इस निष्कर्ष का स्वागत होगा। लेकिन, उक्त सुझाव को स्वागत योग्य मानने के बजाय प्रधानमंत्री कार्यालय में मौजूद पदाधिकारियों ने उसमें अड़ंगा लगा दिया। 11 सितंबर, 2004 को प्रधानमंत्री कार्यालय (पी.एम.ओ.) द्वारा एक नोट परिचालित करके सूचित किया गया कि बोली लगाने की स्पर्धात्मक प्रक्रिया में कुछ दोष हैं; 1 नवंबर, 2004 को पी.एम.ओ. ने कोयला खदान (राष्ट्रीयकरण) अधिनियम, 1973 में एक संशोधन का विरोध किया। क्यों? इसका कोई विश्वसनीय उत्तर नहीं है। केवल ये ही उदाहरण नहीं हैं और अगर नीलामी गलत थी तो इस सरकार द्वारा निजी व्यवसायियों को कम-से-कम 57 कोल ब्लॉक दिए जाने के बाद यह प्रक्रिया अचानक उचित या ठीक कैसे हो गई है—संबंधित सूची में आमतौर पर अनेक अज्ञात लोगों के साथ-साथ कुछ नामी-गिरामी लोगों के नाम भी शामिल हैं। नीलामियों को समाविष्ट करते हुए खदान एवं खनिज विधेयक का प्रारूप अंततः वर्ष 2011 में तैयार किया गया, लेकिन इसे अभी तक पारित नहीं किया गया है।

सच्चाई के साथ छलावा करने के दाँव-पेंच काम ले आते हैं, लेकिन एक सीमा तक ही। भाजपा को अपना संदेश हर तरफ पहुँचाने के लिए संसद् को ठप करना चाहिए या नहीं, बहुत लोगों के मन में यह विवाद का विषय हो सकता है। लेकिन इस विषय पर गरमागरम बहस और आमने-सामने का टकराव संसद् के बजाय अब देश भर में चाय की दुकानों और चौपालों में होने लगा है। निर्णायक दलीलों और तर्क-वितर्क को सुन रहा है लोकतंत्र का एक जज, यानी मतदाता। चुनाव के दिन फैसला सुना जाएगा। माँ प्रकृति की कोख का नाता जनता से है।

□

अतीत के भूतों का लैंगिक न्याय पर मँडराना

दो फैसले और पक्षपात के संबंध में एक सवाल।

—10 फरवरी, 2013

सुप्रीम कोर्ट का कोई भी फैसला कानून पर टिका हो सकता है, लेकिन इसे सार्वजनिक करने से पहले न्यायाधीशों को लंबे वैचारिक मंथन से गुजरना पड़ता है क्योंकि हम इसकी सत्यनिष्ठा पर इतना अधिक विश्वास करते हैं कि इसकी सांयोगिक गलती में भी हमें सच्चाई नजर आती है।

एक उपाय, जिसके जरिए विधिक अर्थात् कानूनी-व्यवस्था अपनी विश्वसनीयता की रक्षा करती है, उसे हम 'न्यायालय की अवमानना' सिद्धांत के रूप में जानते हैं। कम-से-कम उस स्थिति में तो असहमति को उपयुक्त नहीं माना जाता है, जब आप जेल की कोठरी के बजाय घर पर रहना चाहते हैं; मगर श्रीमन् व्याकुलता के लिए कुछ स्थान अवश्य देंगे? फैसला सुनाने के पूर्व विचार-विमर्श कर लेना अत्यावश्यक होता है, विशेषकर इस कारण, क्योंकि सुप्रीम कोर्ट का कोई भी फैसला किसी अकेले अपराधी के भाग्य पर आखिरी शब्द से कहीं अधिक महत्त्व रखता है। यह एक साँचा अर्थात् पक्का उदाहरण भी बन जाता है; क्योंकि फिर देश भर में सभी न्यायालय उन लाखों-करोड़ों मामलों में या भविष्य में होनेवाले अपराधों में अपने निर्णयों को उसी साँचे में ढालेंगे, जो मामले अभी न्याय की प्रक्रिया में फँसे हुए हैं।

5 फरवरी को अखबारों में खबर छपी कि न्यायमूर्ति पी सतशिवम तथा जे.एस. खेकर की न्यायपीठ ने एक ऐसे बालिग पर लगे मृत्युदंड की पुष्टि कर दी है, जिसने सात साल के बालक का अपहरण किया था और फिर उसने फिरौती प्राप्त करने में कामयाब न होने के बाद उस लड़के की हत्या कर दी थी। इन न्यायमूर्तियों का निष्कर्ष

था कि इस अपराधी में सुधार की कोई उम्मीद नजर नहीं आती है, कि इस अपराधी का विकार एवं दुष्टता अमानवीय है और यह निर्मम हत्या पहले से योजना बनाकर की गई थी। मृत्युदंड की पुष्टि के लिए उन्होंने जिस तर्क को आधार बनाया, वह निश्चय ही विवाद के परे है।

लेकिन औचित्य में एक विचित्र संलेख था, जिसे माननीय न्यायाधीशों ने हालात को संगीन बनाने के कारण ठहराया। मैं उस संलेख को यहाँ उद्धृत कर रहा हूँ—'मृतक के माता-पिता के चार बच्चे थे—तीन बेटियाँ और एक बेटा। इकलौते बेटे का अपहरण उसके माँ-बाप के मन में अधिक-से-अधिक भय पैदा करने के इरादे से किया गया था। इकलौते पुत्र की इरादतन हत्या का मृतक के माँ-बाप पर गंभीर प्रभाव पड़ना अवश्यंभावी है।…' न्यायपीठ का यह भी कहना था, 'माँ-बाप के लिए अपने बेटे को खो देने की पीड़ा का अनुमान असंभव है, क्योंकि वही बच्चा बड़ा होकर वंश को आगे बढ़ाता है और बुढ़ापे में माँ-बाप को सहारा देता है।'

ऐसी सोच से व्यंजित अर्थ चौंकानेवाले होते हैं। इसका साफ-साफ अर्थ यह निकलता है कि यदि तीन लड़कियों में से किसी एक लड़की का उसी प्रकार अपहरण किया गया होता और फिर उसकी हत्या कर दी गई होती तो माँ-बाप को कम पीड़ा होती, क्योंकि लड़की वंश-वृक्ष को आगे नहीं बढ़ाएगी या बुढ़ापे में अपने माँ-बाप का सहारा नहीं बनेगी। जजों ने 'एकमात्र नर संतान अर्थात् पुत्र' पर बल दिया, जिससे स्पष्ट था कि उनके विचार में पुत्र ही वंश-परंपरा को आगे बढ़ानेवाला और माता-पिता को सहारा देनेवाला होता है।

ये न्यायाधीश किस दुनिया में रह रहे हैं? एक और निर्णय को देखें तो हमें पता लग जाता है कि वे किस दुनिया के बाशिंदे हैं। एक सप्ताह पहले ही वह फैसला सुनाया गया था। मृत्युदंड के विरुद्ध दायर की गई एक अपील में। तब भी न्यायमूर्ति सदाशिवम न्यायपीठ में थे। उस बार न्यायमूर्ति एफ.एम.अई. कलीफुल्ला की संगति में। सुप्रीम कोर्ट द्वारा अपनाई गई दोहरी नीति पर भय की अनुभूति के बिना उनके फैसले को दोहराना कठिन है। उनके सामने विचारण न्यायालय और उच्च न्यायालय दोनों से अभिशप्त घोषित आदमी मौजूद था। उस वहशी हत्यारे ने अपनी नाबालिग बेटी का बलात्कार किया था और उसकी पत्नी द्वारा पुलिस में शिकायत दर्ज कराने के बाद उसे गिरफ्तार किया गया था। जमानत पर रिहा होने के बाद उसने अपनी पत्नी और बेटी दोनों को मार डाला।

यह घृणित व नृशंस बलात्कारी और हत्यारा श्रीमन् सदाशिवम और कलीफुल्ला की कृपा से आज भी जीवित है।

किसी को भी आश्चर्य हो सकता है, यह सोचकर कि क्या बलात्कार और लिंग द्वेष

के विरुद्ध पूरे देश में उत्पन्न भारी क्षोभ और क्रोध की ओर सुप्रीम कोर्ट का ध्यान नहीं गया? मुख्य न्यायाधीश अल्तमस कबीर ने निश्चय ही महिलाओं की तरफ से आई तीव्र वेदना की चीख सुनी है। उन्होंने कहा कि अगर संभव होता तो वह भी दिल्ली में विरोध-प्रदर्शन में अवश्य शामिल होते। क्या मुख्य न्यायाधीश असहाय थे? जिस समय उनके बंधुओं ने इस तरह के असंगत और बेमेल राग सुनाए? विचारण न्यायालय और उच्च न्यायालय भविष्य में क्या करेंगे, जब उनके सामने जघन्य अपराधी के रूप में एक ऐसा पिता खड़ा होगा, जिसने अपनी नाबालिग बेटी का बलात्कार किया है और हत्या की है तथा एक माँ होने के नाते अपनी पत्नी को काट डाला है? क्या वे अगली बार में न्यायमूर्ति सदाशिवम और कलीफुल्ला द्वारा कायम की गई मिसाल के कारण मृत्युदंड देना बंद कर देंगे? जिस नाबालिग लड़की को हैवानियत का शिकार बनाया गया और फिर जिसकी हत्या कर दी गई, क्या उस लड़की का जीवन उस लड़के के जीवन की तुलना में कम महत्त्व रखता है, जिस लड़के को उठाकर ले जाने के बाद मार दिया गया? क्या दो औरतों की हत्या करनेवाला आदमी क्षमादान के योग्य हो जाता है; जबकि एक लड़के की हत्या करनेवाले को फाँसी पर लटका दिया जाता है? क्या यह न्याय है?

माननीय सुप्रीम कोर्ट के पास चुप रहने का विकल्प है। हम अपने सवालों को एक सीमा के आगे नहीं बढ़ा सकते। क्या चुप्पी साधने के अलावा कोई और विकल्प नहीं है? न्यायालय के खाते में अगर सुप्रीम कोर्ट और संसद् के पास ऐसा करने का साहस है तो उन्हें मृत्युदंड का त्याग कर देना चाहिए। तब अफजल गुरु पर दिए गए मृत्युदंड के फैसले को लागू करने में सरकारों की ओर से की गई वर्षों की देरी को लेकर किसी बहस की जरूरत नहीं रहेगी और न इस दुविधा से गुजरना पड़ेगा कि जब तक भारत के राष्ट्रपति द्वारा अपना संयम चुक जाने का संकेत न दिया जाए, तब तक कोई कारवाई न की जाए। लेकिन जब तक कानून मृत्युदंड कहलाए जानेवाले इस अंतिम अस्त्र का प्रयोग करने की मंजूरी देता है, तब तक न्याय की वह तलवार जाने या अनजाने पूर्वग्रह के बिना चलनी चाहिए।

लिंग समानता मर गई है। आधुनिक भारत में हर दिन इसे टुकड़ों में दफनाया जा रहा है। न्याय को बीते युग के भूत-प्रेतों द्वारा प्रभावित नहीं किया जा सकता।

□

एक महल और खेत जोतने के बीच

यदि मनमोहन सिंह ने वर्ष 2009 के अंतिम चरण में या 2010 में किसी समय कुरसी छोड़ दी होती तो आज देश भर में उन्हें वापस लाने की माँग तेजी से उठ रही होती।

—8 सितंबर, 2013

लाइवी, प्राचीन इतिहासकार ने सिंसिनेटस की अनोखी कहानी लिपिबद्ध की है, जिसकी स्मृति को राजनीतिज्ञों के लिए आवश्यक अध्ययन बनाए जाने के बजाय पठनीय सामग्री के दूर किनारे डाल दिया गया है। 458 ईसा पूर्व रोम को सैबाइनों और ऐक्यूई से बड़ा खतरा था। सिंसिनेटस उस समय अपने खेत जोत रहा था, जब उसे लोक सेवा हेतु बुलाया गया। अधिनायक नियुक्त किए जाने पर उसने आक्रमणकारी जातियों को पराजित किया, लूट का माल अपने सैनिकों में बाँट दिया और अपने खेतों की ओर लौट गया, जहाँ उसका हल ठीक उसी जगह पड़ा हुआ था, जहाँ उसने छोड़ा था। यह आश्चर्यजनक बात नहीं थी। वह केवल 15 दिनों के लिए अधिनायक रहा था।

ध्यान देने योग्य बात यह है कि रोम के किसी तानाशाह या शासक और उसके परवर्ती साम्राज्य ने ऐसी असाधारण नैतिकता का परिचय दिया है। सत्ता के अलावा भी किसी व्यवसाय में शांति एवं संतुष्टि की अनुभूति प्राप्त होती है, इस बात को शक्तिशाली लोगों ने कभी समझा ही नहीं। रोम के करीब 130 सम्राटों में से केवल 28 की मृत्यु वृद्धावस्था या बीमारी से हुई। अधिकतर सम्राट् तलवार के साथ आए और तलवार से लड़ते-लड़ते मरे। राजनीतिक स्वभाव तड़क-भड़क और ठाट-बाट की ललक रखता है और रिटायरमेंट के अकेलेपन से भय खाता है। भारत के एक ही प्रभावशाली मंत्री लाल बहादुर शास्त्री का उदाहरण सामने आता है, जिन्होंने स्वेच्छा से अपना पद त्यागा, जब वे रेल मंत्री थे। छह दशक उपरांत, जब दुर्घटनाएँ एक अपवाद के बजाय रोजमर्रा की बात हो गई हैं, पद से इस्तीफा देने का सिद्धांत यदि मूर्खतापूर्ण नहीं तो अनोखा अवश्य

प्रतीत होता है। अगर मंत्रियों को जिम्मेदार ठहराया जाए तो वर्तमान संसद् में ऐसे सांसदों का तोड़ा पड़ जाएगा, जिन्हें पदोन्नत किया जा सके। जवाहरलाल नेहरू ही एक ऐसे प्रधानमंत्री थे, जिन्होंने सन् 1957 में अपनी सफलता के शिखर पर पहुँचकर रिटायरमेंट लेने के बारे में सोच-विचार किया; जबकि उन्हें सन् 1962 में चीन के साथ युद्ध में मिली भारी हार के बाद रिटायर होने के बारे में सोचना चाहिए था। नेहरू के साथ जो भी कारण रहे हों, बहुत असाधारण प्रतीत होते थे : वह अध्ययन करना, लिखना और अपने परिवार के साथ समय बिताना चाहते थे। उन्हें अपने पद पर बने रहने के लिए आसानी से मना किया गया। कहा जाता है कि हर राजनीतिक कहानी का अंत त्रासदी में होता है। नेहरू के जीवन में त्रासदी सन् 1962 में आई।

लेकिन यह बात पक्की है कि राजनीतिक विवशता राजनीति से गई नहीं है। रायशुमारी में दृष्टिमूलक एवं कहानी-किस्सों के रूप में मिले साक्ष्य से पुष्टि होती है कि प्रधानमंत्री मनमोहन सिंह की लोकप्रियता में भारी गिरावट आई है, कमाई के बदले देयता में बदल गई है। वर्ष 2009 में उन्हें जो लोकप्रियता प्राप्त थी, उसकी तुलना में यह असाधारण गिरावट है। शायद उन्होंने उम्मीदों को बहुत ऊँचे उठा लिया था और उसके बाद उनके लिए नीचे जाने के अलावा कोई रास्ता नहीं बचा था; लेकिन तथ्य उस सीमा तक कठोर एवं पक्के हो गए हैं, जहाँ उनमें बदलाव की कोई संभावना नहीं है। एबीपी न्यूज पोल के मुताबिक, प्रधानमंत्री पद के लिए स्पर्धा में 47 प्रतिशत समर्थन के साथ नरेंद्र मोदी बहुत आगे हैं; राहुल गांधी को सिर्फ 18 प्रतिशत मत मिले हैं और डॉ. मनमोहन सिंह तो वास्तव में कहीं हैं ही नहीं। पार्टियों के बीच अंतर भी उतना ही चौंकानेवाला है; भाजपा को 36 प्रतिशत समर्थन मिल रहा है, जबकि कांग्रेस को केवल 22 प्रतिशत। यह बात ध्यान में रखें कि भाजपा का आधार अपेक्षाकृत अधिक संकीर्ण है, इसलिए यह समर्थन वहाँ अधिक गहरा होगा, जहाँ यह मौजूद है।

हमारी संसदीय प्रणाली ऐसे किसी संकट में सत्तारूढ़ पार्टियों को ठहरने और सुधार के लिए एक मौका देती है। वह सरकार को खोए बिना प्रधानमंत्री को बदल सकती है। श्रीमती शीला दीक्षित एक उत्कृष्ट विकल्प साबित हो सकती थीं और दूसरी यू.पी.ए. सरकार द्वारा पैदा किए गए प्रशासनिक व राजनीतिक शून्य को भर सकती थीं। कांग्रेस क्यों यथास्थिति बनाए रखना चाहती है? इस तर्क का अवश्य कोई अदृश्य कारण रहा होगा। श्रीमती सोनिया गांधी कभी नहीं चाहेंगी कि राहुल गांधी के अलावा किसी और को उत्तराधिकारी बनाने पर विचार किया जाए और राहुल स्वयं अपने आपको इतने ऊँचे पद के योग्य नहीं समझते हैं।

अतः कांग्रेस की रणनीति यही रहेगी कि प्रधानमंत्री पद के लिए भाजपा के मनोनीत व्यक्ति की छवि और उसका खेल बिगाड़ने पर सारी शक्ति लगा दी जाए,

बजाय इसके कि राहुल गांधी की क्षमता और व्यक्तित्व को एक ऐसे नेता के रूप में सँवारने का प्रयत्न किया जाए, जो पार्टी को इस दलदल से बाहर निकाल सके। कांग्रेस की इस रणनीति का परिणाम उलटा पड़ सकता है।

भ्रामक स्थिति और भी खराब साबित होगी, अगर कांग्रेस इस प्रश्न को अनुत्तरित छोड़ देती है कि प्रधानमंत्री पद के लिए उनका प्रत्याशी कौन होगा तो कांग्रेस को भी उसी मनस्ताप और कष्टकर स्थिति से गुजरना पड़ेगा, जो स्थिति परंपरागत रूप से विपक्ष का सिरदर्द बनी रहती है। उम्र और कार्यवृत्त पर गौर करें तो ये दोनों बातें डॉ. सिंह को तीसरे कार्यकाल का अवसर देने के पक्ष में नहीं हैं। संशयी मतदाता को मनाने-फुसलाने का एक ही उपाय है कि उन्हें यह बताया जाए कि राहुल गांधी का आखिर लक्ष्य क्या है वह साबित क्या करना चाहते हैं या क्या बनना चाहते हैं? मतदाता इस बात में कोई दिलचस्पी नहीं रखता है, राहुल गांधी मतदाता से क्या छिपा रहे हैं।

वर्ष 2009 में डॉ. मनहोन सिंह आज की अपेक्षा कहीं अधिक युवा थे। पाँच वर्ष से भी कम समय में वह दस वर्ष से अधिक बुढ़ा गए हैं। दुबारा निर्वाचित होने के बाद वह अपने पहले प्रेस सम्मेलन के दौरान सकारात्मक और आत्मविश्वासी लगते थे। उन्होंने राहुल गांधी के संबंध में अपरिहार्य प्रश्न को तुरंत चलता कर दिया। उन्होंने कहा कि राहुल गांधी जब उनका स्थान लेना चाहेंगे, वह गद्दी छोड़ देंगे। सब मुसकरा दिए और बात वहीं रह गई।

लेकिन अगर डॉ. सिंह वर्ष 2009 के अंतिम दौर में या 2010 में किसी समय एक तरफ हट गए होते तो उनकी वापसी के लिए आज देश भर में शोर मच रहा होता। उनके प्रथम पाँच वर्ष के कार्यकाल का गुणगान एक स्वर्णिम युग के रूप में किया जाता। उसकी तुलना 15 दिन की उस अवधि से की जाती, जिसके दौरान सिंसिनेटस ने राष्ट्र के शत्रुओं का विनाश किया और रोम को इस योग्य बना दिया कि भविष्य में उसे अभूतपूर्व गौरव प्राप्त हो सके।

किंतु डॉ. सिंह ने खेत में हल चलाने के बजाय एक महल को तरजीह दी।

□

राहुल गांधी इतनी जल्दबाजी में क्यों थे?

यू.पी.ए. ने अच्छा काम किया, जब तक इसका नेतृत्व एक समद्विबाहु त्रिकोण था।

—6 अक्तूबर, 2013

श्रीमती सोनिया गांधी को राहुल गांधी के भविष्य की जितनी चिंता है, अगर उन्हें कांग्रेस के भविष्य के बारे में उससे आधी भी चिंता होती तो कांग्रेस राहुल को प्रधानमंत्री बनाने का उनका सपना पूरा करने के लिए कहीं अधिक सक्षम हो गई होती। आखिरकार कांग्रेस भूल-सुधारक है।

यह विरोधाभास उन कांग्रेसियों की समझ में नहीं आएगा, जो राजवंश के इतने चापलूस, इतने ताबेदार हो गए हैं कि उन्हें एक ऐसे राजकुँवर के सामने चरण-वंदना का पारंपरिक़ गायन करने के सिवा कुछ सूझता ही नहीं है, जो उम्र में बड़ा या कम-से-कम अधेड़ उम्र का तो हो ही गया है। राजनीतिक दृष्टि से परिपक्व हुए बिना राहुल गांधी को संविधान से भी ऊपर उठकर दखलंदाजी करने का अधिकार प्राप्त है। उनकी पसंदीदा शैली जैसा कुछ भी लोकतंत्र में ज्ञात नहीं है—संवाददाता सम्मेलन एकाधिकार। वर्तमान छूट-व्यवस्था में एक विशेष सुविधा प्राप्त व्यक्ति उस संवैधानिक सरकार के जटिल ढाँचे की अपेक्षा अधिक महत्त्व रखता है, जिसमें किसी भी निर्णय को अंतिम रूप दिए जाने तक अनेक प्रकार की किंतु-परंतु और जाँच-पड़ताल की गहन प्रक्रिया की कोई भूमिका नहीं होती है।

जिस पत्रकार सम्मेलन में राहुल गांधी ने प्रधानमंत्री की बची-खुची विश्वसनीयता के परखच्चे उड़ाए, वहाँ अजय माकन का चेहरा देखने लायक था। राहुल गांधी ने ही अजय माकन को आम चुनाव से पहले संकटमय अवधि में पार्टी की ओर से सूचना देनेवाले तंत्र का अध्यक्ष चुना था। माकन ने दोषी ठहराए गए राजनीतिज्ञों के लिए दंड-विराम की व्यवस्था हेतु कांग्रेस सरकार द्वारा लाए गए अध्यादेश का बचाव करने के

लिए पत्रकार सम्मेलन बुलाया था। आप उस समय माकन के नन्हे दिल को उसके मुँह में बुरी तरह थिरकते हुए देख सकते थे, जब उसके नेता ने श्रीमती सोनिया गांधी द्वारा, कोर कमेटी के जरिए और डॉ. सिंह द्वारा कैबिनेट के जरिए लिये गए एक निर्णय को पूर्णतया निरर्थक एवं बकवास बताकर खारिज कर दिया था।

ऐसे ही उदाहरण हैं, जो हँसी के चिकित्सीय या स्वास्थ्यवर्धक गुणों में भारत के लोगों की गहरी एवं चिरस्थायी आस्था को पुनर्जीवित करते हैं। कोई राजनीतिक पार्टी मधुर भाषण के विरुद्ध तो चुनाव जीत सकती है, लेकिन हँसी-ठिठोली और मजाकिया हरकतों के विरुद्ध चुनाव जीतना नामुमकिन है।

इस सरकार को लेकर आजकल इंटरनेट पर और आम बातचीत में जो चुटकुला चल रहा है, वह इस सरकार की वर्तमान स्थिति को बिल्कुल सही बयान करता है : डॉ. सिंह अमेरिका गए और अमेरिका की सरकार भी ठप हो गई।

कम-से-कम तीन वर्ष से यू.पी.ए सरकार में आंतरिक विस्फोट होते रहे हैं। अब इसमें प्रकट रूप से धमाके हो रहे हैं और इसके टुकड़े समाचारों में बिखरे हुए हैं। कैबिनेट की प्रत्येक बैठक के अंत में यह ध्वनि गूँजती है कि कांग्रेस एक कदम और बढ़ गई है अपने विनाश की ओर। तेलंगाना संबंधी निर्णय कोई मामूली टूट-फूट नहीं, बल्कि एक भयंकर विखंडनकारी धमाका था। इसके विपरीत, आप देख सकते हैं कि झारखंड, उत्तराखंड तथा छत्तीसगढ़ राज्यों का निर्माण किस शांत और निर्बाध ढंग से हुआ। अध्यादेश पर झटक-पटक और तेलंगाना दुर्व्यवस्था के बाद यू.पी.ए. प्रकट रूप से विघटित हो गई है।

दोनों निर्णयों के पीछे बाध्यता दृढविश्वास नहीं, बल्कि निराशा से उत्पन्न चुनावी चाल थी। इस अध्यादेश के जरिए एक तरफ तो राशिद मसूद जैसे सांसदों तथा लालू यादव जैसे मित्रों को बचाने की चाह थी और दूसरी तरफ राहुल गांधी का अनुकूल ब्याज दरों पर लोकप्रिय साख जमाने का प्रयास था।

एक पार्टी सरकार के बिना जीवित रह सकती है। कोई सरकार एक पार्टी के बिना कारगर नहीं हो सकती। यह लोकतंत्र का एक लौह नियम है। विपत्ति में पार्टी नुकसान को सीमित करती है तथा समृद्धि के दौरान अधिकतम लाभ अर्जित करने का प्रयत्न करती है। श्रीमती सोनिया गांधी ने गलती यह कर डाली कि पार्टी प्रबंधन की कमान एक ऐसे वारिस को सौंप दी, जिसने ठीक से यह नहीं समझा कि यह एक खून और पसीने का काम है, कोई गैर-सरकारी परियोजना नहीं, जिसे कंप्यूटर से निकले नक्शे चलाते हैं। अतः उत्तर प्रदेश जैसे महत्त्वपूर्ण राज्य में, हाथ पकड़कर बनाए गए राज्य अध्यक्ष, निर्मल खत्री के अधीन पार्टी एकदम मुरझा गई है। उनका लखनऊ जाना ईद का चाँद दिखने समान होता है।

यह पतन मतदाताओं में एक मूलभूत परिवर्तन के समय आया है। उत्तर प्रदेश में सबसे महत्त्वपूर्ण परिवर्तन की बात करें तो यह समझना होगा कि अगले आम चुनाव में ब्राह्मणों, मुसलमानों या दलितों को बहला-फुसलाकर अथवा सब्जबाग दिखाकर अपने पक्ष में करके बहुमत जुटाने की कोशिश कामयाब होनेवाली नहीं है, बल्कि इस बार चुनाव में सबसे बड़ी भूमिका एक नए अल्पसंख्यक वर्ग की होगी : युवा वर्ग। राज्य के कुल मतदाताओं में से करीब 2.3 करोड़ या 17.6 प्रतिशत मतदाता पहली बार मतदान करेंगे। यह संख्या उत्तर प्रदेश में ब्राह्मणों या मुसलमानों या दलितों की संख्या से अधिक है। युवा वर्ग आज ऐसी राजनीति की खोज में है, जो उनकी उम्मीदों में इजाफा कर सके, अतिरिक्त आशा दिला सके, न कि जाति और वर्ण के आधार पर उन्हें बाँटने के लिए अपनी दुधारी छुरी का इस्तेमाल जारी रखे। सच है कि सारे युवा मतदाता समान रूप से मतदान नहीं करेंगे, लेकिन फिर यह भी मानना पड़ेगा कि कोई भी दूसरा वर्ग ऐसा नहीं करता है।

कांग्रेस को बाँटने का काम भाजपा नहीं कर रही है, हालाँकि श्रीमती गांधी ने कर्नाटक में, हाल ही में, अपनी एक सार्वजनिक सभा में ऐसा दावा किया है कि भाजपा कांग्रेस में फूट डाल रही है। वस्तुत: भाजपा ही वह चीज है, जो कांग्रेस को एक छोर पर चौगुटा सिंह (कॉकस सिंह) से लेकर दूसरे छोर पर बकवास खाँ (क्विबल खाँ) तक जोड़ने का काम करती है। कांग्रेस के अस्त-व्यस्त होने का एक ही कारण है—कांग्रेस अपनी दिशा खो बैठी है।

यू.पी.ए. ने अच्छा काम किया, जब तक इसका नेतृत्व एक समद्विबाहु त्रिकोण बना हुआ था। श्रीमती गांधी श्रेष्ठ थीं; डॉ. सिंह और प्रणव मुखर्जी दोनों एक बराबर थे, जिन्होंने सरकार और पार्टी को स्थिर रखा; प्रणव मुखर्जी को प्रस्तुत स्थिति को भाँपने तथा शिष्टाचार एवं अनुशासन बनाए रखने का महत्त्वपूर्ण प्रभार भी सौंपा गया था। जब डॉ. सिंह कमजोर पड़ने लगे, मुखर्जी को उनकी जगह ले लेनी चाहिए थी; किंतु ऐसा करने के बजाय वह आरामगाह में चले गए और कांग्रेस चक्कर खाने लगी। अब हमारे सामने एक अभागी श्रीमती गांधी हैं, एक विरक्त प्रधानमंत्री हैं और राहुल गांधी हैं, जो तीसरी तरफ के खाली स्थान से अपनी मरजी से—जल्दबाजी में अंदर आते हैं और उतनी ही तेजी से बाहर निकल जाते हैं।

□

जी.डी.पी. नीचे, सकल घरेलू कड़वाहट ऊपर

शासन की गुणवत्ता की माप परिवर्तन प्रबंध द्वारा की जाती है और यू.पी.ए. सरकार ने तेलंगाना के संबंध में बहुत सामर्थ्य का परिचय नहीं दिया है।

—13 अक्तूबर, 2013

वर्ष 1757 और 1857 के बीच अंग्रेजों ने भौगोलिक विषमताओं से पूर्ण एक भारतीय साम्राज्य को जोड़ा; लेकिन इस कवायद का तर्कसंगत उद्देश्य एक ही था—एक ऐसी प्रशासनिक व्यवस्था तैयार करना, जो उनकी सुरक्षा एवं व्यापार में अधिकतम सीमा तक वृद्धि कर सके, न कि यह दरशाना कि लोगों की अपेक्षा क्या है। अंग्रेजों को दोष देना व्यर्थ है। उन्होंने भारत पर राज किया—ब्रिटेन के हित के लिए, भारत का हित करने के लिए नहीं।

रॉबर्ट क्लाइव को बंगाल जीतने का श्रेय ठीक ही दिया जाता है; किंतु उसके समय की एक उतनी ही महत्त्वपूर्ण उपलब्धि थी, सन् 1758-59 में—आंध्र के तटीय क्षेत्रों पर विजय प्राप्त करना। इन तटीय क्षेत्रों को 'उत्तरी सरकार' कहा जाता था। हैदराबाद के निजाम ने यह क्षेत्र फ्रांस के हवाले कर दिया था, जिनके हाथ से इसे अंग्रेजों ने बहुत जल्दी छीन लिया। क्लाइव की सामरिक दिलचस्पी तटीय क्षेत्र पर नियंत्रण करने और ब्रिटेन के प्रमुख व्यापारिक नगर कलकत्ता तथा मद्रास के बीच एक सड़क मार्ग स्थापित करने में थी, ताकि दोनों की सुरक्षा मजबूत हो सके। वह अनुभव से इसका महत्त्व समझता था। सन् 1756 में जब क्लाइव कलकत्ता को दोबारा फतह करने निकला, जिस पर सिराजुद्दौला ने कब्जा कर लिया था और उसका नाम बदलकर 'अली नगर' रख दिया था—क्लाइव के बेड़े को मद्रास से श्रीलंका और बर्मा के रास्ते बंगाल में हुगली नदी की ओर जाने के लिए बाध्य कर दिया गया था।

मुगल कालीन व्यवस्था की अधिक गहरी जड़ें स्थानीय इतिहास एवं समाज में

सभी नस्लों के समावेश में थीं; क्योंकि अकबर के बाद मुगल विस्तारवाद द्वारा पहचाने और प्राप्त करने की बराबर कोशिश की गई। एक क्षेत्रीय राजवंश को अपनी जागीर पर तब तक हुकूमत करने की इजाजत होती थी, जब तक वह राजवंश मुगल बादशाह को अधिपति के रूप में स्वीकार करता था। राजसी भारत में भूमि और प्रजा के बीच पहचान अधिक गहरी थी, जो प्राचीन समय से और सामंती परंपरा या जागीर-प्रथा के अनुसार चली आ रही थी। जब स्वतंत्र भारत ने जन-सामान्य की इच्छानुसार एक नई आंतरिक योजना का निर्माण करना चाहा, अधिकांश विवाद ब्रिटिश भारत से उत्पन्न हुए और क्यों न उत्पन्न होते, जब सिंध और गुजरात पर हुकूमत मराठी बंबई से चलती थी और आधे आंध्र प्रदेश पर तमिल मद्रास से!

सन् 1948 में निजाम का शासन समाप्त होने के बाद जब नए आंध्र प्रदेश राज्य का गठन हुआ, तब सरकारों को इस नए राज्य में शामिल नहीं किया गया था। आंध्रों को आंध्र प्रदेश से बाहर रखने की असंगति, अनर्थकता को ठीक करने के लिए भारी विरोध-प्रदर्शन हुए और एक आमरण अनशन भी करना पड़ा, जो अंततः जानलेवा साबित हुआ। मगर शुरुआत की उस गलती में गड़े जहरीले तनावों को कभी दफनाया नहीं जा सका, क्योंकि वे कभी मिटे ही नहीं थे। निजामी रियासत के अपेक्षाकृत अधिक दरिद्र जिलों को मिलाकर बने तेलंगाना को जल्दी ही यह यकीन हो गया कि पुराने सरकारों का आर्थिक आक्रमण उसकी प्रगति को बरबाद कर रहा है। 1970 के दशक तक 'मुल्की संघर्ष' के नाम से जाना गया एक जनप्रिय आंदोलन उठ खड़ा हुआ, जो इस भावना से प्रेरित था कि एक लोकतांत्रिक शासन-प्रणाली में प्रदर्शनों एवं उपवासों के सहारे किसी भी निर्णय को परिवर्तित किया या कराया जा सकता है।

आंध्र प्रदेश के अनेक मुख्यमंत्री हुए—कुछ अत्यंत पराक्रमी और कुछ निकम्मे। इनमें एक ही आदमी था, जिसने यह समझने का गंभीर प्रयास किया कि यदि समस्या आर्थिक है तो उसका हल जरूरी नहीं कि राजनीतिक हो। वह थे वाई. एस. राजशेखर रेड्डी—जगन मोहन रेड्डी के पिता और वह न केवल एक कांग्रेसी नेता थे, बल्कि स्वयं को श्रीमती सोनिया गांधी का करीबी भी मानते थे। मुख्यमंत्री के रूप में उनके छह वर्ष के शासनकाल में तेलंगाना की माँग हवा हो गई थी, क्योंकि उन्होंने पूरा ध्यान राज्य के विकास पर लगाया और विकास करके दिखाया।

सार्वजनिक जीवन में मृत्यु दर हत्या से नहीं बढ़ती है, बल्कि आत्महत्या की घटनाओं से बढ़ती है। चार साल पहले एक दुःखद हेलिकॉप्टर दुर्घटना में राजशेखर की मृत्यु के बाद तत्कालीन गृहमंत्री पी. चिदंबरम ने मूर्च्छावस्था में पड़े तेलंगाना विवाद को पुनः उठाकर एक भारी भूल कर दी। तब से इस भूल के कारण सभी को गंभीर चोट पहुँची है, उस व्यक्ति को छोड़कर जिसने यह भूल की।

वर्तमान यू.पी.ए. सरकार ने जन–आक्रोश के प्रति इतनी अधिक उदासीनता क्यों दरशाई, यह बात समझ से परे है। सरकार ने कपिल सिब्बल की अगुवाई में अन्ना हजारे की खिल्ली उड़ाने के लिए मंत्रियों की लाइन लगा दी। आज आंध्र प्रदेश जल रहा है। सरकार के शीर्ष नेताओं की क्या प्रतिक्रिया है? श्रीमती सोनिया गांधी भाजपा को लताड़ लगाने के लिए कभी–कभी बाहर आती हैं और फिर खामोशी में लौट जाती हैं। राहुल गांधी की शांत सूक्ष्म दूरदर्शिता को बृहस्पति का वेग छू गया है, जिसे लेकर वह गहरे चिंतन में हैं। और डॉ. मनमोहन सिंह को दिल्ली में पाँव रखने की फुरसत तभी मिलती है, जब उन्हें राहुल गांधी के आदेश को लागू करना होता है। उसके बाद वह तुरंत कहीं दूर बहुत जाने के लिए दुबारा विमान में सवार हो जाते हैं। आंध्र? यह किसी दूसरे ग्रह पर हो सकता है! और अगर दिग्विजय सिंह को देखभाल की जिम्मेदारी सौंपी गई है फिर तो कहना ही क्या समझ लेना चाहिए कि आंध्र स्ट्रैटोस्फीयर (समतापमंडल) में पहुँच गया है।

राजनीतिक दुराचार का दंड किसी सत्तारूढ़ दल की अपेक्षा राष्ट्र को अधिक भोगना पड़ता है। क्या किसी ने चिदंबरम की भारी भूल के बाद आंध्र में उठे बवाल और उसके फलस्वरूप आंध्र में हुए नुकसान का अनुमान लगाया है? पिछले चार वर्ष में हमें कितने सकल घरेलू उत्पाद (जी.डी.पी. अर्थात् ग्रोंस डॉमेस्टिक प्रोडक्ट) की हानि हुई है? और सकल घरेलू कड़वाहट में कितनी वृद्धि हुई है?

तेलंगाना पर कभी भी मतैक्य नहीं होगा, लेकिन शासन की गुणवत्ता परिवर्तन प्रबंध द्वारा मापी जाती है। शांति सुनिश्चित करना तो दूर की बात है, कांग्रेस खुद ही खंडित हो गई है। कुछ बहुत ही बेढंगे व मूर्खतापूर्ण सुझाव दिए जा रहे हैं; जैसे—हैदराबाद को एक सामान्य राजधानी घोषित करने का सुझाव/सीमांध्र की सीमा से हैदराबाद की दूरी 100 किलोमीटर से भी अधिक है।

आप ऐसा नहीं कर सकते कि एक बम हवा में उछाल दें, उसके रास्ते से हट जाएँ, दूर खड़े होकर देखें कि सड़क पर कौन उसकी चपेट में आता है और फिर मलबे से वोट बटोर लें। नैराश्य में कोई वोट नहीं मिलते हैं।

□

भाषाई राज्यों की अंत्येष्टि

भविष्य नए मानदंड निर्धारित करेगा।

—22 फरवरी, 2014

भारत संघ में 30वाँ राज्य भी जन्म लेगा। भारत के मानचित्र के पुनर्गठन में 29वाँ राज्य तेलंगाना अंतिम खूँटा नहीं है। 1952 में जब राज्यों का पुनर्गठन किए जाने का सिलसिला चल पड़ा था, उस समय एक गांधीवादी पोट्टी श्रीरामुलु ने ही मद्रास प्रांत के तेलुगु-भाषी जिलों का विलय निजाम-शासित राज्य हैदराबाद में करके आंध्र प्रदेश बनाने माँग मनवाने के लिए आमरण अनशन किया था। सैयद फजल अली की अध्यक्षता में राज्य पुनर्गठन आयोग ने सन् 1955 में इस बात की औपचारिक रूप से पुष्टि कर दी कि राज्यों का पुनर्गठन मौजूदा 'प्रशासनिक सुविधा' के विपरीत भाषाई सीमा-रेखाओं के आधार पर किया जाए। क्षेत्रीय पहचान बचाए रखने की भावनात्मक शक्ति शासन संबंधी अपेक्षाओं पर भारी पड़ गई।

ईश्वर न करे कि अगले राज्य का बीज उस विष में बोया जाए, जो विष तेलंगाना की प्रसव-पीड़ा के दौरान पूरे आंध्र में फैल गया है। एक थक चुकी और नैतिक दृष्टि से दिवालिया संसद् ने जैसे ही नए राज्य के जन्म की घोषणा की, ऐसा प्रतीत हुआ जैसे हम किसी राज्य को दो इकाइयों में नहीं बाँट रहे हैं, अपितु भारत के एक हिस्से का विभाजन कर रहे हैं।

यू.पी.ए. सरकार द्वारा किए गए और बीजेपी द्वारा समर्थित वादे कोई अर्थ नहीं रखते हैं। पंजाब को दो हिस्सों में विभाजित किए जाने के दौरान पंजाब को भी वचन दिया गया था कि चंडीगढ़ उसकी राजधानी होगी। लगभग पाँच दशक बाद बीत जाने के बाद भी पंजाब को इसे हरियाणा के साथ साझा करना पड़ रहा है। पर इतना तो है कि पंजाब और हरियाणा दोनों चंडीगढ़ में मिलते हैं। हैदराबाद, जिसे काल्पनिक तौर पर सामान्य राजधानी मान लिया गया है, सीमांध्र से दूरस्थ है। कोई दिलेर भविष्यद्रष्टा ही

इसके द्वेषपूर्ण परिणामों की पूर्व घोषणा अर्थात् भविष्यवाणी कर सकता है।

तेलंगाना का जन्म राज्यों का पुनर्गठन भाषाई आधार पर किए जाने के लिए अपनाए गए साँचे को मिटा देता है। शासन और आर्थिक विषमता अब नया और एकमात्र तर्काधार होगा। तेलंगाना और सीमांध्र एक ही भाषा बोलते हैं। यह पहले भी हुआ है। उत्तराखंड में वही भाषा बोली जाती है, जो उत्तर प्रदेश में दोनों की लिपि भी एक है—बोली में कुछ भिन्नताओं को छोड़कर। लेकिन यह एक अपवाद था। झारखंड और छत्तीसगढ़ का निर्माण नस्ल एवं जातीयता के इर्द-गिर्द हुआ।

भावी पृथक्करण या विभाजन आर्थिक असंबद्धता के इर्द-गिर्द घूमेगा, विकास में पक्षपात के आरोप से प्रेरित होकर।

हो-हल्ला हो चुकने, युद्ध में हार-जीत हो जाने के बाद हमें एक निहायत बुनियादी सवाल का जवाब देना जरूरी है—क्या एक लघुतर राज्य सुशासन की कोई गारंटी है?

असंतुलन के लिए कभी कोई एक कारण नहीं होता है। तेलंगाना पुरानी निजाम रियासत के भूगोल को दरशाता है। इसका छोटा व शानदार विशिष्ट वर्ग प्रतिद्वंद्वी वर्गों की अपेक्षा कहीं अधिक धनाढ्य थे, जब यह सन् 1948 में भारत में शामिल हुआ या 1956 में आंध्र प्रदेश बना। लेकिन इस विशिष्ट वर्ग ने एक विचित्र और किसी हद तक अक्खड़-घमंडी, निश्चेष्टता दिखलाई, जब इसे विरासत में प्राप्त धन-संपत्ति की पक्की बुनियाद के साथ एक आधुनिक अर्थव्यवस्था में प्रवेश करने का अवसर दिया गया। इसने अपनी पूँजी का उपयोग समृद्धि के एक साधन के रूप में अपने लिए और अपने राज्य के लिए करने के बजाय फायदेमंद अवसर को गँवा दिया। ऐसी अक्षमता के लिए आप किसी को दोष नहीं दे सकते।

भावी पृथक्करण विकास में पक्षपात के आरोप से प्रेरित होकर आर्थिक असंबद्धता के इर्द-गिर्द चक्कर लगाएगा।

लेकिन समस्या निजी पूँजी के ह्रास की नहीं है, बल्कि तिरछी सरकारी नीति की है। सरकार की प्रमुख भूमिका न्याय के साथ आर्थिक विकास सुनिश्चित करना है। 65 वर्ष की अवधि एक बहुत लंबा समय है इतिहास के प्रतीक्षालय में व्यतीत करने के लिए। श्रेष्ठ लोकतांत्रिक मॉडल की परिभाषा अब्राहम लिंकन द्वारा इस प्रकार दी गई है—जनता की सरकार, जनता द्वारा, जनता के लिए। जब तीसरा खंभा डगमगाने लगता है तो पूरी इमारत ढह जाती है।

तो क्या तेलंगाना बन जाने से नए राज्य में निश्चित रूप से आर्थिक विकास होगा? सबूत मिले-जुले हैं।

हरियाणा और पंजाब ने अलग-अलग रहकर बेहतर प्रगति की है। हाल की बात करें तो छत्तीसगढ़ और मध्य प्रदेश ने अपनी अलग-अलग क्यारियों में अच्छे फूल खिलाए

हैं; किंतु जहाँ तक झारखंड का सवाल है, बिहार से अलग होने के बाद से इस राज्य ने घटिया, डाँवाँडोल, भ्रष्टाचारी शासन देखा और भोगा है। झारखंड राजनीतिज्ञों को सिर्फ सौदेबाजी और खरीद-फरोख्त करने में विशेष योग्यता प्राप्त है—और अगर कीमत सही हो तो हर विधायक बिकने के लिए हमेशा तैयार रहता है। झारखंड में एक कैबिनेट मंत्री को अभी-अभी इस कारण कुरसी से हटाया गया है, क्योंकि उसने अपनी ही सरकार को सबसे भ्रष्ट सरकार कहने की दिलेरी दिखाई। झारखंड विशेष रूप से प्रासंगिक है, क्योंकि बिहार से इसके तलाक का मूलाधार यह था कि इसके प्राकृतिक संसाधनों का अकूत भंडार इसे एक वैभवशाली राज्य बना देगा। किंतु वैसा नहीं हुआ है।

जब कभी कोई तलाक या संबंध-विच्छेद होता है या जब एक भाई संयुक्त परिवार से अलग होता है, कड़वाहट अवश्य पैदा होती है। इससे कुछ भलाई की आशा की जा सकती है, बशर्ते कि यह अलगाव आर्थिक प्रतिस्पर्धा को जन्म दे। अच्छा करने की ललक विरोधियों को अधिकतर बेहतर बनने या बेहतर कर दिखाने के लिए उकसाती है। तथापि, तेलंगाना और सीमांध्र के बारे में लोगों के मन में कुछ डर बना हुआ है, क्योंकि उद्देश्य की पूर्ति के लिए जो तरीका अपनाया गया उसके कारण हमारे देश में जिस कदर आक्रोश एवं घृणा का वातावरण उत्पन्न हुआ है, वैसा पहले कभी नहीं देखा गया।

संभावित संघर्ष संबंधी कारण केवल भावनात्मक नहीं है और इसीलिए उन्हें क्षणिक मानना उचित नहीं होगा। कृषि के लिए पानी जीवन एवं मृत्यु का विषय है और दावों के पीछे कभी कोई पक्का एवं प्रामाणिक कारण होना जरूरी नहीं है। दूसरा विषय, जो तत्काल संघर्ष का कारण बन सकता है, हैदराबाद और उसके आस-पास के बाहरी क्षेत्र में किए गए भारी निवेशों के दावों से संबंध रखता है। यदि सौहार्द कम हो जाता है, लोग इधर-उधर जाने लगते हैं और कटुता बढ़ जाती है। हवा में हिंसा मँडराने लगती है। हम नहीं चाहते कि भारत के शरीर पर एक और घाव लगे।

यू.पी.ए. सरकार ने अपनी पाँच साल की कार्य सूची में तेलंगाना को अंत में रखा, क्योंकि सरकार चुनाव संबंधी लाभ बटोरना तो चाहती थी, लेकिन परिणामों की जिम्मेदारी उठाने से बचना चाहती थी। अन्यथा नया राज्य, इस तमाम खतरनाक नाटक के बिना, दो-तीन साल पहले ही अस्तित्व में आ गया होता। इसकी कीमत सिर्फ राजनीतिक पार्टियों को ही नहीं, बल्कि राष्ट्र को भी चुकानी पड़ेगी।

□

कोई अमेठी मॉडल क्यों नहीं है?

जो चीज मौजूद नहीं, आप उसके बारे में कैसे बात कर सकते हैं।

—26 अप्रैल, 2014

क्या आपको कभी आश्चर्य हुआ है कि गुजरात के विकास मॉडल के बारे में बनी-बनाई बहस के बीच 'अमेठी मॉडल' के विषय में कभी कोई बात क्यों नहीं होती है? यह कोई रहस्य नहीं है। अमेठी में कोई विकास हुआ ही नहीं है। कांग्रेस उस चीज के बारे में बात नहीं कर सकती, जो मौजूद नहीं है। जब आपकी प्रगति का लेखा-जोखा उन्नति के बजाय अवनति का हो तो आप पहले से ही आक्रमण के लिए तैयार रहते हैं, क्योंकि इसके सिवा और कोई चारा भी नहीं रह जाता है।

जिस दशक में अमेठी गतिरोध के भँवर में फँसा चैन की साँस ले रहा था, उसी दशक में गुजरात का कृषि विकास 2 प्रतिशत से बढ़कर 10 प्रतिशत तक पहुँच गया। यद्यपि अमेठी का प्रतिनिधित्व करनेवाला संसद् सदस्य वह व्यक्ति था, जिसे भारत में दूसरा सबसे शक्तिशाली व्यक्ति कहा जा सकता है। उदाहरण के लिए, कुछेक साधारण तथ्य ही काफी होंगे, जिन्हें आँकड़ों के अतिरिक्त खुराक देकर पेश करने की जरूरत नहीं है—भारत की कुल जनसंख्या का केवल 5 प्रतिशत हिस्सा गुजरात में बसता है, इसके बावजूद गुजरात अब राष्ट्रीय निवेश का 18 प्रतिशत सोख लेने का पक्का दावा करता है और राष्ट्रीय निर्यात में 26 प्रतिशत योगदान गुजरात का रहता है। सबसे अधिक और गौर करनेवाली बात यह है कि वर्ष 2004 और 2010 के बीच सूखे की अवधि के दौरान रोजगार में जो थोड़ी-बहुत वृद्धि हुई, उसमें भी गुजरात का यथेष्ट हिस्सा था। मोदी ने गुजरात के लिए जो किया है, उसकी तुलना में यदि राहुल गांधी ने अमेठी के लिए एक-चौथाई भी किया होता तो वह नेतृत्व के लिए कहीं अधिक विश्वसनीय दावा पेश कर सकते थे। इसके बजाय, उनके पास अब अमेठी पर चुप्पी साधने और गुजरात के संदर्भ में भटकानेवाली बातें करने का ही एकमात्र विकल्प बचा है।

गैर-यू.पी.ए. पार्टियों के पास इतना अधिक फालतू गोला-बारूद है कि उन्हें समझ नहीं आ रहा है कि वे अपने बचाकर रखे अस्त्र-शस्त्रों का क्या करें। कोई और चुनाव होता तो मंगलवार 22 अप्रैल को सुप्रीम कोर्ट द्वारा की गई टिप्पणी अखबारों में मुख-पृष्ठ पर बड़े-बड़े अक्षरों में छप जाती। उच्चतम न्यायालय ने भारत सरकार के वकील से तीखे और कड़े शब्दों में पूछा कि यू.पी.ए. ने अदालत के उस आदेश को क्यों नहीं माना, जिसमें उन लोगों के नाम उजागर करने के लिए कहा गया था, जिन्होंने अपने गुप्त बैंक खाते लिक्तेन्स्तीन (Liechtenstein) नामक सुविधाजनक राज्य में रखे हुए हैं। देश के लिए कांग्रेस की कमजोर दलीलों को ठुकराते हुए अदालत ने लिखा—"एस.आइ.टी. (विशेष जाँच दल) द्वारा जाँच पूरी कर लेने के बाद भी सूचना तुरंत साझा करने का निर्देश समझा नहीं जा सकता। अदालत ने तुरंत प्रकट करने के लिए कहा था...अदालत की भाषा स्पष्ट है। निर्देश समझा नहीं जा सकता। अदालत ने कहा कि तुरंत प्रकट करें...4 जुलाई, 2011 से अब तक वित्त मंत्रालय में राजस्व सचिव और संयुक्त सचिव ने हमारे आदेशों को ठंडे बस्ते में डाला हुआ है।"

सुप्रीम कोर्ट के किसी आदेश की ऐसी घोर अवज्ञा उतनी ही आश्चर्यजनक है, जितनी कि इसे छिपाए रखने की करामात के प्रति व्यक्त आत्म-संतोष। यू.पी.ए. ने ये नाम क्यों छिपाए? यह बात आप पक्की समझें कि यदि उस सूची में विपक्ष के नेताओं के नाम होते तो दूरदर्शन और आकाशवाणी पर इसका प्रसारण प्रमुख कहानी के रूप में तीन साल तक चलता रहता और कांग्रेस प्रवक्तागण इस चुनाव अभियान के दौरान हर दिन इस विषय पर लंबे-लंबे भाषण दे रहे होते।

सरकार ने इन नामों को सिर्फ इसलिए सुरक्षित रखा, क्योंकि नामों की सूची में या तो वर्तमान संगठन-व्यवस्था के शीर्षस्थ लोग शामिल हैं या बहुत करीबी चापलूस।

मीडिया भले ही इस संदेश से चूक गया हो, लेकिन लोगों ने ऐसी चूक नहीं की है। अब चूँकि लगभग 350 लोकसभा सीटों के लिए मत पेटियाँ बंद हो चुकी हैं, स्पष्ट दिखाई दे रहा है कि वर्ष 2014 के लिए कांग्रेस की चाल औंधी पड़ गई है। उसकी अपनी ही चूक, अल्पसंख्यकों पर पूरी निर्भरता, अपनी जगह से हिल गई है। मिसाल के तौर पर, मुंबई से प्राप्त खबरों से पता चलता है कि कैथोलिक मतदाताओं ने एक मजहबी नेता के हुक्म का पालन करने से इनकार कर दिया और उधर चले गए, जहाँ उनका मन उन्हें ले गया। शहर में बसे मुसलमानों के एक काफी बड़े तबके ने परंपरागत रूप से कांग्रेस के पक्ष में बटन दबाने के लिए जाने के बजाय मतदान करने से ही मना कर दिया।

दिल गरमानेवाली असलियत यह है कि मतदान में वे लोग बढ़-चढ़कर हिस्सा ले रहे हैं, जो रोजी-रोटी के लिए समाज के कल्याण के लिए और राष्ट्र की अर्थव्यवस्था

के लिए मतदान कर रहे हैं, न कि भय के कारण या सिर्फ भावना में बहकर। यह बात अधिक महत्त्व नहीं रखती है कि मतदाता किस पर विश्वास करता है, बल्कि महत्त्व इस तथ्य में अधिक है कि मतदाता को किस ऐसी पार्टी में विश्वास है, जो उसके विचार में सही उद्देश्यों के लिए लड़ रही है। युवा मतदाता सबसे अधिक समझदारी और परिपक्वता का परिचय दे रहे हैं, क्योंकि वे जानते हैं कि बिगड़ी अर्थव्यवस्था में सबसे अधिक नुकसान उनका ही होगा। किसी भी सरकार को सत्ता से हटाने के लिए उनका आक्रोश ही पर्याप्त होता; लेकिन अब उनके आक्रोश में इस आशा का संचार भी दिख रहा है कि नरेंद्र मोदी धूमिल पड़ गई दूरदृष्टि एवं क्षितिज को पुनः साफ-सुथरा कर देंगे।

मोदी को प्रधानमंत्री के रूप में और एक संसद् सदस्य के रूप में सफल होना होगा। उदाहरण के लिए, वाराणसी में सर्वत्र लोगों का जबरदस्त उत्साह इस विश्वास पर आधारित है कि लोक सभ्यता के लिए इतिहास-प्रसिद्ध महान् बौद्धिक नगरों में से एक इस प्राचीन नगर के अंदर और इसके इर्द-गिर्द जमा बुराइयों का भारी अंबार साफ होगा तथा वाराणसी पुनः पहले जैसा स्वस्थ शहर बन जाएगा। फिलहाल उस शब्दावली का प्रयोग भले ही न किया जा रहा हो, किंतु पाँच वर्ष के अंदर नरेंद्र मोदी को एक ऐसा वाराणसी विकास मॉडल बनाना होगा, जैसा उन्होंने गुजरात को विकास का एक आदर्श उदाहरण बनाकर प्रस्तुत किया है। सन् 1919 में वाराणसी का जो आदर्श स्वरूप अर्थात् मॉडल उभरकर आएगा, अन्य निर्वाचन क्षेत्रों को भी उसी आईने में देखा जाएगा।

यदि गंगा के तटों पर और भारतीय कंपास के विविध विस्तार के आर-पार नरेंद्र मोदी को सार्वकालिक ऊँचा जनादेश प्राप्त होता है तो अपेक्षाएँ उससे भी ऊँची होंगी। लोकसभा की ओर यह एक कठिन यात्रा रही है, लेकिन यदि एक बार वह लोकतांत्रिक सफलता के उप-शिखर पर पहुँच जाते हैं तो नरेंद्र मोदी को अपनी शक्तियों और ध्यान को पुनः भारत की ओर मोड़ना होगा, जिसने उन्हें दिल्ली की तरफ चलने के लिए प्रेरित किया।

□

अधोगति बिंदु

भ्रष्टाचार संबंधी अधिकतर किस्सों के बारे में चौंकानेवाली एक ही सच्चाई है कि प्रत्येक सत्ताधारी चौंक उठता है।

राजनीतिक रोकड़ की संस्कृति

दिल्ली को रुपए-पैसे के रंग की पहचान है, लेकिन रोकड़ की संस्कृति यह हमेशा समझ नहीं पाती है।

—4 जून, 2006

दिल्ली को सत्ता के रंग सूक्ष्म अंतर, अतिरेक, सीमा-निर्धारण और जिज्ञासाओं के बारे में भी कोई शिक्षा पाने की आवश्यकता नहीं है। सत्ता दिल्ली की वैध टकसाल है। इसके विपरीत, धन राजनीति की अवैध संतान है।

एक सफल मुंबईकर धन के साथ सुखपूर्वक रहता है—और क्यों न रहे, उसे पूरा अधिकार है, क्योंकि व्यवसाय या कारोबार करना उसका धर्म है और धन-संपत्ति निर्माण किसी भी व्यावसायिक योजना का उद्‍घोषित चरम लक्ष्य होता है। 'नैतिकता' शब्द का प्रयोग इस संदर्भ में कुछ ज्यादा हो सकता है; लेकिन धन-दौलत बनानेवाला अपने उद्वेग, अपनी सनक को अनैतिक नहीं मानता है।

एक राजनीतिज्ञ की धन-संपत्ति अधिक संदेहास्पद होती है। एक तरफ तो धन की आवश्यकता विवाद्य विषय है। लोकतंत्र एक महँगा व्यवसाय है और जो भी इस व्यवसाय में है, वह इन दोनों वर्णनात्मक शब्दों का सावधानी से प्रयोग कर रहा है। मुझे कुछ पता नहीं कि निर्वाचन आयोग किस दुनिया में रहता है, लेकिन असल दुनिया में संसद् के लिए किसी चुनाव में प्रत्याशी पर 1 करोड़ रुपए से कहीं अधिक खर्च आता है। अधिक फिजूलखर्च या अधिक व्यग्र किस्म के लोग उस आँकड़े को आसानी से कई गुना कर सकते हैं। सबसे सुरक्षित निर्वाचन क्षेत्रों से संबद्ध नेताओं में अवसर का लाभ उठाने और एक ऐसे कानून की सीमाओं के अंदर खर्च करने की हिम्मत नहीं होती है, जो कानून पूर्णतया अवास्तविक है। एक बहुत साधारण सच्चाई को ही लें। एक लोकसभा निर्वाचन-क्षेत्र में 1,500 तक मतदान केंद्र हो सकते हैं। किसी भी गंभीर प्रत्याशी को प्रत्येक मतदान केंद्र के लिए कम-से-कम चार कर्मचारी रखने होंगे। उन कर्मचारियों को उसे

दो समय का खाना और पूरे दिन चाय देने का खर्च भी उठाना होगा। अंतिम न्याय के दिन परिवहन पर और पार्टी कार्यालयों में दिन-रात काम करनेवालों को खिलाने-पिलाने और उत्साहित बनाए रखने पर भारी रकम का इंतजाम करना पड़ता है। चुनाव के दिन कार्मिक प्रबंध पर ही होनेवाला खर्च 20 लाख रुपए तक जा सकता है।

सांस्थानिक स्तर पर राजनीतिक दलों को एक बड़ी और जटिल व्यवस्था को बनाए रखना पड़ता है, जिनका केंद्रीय कार्यालय शायद सबसे खर्चीला होता है। किसी ने भी भारतीय लोकतंत्र के मूलभूत विरोधाभास की ओर कोई ध्यान नहीं दिया है—इसकी संस्थाओं को, आमदनी के किसी आधार के बिना, भारी नकदी प्रवाह की जरूरत रहती है। सिद्धांत रूप में सदस्यता शुल्क द्वारा इसकी पूर्ति की जानी होती है; लेकिन वह अब एक मजाक बन चुका है। सही जवाब हर कोई जानता है—काला धन। सब जानते हैं कि इस पाप को स्वीकार करना असंभव है। प्रत्येक व्यक्ति जानता और समझता है कि जो लोग काला धन देते हैं कि उन्होंने आयकर कानून से आँख चुराकर यह धन कमाया है। वे नहीं चाहते कि ऐसी कर- वंचना के सिलसिले में उन्हें पकड़ा और दंडित किया जाए, हालाँकि इस काले धन की रकम राजनीतिज्ञों को दान की गई रकम के मुकाबले बहुत अधिक होती है।

इससे और अधिक अनियमितता उत्पन्न होती है। राजनीतिक वर्ग का पेट लुप्त सरकारी राजस्व से भरा जा रहा है अथवा उस धनराशि से, जो सरकारी खजाने में जाती, बशर्ते कि कराधान प्रणाली को कड़ाई से और ईमानदारी से लागू किया गया होता। अत: भारत का लोकतंत्र दो समांतर पहियों पर चलता है—सफेद धन, जो सरकारी खजाने को कृषकाय अवस्था में रखता है और काला धन, जो राजनीतिक खजानों को लबालब भरे रखता है।

राजनीति का व्यवसाय करनेवाला पाखंड का लाभार्थी हो सकता है, लेकिन वह अकेला पाखंडी नहीं है। पाखंड भारतीय नागरिक और मतदाता का पसंदीदा विकल्प है। वह राजनीतिक वर्ग को न्यायसंगत बनने की अनुमति नहीं देगा। इसके कम-से-कम दो कारण हैं—संभवत: एक-दूसरे से जुड़े हुए। एक कारण हैं परिव्यक्त और यदा-कदा याद किए जानेवाले महात्मा गांधी, जिन्होंने ऐसे लोगों को धर्म परायणता का पाठ पढ़ाया, जो पर्व-त्योहारों को हँसी-मजाक की सीमा तक खींच ले जाते हैं। (क्या गांधी ने प्रात: 4 बजे एक अतिरिक्त भजन गाने के सिवा कभी होली मनाई या नवरात्र मनाया?) गांधी ने राजनीतिक वर्ग के लिए नैतिकता का स्तर इतना ऊँचा उठा दिया, जिसके दायरे में वह उन लोगों को काम-वासना से भी दूर रखना चाहते थे। यह एक आश्चर्यजनक प्रतारणा थी, क्योंकि भारतीय समाज में संन्यासियों तथा राजनीतिज्ञों के बीच विभाजक रेखा इतनी विस्तीर्ण रही है, जितनी मानसून में गंगा। लेकिन इस सामाजिक

वर्ण-विपर्यास के प्रति अवश्य ही एक राजनीतिक आयाम था, क्योंकि गांधी नए भारत के शासकों या नए शासकों के भारत के बीच गरीबों के साथ संबंध को पक्का करना चाहते थे। यदि वे अपनी सारी धन-दौलत का त्याग नहीं करते, तब भी अंग्रेजी के जाने के बाद देश की बागडोर सँभालनेवाला शासक वर्ग हाथ का बुना कपड़ा पहनकर गरीब तो लग ही सकता था और शायद इसी कारण मोतीलाल नेहरू को सैविल रो से निकालकर खद्दर पहना दी गई। साथ में यह आशा भी थी कि यदि जवाहरलाल और जय प्रकाश तथा राम मनोहर लोहिया की पीढ़ी के स्वभाव में सादगी होगी तो वे भ्रष्टाचार के लालच में नहीं आएँगे। हिंदुत्व आंदोलन से कांग्रेस को दिया गया संदेश यदि अधिक तापसिक या कठोर संयम बरतने के उपदेश सरीखा नहीं तो उसके समान अवश्य था। आर.एस.एस. को भी धन-दौलत से उतनी ही विरक्ति थी, जितनी गांधी को थी। वामपंथ और भी अधिक मिताहारी था।

गांधी के पास नई वास्तविकताओं को जन्म देने का पर्याप्त सामर्थ्य था और उनके सदाचार संबंधी नियम कुछ समय तक जीवित भी रहे। 1950 के दशक में वे भ्रष्टाचार की नाप-तोल हजार रुपए में किया करते थे। जब इंदिरा गांधी जीवित थीं, भार उस समय स्तब्ध रह गया था, जब एक पदाधिकारी के पास 72 लाख रुपए की नकदी पाई गई। वह रकम मुद्रा-स्फीति को हिसाब में लेने के बाद भी आज के मानदंडों के अनुसार एक मजाक लगती है। मुख्य लाभार्थी तो क्या, कोई दलाल भी इतनी तुच्छ रकम को छूने की कृपा नहीं करेगा।

जब तक भारतीय अर्थव्यवस्था धीमे-धीमे 3 प्रतिशत की दर से बढ़ती रही—जिसे मजाक में हिंदू वृद्धि दर कहा जाता था—तब तक भ्रष्टाचार भी उस दर के अनुकूल यानी कम था। आखिरकार काला धन होता क्या है, लाभप्रदता का अघोषित प्रतिशत ही तो काला धन हो सकता है। हाँ, सच में, ऐसे भारतीय व्यवसायी पहले भी थे और आज भी हैं, जिन्हें हानि से काला धन बनाने की उल्लेखनीय विशेषज्ञता प्राप्त थी; लेकिन वे द्रवणशील संपत्ति के अधिष्ठाता बने बैठे रहे। उनकी लोलुपता असहनीय थी। आप उसमें हिस्सा-बाँट नहीं कर सकते, जो आप चुरा नहीं सकते; परंतु जैसे ही भारतीय अर्थव्यवस्था ने रफ्तार पकड़ी, प्रयोज्य रोकड़ में दो तरफ तीव्र वृद्धि होने लगी। बहुत रोकड़ थी एक जगह से दूसरी जगह खिसकाने के लिए। रोकड़ खिसकाने के काम में बहुत लोग लगे हुए थे। काले धन को प्रचलन में बचाए रखने के लिए सरकार को हजार रुपए के नोटों की आवश्यकता महसूस हुई। सच्ची-सफेद अर्थव्यवस्था के लिए आपको हजार रुपए के नोटों की कोई जरूरत नहीं होती है। चेक और केडिट कार्ड से काम चल जाता है। अमेरिका में हजार डॉलर का नोट नहीं है।

आवश्यकता और लिप्सा के बीच की दूरी साधारण आँख को नजर नहीं आती है।

परिभाषाएँ बदल जाती हैं। आज की लिप्सा कल की जरूरत बन जाती है। कोई अर्थशास्त्री यह भी तर्क दे सकता है कि आवश्यकताओं का सामाजिक पिरामिड पर ऊपर की ओर चढ़ते रहना जरूरी है अथवा एक खपत-आधारित अर्थव्यवस्था कभी पनप नहीं सकती; किंतु भारतीय राजनीतिज्ञों से अपेक्षा की गई थी कि उन्हें उपभोक्तावाद के शिकंजों के बाहर मदिरा तथा परस्त्री-गमन जैसे अत्कोची अपराधों से परे किसी भिन्न नैतिक पाश में होना चाहिए। निस्संदेह यह सब एक करुणाजनक असत्य कथन और निरी बकवास थी, जिसे छिपाने के लिए आधुनिक सूती वस्त्र पहनने का रिवाज तेजी से जोर पकड़ रहा था।

□

अवाक्

क्या प्रधानमंत्री कभी स्वयं को सुनते हैं?

—3 जून, 2007

प्रधानमंत्री ने सी.आई.आई. (कॉन्फेडरेशन ऑफ इंडियन इंडस्ट्री) के वार्षिक अधिवेशन में एक विचारपूर्ण भाषण दिया (हालाँकि मैं समझता हूँ कि आप जैसे अनपढ़-गँवार लोगों को बिल्कुल भी ज्ञान नहीं होगा कि भारत की यह अत्यंत शक्तिशाली संस्था किसकी हिमायत करती है)। उन्होंने भारतीय कारोबार के कप्तान, मेजरों, कर्नलों और जनरलों से यह बात ध्यान में रखने के लिए कहा कि जो लोग सी.आई.आई. के सदस्य नहीं हैं, वे भी भारतीय हैं। इस भारत को तीन साल की देरी हो गई थी, फिर भी कोई बात नहीं। जिनके संदर्भ में 'वे भी भारतीय' कहा गया, वे छोटी-से-छोटी दया-दृष्टि के लिए सदैव कृतज्ञ रहते हैं।

उन्होंने यह भाषण भी गलत समूह को दे डाला। उन्हें एक ही श्रोता से शुरुआत करनी चाहिए थी।

दिल्ली में आरएक्स (रैक्स) नाम की एक ही टेलीफोन प्रणाली है, जिसका इस्तेमाल सिर्फ अत्यधिक महत्त्वपूर्ण व्यक्तियों (वी.वी.आइ.पी.) के लिए किया जाता है। डॉ. सिंह को चाहिए था कि अपना रैक्स फोन उठा लेते और अपने वित्त मंत्री को एक कप चाय के लिए बुला लेते। चाय पर डॉ. सिंह ने किसी भी प्रकार की भ्रांति के लिए कोई गुंजाइश न रहने तक हर वाक्य पर जोर देते हुए यह भाषण वित्त मंत्री पी. चिदंबरम को पढ़कर सुना दिया होता।

श्री चिदंबरम ने तीन बजट पेश किए हैं। यह कैसे हो सकता है कि किसी ने वित्त मंत्री को यह न बताया हो कि प्रधानमंत्री को गरीबों के कल्याण में रुचि है और

यह भी कि उन्होंने बहुत सोच-समझकर राष्ट्र की बचत हेतु एक दस-सूत्री कार्यक्रम बनाया है? डॉ. सिंह द्वारा उठाए गए एक-एक मुद्दे पर राष्ट्रीय बजट में चर्चा हो सकती थी। लेकिन नहीं, बजट में ऐसा कोई विषय नहीं था।

सी.आई.आई. को प्रधानमंत्री की बात क्यों सुननी चाहिए, जब उनकी अपनी कैबिनेट ही कोई परवाह नहीं करती है?

चलिए, हम कार्य-संचालकों के वेतन से बात की शुरुआत करते हैं, क्योंकि उनका वेतन डॉ. सिंह के विचार में 'अत्यधिक पारिश्रमिक' है, जिसकी वह निंदा करते हैं और मानते हैं कि इससे 'सामाजिक असंतोष' उत्पन्न हो सकता है। मान लेते हैं कि किसी बड़ी कंपनी का मालिक एवं कार्य-संचालक कठोर परिश्रम करने और कंपनी के लिए लाभ अर्जित करने के एवज में कार्य-संचालक की हैसियत से वेतन के रूप में 2 करोड़ रुपए प्राप्त करता है। इस रकम पर वह अधिकतम लागू दर के हिसाब से आय-कर चुकाता है; लेकिन कंपनी का मालिक होने के नाते उसे सरकार कितना देती है? 'इंडिया टुडे' के नवीनतम अंक से मुझे पता चला है कि सिर्फ एक साल के अंदर, यानी वर्ष 2006-07 में डॉ. सिंह की सरकार ने 1,100 कंपनियों के शेयरधारकों को लाभांश (डिवीडेंड) के रूप में 40,000 करोड़ रुपए जेब में डालने की मंजूरी दे दी। क्या उन्होंने 40,000 करोड़ रुपए पर कोई टैक्स चुकाया? एक रुपया भी नहीं। खुद हिसाब लगाकर देख लें, कितना टैक्स बनता है।

साल में, कर सहित, दो करोड़ रुपए वेतन की बात क्यों करते हैं, जब अपने सी.आई.आई. के सदस्यों को कर कटौती किए बिना ही 40,000 करोड़ रुपए एक साल में अपनी जेबों में भरने के लिए दे दिए हैं?

क्या डॉ. सिंह कभी अपने मन की सुनते हैं?

इस सामाजिक घोषणा-पत्र में तीसरा विषय संदेश नं. 1 होना चाहिए था। बेहतर होता, यदि मैंने गलत बयानी के आरोप से बचने के लिए प्रधानमंत्री द्वारा प्रयुक्त कड़े शब्दों में उद्धृत किया होता। 'कीमतें ऊँची रखने के लिए कंपनी समूहों द्वारा उत्पादक संघों को चलाने का काम बंद होना चाहिए। एक ऐसे देश में यह और भी दु:खदायी हो जाता है, जहाँ वस्तुओं की बढ़ती कीमतों का सीधा और गंभीर असर गरीबों पर पड़ता है। उत्पादक संघों का होना एक अपराध है और वे एक मुक्त अर्थव्यवस्था की प्रकृति के विरुद्ध चलते हैं। लाभ का अधिकतम बढ़ाया जाना भी औचित्य और लोभ-लालच की सीमाओं के अंदर होना चाहिए।

मैं जल्दी से बता दूँ कि यह चीत्कार प्रधानमंत्री का है, किसी स्तंभ-लेखक के उत्तेजित दिमाग से निकला कोई तीर नहीं।

दिमाग को झुलसा देनेवाले इस पैराग्राफ से हम क्या अर्थ निकालें?

1. उत्पादक संघ (कार्टेल) हैं और उनका मूल्यों पर नियंत्रण रहता है।
2. वे उन बुनियादी वस्तुओं के मूल्य बढ़ाने से भी नहीं चूकते, जो गरीबों की भूख मिटाने के लिए अत्यावश्यक मानी जाती हैं।
3. उत्पादक संघों का होना एक अपराध है।

तो, डॉ. सिंह की सरकार ने—जिसे सत्ता की गद्दी पर बैठे 1000 दिन से अधिक समय हो गया है—इस अपराध को दंडित करने के लिए क्या किया है? कार्यपालिका या न्यायपालिका की ओर से एक भी ऐसा कदम उठाया गया हो तो जानकर खुशी होगी। जब कोई साधारण चोर चोरी करता है, कानून उसे जेल भेज देता है। लेकिन जब व्यापारियों का आपराधिक संघ गरीबों के भोजन पर डाका मारता है और औचित्य एवं लालच की सीमाओं को पार कर जाता है (ये शब्द प्रधानमंत्री के हैं, मेरे नहीं), उस दिशा में प्रधानमंत्री आत्मसंयम बरतने की विनती करने के अलावा कुछ नहीं कर सकते! (यह विस्मयादिबोधक निशान मेरा है।)

इस कदर असहाय हैं तो फिर आप उपदेश क्यों देते हैं? डॉ. सिंह के सामाजिक घोषणा-पत्र में सूत्र नं. 9 के बारे में कुछ अनिवार्यता है, क्योंकि लोक-जीवन में हर कोई इस छड़ी को एक बैसाखी की तरह इस्तेमाल करता है। क्या मैं उद्धरण दे सकता हूँ? 'नौ—सभी स्तरों पर भ्रष्टाचार से संघर्ष कर। भ्रष्टाचार का कैंसर हमारे राज-निकाय के आवश्यक अंगों को खाए जा रहा है। हर रिश्वतखोर के पीछे एक संरक्षक और एक लाभार्थी होता है।'

सच में। यह गुप्त, रहस्यपूर्ण प्रापक कौन है? मेरा विश्वास करें, जब तक कोई हाथ न फैलाए और आँखों में उसके शक्तिशाली होने का रोब न हो, तब तक कोई घूस नहीं देगा। व्यवसाय करनेवाला कोई भी व्यक्ति खुशी से रिश्वत नहीं देता है। इसके बजाय वह सुख-सुविधा पर खर्च करना अधिक पसंद करेगा। तो फिर वह किसको धन देता है?

राजनीतिज्ञ। डॉ. सिंह ने अपनी सरकार में भ्रष्टाचार पर अंकुश लगाने के लिए क्या किया है? कुछ नहीं। उनकी वैयक्तिक ईमानदारी अब इस सच्चाई को नहीं छिपा सकती कि उनके अनेक मंत्रियों द्वारा बड़ी तेज गति से पैसा बनाया जा सकता है। उन्हें इसकी जानकारी है और खामोशी है।

सूत्र नं. 10 में भी एक अवश्यंभावी घेरा है। वह उद्योग को 'सामाजिक दृष्टि से जिम्मेदार विज्ञापनों के लिए' पैसा देने के लिए कहते हैं। उम्मीद करता हूँ, आप समझ सकते हैं कि 'सामाजिक दृष्टि है करदाताओं के पैसे की कीमत पर पूरे पृष्ठ के ढेरों

विज्ञापन निकालना और दुनिया को बताना कि यह सरकार कितनी बढ़िया है। बेशक उस विज्ञापन में सबसे ऊपर डॉ. सिंह का चित्र होना अवश्यंभावी है।

'भारत ने हमें बनाया है', प्रधानमंत्री कहते हैं, 'हमें भारत का निर्माण करना चाहिए।' दो वाक्यों की यह एक बढ़िया इकहरी पंक्ति है, जो यह बताना भूल जाती है कि भारत को अब किसी से आश्रय पाने की आवश्यकता नहीं है।

□

कितनी दुर्बलता बचा सकते हो, भाई?

विभागों के वितरण के बारे में किसी लॉबीबाज को कैसे जानकारी मिली?

—9 मई, 2010

'मेरा केस निकल गया न?' दूर संचार मंत्री बनने की चाह रखनेवाले राजनीतिज्ञ ने पिछले ग्रीष्मकाल में वर्तमान केंद्रीय मंत्रिमंडल द्वारा शपथ ग्रहण करने के चार दिन पहले एक बड़ी टेलिकॉम कंपनी की ओर से नियुक्त लॉबीबाज (सदस्यों के मत प्राप्त करनेवाले) से कहा। मध्यस्थ महिला नीरा राडिया ने अपने प्रथम नाम से पुकारे जाने पर ले जाते और सहज होते हुए जवाब दिया, "आपका केस पिछली रात ही निकल गया था।"

इस राजनीतिज्ञ की दयनीय विनती का मर्मस्पर्शी पहलू एक अक्षर है—न। इसमें कारुणिकता की एक-एक छाया गुँथी हुई होती है। लॉबीबाज का पूरा नियंत्रण है। और हो भी क्यों न? उसके पास कुछ ऐसी जानकारी है, जो वर्तमान सरकार के बहुत-बहुत ऊँचे स्तर के तीन या चार लोगों तक ही सीमित है। दूरसंचार (टेलिकॉम) में उसका निहित स्वार्थ है और इसी कारण उस व्यक्ति में भी सीधा लक्ष्य साधना अवश्यक है, जो इस विभाग को चलाएगा। डी.एम.के. का ए. राजा उसका ऋणी है और उसे यह बात भूलनी नहीं चाहिए। वह बताती नहीं है कि उसे कैसे मालूम है पिछली रात लिये गए निर्णय के बारे में। लेकिन उसकी बातों से लगता है कि उसने राजा की ओर से मध्यस्थता की है। राजा को इस बात की परवाह नहीं है कि यह काम उसे किसी कंपनी ने दिलाया या नहीं। वह इस काम को हासिल करने के लिए बेधड़क हाथ-पाँव चला रहा है।

यह बात हमें—एक वर्ष बाद—आज पता चल रही है, जिसका श्रेय टेलीविजन चैनल डेडलाइंस टुडे द्वारा की गई किसी विश्वसनीय पत्रकारिता को जाता है, क्योंकि यह चैनल किसी प्रकार टेप में बंद बातचीत के प्रतिलेख (वार्त्तालाप की नकल) और

ऑडियो रिकॉर्डिंग प्राप्त करने में सफल हो गया था।

डी.एम.के. के करुणानिधि परिवार के साथ राजा के बड़े घनिष्ठ संबंध हैं और राडिया अब विश्व में सबसे मशहूर दलाल कहलाने लगी होगी। उसका नाम समकालीन भारत में कुछ अत्यंत महत्त्वपूर्ण कंपनियों की वेतन-सूची में चढ़ा हुआ है। इन कंपनियों में दोनों प्रकार की कंपनियाँ शामिल हैं—घूस देनेवाली और ईमानदारी का ऐतिहासिक दावा करनेवाली भी।

यह वार्त्तालाप कंपनी योद्धाओं ने रिकॉर्ड नहीं किया, जैसी कि एक बदकिस्मत कांग्रेस प्रवक्ता ने एक संरक्षणीय मित्र के बचाव में कहने की निरर्थक चेष्टा की। यह बातचीत आय-कर अधिकारियों ने टेपबंद की थी, जिन्हें राडिया पर शक था कि उसने कर चुकाने में धोखेबाजी की है। ऐसा करने की अनुमति गृह सचिव द्वारा दी गई थी। राजा का फोन टेप पर था; राडिया का भी था। यह दैव योग ही था कि वार्त्तालाप टेप किए जाने की छह माह से चल रही काररवाई के साथ आम चुनाव आ गए और एक नई सरकार का गठन हुआ। यह सूचना मनमोहन सरकार के पास पड़े हुए अब तक महीनों हो गए हैं। इस सरकार ने बस इतना ही किया कि राजनीतिज्ञों को बचाने के लिए पदाधिकारियों को तंग किया और उनका स्थानांतरण कर दिया।

गठबंधन में भागीदार पार्टियाँ अपने-अपने हिस्से के कैबिनेट मंत्रियों की माँग करती हैं, लेकिन विभागों का आवंटन करना प्रधानमंत्री का विशेषाधिकार होता है। डी.एम.के. ने अपने मंत्रियों को दिए गए अन्य विभागों में एक परिवर्तन तो स्वीकार कर लिया, लेकिन सरकार में भागीदारी के लिए टेलिकॉम विभाग इसे दिए जाने की शर्त रख दी।

डी.एम.के. क्यों अड़ी हुई थी और प्रधानमंत्री क्यों अनिच्छुक थे?

क्योंकि दोनों जानते थे कि राजा पहली यू.पी.ए. कैबिनेट में दूरसंचार मंत्री रहते हुए बहुत बड़े घोटाले, अविश्वसनीय लूट के मामले में शामिल थे। सन् 1980 के दशक में कांग्रेस की छवि पर, बोफोर्स सौदे में 64 करोड़ रुपए की दलाली खाने का दाग लगा था। यह 2जी टेलिकॉम घोटाला 60,000 करोड़ रुपए से एक हजार गुना। अगर आप इतने विशाल घोटाले की थाह पाना चाहते हैं तो इस बारे में विचार करें। श्रीमती सोनिया गांधी गरीबी की रेखा से नीचे के लोगों को खाद्य- सुरक्षा प्रदान करने के लिए सरकार पर दबाव डाल रही हैं। कृषि मंत्री शरद पवार कहते हैं कि इस माँग को पूरा करने हेतु सरकार के पास साधन नहीं हैं। एक वर्ष की खाद्य सुरक्षा की कीमत 60,000 करोड़ रुपए की तुलना में बहुत कम है।

संदेह से परे सच्चाई यह है कि डॉ. सिंह और श्रीमती सोनिया गांधी को डी.एम.के. द्वारा की गई इस लूट की जानकारी थी; लेकिन उन्होंने चुप रहना ही बेहतर समझा,

क्योंकि खुलासा करने पर इस गठबंधन का टूटना पक्का था। डी.एम.के. ने सरकार के सिर पर रोकड़ की पिस्तौल तान दी है और सिर ने अपने दिमाग के टुकड़े-टुकड़े होने से बचाने के लिए हामी भर दी है।

सबसे महत्त्वपूर्ण सवाल यह है—किसी लॉबीबाज को विभागों के वितरण के बारे में जानकारी कैसे मिली?

सरकार के गठन से संबंधित विशिष्ट एवं पूरी जानकारी राडिया के पास थी। टेपों में बंद वार्त्तालाप एक स्तर पर उसके संपर्क सूत्रों का सबूत है, दूसरे स्तर पर डी.एम.के. के अंदर छिड़े कुत्सित गृहयुद्ध की कहानी कहते हैं।

मंत्री और मध्यस्थ महिला के बीच और भी ऐसे हजारों वार्त्तालाप हुए होंगे, जिन्हें टेप नहीं किया जा सका। उनमें कितनी दुर्बलता भरी हुई है!

□

क्रोध से घोर अपमान तक

मुद्रा-स्फीति में तीव्र वृद्धि के कारण गरीबों को महसूस होने लगा है कि उनके साथ धोखा हुआ है।

—1 अगस्त, 2010

क्या भ्रष्ट ऊँट की पीठ पर भ्रष्टाचार की ओर झुकानेवाला कोई बिंदु है, वह आखिरी तिनका या रुपए या नोट, जो जन-प्रतिक्रिया के निष्क्रिय फ्यूज में पलीता लगा देता है और क्रोध को घोर अपमान में बदल देता है?

भ्रष्टाचार प्रायः अश्लील वस्तु छिपाने संबंधी सिनिकवाद या मानव-द्वेषवाद में लिपटा हुआ होता है, तो फिर परेशान क्यों होना, भाई? यदि हर व्यक्ति एक चोर हो तो चोरी कानून बन जाती है। ससुरालवालों से भरे एक देश में कानून के लाभ से बहिष्कृत कोई नहीं होता है।

लुटेरे नवाब इतने चतुर होते हैं कि वे एक-दूसरे से चोरी नहीं करते हैं। उन्हें चुराने की जरूरत भी नहीं होती है। वैसा हुआ तो एक सुखद व्यवस्था में अनावश्यक कलह एवं झगड़ेबाजी आ जाएगी। वे सब जनता से चुराते हैं। लूट अब दिन-दहाड़े डकैती तक पहुँच गई है।

यहाँ कुछ तथ्य प्रस्तुत हैं, जो शनिवार, 31 जुलाई के 'टाइम्स ऑफ इंडिया' के पहले पृष्ठ पर छपे हैं। ध्यान रखें, यह सिर्फ एक दिन की खबर है, पूरा किस्सा नहीं है। केंद्रीय सतर्कता आयोग ने अब तक केवल 16 कॉमनवेल्थ गेम्स परियोजनाओं की जाँच की है। इन परियोजनाओं में स्टेडियमों को सुधारने से लेकर सड़कों व पटरियों का निर्माण करने, सड़कों पर बत्तियाँ लगाने आदि जैसी 2,477.22 करोड़ रुपए के अनुमानित खर्च की परियोजनाएँ थीं। इसके द्वारा जाँचा गया प्रत्येक गुणवत्ता प्रमाण-पत्र या तो जाली था या संदेहपूर्ण। तफसील देकर जगह भरने का कोई फायदा नहीं, उन्हें बार-बार दोहराना पड़ेगा। इतना कहना ही पर्याप्त समझें कि कुछ समय से इस व्यवस्था की दुर्गंध

ज्यों-की-त्यों बनी हुई है।

यह गंध बहूद्देश्यीय है—स्वाभाविक सी बात है—आखिरकार यह कॉमनवेल्थ गेम्स जो हैं। इस आयोजन से जुड़ा एक कार्यक्रम है, जिसे क्वींस वैटन रिले कहा जाता है, जिसका मतलब है कि महारानी एलिजाबेथ का आशीर्वाद प्राप्त छड़ी को चौकी दौड़ (रिले) के माध्यम से दिल्ली पहुँचना है। अगर कोई कार्यक्रम है तो समारोह का आयोजन करना आवश्यक हो जाता है और समारोह है तो भ्रष्टाचार भी अवश्य होगा। ब्रिटिश अधिकारियों ने, जो कुछ हो रहा है उसकी, एक छोटी सी झलक दिखलाई है। सी.डब्ल्यू.जी. संगठन समिति ने, ब्रिटेन की मुद्रा (पौंड) में करीब 1.63 करोड़ रुपए की रकम ए.एम. फिल्म्स यू.के. लि. को वीडियो उपकरण के लिए भेजी, जबकि इस सौदे में न तो कोई टेंडर आमंत्रित किए गए, न किसी प्रक्रिया का पालन किया गया और न कोई कागजी काररवाई की गई। इस कंपनी का जो पता दिया गया है, वहाँ सिर्फ ए.एम. वेहिकल्स हायर लि. नाम की एक कंपनी मौजूद है, और इस कंपनी के दस्तावेज बताते हैं कि यह कोरा, काम-चलाऊ शौचालयों तथा बैरियर अर्थात् अवरोधकों की व्यवस्था कराती है, न कि वीडियो उपकरण की। इस कंपनी के डायरेक्टर ने 14 जुलाई को बड़े आराम से इस्तीफा दे दिया।

खेल-कूद मंत्री एम.एस. गिल ने संसद् में स्वीकार किया है कि यह तमाशा आरंभ होने के समय से लेकर अब तक गेम्स की कीमत 17.5 गुना बढ़ गई है। 17 गुना, जरा सोचिए।

क्या प्रधानमंत्री मनमोहन सिंह अखबार नहीं पढ़ते हैं? क्या वह गेम्स के उद्घाटन समारोह में उन लोगों की अध्यक्षता करेंगे, जिनके ऊपर लूट का मुकदमा चलना चाहिए? वह कब तक स्वयं को इस कीचड़ से दूर रख सकते हैं? एक समय आएगा, जब उनकी खामोशी का स्वर किसी भी भाषण की तुलना में अत्यधिक प्रबल होगा।

□

आवश्यकता है ईमानदारी के लिए एक नोबेल पुरस्कार की

भारतीय राजनीतिज्ञों को पाखंड के लिए नोबेल पुरस्कार अवश्य मिल जाएगा।

—12 सितंबर, 2010

अगर मेरी मानें तो ईमानदारी के लिए पहला नोबेल पुरस्कार रूस के वित्त मंत्री अलेक्जेई कुद्रिन को मिलना चाहिए। इस माह के पहले सप्ताह में उन्होंने समाचार एजेंसी इंटरफैक्स को बताया कि उनके देशवासी रूसी अर्थव्यवस्था को बढ़ावा देने के लिए सबसे अच्छा काम यही कर सकते हैं कि वे अधिकाधिक धूम्रपान और मदिरापान करें। उनकी जबान से निकले सही शब्द इस प्रकार हैं—''यदि आप एक पैकेट सिगरेट पीते हैं तो इसका अर्थ होगा कि आप जनांकिकी संवर्धन करने, अन्य सामाजिक सेवाओं का विकास करने तथा जन्म-दर को थामे रखने जैसी सामाजिक समस्याओं को हल करने के लिए अधिक योगदान दे रहे हैं। लोगों को समझना चाहिए कि जो लोग शराब पीते हैं, जो धूम्रपान करते हैं, सरकार की सहायता करने में वे अधिक योगदान कर रहे हैं।''

इस पुरस्कार के लिए एक और भी हस्ती दौड़ में है। 10 सितंबर को संयुक्त राष्ट्र में अंडरसेक्रेटरी फॉर इकोनॉमिक एंड सोशल अफेयर्स शा जुकांग ने शराब का एक गिलास या चार पैग चढ़ाने के बाद महासचिव, बान की मून से कह दिया, ''मैं जानता हूँ, आपने मुझे कभी पसंद नहीं किया, मि. सेक्रेटरी जनरल! ठीक वैसे, आप भी मुझे कभी अच्छे नहीं लगे.....''

लेकिन, अंततः विजेता अलेक्जेई कुद्रिन है। वह गंभीर था। उसकी बात तर्कसंगत है। धूम्रपान आपको कैंसर देता है; कैंसर आपको जल्दी मार देता है। मरा हुआ आदमी

सरकारी पेंशन का दावा नहीं कर सकता, जो एक अच्छी खबर है। मृत्यु उम्र-जवानी का अनुपात भी बदल देती है युवाओं के पक्ष में। इसके अलावा, आप सिगरेट तथा मदिरा पर टैक्स भी अधिक अदा करते हैं। इससे राजकोष में अधिक धन आता है। इतिसिद्धम्। पितृभूमि को बचाने के लिए प्राणों की आहुति दो।

डॉ. मनमोहन सिंह को वित्त मंत्री रहते कठिन समय से गुजरना पड़ा और अब प्रधानमंत्री बनकर भी उन्हें वास्तव में कोई सुख नहीं मिल रहा है। लगता है, जैसे कठोर नियंत्रण में वह छटपटा रहे हों। वर्षों की राजनीतिक तपस्या उन पर अब भारी पड़ने लगी है। वह लड़खड़ा गए, जब उच्चतम न्यायालय ने उनकी सरकार को निर्देश दिया कि अनाज को सड़ने देने के बजाय बेहतर होगा कि वह अनाज भारत के गरीब व कंगाल लोगों को पेट भरने के लिए दे दिया जाए। डॉ. सिंह का जवाब बहुत तीखा था; निष्कर्ष यह था कि सरकार का काम खैरात बाँटना नहीं है। अनाज अगर सड़ता है तो सड़ने दो; अगर दरिद्रों को भोजन चाहिए तो उन्हें बाजार जाना पड़ेगा। जाहिर है, चूहों को मोटा होने में भी लाभ है।

एक राजनीतिज्ञ होने के नाते डॉ. मनमोहन सिंह जानते हैं कि उनकी मुख्य जिम्मेदारी सरकार को उस समय तक सँभाले रखना है, जब तक कि प्रत्यक्ष उत्तराधिकारी राहुल गांधी अलग-थलग पड़े लोगों के जरिए सिर्फ मुहिम छेड़ने के बजाय स्वयं को शासन करने योग्य घोषित नहीं कर देते। डॉ. सिंह प्रतीक्षा कक्ष में बैठे हुए चुपचाप मुसकराते रहते हैं। और किस तरह वह वाणिज्य मंत्री आनंद शर्मा जैसे एक निहायत गरीब सहयोगी से निपट सकते हैं, जिसने प्रधानमंत्री को बताया है कि उसके पास निजी धन-दौलत के नाम पर सिर्फ 26,741 रुपए. हैं? बड़ी लज्जा की बात है, विशेषकर ऐसे समय में, जब गांधी युग को बीते जमाना गुजर गया, आनंद शर्मा जैसी महत्त्वपूर्ण हस्ती के बैंक खाते में इतने पैसे भी नहीं हैं जितने पैसे एक औपचारिक सूट खरीदने के लिए चुकाने पड़ते हैं। यदि ऐसा है, तब तो बेशक उन्हें अपने सूटों की खरीद के लिए अपने बैंक खाते को छुए बिना उस धनराशि को निकालना पड़ता होगा, जो उन्होंने अपनी अलमारी में जमा कर रखी है।

हमारे मंत्रियों में से अनेक की संकटपूर्ण स्थिति को देखते हुए—उदाहरण के लिए, अकिंचन सुबोध कांत सहाय के पास निजी संपत्ति के रूप में केवल 1.4 लाख रुपए हैं। क्या हमें स्वीडन को सुझाव के रूप में भेजना चाहिए कि वे एक नोबेल पुरस्कार निर्धनता के लिए भी देना शुरू कर दें?

लेकिन, यह मानी हुई बात है कि भारतीय राजनीतिज्ञ साल-दर-साल पाखंड के लिए 'नोबेल पुरस्कार' अवश्य जीतते रहेंगे?

□

धूर्त भारत और मलिन भारत

राहुल गांधी के दखल देने में इसे पहले रद्द करने के बाद महाराष्ट्र कैबिनेट ने आदर्श जाँच आयोग के कतिपय अंशों को स्वीकार करते हुए प्रस्ताव पारित किए। किंतु रिपोर्ट में जिन राजनीतिज्ञों के नाम दिए गए थे, उनमें से किसी के भी विरुद्ध कोई काररवाई करने का इरादा नहीं जताया।

—31 अक्तूबर, 2010

यह पूर्णतया उपयुक्त ही है कि जिस राष्ट्र का नीति-मंत्र 'सत्यमेव जयते' हो, वहाँ मुंबई जैसे महानगर में किसी रिहायशी सोसाइटी में जबरदस्त लूट मचाने की खातिर सोसाइटी का नाम बहुत सोच-समझकर 'आदर्श' रखा जाए। लालच नया धर्म बन गया है और उसकी कटौती में सभी मुँह मारनेवालों का स्वागत है। इसके अतिरिक्त कुछ भी परम पावन नहीं है, लोक सेवा में दिन-रात एक करनेवाला ऊँचे-से-ऊँचा अधिकारी भी नहीं। मुख्यमंत्री हो, सेनापति हो, नौ सेनाध्यक्ष हो या चोटी के अधिकारीवृंद, जिनके जरिए फाइल का जाना अत्यावश्यक होता है। युद्ध में शहीद हुए सेनिकों की विधवाओं के कल्याण हेतु स्वीकृत किसी आवासीय सोसाइटी में यदि कोई फ्लैट है, जिसे चुराया जा सकता है तो हर श्रेणी का उच्चाधिकारी कारगिल शहीदों के खून को ठगने को तैयार बैठा है। टॉमस फ्रायडमैन को नहीं पता कि जब उसने दुनिया को सपाट एवं चौरस बतलाया और भारत में अपना सफर शुरू किया, उस समय किसी उपमा के सिर पर कितने श्लेषों, कितने अनेकार्थक शब्दों ने नृत्य किया होगा।

पहले कौन गया, पाखंड या लालच? कठिन प्रश्न। शायद पाखंड, क्योंकि यही वह परदा है, जिसके पीछे लालच पनपता है।

पाखंड की बू अब सत्ता के सभी स्तरों और संस्थाओं में फैल गई है; जैसे कि हमारे रक्षा-बल। हमारी रक्षा-सेवाएँ या तो भ्रष्ट होंगी या एक बल; वे दोनों नहीं हो

सकती हैं। उन पदाधिकारियों की सूची लगभग लज्जाजनक है, जिन्होंने शहीदों की विधवाओं से संबद्ध संपत्ति चुराई।

यह शहीदों की कब्रगाह से की गई लूटपाट थी। पीठ खुजानेवाले जिन लँगोटिया यारों ने आपस में आदर्श फ्लैट बाँटे, उन पर भ्रष्टाचार का मुकदमा नहीं, बल्कि देशद्रोह का मुकदमा चलाया जाना चाहिए और दंड दिया जाना चाहिए।

लेकिन ऐसी माँग करना उन शासकों से बहुत अधिक अपेक्षा करने के समान होगा, जो इतने धन-लोलुप और घूसखोर हो गए हैं कि विश्वास करना कठिन है। व्यवस्था को भरोसा है कि यह किसी को भी बलि का बकरा बनाकर प्रचंड-से-प्रचंड जन-आक्रोश को शांत कर सकती है। कॉमनवेल्थ गेम्स के दौरान लोक धन के साथ घृणित व्यभिचार के लिए सुरेश कलमाड़ी को औपचारिक रूप से बलि चढ़ाने के लिए नामजद किया गया था। महाराष्ट्र के मुख्यमंत्री अशोक चव्हाण को आदर्श के कारण इस्तीफा देना पड़ सकता है, जब तक कि वह दिल्ली में अपने वरिष्ठों को चुपके से यह धमकी देकर ब्लैकमेल न कर सके कि वह समय-समय पर उनकी तिजोरी में पहुँचाई गई रोकड़ का सारा भंडाफोड़ कर देगा।

अशोक चव्हाण ने 'कारगिल युद्ध के उन शूरवीरों को ठगने के लिए' शर्तों में हेरा-फेरी कर दी, जो 'हमारी मातृभूमि की रक्षा के लिए बहादुरी से लड़े थे।' यह हथकंडा अपनाकर अशोक चव्हाण ने उनके फ्लैटों में से कम-से-कम चार फ्लैट अपने परिवार के नाम कर लिये। वह उसी दिन से भ्रष्ट थे, जिस दिन उन्हें महाराष्ट्र सरकार में एक मंत्री बनाया गया था। उन्हें मुख्यमंत्री उनकी योग्यता एवं सक्षमता के आधार पर नहीं बनाया गया, बल्कि इस कारण मुख्यमंत्री बनाया गया, क्योंकि वह जानते थे कि कांग्रेस में ऊपर चढ़ने का रास्ता वफादारी और भ्रष्टाचार की सुखद संधि से होकर जाता है। दिल्ली में उनके गुरुओं ने महा घातक और घोर आघात पहुँचने का जो मुखौटा पहना हुआ है, वह सिर्फ इसलिए, क्योंकि वे समझते हैं कि यह मुखौटा ही उन्हें मतदाता के प्रतिशोध से बचा सकता है।

मतदाता आदर्श सोसाइटी में नहीं रहता है। 62 प्रतिशत मुंबई गंदी बस्तियों में रहती है। धूर्त भारत और मलिन भारत के बीच की दूरी हर दिन अखबारों में नापी जाती है, लेकिन असुविधा हमें उस पर ध्यान देने का मौका ही नहीं देती। यहाँ तक कि समाचार-माध्यम भी इस दूरी को कम करने से कतराता है। शनिवार को दिल्ली में अखबारों का मुख-पृष्ठ तो अशोक चव्हाण की अगुआई में हुई लूटमार की कहानी से भरा हुआ था—और यह उचित भी था; लेकिन उस अज्ञात माँ की छोटी सी कहानी पृष्ठ सं. 3 पर छपी थी, जो अपने दो बच्चों—एक लड़का, पुकार और उसकी बहन दक्षिणा—को दिल्ली में निर्वाचन आयोग के कार्यालय के बाहर बहुत करीब एक मजार के पास

छोड़कर चली गई। उसके पास जो कुछ भी था—एक थैला, जिसमें दूध की बोतल और कुछ कपड़े थे—वह अपने बच्चों के पास रख गई और जाते-जाते बच्चों से कह गई कि वह एक घंटे में लौट आएगी। वह कभी वापस नहीं आई। उसकी अंतिम आस्था उस मजार में थी। मजार के अस्थायी रखवाले वजीर शाह ने बताया कि बच्चे रात भर रोते रहे। उन बच्चों को अब एक पनाह मिल गई है।

वे भूख से त्रस्त, बेपनाह निष्ठुर वास्तविकता का सामना करना सीख जाएँगे, क्योंकि आधा भारत इसी कष्ट में जी रहा है; जबकि मुट्ठी भर लोग राष्ट्र की धन-संपत्ति को दोनों हाथों से लूटने और बरबाद करने में लगे हुए हैं और जो बीच में हैं, वे सपनों एवं असुरक्षा के बीच फँसे हुए हैं। लेकिन क्या पुकार और दक्षिणा अपनी 'नियति' को अस्वीकार कर लेंगे और अशोक चव्हाण तथा उसके साथी लुटेरों की उसी तरह उपेक्षा कर देंगे, जिस तरह असहाय, अनाम माँ ने उन्हें उपेक्षित छोड़ दिया? मैं समझता हूँ, नहीं कभी नहीं।

□

कृपया अब आजादी मिले कुछ भारतीयों से

गांधी ने मातृभूमि में कहीं भी भ्रष्टाचार के चलते हमें चैन से सोने नहीं दिया होता।

—14 अगस्त, 2011

15 अगस्त, 1947 को उसी क्षण हम अपने मूल सिद्धांत से दूर हो गए, जब हमने सोच लिया कि तिरंगा ऊँचा उठते ही स्वतंत्रता की उस परियोजना का अंत हो गया है, जिसकी शुरुआत वर्ष 1919 में महात्मा गांधी द्वारा की गई थी। यह अंत नहीं, बल्कि आजादी की एक दूसरी तथा उतनी ही कठिन लड़ाई की केवल शुरुआत थी। पहली लड़ाई अंग्रेजों के विरुद्ध लड़ी गई थी। आजादी की यह दूसरी लड़ाई अपने ही लोगों, भारतीयों के खिलाफ है।

जैसे ही मैं सोचने लगता हूँ कि हमें अभी और किन-किन चीजों से मुक्ति पानी है, अतीत और वर्तमान में प्रमुखता पाने की होड़ लग जाती है। इस सूची में सबसे ऊपर है—भूख। हमने भूख को खोजने ग्रामीण तथा आदिवासी इलाकों की लामबंदी की है। माओवादी गोलाबारी अभी भी एक गुर्राहट भर है; यह भूख अभी आक्रोश में तब्दील नहीं हुई है। ईश्वर चरबी चढ़े विरक्त लोगों तथा आत्मतुष्ट मध्य वर्ग की दिन-रात मदद करता है। गरीब लोग यह सोचकर तसल्ली कर लेते हैं कि जिसके पास कुछ नहीं है, उन्हें खोना भी क्या है।

गरीब कोई दूर की वास्तविकता नहीं है, जो दिखाई न दें। वे भारत के सबसे अधिक बिगड़ैल और दंभी नगर दिल्ली में पटरियों पर ऐसी ऊँची-ऊँची रिहाइशी मीनारों के सामने खुले मैदानों में सोते हैं, जिनकी कीमत में एक छोटा-मोटा शहर खरीदा जा सकता है। सड़क पीढ़ियों से ऐसे बच्चों का एकमात्र बसेरा रहा है, जो भीख माँगने से चुराए समय में अभी भी साँस लेते हैं। एक बेघर-बार, अनाथ बच्चे के लिए आगे बढ़ने का कौन सा रास्ता खुला है? कहाँ ऊपर जाएगा वह? किसी जेल की छत पर?

किशोरावस्था में कदम रख चुके 90 प्रतिशत बालकों के पास दूसरी कमीज भी नहीं होती है, जब वे तिहाड़ में आश्रय पाते हैं। स्वतंत्रता-प्राप्ति के 65 वर्ष बाद भी भारत उन्हें घर के नाम पर सिर्फ कैदखाना दे सकता है।

मैं अनावश्यक रूप से कटु एवं रुक्ष होना नहीं चाहता हूँ। सन् 1947 में हमें एक ऐसा भारत विरासत में मिला, जहाँ बंगाल के अकाल में करीब 40 लोग मौत के मुँह में चले गए थे। यह अकाल अंग्रेजों की आर्थिक नीतियों का परिणाम था, जिसे हमने पीछे छोड़ दिया है; लेकिन यह उन 50 करोड़ लोगों के लिए कोई दिलासा देनेवाली बात नहीं है, जिन्हें आज भी जिंदा रहने के लिए जीवन से संघर्ष करना पड़ रहा है; जिनकी आशाएँ 20 वर्ष की आयु में ही लुप्त हो गईं, 40 साल तक पहुँचते-पहुँचते जिनके दाँत चले गए और जिनका जीवन असमय ही मुरझा गया। इन्हीं हालात से हमें छुटकारा पाना होगा। अगले दशक में समस्त भारत को इस भूख के विरुद्ध संघर्ष में पूरे दिल से उतरना होगा।

हमें भ्रष्टाचार से मुक्ति चाहिए। यदि भ्रष्टाचार कतिपय प्रभावशाली मंत्रियों तक ही सीमित रहता तो दोषियों के वास्ते जेलों में पर्याप्त स्थान बचा रहता। लेकिन, भ्रष्टाचार की जातिगत व्यवस्था सत्ता के निम्नतम स्तरों तक फैली हुई है, पासपोर्ट ऑफिस में बैठा क्लर्क आपकी तंग जेब से सौ रुपए का नोट निकलवाकर ही छोड़ता है; जिला मजिस्ट्रेट ऑफिस में बैठा बाबू आपकी वैध रकम आपको तब तक नहीं देगा, जब तक वह उसमें से एक निश्चित प्रतिशत कटौती अपनी जेब में न डाले—और सिपाही का तो कहना ही क्या, वह हर नियम को आत्म-वृद्धि का एक साधन मानता है। प्रत्येक गड्ढा, जो आप देखते हैं, भ्रष्टाचार की छोड़ी हुई निशानी है। क्या आपने कभी सोचा है कि पहली बरसातों के बाद ही हमारी सड़कें पथरीले युद्ध-क्षेत्र में क्यों बदल जाती हैं? क्या विश्व में दिल्ली इकलौता शहर है, जहाँ बरसात होती है? लंदन, इस्तांबुल या सिंगापुर में बरसात के कारण सड़कों की हालत ऐसी खराब क्यों नहीं होती है, जहाँ असल में हर तीसरे पहर बरसात होती है?

मुक्ति पाने संबंधी सूची काफी लंबी है। भारत के लोग अन्याय, ढोंग, चापलूसी, मूर्खता से मुक्ति चाहते हैं। धूर्तता रूपी भ्रष्टाचार इन बीमारियों में से शायद सबसे बुरी बीमारी है; क्योंकि यह नेता के अहंकार को तृप्त करने के उद्देश्य से सच्चाई को घुमा-फिराकर पेश करती है।

15 अगस्त को संभव बनानेवाले महात्मा गांधी ने आजादी का जश्न नहीं मनाया। दिल्ली में स्वतंत्रता का आनंदोत्सव मनानेवालों में महात्मा गांधी शामिल नहीं थे। वह कलकत्ता में थे, भारतीयों को भारतीयों से बचाने के लिए। बेलगछिया में उनके एकाकी डेरे पर जब बी.बी.सी. ने मानवीय बुराई की लूटमार के विरुद्ध इस सच्चे योद्धा का इंटरव्यू लिया, उस समय उनके मुँह से एक भी ऐसा वाक्य नहीं निकला, जिससे लगे

कि वह खुश हैं। गांधी सन् 1920 में कहीं अधिक खुश दिखते थे। वह जानते थे, देशवासी यदि एक बार ठान लें और सीना तानकर उठ खड़े हों तो देर-सबेर आजादी मिलना अवश्यंभावी है। उसमें संदेह के लिए कोई गुंजाइश नहीं रहती है। वह एक-चौथाई सदी आगे देख सकते थे। आधुनिक भारत की महान् उपलब्धियों पर गांधी का चेहरा खुशी से चमक उठा होता; लेकिन जब तक मातृभूमि में सर्वत्र भूख और भ्रष्टाचार व्याप्त है, तब तक वह हमें चैन से सोने नहीं देते।

□

भ्रष्टाचार की इच्छा और अनिच्छा

एक पुराने व्यसन का विकास।

—28 अप्रैल, 2013

भारतीय मूल के एक तंत्रिका विज्ञानी वी.एस. रामचंद्रन ने लिखा है कि मानव मस्तिष्क 'स्वतंत्र इच्छा-शक्ति' के प्रकारांतर में भले ही भटक जाए, किंतु 'न करने की संकल्प-शक्ति' के बारे में अवश्य ही स्पष्ट हो सकता है। श्री रामचंद्रन को प्रभावशाली भारतीय राजनीतिज्ञों के लिए कक्षाएँ चलानी चाहिए। उनके सामने कोई भी लालच झुलाओ, 'इच्छा-शक्ति' घंटी बजा देगी—'नहीं'।

भारतीय लोकतंत्र द्वारा की गई प्रगति का एक संकेत तो स्पष्ट सबके सामने है—भ्रष्टाचार के विज्ञान में रचनात्मक प्रगति। पुराने घटिया दिनों में कोई नकदी से भरा एक थैला ले गया, किसी चाटुकार ने रुपए गिने और थैले को मालिक के शयनकक्ष में पहुँचा दिया। प्रधानमंत्री जैसे किसी उच्च प्रतिष्ठ व्यक्ति को अधिक सम्मान मिलना चाहिए; उसके वास्ते नकदी एक सही ढंग के सूटकेस में आई। बंबई स्टॉक एक्सचेंज से संबद्ध एक तेजड़िया ने वर्ष 1990 के दशक के आरंभिक काल में दावा किया कि उसने 1 करोड़ रुपए के करारे नोटों से भरा एक सूटकेस पी.वी. नरसिम्हाराव को भेंट किया है। बेशक आज के समय में यह रकम निचले स्तर के कैबिनेट मंत्रियों की प्रतिष्ठा के मुकाबले भी बहुत तुच्छ मानी जाएगी। आपको याद होगा कि पिछले वर्ष डॉ. मनमोहन सिंह की कैबिनेट के एक घमंडी सदस्य, बेनी प्रसाद वर्मा अपनी हँसी नहीं रोक पाए थे, जब उनके एक सहयोगी पर 70 लाख रुपए उड़ाने का आरोप लगा था। वह रकम इतनी छोटी है कि विश्वास करने योग्य नहीं है। वर्मा ने ठहाका लगाया था। क्या डॉ. मनमोहन सिंह ने नाराजगी जताई? कतई नहीं। वर्मा अभी भी एक कैबिनेट मंत्री हैं।

सूटकेसों का जमाना शायद गुजर गया, शायद नहीं। अधिक चतुर एवं व्यवहार-कुशल राजनीतिज्ञ एक अलग प्रकार का शानदार तरीका अपनाते हैं। वे किसी संबंधी के

जरिए लूट का माल बटोरते हैं और शायद इसी कारण एक मंत्री की पत्नी को पेशेवर फीस के रूप में करोड़ों रुपए मिल जाते हैं, भले ही कोई मामला जिसके लिए उनकी सेवाओं का उपयोग किया गया—कुछ लाख रुपए का हो या किसी कीमत का न हो। उसके साथ आप कैसे बहस कर सकते हैं? कीमत, सुंदरता की तरह, देखनेवाले की आँखों में होती है। यदि कोई चिट फंड व्यवसायी आपकी पत्नी की विधि-विषयक विदग्धता को इतने अधिक मूल्य में आँकता है तो फिर हम कौन होते हैं इस बहस में पड़नेवाले?

पिछले दशक की एक बड़ी भ्रांति हमारी यह धारणा रही है कि डॉ. मनमोहन सिंह भ्रष्टाचार-मुक्त शासन दे पाएँगे, क्योंकि वह स्वयं निश्छल एवं सच्चे हैं। हाल ही में स्पेक्ट्रम और कोयला खानों के आवंटन में हुए घोटाले का जो खुलासा हुआ है, उससे यह बात असंदिग्ध रूप से साबित हो जाती है कि उनकी वैयक्तिक प्रतिष्ठा की आड़ लेकर उनके मंत्रियों द्वारा अंधाधुंध लूटपाट की जाती रही। उन्हें इसकी जानकारी थी, फिर भी उन्होंने इस विषय में कुछ नहीं किया; क्योंकि प्रधानमंत्री के रूप में उनका अपना अस्तित्व दाँव पर लगा हुआ था। सी.बी.आई. द्वारा कोयला घोटाले में सुप्रीम कोर्ट में दाखिल किया गया हलफनामा उनकी सरकार के बारे में एक भीषण अभ्यारोपण है। यह साबित करता है कि सी.बी.आई. तथा विधि अधिकारियों ने सरकार को बचाने की खातिर अदालत के सामने पहले झूठ बोला। सी.बी.आई. कबूल करती है कि इसके हलफनामे की विधीक्षा प्रधानमंत्री कार्यालय और कानून मंत्री अश्विनी कुमार द्वारा की गई थी। अश्विनी कुमार का यह दावा मूर्खतापूर्ण है कि वह केवल व्याकरणिक शुद्धियाँ कर रहे थे। उनके कहने का मतलब यही निकलता है, जैसे बाकी सब लोग और सुप्रीम कोर्ट में बैठे जज भी निरे मूर्ख हों।

श्रीमती इंदिरा गांधी ने एक बार भ्रष्टाचार को एक अंतरराष्ट्रीय घटना बतलाकर खारिज कर दिया था। उनका कहना ठीक था, यह एक पुराना किस्सा है। यह रिपोर्ट पहली बार 100 वर्ष पहले प्रकाशित और 22 अप्रैल, 2013 के 'नेशनल हेराल्ड ट्रिब्यून' में पुनः प्रस्तुत? 'क्रप कंपनी द्वारा सरकारी पदाधिकारियों की घूसखोरी है। आरोप क्षण भर के लिए महत्त्वहीन और निरर्थक हो गए लगते हैं, जब हम इनकी तुलना जर्मन शस्त्रीकरण हितों के विरुद्ध लगाए गए आरोपों से करते हैं, क्योंकि कहा जाता है कि युद्ध-सामग्री उत्पादकों का उद्देश्य अंतरराष्ट्रीय प्रतिस्पर्धा और दुर्भावना को भड़काना है। इन षड्यंत्रों के लिए फ्रांस को एक उपजाऊ क्षेत्र अर्थात् अनुकूल रणभूमि के रूप में चुनकर शस्त्रीकरण संबंधी हितों ने फ्रांस के समाचार-पत्रों में झूठी रिपोर्ट निकलवाने का प्रयास किया, ताकि जर्मनी युद्ध की आशंका को देखते हुए भारी मात्रा में हथियारों की खरीद करने लगे। फ्रांस की सेना अपने हथियारों की सप्लाई दोगुना करने जा रही है,

इस झूठी घोषणा के पीछे स्पष्ट इरादा जर्मनी को अपनी युद्ध-सामग्री संबंधी सप्लाई दोगुनी करने के लिए उकसाने का था।

एक सदी के बाद यूरोप और भारत के बीच अंतर यही है कि यूरोप उन लोगों के नाम प्रकट कर देता है, जो स्विस बैंकों में गुप्त खाते रखते हैं। भारत में हम कुछ ऐसे बदकिस्मत लोगों के लिए बच निकलने का रास्ता बनाने में सिद्धहस्त हैं, जिनके हाथ राष्ट्र के खजाने की चोरी करते पाए जाते हैं।

एक अच्छी बात जरूर है। भारत एक लोकतंत्र है। भारत की जनता का आक्रोश जब व्यापक रूप ले लेता है, उनके क्रोध की ज्वाला सत्तारूढ़ दल को ध्वस्त करके ही शांत होती है।

भ्रष्टाचार का मुद्दा जब कभी मतदाताओं की कार्य-सूची में सबसे ऊपर होता है, सत्तारूढ़ दल की सदस्य संख्या लोकसभा में पिछली बार की तुलना में घटकर आधी हो जाती है। सन् 1974 में जयप्रकाश नारायण ने भ्रष्टाचार के खिलाफ अभूतपूर्व आंदोलन छेड़ा था। उस आंदोलन से बौखलाई श्रीमती इंदिरा गांधी को सन् 1975 में इमरजेंसी (आपात-स्थिति) की घोषणा करनी पड़ी। सन् 1977 में कांग्रेस 200 से अधिक सीटें हार गई और उसके सांसदों की संख्या मात्र 150 रह गई। 1989 में बोफोर्स सौदे में घूसखोरी के आरोपों के कारण कांग्रेस सांसदों की संख्या 420 से घटकर 200 से भी कम हो गई। 1996 में नरसिम्हाराव का भी यही हाल हुआ; उन्हें भ्रष्टाचार के अलावा और भी परेशानियों का सामना करना पड़ रहा था। अगर ऐसा ही चलता रहा तो अगले आम चुनावों के बाद कांग्रेस के संसद् सदस्यों की संख्या 100 के आस-पास रह जाने की आशंका है।

□

पहचान और चुनाव

एक सम्मिश्र मानव जातीय क्षेत्र में फैले धन-वैभव और गरीबी से नाता रखनेवाला प्रत्येक वर्ग के लगभग 50 करोड़ लोग सत्ता को जवाबदेय ठहराने के लिए मतदान करते हैं, और उनकी सामूहिक इच्छा अगली सरकार में स्रवित होती है, जैसे-जैसे आधुनिक चमत्कार रुख्सत होते हैं, यह सर्वोपरि है।

माया संसार

राहुल गांधी को अनावश्यक महत्त्व न दें, क्योंकि उनकी जेब में खड़खड़ाहट एक चाँदी के चम्मच की आवाज की है।

—25 दिसंबर, 2011

माया सभ्यता के जिस पक्के अंक विज्ञानी ने 5,125 वर्ष पहले एक ऐसा कलेंडर बनाने की पहल की थी, जिसकी गणनानुसार, बहुत अधिक व्याख्या न देते हुए यह निर्धारित हुआ कि इसकी अंतिम तिथि 21 दिसंबर, 2012 होगी, वह हमारे किसी भी समकालीन ज्योतिषी से अधिक श्रेष्ठ था। वह मौजूद नहीं है, ताकि यह पता लगाया जा सके कि क्या उसकी भविष्यवाणी सही थी।

तो क्या यह दुनिया 12 मास से कुछ कम समय के अंदर समाप्त हो जाएगी?

मेरी अपनी भविष्यवाणी कहती है—हाँ। यह दुनिया उनमें से अधिकतर के लिए समाप्त हो जाएगी, जो आज दुनिया का नेतृत्व कर रहे हैं। स्वयं को दुनिया से ऊपर माननेवाले बड़े नामी-गिरामी सितारे, मुख्यत: राजनीतिक कारणों से, किसी अंधे कुएँ में पड़े बड़बड़ाएँगे। एक या दो मामलों में जीवन-विज्ञान अपनी वसूली कर सकता है, अर्थात् अपना घंटा बजाकर मृत्यु की सूचना दे सकता है; लेकिन हमें ईश्वर के निर्णय ईश्वर के लिए छोड़ देने चाहिए। मैं इस बात का दावा नहीं कर रहा हूँ कि यह दुनिया वर्ष 2012 में कोई बेहतर जगह बन जाएगी, लेकिन इतना अवश्य कह सकता हूँ कि यह भिन्न जगह होगी। लोकतंत्र के क्षेत्र में निकृष्ट को उखाड़ फेंकने और बेहतर को चुनने की गंभीर प्रक्रिया बड़े पैमाने पर शुरू होने जा रही है।

वर्ष के आरंभ में ही 14 जनवरी को ताइवान के प्रेसीडेंट का चुनाव होगा; और फरवरी में भारत मतपेटियों की खटखट से गुंजायमान होगा। माना कि उत्तर प्रदेश एक राष्ट्र नहीं है, लेकिन इसकी जनसंख्या जरूर पाकिस्तान की आबादी के बराबर है। अत: एक प्रांत होने के बावजूद इसका संघात कभी प्रादेशिक नहीं होता है। 4 मार्च को

व्लादिमीर पुतिन जान जाएँगे कि समय के अंत तक सत्ता में बने रहने की बड़ी सोच-समझकर बनाई गई उनकी योजनाएँ जनाक्रोश एवं विरोध-प्रदर्शनों के कारण कहीं खटाई में तो नहीं पड़ जाएँगी। इसी महीने में ईरान में नई मजलिस (संसद्) का गठन होगा। 22 अप्रैल को फ्रांस में मतदान होगा और 6 मई को निकोलस सरकोजी के भाग्य का फैसला हो जाएगा। इसके साथ ही, उत्पीड़क लंदन की ओर से कुछ मूकाभिनय मनोरंजन प्राप्त होगा, जब महाकाय बोरिस जॉनसन और शुक्राणु दाता (स्पर्म डोनर) केन लिविंग्स्टन विश्व भर में सर्वाधिक चित्ताकर्षक नगरपालिका संबंधी कार्य (महापौर के चुनाव) के लिए एक-दूसरे के सामने होंगे। अक्तूबर में सबसे नीरस ऐतिहासिक चुनाव में जी जिन्पिंग हू जिंताओ को हराकर चीन की कम्युनिस्ट पार्टी का महासचिव बन जाएँगे। बीजिंग के नतीजे बेशक हम पहले से जानते हैं। फिर आएगा बड़ा धमाका। भगवान् न करे, यदि नीऊट गिंग्रिच बराक ओबामा के विरुद्ध प्रत्याशी बन जाते हैं तो वह दूर-दूर तक फैली इस धारणा को पुष्ट कर देगा कि रिपब्लिकन प्राइमरीज को जीतने के लिए पागल होना यद्यपि जरूरी नहीं है। फिर भी इससे हौसला अवश्य बढ़ता है। इस पूरी दृश्यावली में विश्व की तीन-चौथाई आबादी समा जाती है।

मेरी सबसे अधिक दिलचस्पी उत्तर प्रदेश में होने जा रहे चुनाव में रहेगी।

राहुल गांधी को सिर्फ इस कारण कम आँकने की जुर्रत न करें कि वह अपनी बाँहें किसी नए-नए पहलवान की तरह ऊपर चढ़ाते हैं और उन्हें सिर्फ इस कारण आवश्यकता से अधिक महत्त्व मत दें कि उनकी जेब में खड़खड़ाहट उस चाँदी के चम्मच की आवाज की है, जिसे लेकर उनका जन्म हुआ था। उत्तर प्रदेश के चुनावों में न केवल करिश्मे की सीमाएँ कसौटी पर होंगी, बल्कि मतदान संबंधी गणित की परंपरागत परिरेखाएँ भी सवालों के घेरे में खड़ी होंगी। असली आश्चर्य यह है कि राहुल गांधी, जो एक नया अवतार-पुरुष बनने निकले थे, अब तक कोई घिसी-पिटी हस्तलिपि पढ़ते रहे हैं। देवबंद के भ्रमण पर जाने की तैयारी में लचीले आकार की दाढ़ी बढ़ाना कुछ ऐसी चीज है, जिसकी सलाह हेमवती नंदन बहुगुणा ने सन् 1974 में दी होती। किंतु जिस तीव्रता और गंभीरता के साथ राहुल गांधी और उनकी माँ सोनिया गांधी उत्तर प्रदेश चुनावों को लेकर सलूक कर रहे हैं, उसे देखकर लगता है कि लखनऊ को उन्होंने हाशिए पर रखा हुआ है। उनकी आँखें दिल्ली पर हैं।

लालच अनेक लुभावने टुकड़ों में आता है और हमेशा कटुता में लिपटा होता है। मुसलमानों के लिए नौकरियों में अल्प आरक्षण देने की अंतिम क्षणों में की गई घोषणा किसी गंभीर सामाजिक-आर्थिक निर्णय के बजाय चुनावी चाल का एक उत्कृष्ट उदाहरण है। कांग्रेस इस सच्चाई को भलीभाँति समझती है कि मुसलमानों की दशा यू.पी.ए शासन के अंतर्गत वास्तव में बदतर हुई है, जैसा कि आँकड़े बताते हैं और फिर भी कांग्रेस

उम्मीद करती है कि इस समुदाय से मिलनेवाले समर्थन में जो कमी आई है, वह समर्थन एक हाथ की सफाई से पुनः उसके पक्ष में हो जाएगा।

लेकिन प्रयास की तीव्रता का संकेत खाद्य सुरक्षा विधेयक को पारित कराने की पुरजोर कोशिश से मिलता है। जनवाद तभी तक काम करता है, जब तक वह जनप्रिय रहता है। ज्यों ही इसमें बखेड़ा होने लगता है, जैसा कि अब मनरेगा में शुरू हो गया है, यह उलट परिणाम देने लगता है। मनरेगा की शुरुआत बिल्कुल सही समय पर की गई थी—पिछले आम चुनावों से ठीक पहले—और उसके लाभ सामने आ रहे हैं। इसी प्रकार खाद्य सुरक्षा बिल में निवेश अगले मानसून या जाड़े के मौसम तक अधिकतम राजनीतिक लाभ दिलाएगा। उसके बाद इसकी आंतरिक अनियमितताएँ इसे एक बोझ में बदल देंगी। तात्कालिक तौर पर यह उत्तर प्रदेश में चुनाव प्रचार के दौरान माहौल बनाने में सहायक हो सकता है; लेकिन यह एक राष्ट्रीय निवेश है, न कि क्षेत्रीय निवेश।

जून में राष्ट्रपति के निर्वाचन के बाद उत्तर प्रदेश में एक अच्छा प्रदर्शन अच्छी कारगुजारी राहुल गांधी को प्रधानमंत्री बनाने की जमीन तैयार कर देगी; यह कोई समस्या नहीं होनी चाहिए। डॉ. मनमोहन सिंह जल्दी 80 वर्ष के हो जाएँगे, और वह आयु की आड़ लेकर रिटायर हो सकते हैं। कांग्रेस इस परिवर्तन का हर्षोल्लास के साथ स्वागत करेगी। मित्र दलों के पास कोई चारा नहीं होगा इस परिवर्तन को स्वीकार करने के सिवा। और फिर प्रधानमंत्री राहुल गांधी अपनी पदोन्नति से अर्जित हो मीडिया के रथ पर सवार होकर ऐलान करेंगे कि उनकी पदोन्नति को वैधता प्रदान करने हेतु जन-समर्थन की आवश्यकता है और इसी लक्ष्य को ध्यान में रखकर वह अगले नवंबर में आम चुनाव कराने की भी घोषणा कर देंगे।

वर्ष 2012 और माया संसार में स्वागत है आपका।

□

एक आँसू गिरने पर

वोट जीतने में भावुकता के सीमित उपयोग

—12 फरवरी, 2012

सार्वजनिक जीवन में आँसू एक नाजुक हथियार होते हैं। भीड़ जुटाने में भावना एक शक्तिशाली गुण हो सकती है, लेकिन भावुकता कभी सफल नहीं होती है। वास्तविक आँसू, जो विरले ही कभी प्रकट हो सकते हैं, प्रभावशाली हो सकते हैं। पर असहायता या लाचारी या पश्चात्ताप के आँसू तिरस्कार योग्य समझे जाते हैं; पहला दुर्बलता का सबूत है, दूसरा निरर्थकता का।

कानून मंत्री सलमान खुर्शीद ने दोहरा जोखिम मोल ले लिया, जब उन्होंने उ.प्र. विधानसभा के लिए वर्तमान चुनाव प्रचार के दौरान यह दावा करते हुए मुसलमानों की हमदर्दी हासिल करने की कोशिश की कि उनकी नेता श्रीमती सोनिया गांधी उस समय रो पड़ी थीं, जब उन्होंने तीन साल पहले बाटला हाउस घटना की तसवीरें उन्हें दिखाई थीं, जिस घटना में दिल्ली पुलिस ने संदिग्ध आतंकवादियों को मार गिराया था। मारे गए नौजवान पूर्वी उत्तर प्रदेश से थे।

खुर्शीद का यह दावा बेमतलब नहीं था। वह अपने इस कथन के जरिए एक साथ कई संदेश भेजने की चेष्टा कर रहे थे और शायद यह जतलाना चाहते थे कि वह व्यक्तिगत रूप से अपने नेता के कितने करीब हैं। उनका यह दावा काम कर जाता, यदि श्रीमती सोनिया गांधी बाटला हाउस मुठभेड़ के दौरान विपक्ष की नेता होतीं; किंतु उनका तीर उलटा पड़ गया। आँखों में आँसू ढलक आनेवाले दृश्य की स्मृति बुरी तरह विफल हो गई। उस भिड़ंत का भूत तभी से कांग्रेस को सता रहा है और खुर्शीद के दावे ने कांग्रेस की दुविधा को हल करने के बजाय नए-नए सवाल और खड़े कर दिए हैं, जो खुद पर ही भारी पड़ रहे हैं।

मारे गए मुसलमानो युवाओं की तसवीरें देखकर श्रीमती गांधी यदि इतनी अधिक

भाव-विकृत हो गई थीं तो उस घटना के बारे में उन्होंने क्या किया? वह कोई निरुपाय राजनीतिज्ञ नहीं थीं। वर्ष 2008 में भारत के गृहमंत्री और दिल्ली के मुख्यमंत्री उनकी पार्टी के थे। अगर वह समझती थीं कि वे गलत हैं और हत्याएँ पुलिस अत्याचारों का नतीजा थीं तो फिर उन्होंने उनके खिलाफ कोई काररवाई क्यों नहीं की? क्या श्रीमती गांधी केवल घड़ियाली आँसू बहा रही थीं? श्रीमती सोनिया गांधी विवादों पर सरकार से इसी तरह दूरी बनाए रखने में सफल रही हैं। खुर्शीद बिना सोचे-समझे जो कह गए, उसका दोष अनजाने ही सीधे उनकी तरफ चला गया। खुर्शीद दावा करते हैं कि उन्होंने श्रीमती गांधी को अंदर की बात बताई। उन्होंने वे तसवीरें उन्हें दिखाईं, जिनके सामने पुलिस की गढ़ी कहानी तार-तार हो गई और उनकी आँखों में आँसू आ गए। उनका रोना निकल गया। और फिर? तीन साल तक कुछ नहीं।

श्रीमती गांधी ने अंतर्निहित विरोधाभासों को तत्काल समझ लिया और उत्तर प्रदेश के कांग्रेस प्रभारी महासचिव दिग्विजय सिंह को खुर्शीद के कथन को कपोल-कल्पित बताकर खारिज करने की आज्ञा दे दी। शायद वह इस बात से परेशान थीं कि औरतों के बारे में जो घिसी-पिटी बातें बार-बार दोहराई जाती हैं, जो धारणा युगो-युगों से स्त्रियों के बारे में चली आ रही है, वह उन पर भी लागू की जाए— स्त्रियों की आँखों में आँसू भरे रहते हैं। श्रीमती गांधी स्वयं को किसी भावपूर्ण व्यक्ति के रूप में नहीं देखती हैं। क्या श्रीमती इंदिरा गांधी के किसी सहयोगी ने कभी इंगित किया होता कि किसी घटना के बाद उन्हें बहुत अधिक रोना आया और श्रीमती गांधी ने संभवतः किसी भी भारतीय नेता की अपेक्षा अधिक तबाही देखी। श्रीमती सोनिया गांधी ने अपनी राजनीतिक छवि को अपनी सास के साँचे में ढाला है।

मतदाताओं को पेश करने हेतु रोने-धोने के इस नाटक के लिए हम खुर्शीद को दोष नहीं दे सकते, भले ही इसके लिए उन्होंने बहुत अधिक परिश्रम किया हो। बाटला हाउस भिड़ंत की याद उत्तर प्रदेश के मुसलमानों को रह-रहकर सता रही है और चुनाव को लेकर उनकी मानसिकता पर इस घटना का बहुत असर पड़ा है। कोई भी राजनीतिज्ञ किसी विवादास्पद विषय को छूना नहीं चाहेगा, जब तक कि उसे बाध्य न किया जाए। लेकिन 'बाटला हाउस' घटना की स्मृति वर्ष 2009 के आम चुनावों के दौरान कहीं अधिक ताजा थी। तब यह चुनाव संबंधी कार्य-सूची से क्यों गायब थी? वर्ष 2009 में कांग्रेस को मुसलमानों के समर्थन से लोकसभा की 22 सीटों पर जीत हासिल हुई, जो एक चौंकानेवाला सच था; क्योंकि 2007 में कांग्रेस को विधानसभा चुनाव में केवल 22 सीटें मिली थीं। यह चमत्कार कैसे हुआ? विधानसभा की 80 सीटें जीतना जरूरी है लोकसभा में 22 सीटें पाने के लिए।

उ.प्र. के मुसलमानों के दिल में श्रीमती सोनिया गांधी के लिए हमदर्दी थी, क्योंकि

वे बाबरी मसजिद के विध्वंस में उन्हें सह–अपराधी नहीं मानते हैं। उन्हें समय मिल गया। लेकिन जब मुसलमानों ने देखा कि कांग्रेस सरकार ने गृहमंत्री पी. चिदंबरम को बाटला हाउस घटना को किसी स्वतंत्र जाँच के बिना ही न्यायसंगत ठहराने की इजाजत दी है, तब उनके आश्चर्य की सीमा नहीं रही। मुसलिम समुदाय हर चुनाव से पहले उसके सामने प्रलोभनों और वादों का ढेर लगाने के सिलसिले से ऊब चुका है। एक बार वोट पड़ गया, उसके बाद सारे वादे रहस्यमय ढंग से गायब हो जाते हैं।

मेरी जानकारी में एक ही नेता शेर–ए–कश्मीर शेख मोहम्मद अब्दुल्ला ने आँसुओं का इस्तेमाल कारगर ढंग से किया, जब सन् 1977 में कश्मीर चुनाव–प्रचार के आखिरी दिनों में वह अचानक दबाव में आ गए थे। श्रीनगर में उनकी आखिरी रैली थी। उस सभा में लोगों को संबोधित करते हुए अपने जीवन भर के त्याग और वचनबद्धता की याद लोगों को दिलाते हुए उनकी आँखें भर आई थीं। वह भारी बहुमत से चुनाव जीत गए। लेकिन उनकी आँखें दुबारा कभी नम नहीं हुईं।

□

प्रेम की शक्ति और शक्ति का प्रेम

मतदाता बेडरूम पॉलिटिक्स में विश्वास नहीं करता।

—19 फरवरी, 2012

प्रत्येक अच्छा चुनाव परंपरागत विश्वास में कुछ योगदान करता है। उत्तर प्रदेश नियम, सिद्धांत और विद्वत्ता की भूमि है और इसके राजनीतिज्ञों के हुल्लड़-हंगामे का मुकाबला इसके मतदाताओं (वोटरों) के व्यंग्यपूर्ण बुद्धि-चातुर्य, हाजिर-जवाबी, खिल्ली उड़ाने की कला द्वारा ही किया जा सकता है। अवध की संस्कृति के अनेक आयाम हैं; किंतु एक प्रमुख विरासत है भाषा की अर्थच्छटा या भाषा का अर्थभेद। अवधवासी एक वार्त्तालाप को ऐसी छुरियों के द्वंद्व युद्ध में बदल सकते हैं, जो रंग-बिरंगी कटारी की तरह दंभ में छेद करके दंभ की हवा निकाल देती है और चुभन महसूस भी नहीं होने देती है। काटना और घोंपना एक कला के रूप है, न कि चढ़ी दुपहरी में कोई पश्चिमी द्वंद्व युद्ध। दुनियादार अदृश्य निशान छोड़ जाते हैं, वे जान नहीं लेते। वह असभ्यता होगी। कवि जो होता है, वह किसी निर्बल या बेईमान प्रेमी को चोट पहुँचाने के बजाय हजार मौत मरना अधिक पसंद करता है। वह किसी प्रतिद्वंद्वी पर घात लगाने के लालच में आ सकता है, लेकिन कभी घात लगाएगा नहीं।

लखनऊ इस संस्कृति का शक्ति-केंद्र है, लेकिन तांत्रिकी सनसनाहट या झुनझुनी भीतरी प्रदेश में सर्वत्र फैल जाती है। स्थानीय आवश्यकता या स्वभावगत-विलक्षणता के साथ सामंजस्य बिठाते हुए, किंतु बोली संबंधी पैंतरा बदलने में हमेशा दोलायमान, जो बरछे-भाले के साथ आमने-सामने की भिड़ंत के बजाय वक्र एवं गूढ़ तुल्यरूपता के माध्यम से अपना निशाना साधती है। गंगा और यमुना एक-दूसरे की संपूरक होते हुए परस्पर स्पर्धा करती हैं, जब ये दोनों नदियाँ सैकड़ों राज्यों, रियासतों के अधिकार-क्षेत्र और मानवीय प्रयास द्वारा उन्नति के शिखर तक पहुँचाए गए या उसकी निष्क्रियता द्वारा डुबो दिए गए धर्म, इतिहास, संस्कृति और संग्राम के अनुवाद में प्रवेश करती हैं। दोनों

नदियाँ अतीत एवं भविष्य के भार को खुशी से वहन करती हैं और फिर इलाहाबाद में गले लग जाती हैं। तत्पश्चात् वे पूर्व में इधर-उधर घूमते, चक्कर खाते हुए सागर की ओर चली जाती हैं।

अवध की पुत्रियों को कम न समझें। उठी हुई भौंह, मेहँदी रँगे बालों को झटकने में कल्पना की जो उर्वरता प्रतीत होती है, उतनी उर्वरता तो अन्यत्र शुष्क, नीरस क्षेत्र से जीवन की झाँकियों की किसी चयनिका या काव्य-कुसुमावली में भी नहीं मिलती है और जबकि हास्य विपत्ति में प्रायः ढाढ़स देता है, चाहे तब ही का कारण शक्ति का प्रेम हो या प्रेम की शक्ति, सौम्य हास्य की प्रवृत्ति को कोई इतना नहीं उभारता-उकसाता है, जितना कि उम्र एवं मर्दानगी के बीच संबंधों को लेकर होनेवाले अनगिनत मतभेद और कभी-कभी शब्दाडंबर युक्त झगड़े। स्त्री-सुलभ संवेदनशीलता के लिए यह बात विशेषकर संतोषप्रद है कि सिर्फ मर्द ही शिकार हो सकते हैं।

मर्दानगी आदमी का घमंड भी है और उसके अध:पतन का एकमात्र कारण, जो इतना ही अवश्यंभावी होता है, जितना कि समय का गुजरना, जवानी का ढलना और बुढ़ापे में जवानी की अकड़ का प्रतिशोध। यह इस बात का सबूत है कि लिंगभेद संघर्ष में स्त्री अधिक मजबूत सिद्ध होती है, वह दम रखती है। जब साथ में ऐसा दृष्टांत आता है, जब कोई पुरुष विश्वसनीय संकेतों से यह दावा कर सके कि उसने समय को मात दे दी है, उसके बराबरवालों से उसे ईर्ष्या-मिश्रित प्रशंसा प्राप्त होती है और स्त्रियों के बीच कुछ विस्मय-युक्त आनंद का अनुभव। स्वर्गीय चित्रकार एम.एफ. हुसैन के पास ऐसी छवि को बनाए रखने की क्षमता थी और यही पर्याप्त था, क्योंकि विवेक शयनकक्ष में झाँकने से रोकता है। वर्तमान समय के हीरो निस्संदेह अस्सी वर्षीय राजनीतिज्ञ नारायण दत्त तिवारी हैं। भारतीय राजनीति में खादी के वेश में किसी पाखंडी का उन्नति के शिखर पर पहुँचने जैसा शानदार एवं उल्लेखनीय किस्सा इससे पहले कभी नहीं सुना गया।

दो वर्ष से भी कम समय पहले तिवारी को आंध्र प्रदेश में आलीशान राज्यपाल निवास में उनके मनोहर एवं मनोनुकूल निवास-स्थान से इसलिए बाहर धकेल दिया गया, क्योंकि एक महिला ने स्त्रियों को तिवारी के उन शारीरिक अंगों की मालिश करते हुए अपने मोबाइल के कैमरे में कैद कर लिया था, जिन अंगों में कंधों या गरदन की बजाय अधिक पीड़ा होती थी। मध्य वर्ग की तानेबाजी और उपहास का पात्र बने तिवारी को सेवा से संन्यास लेकर हिमालय की पहाड़ियों में शरण लेनी पड़ी। मध्य वर्ग उस समय विशेषकर प्रतिशोधात्मक रुख अपना लेता है, जब उसे महसूस होता है कि उसकी अनदेखी हुई है। देहरादून में एक आदमी, बहुत पहले से और आज भी, तिवारी के पीछे पड़ा हुआ है। वह उनके डी.एन.ए का नमूना लेकर इस बात की पुष्टि करना चाहता है कि तिवारी ही उसके असल पिता हैं। तिवारी पितृत्व की इस जाँच से कतरा रहे हैं। कई

सप्ताह पहले कर्नाटक के जिन तीन मंत्रियों को विधानसभा में मतदाताओं की सेवा हेतु आधिकारिक उपस्थिति के दौरान अपने-अपने मोबाइल फोन पर अश्लील वीडियो देखते हुए पकड़ा गया था, उनकी शर्मिंदगी या परेशानी उसके मुकाबले कुछ भी नहीं है, जो शर्मिंदगी तिवारी को सहनी पड़ी होगी। और फिर भी आज वह उत्तराखंड तथा उत्तर प्रदेश में कांग्रेस के चुनाव-प्रचार में एक हीरो बने हुए हैं।

प्राप्त रिपोर्टों के अनुसार, भीड़ की सामान्य प्रतिक्रिया ध्यान देने योग्य है और प्रतिक्रिया बहुत शानदार। पुरुष वर्ग चुपके-चुपके उस व्यक्ति की प्रशंसा और गुणगान करता है, जिसने संन्यास के प्राचीन नियम को विफल कर दिखाया है। भारतीय लोगों ने सार्वजनिक जीवन की नैतिकता को कभी निजी व्यवहार की उलझनों से जोड़कर नहीं देखा है। भारतवासियों ने गांधी को एक महात्मा के रूप में स्वीकार कर लिया, गांधी की उन स्वीकारोक्तियों के बावजूद, जिनके आधार पर किसी दूसरे समाज ने उनकी पितृ-तुल्य छवि को तहस-नहस कर दिया होता। क्षुद्र अपराधी यदा-कदा हँसी के पात्र बन सकते हैं, किंतु भारतीय मानव विश्वासघात या परस्त्री-गमन का दंड ईश्वर पर छोड़ देता है। इसका मतलब यह नहीं कि काम-वासना संबंधी दुराचार को क्षमा कर दिया गया है; किंतु भारत के लोग विक्टोरियन या समकालीन अमेरिकन; आचार-संहिताओं (नियम-सिद्धांतों) को अपने नेताओं पर लागू नहीं करते हैं। मतदाता तिवारी के बारे में अपना निर्णय वोट के माध्यम से सुनाएगा, और वह भी तिवारी के राजनीतिक तर्कों के आधार पर, न कि इस आधार पर कि वह अपने शयनकक्ष में क्या करते हैं और किसे आने देते हैं।

यह बुढ़ापे का एक संकेत हो सकता है कि आप अधेड़ावस्था में खोई हुई अपनी धृष्टता पुनः प्राप्त कर लेते हैं। निश्चय ही नारायण दत्त तिवारी में इतना दम, इतना पौरुष है कि वह तसवीर में कैद एक अतीत को स्मृतिलोप की अथाह गहराई में डालकर उस पार्टी के लिए चुनाव-प्रचार अभियान हेतु आगे चल पड़े हैं, जो पार्टी उम्र में उनसे अधिक बड़ी है। उनके किस्से वास्तव में लोक-कथा संग्रह में शामिल किए जाने योग्य हैं।

□

परिवर्तन हमेशा कोई पूर्व झलक प्रस्तुत नहीं करता है

तीसरा मोरचा अपनी पीठ हमेशा दीवार की ओर रखता है।

—2 सितंबर, 2012

राजनीतिक विज्ञानी आश्चर्य करता है कि क्या राजनीतिक अवस्था में उलट-फेर ने लोकतांत्रिक आधार को अस्थिर कर दिया है? क्षेत्रीय राजनीतिज्ञ मानता है कि छोटी-छोटी पार्टियों के गठबंधन को सँभाले रखने की जिम्मेदारी उठाने के लिए तीसरे मोरचे के किसी सर्वसम्मत व्यक्ति को प्रधानमंत्री बनाने का विचार एक ऐसी धारणा है, जिसे कभी शांत नहीं किया जा सकता। राष्ट्रीय पार्टियों को पक्का विश्वास है कि गठबंधनों का चलन सिर्फ एक जाती हुई खुजली अर्थात् उत्कंठा है।

कांग्रेस और भाजपा की द्वि-ध्रुवीय परिसीमाओं के बाहर से किसी प्रधानमंत्री को खोजकर लाना 1980 के दशक से भारतीय सत्ता संबंधी नाटक का एक उपकथानक रहा है। पहले दो स्थान कांग्रेस तथा भाजपा के लिए छोड़कर जिस 'तीसरे मोरचे' की हम बात करते हैं, वह वास्तव में सन् 1981 में जनता पार्टी के ढह जाने और उसके गैर-भाजपा घटक दलों द्वारा अपने सांप्रदायिक साधनों को लोकसभा में एक विश्वसनीय उपस्थिति दर्ज कराने के उद्देश्य से पुनः एकजुट न कर पाने की अक्षमता का ही परिणाम है।

भारतीय राजनीति में अलग-अलग चार संघटन हैं—कांग्रेस, वैकल्पिक कांग्रेस (इसे पार्टी के अंदर स्थायी रूप से पारिवारिक शासन की शर्त मंजूर नहीं, इसी कारण यह कांग्रेस से अलग है), भाजपा और वाम दल।

वैकल्पिक कांग्रेस उन लोगों को लेकर बनी है, जो या तो कांग्रेस में रहे हैं या सोशलिस्ट पार्टी में और जिनकी नीति कांग्रेस की नीति जैसी ही अस्थिर है—आवश्यकता

या वातावरण के मुताबिक अर्ध-समाजवादी से हटकर विश्व बैंक सुधारक तक कहलाने की नीति। इसका बुलंदी पर पहुँचने का समय सन् 1977 में आया, जब जनता पार्टी के अवतार में इसने दिल्ली में केंद्र सरकार का नेतृत्व किया।

जनता पार्टी के प्रधानमंत्री मोरारजी देसाई एक कुलीन कांग्रेसी थे और इनका पार्टी अध्यक्ष चंद्रशेखर को बनाया गया था, जो शुरू-शुरू में एक समाजवादी थे, फिर श्रीमती इंदिरा गांधी की कांग्रेस में आ मिले और उसके बाद बागी हो गए। तब, भारतीय जन संघ कहलानेवाली भाजपा भी वर्ष 1977 में जन-भावना के दबाव में जनता में शामिल हो गई, लेकिन इसने अपनी पहचान से कभी समझौता नहीं किया। 1980 में पराजय के बाद फूट पड़ना और बिखरना अवश्यंभावी था। यह बात समझ के परे थी कि गैर-भाजपा तत्त्व जनता पार्टी के अंदर एकजुट क्यों नहीं रह सके? वे दंभ और व्यामोह के इस कदर शिकार हो गए कि उन्हें उनकी मूर्खता की असलियत बार-बार याद दिलाए जाने के बावजूद उन्होंने अपनी आदतें नहीं बदलीं। वे जमींदारियों से चिपके रहे, जिन्हें वे निरंकुशता से नियंत्रित कर सकते थे, जबकि एक गणतंत्र (जिसमें सबको समान माना जाता है) उनके सामने बाँहें फैलाए खड़ा था।

यदि उप-कांग्रेसी पार्टियों के रूप में मौजूद विभिन्न तत्त्व मूल की ओर लौट जाते हैं तो कांग्रेस देश में फिर एकल पार्टी शासन कायम कर सकेगी। लेकिन यह तब तक संभव नहीं होगा, जब तक कांग्रेस को यह भय दिखाया जाता रहेगा कि प्रधानमंत्री की गद्दी पर बिठाने के लिए कोई राहुल गांधी या प्रियंका गांधी का चयन किसी शरद पवार या किसी नीतीश कुमार की अपेक्षा एक बेहतर विकल्प है। वंश तब तक सफल रहा, जब तक यह मान्यता कायम थी कि क्षेत्रीय सूबेदारों द्वारा संगृहीत वोटों का मूल्य या महत्त्व इस वंश का नाम जुड़ने से बहुत बढ़ जाता है। लेकिन देश भर में राज्य-स्तरीय पूर्व कांग्रेस नेताओं ने कांग्रेस को निचोड़-निचोड़कर मरणासन्न स्थिति तक पहुँचा दिया है। ममता बनर्जी या नवीन पटनायक को क्या जरूरत है कि वे किसी 'आला कमान' से आदेश लें; जबकि होना तो यह चाहिए कि बंगाल या उड़ीसा से संबंधित मामलों पर आला कमान उनसे पूछ कर काम करे? राजनीति वस्तुतः एक व्यवसाय है। जो वोट सप्लाई करते हैं, वे सत्ता की माँग करेंगे ही।

एन.डी.ए. के अंदर एक प्रमुख शक्ति के रूप में भाजपा समझ गई है कि प्रमुखता का अर्थ प्रधानता नहीं होता है। बिहार में यह गौण भूमिका निभाकर खुश है शासन चलाने की जिम्मेदारी नीतीश कुमार के हाथों में सौंपकर। भाजपा नेतागण इस पर नाराजगी प्रकट करते हैं। कहते हैं कि इससे पार्टी का विकास अवरुद्ध होता है। लेकिन यही तो चुनाव संबंधी बाध्यताओं की कीमत है। भाजपा नेताओं का मानना है कि उन्हें जानबूझकर पार्टी की वृद्धि दर की संभावना को इस स्तर तक नीचे गिरा देना चाहिए,

जिससे मौजूदा साझीदारों को किसी खतरे की आशंका न हो। स्वभावत:, कांग्रेस नहीं चाहेगी कि किसी बैरी या मित्र के साथ समझौता करने की नौबत आए; किंतु आज सत्ता में आने की इच्छा एक बार फिर कल अकेले सत्ता में आने की संभावनाओं पर भारी है। चूँकि इस मुक्त अवस्था में सहवास के लिए विवाह-बंधन अनिवार्य नहीं माना जाता है, सभी मित्रवत् सहयोगियों के पास केवल खिलवाड़ करने की हल्की चिपकन है।

अत: 'तीसरे मोरचे' की महत्त्वाकांक्षाएँ भी उठती हैं, जब कांग्रेस अस्त-व्यस्त स्थिति में होती है। चरण सिंह, देवेगौड़ा और इंद्र कुमार गुजराल को प्रधानमंत्री बनाने के पीछे तर्क यह था कि भाजपा को सत्ता से दूर रखने की खातिर कांग्रेस किसी को भी स्वीकार कर लेगी। विलोमत:, सन् 1989 में वी.पी. सिंह को प्रधानमंत्री बनाए जाने के लिए भाजपा के समर्थन का तर्काधार भी यही था कि हर स्थिति में कांग्रेस को सत्ता से परे रखना है। 21वीं सदी कुछ परिवर्तन लेकर आई है।

वी.पी. सिंह या देवेगौड़ा की अध्यक्षता में बने क्षीण, विरल गठबंधन सरीखा कोई गठबंधन अब मतदाता को स्वीकार्य नहीं होगा।

वर्ष 2014 में अगले आम चुनाव एक महत्त्वपूर्ण प्रश्न का उत्तर देंगे--क्या भारतीय मतदाता एक ऐसी संसद् चुनेगा, जो केवल एक कमजोर प्रधानमंत्री दे सकती है? एक क्षेत्रीय स्तर पर एक उदाहरण सामने आया है। परिवर्तन जब आता है, एक व्यापक रूप में आता है, जिसमें उत्तराधिकारी के लिए किसी अन्यत्र स्थिति जैसा कोई विकल्प नहीं बचता है। अब तक कोई राष्ट्रीय उदाहरण इतना सुसंगत और सामंजस्यपूर्ण नहीं रहा है। लेकिन परिवर्तन हमेशा कोई पूर्व झलक नहीं भेजता है। हमें आश्चर्य के लिए तैयार रहना चाहिए।

□

एक और उलट-फेर के बाद जिंदगी

राहुल गांधी को सूझ-बूझ और दूरदृष्टि से काम लेना चाहिए।

—28 अक्तूबर, 2012

डॉ. मनमोहन सिंह की कैबिनेट (मंत्रिमंडल) में अगला फेर-बदल होने पर यदि राहुल गांधी उसमें शामिल हो जाते हैं तो मुझे हैरानी होगी। केवल एक अपवाद को छोड़कर नेहरू परिवार, जिसे अब नेहरू-गांधी वंश कहा जाता है, के किसी भी सदस्य ने दिल्ली में किसी मुख्यमंत्री या किसी प्रधानमंत्री के अधीन काम नहीं किया है।

सन् 1937 में दूर-दूर तक इस बात की संभावना नहीं थी कि 1947 में भारत स्वतंत्र हो जाएगा; लेकिन संयुक्त प्रांत (उस क्षेत्र को अंग्रेजों द्वारा दिया गया नाम, जिसे अब मोटे तौर पर 'उत्तर प्रदेश' कहा जाता है) के सर्वाधिक विख्यात नेता जवाहरलाल नेहरू ने उस राज्य में गठित पहली कांग्रेस सरकार का नेतृत्व सँभालने की संभावना के बारे में भी कभी विचार नहीं किया। उनका सीधा लक्ष्य एक राज्य का मुखिया बनने के बजाय अंग्रेजी शासन समाप्त होने के उपरांत प्रधानमंत्री के पद पर आरूढ़ होना था। या तो दिल्ली का छत्र मिले या कुछ भी नहीं। यह बात बेमानी थी कि इंतजार की घड़ी कितनी लंबी हो समती है या तात्कालिक परिस्थितियाँ कितनी बेरंग। अपवाद-स्वरूप एक उदाहरण अवश्य दिया जा सकता है, जब श्रीमती इंदिरा गांधी ने लाल बहादुर शास्त्री की कैबिनेट में सूचना एवं प्रसारण मंत्री बनना स्वीकार किया। वह इस मध्यम महत्त्व के विभाग से जल्दी ऊब गईं। उन्होंने तो किसी उच्चतर मंडल में संघर्ष करने हेतु जन्म लिया था।

श्रीमती सोनिया गांधी जब वर्ष 2004 में प्रधानमंत्री नहीं बन सकीं, तब गृहमंत्री या वित्त मंत्री के रूप में काम करने का तो सवाल ही नहीं था। उलटे, अगर उन्हें शपथ दिला दी गई होती तो डॉ. मनमोहन सिंह उनके वित्त मंत्री बनकर खुश हो गए होते। विचित्र

बात है, कोई उत्तराधिकारी माता-पिता के मंत्रिमंडल का सदस्य नहीं रहा है। श्रीमती इंदिरा गांधी अपने पिता जवाहरलाल नेहरू के जीवित रहते कांग्रेस अध्यक्ष बनीं। उन्होंने केरल में पहली वामपंथ गठबंधन सरकार को बरखास्त करने और 1962 में चीन के साथ युद्ध में सामरिक पराजय के परिणाम के दौरान एक महत्त्वपूर्ण राजनीतिक भूमिका निभाई; लेकिन उन्होंने नेहरू के अधीन एक मंत्री के रूप में काम नहीं किया, न ही राजीव गांधी मानते थे कि उन्हें अपनी माँ के काम का अभ्यास करने के लिए ही सही, उनके मंत्रिमंडल में शामिल होना चाहिए। राजीव गांधी चाय पत्ती की महक खड़ी तरह ताड़ सकते हैं, जैसे कोई भी अन्य व्यक्ति। किसी भी फेर-बदल से पहले गप्पी समाज बहुत अधिक चहकने लगता है और ऐसे बहुत लोग हैं, जो मानते हैं कि राजीव गांधी भावी जिम्मेदारी सँभालने हेतु स्वयं को तैयार करने के लिए विदेश कार्य मंत्री के रूप में अनुभव प्राप्त कर लेना चाहते हैं; हालाँकि वह कार्य भी संयोगवश उतना आसान नहीं है, जितना आसान उसे माना जाता है। फिर भी, वंश रेखा प्रधानमंत्री या विपक्ष नेता के बीच विचरण करती है। सन् 1977 में श्रीमती गांधी ने यदि रायबरेली में अपनी सीट जीत ली होती तो वह विपक्ष की नेता बन गई होतीं। जब उन्हें बाद में एक उप-चुनाव में चिकमंगलूर से निर्वाचित घोषित किया गया, उस समय अधीर (या बेवकूफ) जनता पार्टी ने उन्हें लोकसभा में बैठने से वंचित करने की कोशिश में मूर्खतापूर्वक अपना समय बरबाद कर दिया। राजीव गांधी सन् 1989 से 1991 तक संसद् में विपक्ष के नेता थे। अगले आम चुनाव के बाद राहुल गांधी अगर सदन में विपक्ष की तरफ बैठते हैं तो उन्हें न केवल जन सहानुभूति प्राप्त होगी, बल्कि हमारी शासन-प्रणाली की महत्त्वपूर्ण जटिलताओं के संबंध में वास्तविक प्रशिक्षण भी मिल जाएगा। राहुल गांधी ने कांग्रेस की समस्याओं का होशियारी से जायजा लिया है और उनका यह कहना वास्तव में एक बुद्धित्तापूर्ण कदम है कि वह पार्टी का पुनर्निर्माण करना चाहते हैं। यूपीए 2 के शासनकाल के दौरान हुए भ्रष्टाचार एवं घटिया शासन का खामियाजा आनेवाले चुनावों में कांग्रेस को भुगतना पड़ेगा; लेकिन पार्टी का ढाँचा चरमरा जाने से यह नुकसान बहुत अधिक हो सकता है। मिसाल के तौर पर, कांग्रेस की तुलना शरद पवार की एन.सी.पी. को साथ करके देख सकते हैं। इसकी प्रतिष्ठा को चाहे कितना भी धक्का लगा हो, फिर भी एन.सी.पी. अपनी संगठनात्मक शक्ति के कारण हर चुनाव में लोकसभा में एक या दो सीटें ज्यादा जीत जाती है। दूसरी ओर, पराजय मिलने पर कांग्रेस लुप्त हो जाती है। यह सत्ता में भारी योद्धा है और विपक्ष में एकदम कमजोर। कर्नाटक की तसवीर से यह स्पष्ट हो जाता है, जहाँ कांग्रेस की स्थिति कमजोर पड़ी भाजपा की अपेक्षा कहीं अधिक मजबूत है, फिर भी कांग्रेस भाजपा की कमजोरी से अधिकतम लाभ नहीं उठा पाएगी। अगर भाजपा ढह जाती है तो कांग्रेस की तुलना में देवेगौड़ा अधिक फसल काटने में सफल हो जाएँगे।

'लहरवाद' ने कांग्रेस को आत्मतुष्ट बना दिया है। यह एक विश्वास है कि मतदाता कांग्रेस की पहचान संगठन और विचारधारा की दृष्टि से नहीं, बल्कि एक सहानुभूतिशील एवं स्थिर सरकार के रूप में करता है; अतः दूसरे पक्ष पर समय खर्च करने का कोई काम नहीं है। यह कोई संयोग की बात नहीं है कि वामपंथी या भाजपा जैसी पार्टियाँ, जो विचारधारा से प्रेरित हैं, अधिक निष्ठावान संगठनों से संबंध रखती हैं।

यह पूर्णतया तर्कसंगत है कि राहुल को, जो राजनीति में अभी कम-से-कम तीन दशक और व्यतीत कर सकते हैं, एक दीर्घकालीन दृष्टिकोण लेकर चलना चाहिए, विशेषकर इस बात को ध्यान में रखकर कि आगे बहुत विश्राम एवं बेचैनी का समय है। आनेवाले झंझावात न केवल कप्तान के कार्य-कौशल एवं दक्षता का इम्तहान लेंगे, बल्कि जहाज की मजबूती भी आजमाएँगे। अभी तो कांग्रेस पानी का छिड़काव करनेवाले एक औंधे हजारे की तरह रिस रही है। युवा कांग्रेस आधार में सुधार करके पार्टी की धुरी में अलकतरा लगाने की राहुल गांधी की कोशिशें अधिकतर नाकाम साबित हुई हैं; लेकिन उन्हें पीछे लगे रहना चाहिए, जब तक कि संगठन के भेजे में समझ पूरी तरह जम न जाए।

जय और पराजय एक चक्र है, जो चलता रहता है—और यह होना भी चाहिए। यू.पी.ए. 2 के चिथड़े उड़ रहे हैं, क्योंकि यह समझ बैठी थी जैसे सत्ता में हमेशा बने रहने के लिए इसने कोई स्थायी सीट खरीद ली हो। हार के बाद पार्टी को जी उठने के लिए तैयार रहना चाहिए। श्रीमती इंदिरा गांधी कांग्रेस को सन् 1977 की तबाही से बचाने में इसलिए कामयाब हो सकीं, क्योंकि पददलितों एवं शोषितों के साथ उनका अपना भावनात्मक संबंध था, और कांग्रेस संगठन भी अभी तक बिखरा नहीं था। राहुल गांधी को इनमें से कोई सुविधा प्राप्त नहीं है। आगे की जीवन-यात्रा कठिन होने जा रही है।

□

राजनीतिज्ञों का व्यवसाय है राजनीति

आत्म-विश्लेषण की अपेक्षा गुण-दोष विवेचन करना बहुत आसान होता है।

—30 जून, 2013

बहुत विचित्र। जब बराक ओबामा ने ईस्ट कोस्ट पर भीषण तूफान के पीड़ितों के लिए राहत कार्य की देख-रेख हेतु अपना प्रचार अभियान बीच में ही छोड़ दिया, उस समय ओबामा के विरोधियों तक ने उनकी प्रशंसा की थी। रिपब्लिकन नीति विशेषज्ञों ने बाद में संकेत दिया कि ओबामा के इस प्रशंसनीय कदम के कारण पुनर्निर्वाचन में उनकी जीत निश्चित हो गई थी। लेकिन जब नरेंद्र मोदी ने उत्तराखंड में कदम रखा, हालाँकि राहुल गांधी भी बाद में तुरंत वहाँ पहुँच गए थे, उस समय विरोध में आवाजें उठी थीं और कुछ स्तंभ-लेखकों ने एक लंबी कलम घसीटकर उन्हें एंबुलेंस का पीछा करनेवाला कह डाला।

ओबामा को वोट चाहिए थे। मोदी और राहुल गांधी को भी वोट चाहिए। तो फिर यह साबित करके कि आप किसी भी संकट का सामना कर सकते हैं, वोटरों का पीछा करने में इतना गलत क्या है? आपका उद्देश्य तो यही संदेश देना है कि आप शासन करने योग्य हैं। राजनीतिज्ञ अगर राजनीति में पड़ना चाहते हैं तो इसमें क्या बुराई है? इस विनम्रता का एक बहुत ही स्वागत योग्य पहलू है—कूदने का तरीका जाने बिना अगर आप किसी चीज में कूद पड़ते हैं तो उसका नकारात्मक प्रतिक्षेप या झटका भीषण होगा। उत्तरदायित्व को अक्षमता के विरुद्ध प्रत्येक प्रजातंत्र की बीमा पॉलिसी माना जाता है।

मीडिया में कुछेक उपांतीय तत्त्व मूर्खता की सीमा तक चले गए। हॉटमेल के लिए माइक्रोसॉफ्ट की अपनी न्यूज वेबसाइट ने 'हाँ' या 'ना' एक मतदान कराया, जिसके लिए चापलूसी को उकसानेवाली ऐसी शब्दावली का प्रयोग किया गया था, जिसने भारतीय राजनीतिज्ञों के समग्र समाज को फोड़ दिया। इस पोल में 'हाँ' या 'ना' के बीच

एक विकल्प था। 'हाँ, श्रेय लेना स्वार्थी राजनीतिज्ञों की स्वाभाविक प्रवृत्ति होती है' और 'नहीं, राजनीतिज्ञों को इतने नीचे स्तर तक नहीं गिरना चाहिए।'

क्या मैं माइक्रोसॉफ्ट के बारे में एक ऐसे ही पोल (अर्थात् रायशुमारी) का सुझाव दे सकता हूँ? 'हाँ। माइक्रोसॉफ्ट एक बहुराष्ट्रीय कंपनी है, जो किसी अमेरिकी राजनीतिज्ञ को स्वार्थी कहने का साहस कभी नहीं करेगी, क्योंकि उस राजनीतिज्ञ (पुरुष हो या महिला) ने एक प्राकृतिक आपदा के दौरान नागरिकों की सहायता करने का प्रयत्न किया।' और—'नहीं। माइक्रोसॉफ्ट जैसी बहुराष्ट्रीय कंपनियों को कभी भी वेबस्पेस मीडिया के वास्तविकता दरशानेवाले किसी शो पर एक वाचाल निर्णायक को आइक्यू स्तर के साथ सवालों की झड़ी लगाकर तंग करनेवाले किसी तमाशे में नहीं बदल देना चाहिए।

सरकार में जो लोग जिम्मेदारी लिये बैठे हैं, उनसे हम क्या करने की अपेक्षा रखते हैं? अपने नागरिकों को मुसीबत में छोड़कर वे छुट्टी मनाने चले जाएँ? क्या किसी पीड़ित ने इस कारण मीन-मेख निकाला या दोषारोपण किया, क्योंकि सबसे पहले मोदी के मन में यह विचार आया कि नागरिकों की रक्षा के लिए उन्हें तुरंत कुछ करना चाहिए? अगर किसी अन्य मुख्यमंत्री ने रास्ता दिखाया होता तो क्या वे गुणगान करने के लिए कतार लगाकर खड़े हो गए होते?

राहुल गांधी यह श्रेय ले सकते हैं। जो बात कुछ पत्रकारों की समझ में नहीं आई, वह समझ गए कि मीडिया के मंच से जो शब्दों की हवाबाजी की जाती है, लोगों का दृष्टिकोण उससे प्रभावित होनेवाला नहीं है, बल्कि प्रभावित क्षेत्रों में किए गए अच्छे राहत कार्य को लोग अवश्य देखते और सराहते हैं। इस तर्क या तथ्य को उन्होंने तत्काल जनमत-संग्रह से भी जाँच लिया होगा, जो अब किसी भी गंभीर अभियान प्रक्रिया में लगभग अनिवार्य हो गया है। लोग बेवकूफ नहीं हैं, न वे ऐसी सरकारों को क्षमा करते हैं, जो ऐसी किसी महाविपदा के परिणामस्वरूप सामने खड़ी प्रशासनिक चुनौती से निपटने में असमर्थ रहती हैं। उत्तराखंड में कांग्रेस यदि मुश्किल में है तो इसलिए, क्योंकि राज्य सरकार कुछ करती नजर नहीं आ रही थी।

मीडिया और राजनीति के रास्ते जिस विस्तृत क्षेत्र में एक-दूसरे को काटते हैं, वहाँ तनाव के लिए गुंजाइश हमेशा बनी रहती है। यह पूर्णतया सामान्य स्थिति है और इसे प्रोत्साहित किया जाना चाहिए। सबसे अच्छी बात यह है कि इस संबंध की सक्रियता लगातार विकसित हो रही है।

एक अभिनव परिवर्तन के अनुसार, अब पत्रकारों द्वारा इस दिशा में नियम बनाए जा रहे हैं कि राजनीतिज्ञों को अपना काम कैसे करना चाहिए। हम यहाँ भ्रष्टाचार की बात नहीं कर रहे हैं, बल्कि वस्तुत: निर्णायन के अधिक अस्पष्ट या धुँधले 'नैतिक परिवेश' के बारे में बात कर रहे हैं। कभी राजनीतिज्ञों और पत्रकारों ने अपने लिए

मानदंड निर्धारित किए थे। अब ऐसा लगता है कि वे एक-दूसरे के लिए मानदंड निर्धारित करने का इरादा रखते हैं। आत्मविश्लेषण की अपेक्षा गुण-दोष विवेचन करना बहुत आसान होता है।

देखेंगे, यह खेल क्या करवट लेता है, विशेषकर आनेवाले चुनाव के मौसम में। राजनीतिज्ञ जैसे-जैसे मतदाताओं की राय में ऊपर उठेंगे, पत्रकार उनकी हवा निकालने की कोशिश करेंगे, कैसे-कैसे तनाव बढ़ता जाएगा। जब इतना कुछ दाँव पर लगा हो, उस स्थिति में तथ्यों को कभी-कभी तरफदारी के उद्देश्य से तोड़-मरोड़कर पेश किया जाना लाजिमी हो जाता है और विरोधियों को बदनाम करने की नीयत से सच्चाई को झुठलाने के लिए हर पैंतरा अपनाया जाता है। विशेषकर यह चुनाव काफी मुश्किल होने जा रहा है, क्योंकि सत्ता न तो आसानी से प्राप्त की जाती है और न आसानी से त्यागी जाती है।

सौभाग्यवश, दोनों व्यवसायों की सबसे बड़ी अदालत एक ही है—नागरिक। किसी पत्रकार को या सत्ता का सिर चढ़ा अहंकार किसी राजनीतिज्ञ को किसी भी हद तक क्यों न ले जाए, श्रेष्ठता का निर्णय जनमत की अदालत द्वारा किया जाता है। श्रोतागण के बिना कोई पत्रकारिता नहीं होती है। किसी मतदाता के बिना कोई राजनीतिक पद प्राप्त नहीं होता। यही वह संतुलन है, जो लोकतंत्र को स्वस्थ रखता है।

□

संसदीय प्रणाली में मजाक

यू.पी.ए. सरकार का समय पूरा हो चुका है।

—11 अगस्त 2013

हँसी-मजाक राजनीतिज्ञों का नैतिक शत्रु है। कोई भ्रष्टाचार कांड मान-प्रतिष्ठा को जिस प्रभावकारी ढंग से नष्ट कर सकता है, कोई मजाक या लतीफा शायद वैसा न कर सके; लेकिन यह विश्वसनीयता में छेद अवश्य कर देता है। अपने लंबे राजनीतिक जीवन में रक्षा मंत्री ए.के.एंटनी सदैव इतने समझदार रहे हैं कि कभी कोई लतीफा उन्हें लुभा नहीं पाया; वाक्-चातुर्य उनका विशेष गुण नहीं है। अतः स्वाभाविक है कि सीमा पर जो घटना हुई थी, जिसमें पाँच भारतीय सैनिकों की जान चली गई, उस घटना से निपटने में भीषण अव्यवस्था एवं निरर्थकता का परिचय देने के बाद उन पर कसे गए तानों और लतीफों की भारी गोलाबारी से वह कुछ हक्के-बक्के रह गए होंगे। ऐसा परिहास भुलाए नहीं भूलता। वोटर याद रखेगा—'पाकिस्तान के पास दो घातक हथियार हैं—ए.के.-47 और ए.के. एंटनी।'

अगर यह एंटनी के लिए कोई तसल्ली की बात है तो प्रधानमंत्री मनमोहन सिंह तथा श्रीमती सोनिया गांधी पर कसे गए मजाक कहीं अधिक कर्कश और कठोर हैं। जैसे-जैसे हम एक और आम चुनाव की ओर खिसक रहे हैं, कांग्रेस को शायद यह पता लग जाए कि उसकी सबसे बड़ी समस्या उपहास है अथवा कह सकते हैं कि उसका मजाक बनने लगा है।

अभी इस बात से कोई फर्क नहीं पड़ता है कि अगले आम चुनाव कब होंगे। हम उस नाटक के अंतिम अध्याय में हैं, जो बड़े लंबे समय से चल रहा है। इस सरकार का जीवनकाल समाप्त हुआ; मृत्यु-शय्या पर पड़े-पड़े पुनः जी उठने की कल्पना करना समय की बरबादी है। इस कार्यकाल में अधिकांश समय नीति किसी दलदल में धँसी रही। अब निर्णयों को स्लोगन बनाकर पेश किया जा रहा है।

यदि कांग्रेस को सच में तेलंगाना में विश्वास था तो उसे इसकी प्रक्रिया तीन वर्ष पहले ही पूरी कर लेनी चाहिए थी। इस समय का उपयोग प्रतिक्रिया को ज[illegible] करने के लिए किया जा सकता था और उस प्रतिक्रिया के जवाब में कांग्रेस अपने निर्णय की व्यावहारिक खूबियों को प्रदर्शित कर सकती थी। अब किया गया निर्णय स्वार्थ-प्रेरित है—वोट बटोरने के लिए माहौल का पूरा-पूरा फायदा उठाना और अनुवर्ती समस्याओं को आगे के लिए टालना। समय का निर्धारण लोगों की सुविधा और लाभ के लिहाज से नहीं किया गया है, बल्कि पार्टी को लाभ पहुँचाने के विचार से किया गया है।

लेकिन राजनीति किसी बैठकखाने का खेल नहीं है, भले ही वह बैठकखाना इतना मोहक क्यों न हो, जैसा दिल्ली स्थित एक विस्तृत बँगले के अंदर है। तेलंगाना अब तक इतना ही हासिल कर पाया है कि कांग्रेस विरक्त हो गई है, आंध्र की सड़कों पर आक्रोश तांडव कर रहा है और पृथक्तावादी तत्त्वों को और आग भड़काने का मसाला मिल गया है। तेलंगाना पर विवाद के कारण हैदराबाद के ऊपर लड़ाई छिड़ गई है। दूसरा झगड़ा पहले झगड़े जितना ही दीर्घकालिक रोग बन सकता है। कांग्रेस के लिए दोनों हाथ में लड्डू लेनेवाली स्थिति दोनों हाथों से लड्डू छूट जाने की हो गई है।

इसी प्रकार, यू.पी.ए. को अपने दूसरे कार्यकाल के अंतिम छह माह के बजाय पहले छह माह में खाद्य सुरक्षा कानून पास करने से किसी ने नहीं रोका था, इस डर के सिवाय कि उस कानून को लागू करने से प्रस्तावित परियोजना की खामियाँ सामने आ जातीं। कांग्रेस के रणनीति विशेषज्ञ अभी भी मानते हैं कि इससे उस एक सूत्र को पुनः लागू करने में मदद मिलेगी, जो सूत्र तब एक वर्ष में अत्यधिक कारगर साबित हुआ, जब वर्तमान मतदाताओं में से अधिकतर का जन्म भी नहीं हुआ था—1971। श्रीमती इंदिरा गांधी को उस वर्ष एक मामूली, बहुत ही साधारण से, प्रस्ताव के ऐलान पर जबरदस्त जीत हासिल हुई—'वो कहते हैं इंदिरा हटाओ, मैं कहती हूँ गरीबी हटाओ।' ('वे' कहने का मतलब उन लोगों से था, जो उनके विरोधी थे)।

कोई भी वचन केवल उतना ही अच्छा होता है जितना कि वह वचन विश्वास करने योग्य होता है। सन् 1971 में श्रीमती इंदिरा गांधी को भ्रष्टाचार की गंध ने नहीं लपेटा था, उनके अपने परिकर में बसी गंध समेत। गरीबों को विश्वास था कि वह समाजवाद का एक ऐसा भारतीय अवतार बन जाएँगी, जो उनकी दरिद्रता का अंत कर देगा। श्रीमती इंदिरा गांधी पर या वस्तुतः उनके रक्षा मंत्री पर हँसने का साहस कोई नहीं कर सका। अपने पद एवं प्रतिष्ठा को दाँव पर लगाकर ही कोई ऐसा कर सकता था। लेकिन आज स्थिति कुछ और है। आज संदेह को जन्म देने के कारण मौजूद हैं। कांग्रेस 1971 से अब तक—चार दशक में से तीन दशक तक—सत्ता में रही है। बीच-बीच में शासनारूढ़ होने का मौका वी.पी. सिंह, चंद्रशेखर, देवेगौड़ा या इंद्र कुमार गुजराल को

भी मिलता रहा। इंदिरा गांधी का वादा अभी तक एक सपना है।

हर चुनाव भविष्य की ओर दूसरा द्वार होता है, न कि अतीत की तरफ पिछला दरवाजा। बेशक, हमें विरासत में प्राप्त समस्याओं को हल करना चाहिए, जिनमें से सबसे महत्त्वपूर्ण समस्या निश्चित रूप से गरीबी है। लेकिन इसके लिए एक ऐसे कार्यक्रम की आवश्यकता है, जो परिवर्तन को तेजी से आगे ले जाता है, दो-चार कदम इधर और दो-चार कदम उधर चलकर नहीं बैठ जाता। वर्ष 2009 में यू.पी.ए. को भारी समर्थन मिला, क्योंकि मतदाताओं को भरोसा हो चला था कि यदि इसे पाँच साल का समय और मिल जाए तो एक नया भारत बनाने में सफल होगी। पाँच साल बीत गए हैं। हम नए भारत के बजाय अभी भी एक बहुत पुराने भारत को ही ताक रहे हैं।

आज के राजनीतिक प्रहसन का स्याह पक्ष है भ्रष्टाचार का रोग। सत्तासीन संगठन के अंदर एक विचारधारा इस सिद्धांत को बेचने में लगी हुई है कि भ्रष्टाचार का मुद्दा अब कोई चुनावी मुद्दा नहीं रहा। उसकी हवा निकाल दी गई है। यह सिर्फ एक भ्रांति है। मतदाता इस दलील के धोखे में आनेवाला नहीं है कि सभी राजनीतिज्ञ भ्रष्ट हैं और इसलिए वर्तमान राजनीतिज्ञों की चोरी को माफ कर दिया जाए। जूरी कठघरे में खड़े व्यक्ति को ही दंड दे सकती है और वर्तमान सरकार पर अगले चुनाव की अदालत में मुकदमा चलने जा रहा है।

मजाक इस मुकदमे में साक्ष्य और दलील दोनों की भूमिका अदा करेंगे। मतदाता वकील है और जज भी। लेकिन जो लोग हिरासत में हैं, उनके लिए कुछ अच्छी खबर है। अधिकतम सजा सिर्फ पाँच साल का अज्ञातवास है। अगले पाँच साल पिछले पाँच-पाँच साल की तरह ही जल्दी बीत जाएँगे।

□

मोदी का दिल्ली कूच

वोट वर्ष 2014 के लिए है, 1947 के लिए नहीं।

—3 नवंबर, 2013

एक सप्ताह के दौरान जब हमने भारत के लौह पुरुष सरदार पटेल के बारे में सोच-विचार एवं चिंतन किया और लौह नारी श्रीमती इंदिरा गांधी को याद किया, एक प्रश्न मेरे मन में बार-बार फड़फड़ाता रहा। क्या महान् सरदार पटेल ने ब्रिटिश राज की राजसी व्यवस्था को इसलिए खंडित एवं ध्वस्त किया कि उसकी जगह एक भारतीय राज की राजसी व्यवस्था आ जाए?

सरदाल पटेल और श्रीमती गांधी दोनों ही पक्के राष्ट्रवादी थे; लेकिन सरदार राष्ट्रवाद के अलावा किसी अन्य वाद से भारग्रस्त नहीं थे। श्रीमती गांधी ने अपने सुरक्षा कवच के रूप में समाजवाद के एक लचीले स्वरूप का चयन किया। उनके निर्बल-रक्ताभ समाजवाद ने मिथ्या सुख-साधन की अस्थायी गरमाहट प्रदान की। उनके कार्यक्रम की प्रमुख विशिष्टता यह थी कि सन् 1947 में जिन राजकुमारों ने भारत संघ में शामिल होने के लिए अंग्रेजों के साथ अपने संधि अधिकारों का परित्याग किया, उनके साथ सरदार पटेल द्वारा की गई वचनबद्धताओं को मिटा दिया जाए।

और फिर, जब सन् 1975 व 1976 की भाव-शून्य आपात-स्थिति में राजनीतिक मौसम एकदम ठंडा व रूखा हो गया, श्रीमती गांधी ने अपनी ही पार्टी को राजसी व्यवस्था में बदल दिया, वंश को आगे रखकर। नेहरू-गांधी कभी कांग्रेस के हुआ करते थे, अब कांग्रेस का नाता परिवार से है।

परंतु, वंशवाद की धारणा में ऐसा दुर्लभ प्रभाव था कि यह विषाक्त हो गया और इसका विष भारतीय समाजवाद के अन्य तत्त्वों में भी तेजी से फैल गया, विशेषकर राम मनोहर लोहिया की विचारधारा, जिसने अपने सिद्धांतों में एक समय इतनी अधिक गंभीरता से लिया, जितनी गंभीरता ईश्वर के प्रति भी नहीं थी। बाद में इस सिद्धांत को आगे बढ़ाने

में सबसे भयंकर उदाहरण वे पार्टियाँ हैं, जिनका नेतृत्व मुलायम सिंह यादव और लालू यादव कर रहे हैं। उनके शुक्राणुओं में कुछ ऐसा मसखरापन है, जो न केवल उनके लिए, बल्कि उत्तर भारत की बृहत्तर राजनीति के लिए विशेष परिणामप्रद साबित हुआ है। उत्तर भारत में समाजवादियों की विश्वसनीयता जैसे-जैसे घट रही है, वैसे-वैसे गैर-कांग्रेस स्थानों को भाजपा द्वारा भरा जा रहा है। समाजवादी मध्य प्रदेश तथा राजस्थान में जल्दी मैदान हार गए; अब उ.प्र. और बिहार में भी वे किनारे पर जा सकते हैं।

सिद्धांततः, लोकतंत्र योग्यता को फलने-फूलने और साधारणतः औसत दर्जे की योग्यता को कुम्हला जाने के लिए एक समतावादी अवसर का आधार प्रदान करता है। एक राजवंशीय व्यवस्था लोकतंत्र पर अधिकार जमाती है। ठेलने पर, राजवंश भाव-प्रभाव इतिहास के जरिए प्रासंगिकता पाना चाहता है। राहुल गांधी अपनी दादी श्रीमती इंदिरा गांधी और पिता राजीव गांधी की हत्याओं में अपनी वैयक्तिक अभिलाषाओं को वैध ठहराना चाहते हैं। यदि पूर्वजों का बलिदान किसी को भी सत्ता तक पहुँचाने के लिए पर्याप्त होता, तब तो निश्चित रूप से महात्मा गांधी के परपोते स्पष्ट वक्ता गोपाल गांधी की पात्रता भी विचार करने योग्य है।

भावुकतापूर्ण अतीत का जो दोहन करते हैं, वे एक बड़े विषय से चूक रहे हैं—युवा भारत का ध्यान भविष्य के ताले में बंद है। आर्थिक विकास में विश्वास टूट गया है। बढ़ते मूल्य और घटती आय दक्षिणमुखी अर्थव्यवस्था के प्रत्यक्ष पहलू हैं। जबकि उनके माँ-बाप असहाय एवं लाचार महसूस करते हैं, युवा निराश होने लगे हैं। वे भारत में विश्वास करना चाहते हैं, इसी कारण वे यू.पी.ए. सरकार की लापरवाह उदासीनता में सुस्पष्ट विश्वासघात से इस कदर चिढ़े हुए हैं। देश भर में उनका आक्रोश सबको दिख रहा है, सिर्फ उनको छोड़कर, जो दिल्ली के चिड़ियाघर में सोने के पिंजड़ों में बंद हैं।

इस बार नरेंद्र मोदी की हवा चल रही है, इसलिए नहीं कि वह सरदार पटेल की मूर्ति का निर्माण कर रहे हैं; बल्कि इसलिए कि वह बाहर के व्यक्ति हैं, जिसने दिल्ली को घेर लिया है। वह इस आक्रोश की आवाज भी हैं और इसके लाभार्थी भी। जब कभी दिल्ली का नकचढ़ा विशिष्ट वर्ग तिरस्कार से प्रत्युत्तर देता है—मिसाल के तौर पर, जब कोई कैबिनेट मंत्री मोदी को सिर्फ 'एक चायवाला' कहकर खारिज करता है—मोदी के पीछे खड़े लोगों की संख्या कई गुना बढ़ जाती है। बहरहाल, भारत में चाय बेचकर और मेहनत-मजदूरी करके अपनी गुजर-बसर करनेवाले लोगों की संख्या उस विशिष्ट वर्ग के पुत्रों की संख्या से बहुत अधिक है, जिनकी विक्रय तिथि बीत चुकी है। यू.पी.ए. द्वारा छोड़े गए शासन के खाली स्थान में मोदी ने अपने कदम बढ़ा दिए हैं।

पटेल और जवाहरलाल नेहरू पर छिड़े वाक्‌युद्ध के बारे में कोई भी, स्वाद बदलने की खातिर, अधिक-से-अधिक इतना ही कह सकता है कि एक उचित समय

विषय पर बहस चल रही है। लेकिन वर्ष 2014 में एक भी वोट इस बात को लेकर नहीं डाला जाएगा कि 1947 में कौन बेहतर प्रधानमंत्री होता। 2014 के लिए वोट इस बात को ध्यान में रखकर डाला जाएगा कि सर्वश्रेष्ठ प्रधानमंत्री कौन हो सकता है? मोदी भाग्यशाली हैं। उनके सामने दोहरा शून्य है। डॉ. मनमोहन सिंह का समय बीत गया है और राहुल गांधी उनकी जगह प्रवेश करने योग्य नहीं हैं।

जन-समर्थन खोती जा रही किसी भी राजनीतिक पार्टी के लिए यह अत्यावश्यक हो जाता है—और ठीक भी है कि वह 'डूबते को तिनके का सहारा' वाली कहावत को चरितार्थ करे। अत: मोदी ने सोच-समझकर जो तीर छोड़ा है, वह तेजी से लक्ष्य की ओर बढ़ रहा है; चुनाव अभी भी छह माह दूर हैं। वास्तविक उत्तर दीवाली जैसे पर्व पर दुकानों में छाई मंदी में देखा जा सकता है। हाल ही में किए गए एक सर्वेक्षण से पता चलता है कि 57 प्रतिशत लोगों के अनुसार, एक दशक में यह सबसे खराब दीवाली है। जहाँ तक अपने छह माह का संबंध है, 77 प्रतिशत लोग मानते हैं कि अर्थव्यवस्था इतनी ही खराब रहेगी या और बिगड़ जाएगी। हो सकता है, स्थिति कुछ सहज हो जाए; किंतु समस्या पूरी तरह जल्दी मिटेगी नहीं। भारत एक खुशहाल देश नहीं है। यह सच्चाई किसी भी सत्तारूढ़ पार्टी के लिए सुखद समाचार नहीं है, निराशा में डूब जाने की बात है।

□

लोकतंत्र एक सप्राण कर्म है

जिज्ञासा ने कभी बिल्ली को नहीं मारा। यदि बिल्ली मरी तो इसलिए, क्योंकि वह बिना विचारे निष्कर्षों पर कूद पड़ी।

—17 नवंबर, 2013

कौन ऐसा समझदार व्यक्ति होगा, जो किसी निरर्थक बात के अत्यंत सम्मोहक आकर्षण की कभी उपेक्षा कर सकता है? पाश्चात्य डिनर टेबल पर बैठने की व्यवस्था, जिसमें दो पुरुषों के बीच एक स्त्री को बिठाया जाता है, की बात धर्मयुद्ध के दौरान बहुत ही ठोस सिद्धांत के आधार पर निकलकर आई, जिसका आशय यह था कि पुरुषों के बीच सभ्याचार सुनिश्चित करने के लिए एक महिला का मौजूद रहना अत्यावश्यक है। किसी लातीनी कवि का जन्म रोम में नहीं हुआ। प्यूअर्टो रिको के निवासी अपनी बाँहों के नीचे एक नींबू रगड़कर खुमारी का इलाज कर सकते हैं; जबकि कैसानोवा के लिए भी नींबू का उपयोग उतना ही जरूरी था, लेकिन वह उपयोग क्या था, उसके बारे में किसी पारिवारिक समाचार-पत्र में लिखा नहीं जा सकता। वर्ष 2005 में विंबल्डन के दौरान रूस की महान् टेनिस खिलाड़ी मारियाना शारापोवा ने ऐसी घुरघुराहट छोड़ी, जिसे 101.2 डेसीबेल मापा गया, यानी वह घुरघुराहट किसी तगड़ी मोटरसाइकिल की घरघराहट से भी बहुत तीव्र थी।

क्या यह जानकारी, जो मैंने यात्रा के दौरान यूँ ही पढ़ते हुए कुछ पत्र-पत्रिकाओं से ग्रहण की, किसी उद्देश्य की पूर्ति करती है? यह प्रश्न घोर नैतिकतावादी है। ज्ञान की मनोहरता उसके सार्वभौम विस्तार में होती है। हम कैसे जानें कि हमें क्या जानने की आवश्यकता है, जब तक कि हमें यह न पता हो कि हम क्या नहीं जानते हैं?

हर वैज्ञानिक को एक विचारक जितना ही जिज्ञासु होना चाहिए। 'अधम' जिज्ञासा, जिसके कुछ शानदार उदाहरण मैंने यहाँ दिए हैं, उतनी ही चित्ताकर्षक होती है, जितनी कि 'उच्च' जिज्ञासा। मैं दावे के साथ कह सकता हूँ कि आप अवश्य यह जानने की

प्रतीक्षा में होंगे कि कैसा नेता नींबुओं का वास्तव में क्या उपयोग करता था।

जहाँ तक मेरा ज्ञान जाता है, जिज्ञासा ने कभी किसी बिल्ली को नहीं मारा। बिल्ली यदि मरी तो केवल इसलिए, क्योंकि वह बिना सोचे-समझे निष्कर्षों पर कूद पड़ी। अज्ञात के बारे में पूछताछ या जाँच-पड़ताल करना किसी साहसिक कार्य की शुरुआत होती है। कोई जोखिम उठाए बिना किसी लाभ की आशा नहीं कर सकते। यह सच है कि अगर एक कोलंबस एक नई शानदार दुनिया की तलाश में जाते हुए रास्ता भटक गया तो अनेक ऐसे हैं, जो सागर में जल-समाधि ले बैठे। तो क्या? विफलता अगली पीढ़ी के लिए केवल एक प्रोत्साहन है। वही प्रगति कहलाती है।

यदि क्रिस्टोफर कोलंबस का कोई दोष था तो यही कि उसने यूरोप की बीमारियाँ उन लोगों की ओर जाने का रास्ता खोल दिया, जिन्हें चेचक या शीतला जैसे घातक रोग के बारे में कुछ भी नहीं पता था, क्योंकि उन्हें मानवीय आवश्यकता को प्रकृति की दानशीलता तक सीमित रखने का सहज ज्ञान था। खोज श्राप बन जाती है, जब यह आक्रमण और शोषण को बढ़ावा देती है; और ये दोनों चीजें—आक्रमण और शोषण—मानव की क्रूरता संबंधी असीम क्षमता को पूरी अभिव्यक्ति देती हैं। कौन जानता है कि जो अनेक मिशन, भारत समेत, कई देशों द्वारा मंगल ग्रह की ओर भेजे गए हैं, उन्हें मंगल ग्रह पर क्या मिलेगा; लेकिन अगर मंगल ग्रह को एक और पृथ्वी बनाने की कोशिश की गई तो यह एक बड़ी भारी भूल होगी। अगर कभी हमें मंगल ग्रह वासी मिल गए तो हम उनके लिए एक अपमानजनक शब्द खोज निकालेंगे और फिर उनके खनिज पदार्थों की चोरी करने के लिए नरसंहार शुरू कर देंगे। अमेरिका की निजी कंपनियों ने निवेशकों को मंगल ग्रहों पर प्लॉट देने की सौदेबाजी शुरू भी कर दी है।

उत्सुकता का महत्त्व चटपटी खबरों में होता है। भारत के लोगों से अधिक जिज्ञासु जाति कोई नहीं है। इसी कारण तो उप-महाद्वीप पर कोई भी रेल या बस यात्रा कभी बेआवाज नहीं होती है। बातचीत करना लोगों को ऊर्जा देता है। किसी अजनबी से बात करना शिष्टाचार, अच्छे व्यवहार का संकेत माना जाता है; जबकि ब्रिटेन में बिल्कुल उलटा है। वहाँ इसे अवांछित दखलंदाजी समझ जाता है।

भारतीय लोग भारत के बारे में सच्चाई कभी मीडिया से नहीं जानते हैं, मीडिया भले ही अन्यथा सोचता हो। वे जानते हैं कि सच्चाई वैसे भी तथ्य की अपेक्षा बहुत बड़ी होती है और वे राजनीति एवं सत्ता के बारे में एक-दूसरे से जानते हैं, रेल के डिब्बे में या बस की सीट पर, अजनबी लोगों के बीच बातचीत के जरिए सीखते हैं और उस जानकारी को वे चाय की दुकान या ऑफिस में बातचीत के जरिए फैलाते हैं। किसी अजनबी का कोई निहित स्वार्थ नहीं होता है। भारत में सामाजिक मीडिया बहुत पहले से था, हथेली में टिमटिमानेवाली टक्नोलॉजी तो बहुत बाद में आई है। हर भारतीय

चेहरा एक किताब है। हर भारतीय आवाज एक ट्विटर है।

अत: भारतवासी किसी चुनाव के पूर्वानुमान में अपना निश्चय नहीं करते हैं। उन्हें राय की खातिर राय देने में मजा आता है और इसे वे सशक्तीकरण का साधन भी मानते हैं। वे शक्तिशाली को आँकने में उचित अध्यवसाय से काम लेते हैं। वे अपना समय लेते हैं, क्योंकि उनके पास समय बहुत होता है। लेकिन एक बार मन पक्का कर लेने पर वे आसानी से या कभी अपना निश्चय बदलते नहीं हैं—निर्णय का दिन आने तक, जो चुनाव का दिन होता है।

उन्हें लोकतंत्र के ढाँचे से प्यार है। लोकतंत्र की किताब के दो शानदार किनारे हैं—एक के पहलू में स्वतंत्र अभिव्यक्ति है और दूसरे में स्वतंत्र इच्छा-शक्ति। वे जानते हैं कि निर्णय का दिन एक मौलिक अधिकार है। इसे न तो टाला जा सकता है, न निष्फल किया जा सकता है। उन्हें हर सप्ताह मशाल जुलूस निकालने या किसी मैदान में जमघट लगाने की जरूरत नहीं होती है। एक दिन आएगा, जिस दिन उनके आक्रोश का ज्वालामुखी फूट सकता है और उम्मीद में नए निवेश से बदला जा सकता है।

लोकतंत्र एक सप्राण कर्म है। यूँ भी कह सकते हैं कि लोकतंत्र जीवंत हो उठा है। एक दिन के लिए भारतीय नागरिक अपने संसार का स्वामी बन जाता है। वह इससे ज्यादा क्या चाह सकता है? चुनाव के नतीजे आने तक राजनीतिज्ञों की साँस गले में अटकी रहती है। सरकार अपने नाखून कुतरने लगती है। लेकिन एक मतदाता परिणाम के बारे में कभी उत्कंठित नहीं होता है। उसका कोई कारण भी नहीं है। मतदाता बहुत पहले से जानता है कि परिणाम क्या आने वाला है।

□

कांग्रेस की तीन गलतियाँ

पहले से जानी हुई भविष्य की कहानी।

—23 फरवरी, 2014

प्रत्येक अच्छे नाटक को कुछेक उप-कथाओं की अवश्यकता होती है, जो मुख्य कथानक के बीच चक्कर काटती रहें। हमारी वर्तमान राजनीतिक रंगशाला के अंदर सबसे अधिक मुग्ध करनेवाला बरछेबाजी का जो खेल चल रहा है, वह खेल वस्तुतः पी. चिदंबरम ने नरेंद्र मोदी के साथ आरंभ किया है। ऊपरी सतह पर देखें तो यह खेल ऐसे दो लोगों के बीच श्रेष्ठता का दावा करने से अधिक कुछ नहीं है। इन दो व्यक्तियों में से एक राजनीतिज्ञ है, जिसे धन-संपत्ति, अंग्रेजी और हार्वड में शिक्षा पाने का अवसर एक जन्मसिद्ध अधिकार के रूप में विरासत में मिला है और दूसरा वह बाहरी आदमी है, जिसने जिंदगी का सबक चाय की एक दुकान में सीखा है। लेकिन कहानी के अंदर कोई कहानी अगर मजेदार न हो, बहुत ही सरल हो तो टिकट लेकर अंदर जाने की जहमत कौन उठाएगा।

हम कभी पक्के तौर पर यह अनुमान नहीं लगा सकते कि मन की खोह के अंदर क्या घटित हो रहा है, दिल की बात तो जाने ही दें; लेकिन संदेह मिश्रित आश्चर्य होता है कि चिदंबरम अपने तीक्ष्ण व्यंग्यों तथा आकस्मिक प्रहारों के माध्यम से कहीं अपनी ही पार्टी को यह संकेत देने का प्रयास तो नहीं कर रहे हैं कि अगर उन्हें प्रधानमंत्री पद के लिए कांग्रेस का प्रत्याशी बनाया गया होता तो वह राहुल गांधी की तुलना में बहुत बेहतर काम करके दिखा देते।

अगर चिदंबरम ऐसा मानते हैं तो वह सही हैं। वह और वास्तव में तीन अन्य कांग्रेस नेताओं ने इतना अवश्य ध्यान रखा होता कि कांग्रेस आधे रास्ते में ही कहीं खो न जाए। दूसरों ने तो औचित्यपूर्ण आकांक्षा को ठुकराए जाने की पीड़ा या परिताप को अंदर-ही-अंदर सह लिया है; चिदंबरम मुखर हो गए हैं। उनके इस वक्तव्य से अधिक

अकाट्य प्रमाण क्या हो सकता है कि वह राजीव गांधी के हत्यारों को रिहा करने की जयललिता की इच्छा से 'नाखुश' नहीं हैं। चिदंबरम उन लोगों में थे, जिनके लिए राजीव गांधी की हत्या राष्ट्रीय क्षति के साथ-साध एक वैयक्तिक क्षति भी थी। उन्होंने अचानक सत्तारूढ़ नेहरू-गांधी परिवार के साथ भावुकतापूर्ण संबंधों से कुछ दूरी का इजहार कर दिया।

कम-से-कम तीन ऐसे अवसर थे, जब कांग्रेस यह संकेत दे सकती थी कि गांधी-नेहरू परिवार कांग्रेस का हिस्सा है, संपूर्ण कांग्रेस नहीं। पहला अवसर वर्ष 2012 में राष्ट्रपति के चुनाव का था। यदि डॉ. मनमोहन सिंह को राष्ट्रपति भवन भेज दिया जाता और प्रणव मुखर्जी को प्रधानमंत्री बना दिया जाता तो कांग्रेस 2014 के आम चुनाव में अपने अस्तित्व की लड़ाई अधिक सामर्थ्य के साथ लड़ सकती थी। भाजपा को अगर किसी विरोधी से सबसे अधिक डर लगता था तो वह प्रणव मुखर्जी थे। वह पार्टी के प्रति वचनबद्ध थे और वह सभी मित्र दलों को एकजुट रखने तथा और दलों को साथ लाने में सफल होते।

दूसरे स्थान पर भाजपा को मीरा कुमार से भय था। वह कांग्रेस के परंपरागत आधार दलित मतदाता वर्ग के साथ टूटे हुए संबंधों को पुनः जोड़ने और मजबूत करने में महत्त्वपूर्ण भूमिका निभा सकती थीं। उनकी वंशावली उत्कृष्ट एवं आदर्श है। उनके पिता जगजीवन राम एक अनुभवी स्वतंत्रता सेनानी और बँगलादेश युद्ध के दौरान रक्षा मंत्री, जिनका हमेशा यह मानना था कि वह प्रधानमंत्री बनने के श्रेष्ठ पात्र हैं। कांग्रेस और विपक्ष दोनों ने उन्हें इस पद से दूर रखा। मीरा कुमार के अपने जीवन के पीछे एक इतिहास है। उनका व्यक्तिगत स्वभाव भी बहुत सौम्य है, जो सबको मोह लेता है; क्योंकि वह टकराव में नहीं, बल्कि मेल-मिलाप में विश्वास रखती हैं। उन पर किए गए किसी भी व्यक्तिगत आक्रमण का नतीजा उलटा पड़ जाता। कांग्रेस में किसी ने भी उनका नाम लेने का साहस नहीं किया।

दिसंबर के विधानसभा चुनाव के बाद कांग्रेस को एक अंतिम अवसर मिला था, जब कांग्रेस के कट्टर-से-कट्टर भक्त को भी स्पष्ट हो गया था कि कांग्रेस नेतृत्व शृंखला में राहुल गांधी सबसे कमजोर कड़ी है। शीला दीक्षित के हाथ से दिल्ली निकल जाने के बाद मीरा कुमार और चिदंबरम फिर भी विश्वसनीय दावेदार हो सकते थे; किंतु श्रीमती सोनिया गांधी ने कांग्रेस का भाग्य योग्यता के बजाय वंश की थाती में रख दिया।

परिणामतः कांग्रेस एक नहीं, बल्कि दो संभावित आपदाओं का सामना कर रही है। इसके नेतागण इंग्लैंड के किंग कैन्यूट की तरह तट पर बैठे रहते हैं और मोदी लहर को पीछे हटने का आदेश देते हैं; और पानी है कि उनकी बात सुनता ही नहीं, अवज्ञाकारी बना रहता है। दूसरी घोर विपत्ति के रूप में पार्टी के अंदर एक आंतरिक भूचाल आया

हुआ है, क्योंकि एक पीढ़ी निराशा में डूबी हुई इस सोच में पड़ी हुई है कि क्या यह वास्तव में उसका आखिरी चुनाव होगा। मोटे तौर पर यह श्रीमती सोनिया गांधी का आयु वर्ग है, इधर-उधर एक-दो साल की घट-बढ़ हो सकती है। उनमें से कुछ लोग यदि सदन में लौट भी आए, तब भी वे सत्ता में नहीं लौट पाएँगे। राहुल गांधी अपनी ही शैली में कांग्रेस को नया रूप देंगे। यही है, जो होना चाहिए।

आगे आनेवाले कठिन समय के बारे में सोचकर उन्होंने अपनी पहुँच के अंदर अपनी आयु वर्ग के नए लोगों में नई ऊर्जा भरने का काम पहले ही शुरू कर दिया है। दिग्विजय सिंह इस भुलावे में रह सकते हैं कि वह गुरु बने रहेंगे, लेकिन बहुत जल्द दिग्विजय सिंह का बेटा कदम बढ़ाएगा और तरक्की करेगा। चिदंबरम के बेटे के बारे में भी, निस्संदेह, यही कहा जा सकता है; लेकिन एक बेटे का भविष्य उस पिता के लिए कोई दिलासा की बात नहीं है, जिसकी राजनीतिक आकांक्षाएँ, ऊर्जा भी मंजिल की तलाश में हैं।

आयु सापेक्ष है। कांग्रेस के उन नेताओं के पास क्या विकल्प रह जाता है, जो वर्ष 2013 में युवा थे और 2014 में बूढ़े हो जाएँगे? एक दरार या फूट पड़ना पूर्वानुमेय भी है और असंगत भी। समझदारी तो यही होगी कि अपने राजनीतिक जीवन के ढलते सूर्य को नमस्कार कर विश्राम करें; लेकिन बिरले ही कोई ऐसा राजनीतिज्ञ होगा, जो थककर राजनीति से संन्यास लेना चाहेगा। लेकिन हो सकता है, आनेवाले समय में खालीपन और वीराने को ताकते हुए शायद उन्हें फारसी के महान् दार्शनिक-कवि हाफिज का एक शेर याद आ जाए—'ज्ञान की शेखी मत मार, क्योंकि मृत्यु के समय अरस्तू और भिखारी पास-पास चलते हैं।'

□

मैं भाजपा में क्यों शामिल हुआ

हम या तो साथ-साथ चलते हैं या बिल्कुल नहीं चलते।

—24 मार्च, 2014

जो कोई भी खुलेआम बोलता है, बोलने में उस्ताद हो या कोई गोल-मोल बात करनेवाला शब्द—छलिया, कुछ तैयारी करने के बाद ही मंच पर आता है। सिर्फ संभाव्य घटना एक ऐसी स्थिति होती है, जिसके लिए कोई पहले से तैयारी नहीं कर सकता और उस संभाव्य घटना को ही संकट कहा जाता है; किसी के जीवन को खतरे से बड़ा कोई खतरा या संकट किसी व्यक्ति के लिए नहीं होता है। उस क्षण जो प्रतिक्रिया हो सकती है, वह दिमाग की अपेक्षा दिल से अधिक निकलती है।

नरेंद्र मोदी की पाटलिपुत्र रैली में जो बम फटने शुरू हुए, वे बम निस्संदेह भीड़ को लक्ष्य करके फेंके गए थे, लेकिन मोदी भी उनके निशाने पर थे। उन्होंने तत्क्षण व्यक्त अपनी प्रतिक्रिया में हिंदुओं और मुसलमानों के सामने एक अत्यंत प्रभावशाली एवं महत्त्वपूर्ण प्रश्न रख दिया, जो हमारे राष्ट्र के सामने मुख्य चुनौती की जड़ पर प्रहार करनेवाला था और जिसमें उस चुनौती का समाधान भी शामिल था। मोदी ने इन दो महान् समुदायों से एक रास्ता चुनने के लिए कहा—वे या तो एक-दूसरे से लड़ते-झगड़ते रह सकते हैं या मिलकर उस कपटी अभिशाप का सामना कर सकते हैं, जिसे 'गरीबी' कहा जाता है।

उनका यह तीर ठीक निशाने पर लगा और सारी बात सीधी हो गई—हमें अपने देश में शांति चाहिए, जो हर दृष्टि से एक मूलभूत आवश्यकता है। शांति का वातावरण कायम रहेगा तो हम अपनी अर्थव्यवस्था को मरणासन्न स्थिति से बचा सकते हैं, जिसे पिछले दशक में अस्पताल भेज दिया गया है। आर्थिक विकास का प्रमुख उद्देश्य गरीब-से-गरीब लोगों को उनकी भीषण दु:ख-तकलीफ एवं तंगहाली से ऊपर उठाना है—और यह उद्देश्य तभी प्राप्त किया जा सकता है, जब प्रत्येक भारतवासी धर्म और

जातिगत भेदों को भूलकर, हाथ में हाथ डालकर काम करेगा।

हम या तो एक-साथ चलते हैं या फिर चलते ही नहीं हैं। यह समावेशित विकास की एक तीक्ष्ण परिभाषा थी। एक समय जब मोदी को भावुक होने के लिए क्षमा किया जा सकता था, वह व्यावहारिक थे। उनके ध्यान में स्पष्टत: एक ही बात थी और वह एक आर्थिक स्वप्न को पूरा करने के प्रति दृढ़प्रतिज्ञ थे। लगता था, उनके मन में एक साँचा पहले से तैयार है, जिसकी अभिव्यक्ति उनकी बातों में थी। पिछले वर्ष 15 अगस्त को एक भाषण में उन्होंने कहा कि लोक सेवा में हर किसी का धर्म भारत का संविधान है।

सिद्धार्थ मजूमदार ने उनके विचारों का एक संकलन तैयार किया है, जिसका लोकार्पण कुछ सप्ताह पहले किया गया था। वह संकलन इस वाक्य से आरंभ होता है—'धर्मनिरपेक्षता का सार यही है कि कानून के सामने सारे धर्म बराबर हैं।' इसके अनुसार, 'सर्वधर्म समभाव' वह सैद्धांतिक चुंबक था, जिसने एक प्राचीन युग से भारत को एक सूत्र में जोड़ा, संगठित किया।

ये सिद्धांत गुजरात दंगों की सच्चाई के साथ किस तरह मेल खाते हैं, जिसे लेकर उन पर बार-बार और लगातार हमला किया जाता है? उपद्रवों के समय मैंने भी उसी तरह सवाल उठाए, जिस तरह अन्य पत्रकारों ने उठाए थे? उलटी बात यह है कि इन सवालों के जवाब दस वर्ष के दौरान यू.पी.ए. सरकार द्वारा ही दिए जा चुके हैं। स्वतंत्रता-प्राप्ति के समय से लेकर आज तक किसी भी मुख्यमंत्री के खिलाफ दोष तलाशने की जाँच-पड़ताल इतने प्रचंड रूप से या इतनी दृढता के साथ कभी नहीं की गई है, जितनी गहरी और तेज जाँच यू.पी.ए. सरकार के प्रति निष्ठावान् संस्थाओं द्वारा मोदी के विरुद्ध पूरे दस वर्षों में की गई है।

सरकार से संबद्ध प्रत्येक एजेंसी को कुछ-न-कुछ ऐसा खोजने का कार्य सौंप दिया था, जो मोदी को दोष के दायरे में घसीट सके; पर उनके हाथ कुछ नहीं लगा।

सुप्रीम कोर्ट ने भी, जो राजनीति और पार्टियों से ऊपर है और जिसे हम कानून एवं संविधान का अमूल्य व स्वतंत्र संरक्षक मानते हैं, अपनी तरफ से जाँच-पड़ताल कराई थी। इसके जाँच-परिणाम आ चुके हैं और हम जानते हैं कि उन्हें दोष-मुक्त ठहराया गया है। इसके अलावा, गुजरात में एक अभूतपूर्व सीमा तक न्यायिक उत्तरदेयता रही है। हमें पिछले करीब सौ दंगों में न्याय का अभी तक इंतजार है।

यह बात संदेह से परे नहीं है कि किसी चुनाव के दौरान जब भारतवासी अपने भविष्य के लिए मतदान करना चाहते हैं, कुछ ही राजनीतिज्ञों का अतीत में कोई निहित स्वार्थ होता है। युवा वर्ग ऐसी सरकार चाहता है, जो उन्हें काम दे सके; माता-पिता चाहते हैं कि थाली में भोजन हो, उनके बच्चों के लिए शिक्षा की व्यवस्था हो और दूर दिगंत तक आशा का वितान हो।

मोदी जब सौ नए नगरों के निर्माण की बात करते हैं, वे एक नए नगर-क्षेत्र के प्रत्येक तल के साथ काम-धंधा, नौकरियाँ और अवसर उत्पन्न होते देख सकते हैं। जन-आक्रोश का एक महत्त्वपूर्ण संकेत इन आँकड़ों में मौजूद है—रोजगार में, पिछले दशक में, औसतन केवल 2 प्रतिशत की वृद्धि हुई है। अगर यू.पी.ए. के पहले पाँच वर्ष में वृद्धि की यह दर कुछ अधिक थी, जब अर्थव्यत्रस्था की स्थिति बेहतर थी, तब कोई भी अनुमान लगा सकता है कि यू.पी.ए. के दूसरे कार्यकाल में रोजगार में वृद्धि की दर 2 प्रतिशत से भी नीचे चली गई होगी। एक राष्ट्र, जो उपलब्धियों की ऊँचाइयों को छू रहा था, उसकी आशा उदासी और विषाद में डूब गई है।

हमें एक राष्ट्रीय वसूली मिशन की आवश्यकता है। केवल वही व्यक्ति ऐसे महत्त्वपूर्ण मिशन को आगे ले जाने का विश्वसनीय वचन दे सकता है, जिसने निस्तार किया है, त्याग किया है।

जो लोग 30 या 40 की सीमा लाँघ चुके हैं, उनके लिए पाँच वर्ष का समय एक और दौर है, जो बीत जाने वाला है। जो लोग 20 वर्ष की उम्र के आस-पास हैं, 5 वर्ष का समय आकांक्षा और निराशा के बीच का अंतर है। यदि किसी युवा शक्ति को इन 5 वर्षों में कोई नौकरी नहीं मिलती है तो वह युवक या युवती उस अत्यावश्यक ऊर्जा को खोने लगता है, जो आत्मविश्वास से आती है। यदि युवा-वर्ग अर्थव्यवस्था को शक्ति नहीं देता है तो अर्थव्यवस्था निष्क्रियता के दलदल में अटक जाएगी। आगे एक ही रास्ता है और जो विकल्प सामने हैं, उनमें एक ही व्यक्ति है, जो देश को उस विषाक्त दलदल से बाहर निकाल सकता है। आप उस व्यक्ति का नाम जानते हैं, जैसे मैं जानता हूँ।

□

आइंस्टाइन, विश्वजित और भारतीय चुनाव

ज्वार-भाटा को चुनौती देना कठिन है।

—29 मार्च, 2014

अगर अल्बर्ट आइंस्टाइन पहले प्रयास में अपने कॉलेज की प्रवेश परीक्षा पास नहीं कर सके तो हमारे सरीखे कम प्रज्ञावान लोगों के लिए निश्चित रूप से आशा की काफी गुंजाइश है।

बंगाल से आया हिंदी फिल्म स्टार विश्वजित देव चटर्जी, जो '70 के दशक में 'हमदम मेरे मान भी जाओ, कहना मेरे प्यार का' जैसे गानों के साथ फिल्मी परदे पर फुदकता रहा और जिसे अब, 78 वर्ष की उम्र में, ममता बनर्जी की ओर से नई दिल्ली के लिए प्रत्याशी बनाया गया है, लोकसभा के लिए भी अपनी पहली प्रवेश परीक्षा में पास होनेवाला नहीं है; लेकिन उसकी भावी प्रतिष्ठा एक प्रभावशाली सिद्धांत पर भी टिक सकती है। विश्वजित का विषय राजनीति-विज्ञान है, न कि नाभिकीय विज्ञान; फिर भी, प्रतिभा तो प्रतिभा होती है, चाहे कहीं भी उसका उपयोग किया जाए।

मतदान के दिन से केवल दो सप्ताह पहले विश्वजित ने हिंदुस्तान टाइम्स को बताया कि उसे अपने विरोधियों के बारे में कुछ भी जानकारी नहीं है। अभी तक वह अपने निर्वाचन-क्षेत्र में भी नहीं गए हैं और मतदाताओं की समस्याओं तथा माँगों के बारे में भी उन्हें कुछ परेशानी नहीं है। 'मैं अब लोगों से मिलना-जुलना शुरू कर रहा हूँ।' उन्होंने यह भी जोड़ा कि वह जल्दी बाहर कदम निकालेंगे। उन्होंने वादा किया कि चुन लिये जाने के बाद वह सभी स्थानीय समस्याओं को हल कर देंगे। उन्हें अपनी जीत का विश्वास था। किस आधार पर? क्योंकि उनकी नेता ममता बनर्जी की प्रसिद्धि और लोकप्रियता बंगाल तक ही सीमित नहीं है, दिल्ली तक पहुँच चुकी है।

विश्वजित के प्रयोग, हो सकता है, गलत हो गए हों; लेकिन जरा उनके आशावादी लहर सिद्धांत (Sanguine Wave Theory) पर विचार करें, जिसके अनुसार प्रचार अभियान

प्रकाश की गति से सफर करता है और ऊर्जा या सक्रियता का परिणाम से कोई संबंध नहीं है। अगर कोई लहर है तो लहर उसे बहा ले जाएगी; अगर नहीं है तो लहर उसे छुएगी भी नहीं—E [Election] = [Minimum Concern] Squared.

अधिकाधिक राजनीतिज्ञ इस सिद्धांत में विश्वास करते हैं, हालाँकि उनमें से कम लोग इसे प्रकट रूप से स्वीकार करते हैं। दिल्ली में आम आदमी पार्टी के जितने विधायक चुने गए, उनमें से अधिकतर के नाम पहले कौन जानता था? राजनीति एक मानवीय व्यवसाय है और मनुष्य वाद-विवाद को खींचनेवाला चुंबक। दैनिक घटनाक्रम में उठते-गिरते छोटे-मोटे तूफानों को तो प्रत्याशी आसानी से अपने अंदर समा लेते हैं, क्योंकि उन्हें पक्का भरोसा होता है कि अंततः ये सारी छुटमुट समस्याएँ मतदाता वर्ग के सामने खड़े बड़े-बड़े मुद्दों में शामिल रहेंगी ही।

ज्वार-भाटा को चुनौती जो देता है, उस प्रत्याशी के लिए कोई भी चुनाव वास्तव में कठिन हो जाता है। मिसाल के तौर पर, नई दिल्ली में विश्वजित का विरोधी, कांग्रेस के अजय माकन, लोगों के स्नेह की खातिर पूरी सतर्कता के साथ स्वयं के भ्रष्टाचार की उस काली खाई से दूर रखे हुए है, जो उसकी पार्टी को निगल रही है। उसका रेडियो विज्ञापन इस बात की पुष्टि करने के बाद कि उसने शहर के व्यावसायिक लोगों की मदद की है, इस आकर्षक दावे के साथ समाप्त होता है कि उसका नाम 'बेदाग' है या उसकी प्रतिष्ठा पर कोई धब्बा नहीं है।

किंतु, मतदाताओं के कानों तक पहुँचनेवाला केवल यही एक विज्ञापन नहीं है। कांग्रेस को रेडियो स्टेशनों जैसे निष्पक्ष स्रोतों से प्रसारित उन विज्ञापनों के बारे में संभवतः अधिक चिंता हो, जिनके जरिए नागरिकों को प्रोत्साहित किया जा रहा है कि यदि वे भ्रष्टाचार मिटाना चाहते हैं तो बैलट स्टाल, अर्थात् मतदान केंद्रों की तरफ जाएँ। वर्षों पहले कॉमनवेल्थ गेम्स के दौरान खरीदे गए टॉयलेट पेपर की मनमानी कीमत की याद आने पर आज भी खिलखिलाकर हँसने का मन करता है। एक और काफी असरदार विज्ञापन है, जिसमें बच्चों से पूछा जाता है कि हमारे देश में क्या हो रहा है। वे कहते हैं, अमीर और अमीर हो रहे हैं तथा गरीब और गरीब। और हमारे नेतागण क्या कर रहे हैं? कुछ नहीं, सारे बच्चे तीन बार गाकर कहते हैं (कुछ नहीं)। अतः अजय माकन को बताना है कि उन्होंने क्यों कुछ नहीं किया और वस्तुतः एक दागदार शासन का बचाव किया।

हर विषय, हर मुद्दा मतदाता के लिए प्रासंगिक रहता है, लेकिन हर चुनाव मुद्दों को उनके महत्त्व एवं प्राथमिकता के अनुसार पुनर्व्यवस्थित करता है, जो इस बात पर निर्भर करता है कि चुनाव किस बारे में है। नगर पालिका के चुनाव में आपके दरवाजे के बाहर की नाली एजेंडा में सबसे ऊपर होती है; दिल्ली जैसे नगर-राज्य (यथाशब्द) में

सरकार के लिए जब मतदान करना हो तो सबसे अधिक ध्यान पानी और बिजली की समस्या पर दिया जाता है। लेकिन एक आम चुनाव में राष्ट्रीय मुद्दे केंद्र-बिंदु में आ जाते हैं। भ्रष्टाचार और बढ़ती कीमतें एक राष्ट्रव्यापी मुद्दा हैं और लद्दाख से लेकर कन्याकुमारी तक अधिकतर मतदाता दिल्ली में एक स्थिर व टिकाऊ सरकार चाहते हैं।

ऐसे मामलों के बारे में प्रतिक्रिया एक समान नहीं हो सकती अथवा हर निर्वाचन क्षेत्र एक ही परिणाम देगा। स्थानीय भावना या प्रांतीय आशाओं व आकांक्षा का भी परिणामों पर असर पड़ता है। भारत एक लुभावना मिश्रण है, और हमारे लोकतंत्र की सामर्थ्य यह है कि संसद् के महान् सदनों में प्रत्येक दृष्टिकोण को जगह मिलती है। संसद् में ऐसे-ऐसे मतभेद भी उभरे हैं, जिसके कारण शासन चलाना दुष्कर हो गया; लेकिन वह प्रक्रिया धीरे-धीरे उलट चुकी है और स्थिरता का विचार एक बार फिर जन-समर्थन प्राप्त कर रहा है।

तो हमारा हीरो विश्वजित, सही हैं? क्या कोई प्रत्याशी नगर पालिका संबंधी समस्याओं के प्रति विमुख हो सकता हैं? अनंत काल से चली आ रही उक्ति के अनुसार इसका उत्तर 'हाँ' भी है और 'न' भी। जवाबदेही जैसे-जैसे मतदाताओं के हाथों में एक वैध हथियार बनती जा रही है, संसद् सदस्य ने एक मानस रोग सदृश उत्तरदायित्व ग्रहण कर लिया है। हो सकता है, बृहत् हितों की खातिर उसे चुन लिया जाए; लेकिन जब एक बार उस पर ठप्पा लग जाता है तो लघु कारणों के लिए भी उसे जवाबदेह ठहराया जाता है। इसी वजह से पद-भार को एक दुधारी तलवार माना जाता है, विशेषकर उस स्थिति में, जब आप चढ़ते ज्वार के विपरीत हों।

दिल्ली में जो कुछ गलत हुआ है, सांसदों को न केवल उसके लिए निशाना बनाया जाता है, बल्कि आपकी देहली पर गड़बड़ी के लिए निशाना बनाया जाता है।

राजनीति में दूसरी प्रवेश परीक्षा पहली परीक्षा के मुकाबले और भी अधिक कठिन होती है।

□

काम के लिए एक वोट

युवा जन क्यों परिवर्तन के लिए वोट दे रहे हैं।

— 12 अप्रैल, 2014

यू.पी.ए. सरकार के लिए सबकुछ गलत होने की शुरुआत कब और कहाँ से हुई? राजनीति के चलते काफिले में यदि यथा-तथ्य जैसी कोई बात कभी होती है तो वह है श्रीमती सोनिया गांधी द्वारा वर्ष 2009 में पुनर्निर्वाचन के बाद किया गया निर्णय।

श्रीमती सोनिया गांधी यू.पी.ए. के दो कार्यकाल में हमेशा सर्वोपरि रही हैं, किसी परदे के पीछे नहीं, बल्कि मनमोहन सिंह के सिंहासन के सामने उन्होंने ही शक्ति का प्रदर्शन किया है। उन्होंने प्रधानमंत्री चुना; उनके आदेशानुसार विभागों का आवंटन किया गया; महत्त्वपूर्ण निर्णयों पर अंतिम मुहर उन्होंने लगाई और जब-जब वरिष्ठ मंत्रियों ने एक-दूसरे के साथ घिरनी खाई तो उन्होंने ही एक मध्यस्थ बनकर बीच-बचाव किया (क्योंकि सत्ता की प्रत्येक रणशाला में ऐसी नृत्य प्रतियोगिता अकसर होती ही रहती हैं)।

पाँच वर्ष के बाद जब विपक्ष में भाजपा की सीटें वास्तव में घट गईं तो श्रीमती सोनिया गांधी ने निष्कर्ष निकाला कि भाजपा इतनी क्षतिग्रस्त हो चुकी है कि उसके सुधार की अब कोई संभावना शेष नहीं है। उन्होंने और उनके सलाहकारों ने मान लिया कि अब कांग्रेस को भविष्य में बहुत आगे तक सत्ता में बने रहने के लिए मजबूत सिंहासन मिल गया है। कुछ ही माह पहले तक दिल्ली के अधिक विस्तीर्ण कांग्रेस गुरुकुल के अंदर यू.पी.ए. से दूर रहने पर आम सहमति जताई जा रही थी।

अत: राहुल गांधी के लिए कोई विशेष कारण नहीं था कि वह डॉ. मनमोहन सिंह की कुरसी की तरफ बढ़ने की जल्दबाजी करें। कुछ वर्ष के लिए वह खर्च की चिंता किए बिना अवकाश पर रह सकते थे और वर्ष 2014 में सिर्फ चुनाव-प्रचार के लिए प्रकट हो सकते थे। यह युवा उत्तराधिकारी उस समय भी कार्यक्षेत्र से गायब था, जब

देश का युवावर्ग दिल्ली में बलात्कार की जघन्य घटना पर सड़कों पर उतर आया था और अपना आक्रोश व्यक्त कर रहा था।

लेकिन श्रीमती गांधी ने भी यह मान लेने में समझदारी से काम लिया कि विपक्ष के स्थान को खाली छोड़ने में गंभीर खतरा है। इस विचार ने एक विनाशक गलती करने के लिए उकसा दिया। उन्होंने तय किया कि वह और कांग्रेस पार्टी विपक्ष का मिथ्या स्वाँग भरेंगे, जबकि डॉ. सिंह निरर्थक सरकार की भूमिका निभाते रहेंगे। दो दृष्टांतों को यह उदाहरण-स्वरूप प्रस्तुत किया जा सकता है।

जब डॉ. सिंह ने शिवशंकर मेनन और एम.के. नारायणन सरीखे पदाधिकारियों की सलाह और उनके द्वारा हतोत्साहित किए जाने पर शर्म-अल-शेख में तटस्थ राष्ट्रों की शिखर वार्त्ता में, 2009 के दौरान बलूचिस्तान बगावत में भारत की एक तथा-कथित भूमिका पर पाकिस्तान को एक पूर्णतया अनुचित छूट दी तो श्रीमती गांधी ने खुद के ही चुने गए प्रधानमंत्री की खुलेआम निंदा कर डाली; लेकिन उन्होंने पाकिस्तान के प्रति प्रधानमंत्री की नरम नीति को बदलने के लिए वास्तव में कुछ नहीं किया। दूसरे, लोकसभा में एक बजट बहस के दौरान श्रीमती गांधी ने मार्क्सवादी सांसद गुरुदास दासगुप्ता द्वारा उठाए गए जनवादी मुद्दों की दिखावटी तौर पर भरपूर सराहना की। एक बार फिर वास्तविक व्यवहार में उन्होंने कुछ नहीं किया।

छोड़ गए तीर को आप वेगपूर्वक आगे जाते हुए तो हमेशा देख सकते हैं; उसे वापस आते हुए आपने शायद ही कभी देखा हो। यह छिछली दोहरी नीति काम नहीं आई। किंतु कांग्रेस संगठन दिल्ली राजनीति के प्रबंध-कौशल पर अपने आपसे इस कदर खुश था कि इसने वास्तविक चुनौती—एक मध्यम दर्जे का भूकंप, जिसका उत्केंद्र गुजरात में था—पर या तो ध्यान नहीं दिया या उसे कम आँकने की भूल कर दी।

नरेंद्र मोदी ने कांग्रेस नेताओं में एक हद तक बेचैनी उत्पन्न कर दी। लेकिन उन्होंने सोचा कि यह एक ऐसी समस्या है, जिसे चरित्र-हनन द्वारा नष्ट किया जा सकता है। और यही कारण था कि हमने पिछले दशक में पुलिस, अदालतों, विद्वत्परिषद्, मीडिया और गैर-सरकारी संगठनों द्वारा किसी भारतीय राजनीतिज्ञ के बारे में जितनी गहन और तीव्र जाँच-पड़ताल किए जाने का सबूत पाया, वैसी जाँच-पड़ताल सन् 1947 से अब तक किसी व्यक्ति के बारे में नहीं की गई। इस जाँच-पड़ताल का लक्ष्य वास्तव में गुजरात दंगों के बारे में पूरी सच्चाई का पता लगाना भी था, बल्कि कुछ भी करके, किसी भी तरह सिर्फ यह साबित करना था कि गुजरात दंगों के लिए वैयक्तिक रूप से मोदी दोषी हैं। ऐसा पागलपन था कि हर व्यंग्योक्ति बेअसर साबित हुई। यहाँ तक कि आज भी हमें पर्याप्त जानकारी नहीं है कि कांग्रेस सन् 1984 के दंगों में मुख्य अभियुक्त सज्जन कुमार तथा जगदीश टाइटलर जैसे अन्य लोगों को संरक्षण तथा हर

प्रकार की सुख-सुविधाएँ प्रदान कर रही है।

यह प्रयास विफल हो गया, जब ऐसा कुछ नहीं मिला, जिससे व्यक्तिगत सदोषता सिद्ध हो सकती। लेकिन इस प्रक्रिया में पिशाचीकरण (राक्षस कहना) एक सामान्य हथियार बन गया। अब यह राहुल गांधी के चुनाव-प्रचार की मुख्य विषय-वस्तु बन गया है और इस तथ्य के बावजूद उसमें कोई परिवर्तन नजर नहीं आता है कि मतदाता वर्ग गरम हवा के इस बहाव के प्रति ठंडा अर्थात् उदासीन है। सौ से अधिक निर्वाचन-क्षेत्रों में मतदान के बाद मिले रुझान से पता लगता है कि कांग्रेस की किश्ती बुरी तरह डूब रही है। मतदाता मोदी की बात से आश्वस्त प्रतीत होता है और देखना चाहता है कि मोदी भविष्य में नौकरियों तथा अर्थव्यवस्था के लिए क्या करेंगे।

चुनाव संबंधी अनर्थ एवं भीषण संकट के आसार के कारण कांग्रेस की वाक्पटुता और भी अनाप-शनाप बोलने पर उतर आई है। जब आपके शस्त्रागार में उस विवाह के बारे में सिर्फ सवाल-ही-सवाल हों, जिसे किसी और वय में दरिद्र माता-पिता द्वारा कराया गया था और जिसका संबंध-विच्छेद वस्तुतः आपसी सहमति से हुआ हो, तो आप सच में व्यक्तिगत गहराइयों में उतर रहे हैं जिससे भारतीय चुनाव की राजनीति छह दशक से भी अधिक समय से बचकर रही है। गुजरात के कम-से-कम एक वरिष्ठ कांग्रेस नेता ने अवश्य अपनी पार्टी से यह कहने का साहस किया है कि ऐसे दाँव पेच से परहेज करें।

यह चुनाव काम, काम, काम—और प्रत्येक व्यक्ति के लिए काम के बारे में है। यह चुनाव ऊपर से नीचे तक सर्वत्र विकास के बारे में है। यह चुनाव राष्ट्रीय अर्थव्यवस्था को बचाने के बारे में है, जिसे द्वयाधिकार की उलझन और आत्मसंतोष की अकर्मण्यता के बीच अपना रास्ता भूल गई सरकार ने मरणासन्न अवस्था तक पहुँचा दिया है। इस चुनाव का उद्देश्य युवा वर्ग को विकास का शक्तिशाली इंजन बनाना है, न कि उन्हें स्टेशन के बाहर छोड़ देना। हाल ही में अपनी कार से मुंबई की यात्रा पर गए एक व्यक्ति ने इसे सारगर्भित रूप में इस तरह व्यक्त किया—अगर इस प्रकार का शासन पाँच वर्ष और कायम रहता है तो मुंबई का मध्यम वर्ग गायब हो जाएगा। वह स्वयं को मध्यम वर्ग का समझता था और गरीबी की संभावना पर टकटकी लगाए हुए था।

यह चुनाव भारत के पुनरुत्थान के बारे में है। इसी कारण युवा वर्ग परिवर्तन के लिए मतदान कर रहा है।

□

दृष्टि-भ्रम की राजनीति सुस्त पड़ रही है

—19 अप्रैल, 2014

बहुत बार छोटी-छोटी बातें एक बड़े सच को प्रकाश में ला देती हैं। ऐसी ही एक चमकदार खबर पिछले सोमवार के 'इंडियन एक्सप्रेस' में छपी थी। यह समाचार-पत्र चुनाव-प्रचार की परत-दर-परत खबरों के अंदर इस बात की भी खोज-खबर रखता है कि पिछले दिन कौन सा प्रमुख प्रचार-कर्ता किधर घूमता रहा है। और इसी तारतम्य में एक खबर दर्ज हुई कि नरेंद्र मोदी एक हेलिकॉप्टर के जरिए कर्नाटक के दौरे पर गए हुए हैं और एक ऐसे राज्य में भाजपा का पुनरुत्थान करने का प्रयास कर रहे हैं, जहाँ इस पार्टी ने कुछ खलबलीपूर्ण वर्षों में कई उतार-चढ़ाव देखे हैं; एल.के. आडवाणी गुजरात में थे; अरविंद केजरीवाल पंजाब में सड़कों पर जगह-जगह जन-सभाओं को संबोधित करके कुछ बवंडर उठा रहे हैं—और इसी प्रकार की दूसरी खबरें।

राहुल गांधी कहाँ थे? अखबार में एक सीधा-सादा, कुछ सीमा तक व्यंग्यात्मक, एक वक्तव्य था—'कोई सार्वजनिक कार्य नहीं।' यह एक उत्तर था, लेकिन कोई स्पष्टीकरण नहीं। वैयक्तिक इतिहास की दृष्टि से देखा जाए तो सर्वाधिक संभावना यह हो सकती है कि राहुल गांधी एक दिन की छुट्टी पर थे, क्योंकि यह रविवार था।

राहुल गांधी एक नाटकीय प्रचार अभियान के दौरान सार्वजनिक संभाषा से अदृश्य क्यों हो रहे हैं, इसके कई कारण हो सकते हैं। लेकिन कोई मन को बार-बार कोंचते इस संदेह से बच नहीं सकता कि कांग्रेस के इस सितारे को काम का अतिशय भार पसंद नहीं है। न उनके पास उसके आगे कहने के लिए कुछ होता है, जो निरर्थक बातें कलमकारों द्वारा लिखकर उन्हें दे दी जाती हैं।

□

नई संस्कृति की तरफ एक कदम

भारतीय उपमहाद्वीप की संस्कृति अनिवार्यतः विश्व के प्राचीनतम धर्म हिंदुत्व और इसके सबसे युवा धर्म इसलाम की भावना से प्रभावित रही है।

समाधान हैं गांधी

प्रत्येक व्यक्ति को पड़ोसी की भावना का उतना ही सम्मान करना चाहिए, जितना सम्मान वह अपनी भावना का करता है।

—12 फरवरी, 2006

डेनमार्क के एक अखबार द्वारा इसलाम के पैगंबर के विरुद्ध अकारण ही प्रकाशित किए गए घृणास्पद कार्टूनों का सवाल समकालीन घटनाओं के बीच पहले ही गूँज चुका है। यह भविष्य में भी गुंजायमान होगा।

पहला सवाल निश्चित रूप से अत्यंत सरल होना चाहिए—क्यों?

जवाब एक नहीं है, कई जवाब दिए गए हैं। अखबार के एक संपादक ने यूरोप के टेलीविजन पर दर्शन दिए और धीर-गंभीर भाव से कहा कि कार्टूनों का उद्देश्य मुसलमानों को चोट पहुँचाना नहीं था, बल्कि एक चित्र के माध्यम से यह समझाना था कि बहुत से मुसलमान आतंकवादी हो गए हैं। यह तर्क कुछ-कुछ उचित प्रतीत होता है, जब तक आप छल-कपट की पहली परत छीलकर न उतारें। अगर यही आशय था तो ओसामा बिन लादेन के चित्र का इस्तेमाल क्यों नहीं किया? यदि आप किसी जातिवादी ईसाई की भर्त्सना चाहें तो क्या आप ईसा मसीह के चित्र का इस्तेमाल करेंगे? नहीं न!

फिर 'प्रेस की स्वतंत्रता' का तर्क दिया जाता है और इस तर्क का समर्थन महाद्वीपीय यूरोप के समाचार माध्यम द्वारा इस उदाहरण के साथ मजबूती से किया जाता है Le Monde कि जैसे संवेदनशील प्रकाशनों द्वारा कार्टूनों को दो बार पुनर्मुद्रण किया गया है (अर्थात् छापा गया है)। मैं प्रेस की आजादी के कतई खिलाफ नहीं हूँ। मेरी रोजी-रोटी इससे ही चलती है। लेकिन अभिव्यक्ति की स्वतंत्रता कभी जिम्मेदारी के बगैर नहीं आती है। डेनमार्क में कानून हैं, जो अति पर अंकुश लगाते हैं। डेनमार्क की दंड संहिता की धारा 266 बी कहती है—''कोई भी व्यक्ति, जो खुलेआम या एक विशाल जन-समुदाय तक प्रचारित करने के उद्देश्य से कोई वक्तव्य देता है या कोई दूसरी ऐसी

सूचना फैलाता है, जो भय उत्पन्न करनेवाली या अपमानजनक होती है या व्यक्तियों के किसी समूह को उनकी नस्ल, वर्ण, राष्ट्रीय या अन्य देशीय मूल, विश्वास या लैंगिक अवस्थिति के कारण बदनाम करनेवाली होती है तो उस व्यक्ति को एक जुर्माना भरने, साधारण कारावास या कारावास का दंड भुगतना पड़ सकता है, जिसकी अवधि दो वर्ष से अधिक नहीं होगी।'' धारा 140 कहती है, ''जो लोग इस देश में वैध किसी धार्मिक समुदाय के सिद्धांतों या भक्ति-उपासना की खुलेआम खिल्ली उड़ाते हैं, उन्हें एक जुर्माना भरने या चार माह तक के कारावास का दंड भुगतना होगा।''

ऐसा कानून बनाने के कारण इसलाम के खिलाफ दुर्व्यवहार का कोई लेखा नहीं, बल्कि विषाक्त सामीवाद-विरोध का एक इतिहास है। यूरोप में ऐसे कानून हैं, जिनके द्वारा किसी भी उस व्यक्ति को जेल में डाला जा सकता है, जो सर्वनाश को नहीं मानता है। बहुत बढ़िया। फिर डेनमार्क के प्रधानमंत्री ऐंडर्स फॉग रासमुस्सेन किस कारण से कह रहे हैं कि वह लाचार हैं? इस मामले को बिना किसी कठिनाई के अदालत के सुपुर्द कर सकते थे और फैसले का इंतजार कर सकते थे। कार्टूनों को लेकर जब महीनों तक कुछ नहीं हुआ तो अपमान के बारे में उस दौरान मुसलमानों की बेचैनी और घबराहट को शांत करने के लिए बहुत कुछ किया जा सकता था। कार्टून 30 सितंबर को छपे थे। अक्तूबर, नवंबर, दिसंबर और अधिकांश जनवरी में कोई आम प्रतिक्रिया नहीं थी। कुछ सरकारी प्रतिक्रिया अवश्य हुई। सऊदी और लीबियाई सरकारों ने अपने राजदूत वापस बुला लिये। मुसलिम देशों के ग्यारह राजदूत डेनमार्क के प्रधानमंत्री से बात करना चाहते थे। उन्हें एक विनम्र पत्र प्राप्त हुआ, जिसे उन्होंने झिड़की या तिरस्कार समझ लिया।

'द गार्डियन' (The Guardian) में प्रकाशित एक कहानी के हवाले से अब यह बात निकलकर आई है कि उसी अखबार ने करीब तीन साल पहले जीसस के खिलाफ कार्टूनों की श्रृंखला को अस्वीकार कर दिया था, क्योंकि उन कार्टूनों को अपमानजनक माना गया था। यह सही निर्णय था। जर्मन प्रकाशन Die Welt के संपादक सरीखे पत्रकारों को ही लें, जिन्होंने अभिलिखित रूप से कहा है कि कार्टून प्रकाशित करना 'हमारी संस्कृति का बीज मंत्र' है, कह देने भर से उनके अपने अखबार में एक ऐसा कार्टून (जो जनवरी 2003 में ब्रिटेन के एक अखबार 'इंडिपेंडेंट' में छपा था) छापने की पर्याप्त आजादी है, जिसमें इजराइल के प्रधानमंत्री ऐरियल शेरोन को फिलिस्तीनी शिशुओं का भक्षण करते हुए दिखाया गया है। मैं भी उसे नहीं छापूँगा। लेकिन महाद्वीपीय यूरोप के संपादकों को अचानक इस बात का दौरा पड़ गया लगता है कि इसलाम के विरुद्ध घृणास्पद कार्टून प्रकाशित करने के उनके अधिकार पर सवाल उठाने का कोई प्रयास नैतिक आक्रोश को जन्म देना है।

9 फरवरी के 'इंटरनेशनल हेरॉल्ड ट्रिब्यून' में रिपोर्ट छपी कि Jyllands-Poster (डेनमार्क का अखबार, जिसने विवाद खड़ा किय) के सांस्कृतिक संपादक ने सी.एन.एन. को बताया कि उनका अखबार हॉलॅकास्ट (सर्वनाश) के उन कार्टूनों को प्रकाशित करने के लिए तैयार है, जिन्हें ईरान के एक गैर-जिम्मेदार अखबार द्वारा बढ़ा दिया जा रहा है, मानो गलती पर एक और गलती करने से गलती सही हो जाती है। पर, उनके अखबार ने ऐसे किन्हीं इरादों से तुरंत इनकार कर दिया।

पिछले सप्ताह मैं ब्रिटेन में था, जब यह तूफान जोरों पर था। ब्रिटेन के अखबारों ने कार्टून प्रकाशित नहीं किए, हालाँकि ऐसा करने के लिए निस्संदेह पूरा दबाव था। बी.बी.सी. ने चित्र का कुछ अंश दिखाकर और फिर उस चित्र को हटाकर एक झीना-सा संदेह का परदा रहने दिया, ताकि तराजू के दोनों पलड़े उसके ही पक्ष में हों; लेकिन कोई भी बहुत प्रभावित नहीं हुआ। इसके बजाय वैचारिक प्रतिबिंब के आर-पार, बाईं ओर के अखबार 'ऑब्जर्वर' से लेकर दाईं तरफ के अखबार 'संडे टेलीग्राफ्स' तक सबने यही तर्क पेश किया कि हमें एक-दूसरे के धर्म का आदर करना चाहिए। ब्रिटेन के समाचार-माध्यम के इस आत्म-संयम के कारण ही ब्रिटेन के मुसलमान आज अपने देश के अधिक करीब महसूस करते हैं।

डेनमार्क के प्रधानमंत्री का उस समय पसीना छूटने लगा, जब मुसलमानों ने डेनमार्क के उत्पादों का बहिष्कार करना शुरू कर दिया। उसका भगवान् तो व्यापार है, इसलिए एक ही प्रतिशोध उसकी समझ में आता है—बिक्री का निरादर। जो मुसलमान समझते हैं कि हिंसा ही इसका जवाब है, उनका सोचना गलत है। हिंसा अपने आप में ही गलत है और बदले में हिंसा को ही जन्म देती है।

हम भारतीय यह किससे सीखते हैं? बेशक, महात्मा गांधी से। ब्रिटिश साम्राज्य को उनकी चुनौती ब्रिटेन की वस्तुओं का बहिष्कार करने से आरंभ हुई। उन्होंने जब उपनिवेश बसानेवाले के देश में बने कपड़े की होली जलाना शुरू किया तो उसी समय विश्व का सबसे शक्तिशाली साम्राज्य काँपने लगा। डेनमार्क के चीज या बैंग और ओलुफ्सेन के बिना भी जीवित रहना कोई बहुत मुश्किल नहीं है। वास्तव में, कोई इस तर्क को और भी आगे बढ़ाना चाहेगा। अगर आपको यूरोप की कोई वस्तु खरीदनी है तो ब्रिटेन द्वारा निर्मित वस्तु खरीदो। धन्यवाद कहने का यह एक अच्छा तरीका होगा।

डेनमार्क के प्रधानमंत्री महोदय! डेनमार्क ने जो दुश्मन बनाए हैं, उनकी चिंता मत करो, बल्कि चिंता इस बात की करो कि डेनमार्क ने कितने दोस्त खो दिए हैं।

□

तेलिनीपाड़ा में भगवान् का एक घर

एक छोटे से कस्बे ने सिखाया मिलकर रहने का तरीका

—5 अक्तूबर, 2008

महात्मा गांधी के जन्मदिन 2 अक्तूबर और ईद से आरंभ हुए वार्षिक बंगाली पर्व-उत्सव की आनंद-बेला महीने के तीसरे सप्ताह तक चलेगी। भारत में ईद का निर्धारण चाँद के दिखाई देने पर निर्भर करता है; सऊदी अरब के लोगों ने रमजान समाप्त होने की खुशी एक दिन पहले मनाई, क्योंकि उनके पास अपनी तकनीक है, जिसके प्रयोग से वे आसमान की छानबीन करके चाँद को खोज लेते हैं। चूँकि भारतीय धर्मनिरपेक्षता की अनेक परिभाषाओं में से एक परिभाषा के अनुसार, छुट्टियों पर मालिकाना हक होता है, कलकत्ता की कुछ कंपनियों ने 1 अक्तूबर को ही काम बंद कर दिया। अवकाश की उत्पत्ति 'धार्मिक पर्व' से हुई मानी जाती है। बंगाल हमेशा आपसे अधिक धार्मिक रहा है। चिड़चिड़े स्वभाव के लोग, जो जिंदगी को उत्पादकता की गणन-विधि (कैलक्युलस) के अनुसार पुनः व्यवस्थित करते हैं, वास्तविकता को समझ नहीं पाते हैं। बंगाल जी.डी.पी. (ग्रॉस डॉमेस्टिक प्रोडक्ट, यानी सकल घरेलू उत्पाद) का मतलब जानता है, किंतु जी.डी.एस. (ग्रास डॉमेस्टिक है—पीनेस अर्थात् सकल घरेलू सुख-चैन) को महत्त्व देता है। अर्थशास्त्री प्यार से गले लगने की शक्ति को कभी नहीं समझ पाएँगे, जब लोग दुर्गा-पूजा और ईद दोनों पर्वों पर एक-दूसरे को गले लगाते हैं। गले मिलने में हर व्यक्ति बराबर होता है, एक समान होता है।

ईद के बाद यह पहला कार्य होता है। मैं ईद पर तेलिनीपाड़ा में होता हूँ, जो हुगली नदी के तट पर खड़े जूट मिलों के साथ-साथ आगे चलकर कलकत्ता से करीब 30 मील दूर उत्तर में है; मेरा जन्म वहीं हुआ था।

मेरे परिवार के लोग एक साथ, सिर झुकाए हुए, छोटी मसजिद की ओर जाते हैं। सिर झुकाए हुए जाने का मतलब अत्यंत विनम्रता का प्रदर्शन नहीं है। हमें यह देखते हुए

चलना होता है कि रास्ते में जगह-जगह पड़े गाय के ताजा गोबर पर हमारे पाँव न पड़ जाएँ। सुबह जल्दी उठनेवाले जन-सुविधाओं का पहले उपयोग करते हैं। नगर-पालिका ने नालियों के दोनों तरफ सफेद रोगाणुनाशक पाउडर छिड़का हुआ है। यह प्रथा अंग्रेजों के शासन के दौरान शुरू की गई थी और इस प्रथा को साल में दो बार दोहराया जाता है—ईद और बकरीद के दौरान। गाँवों को ब्रिटिश शासन के दौरान भी नगर-पालिका से संबंधित कार्यों की जानकारी नहीं थी।

मसजिद का औपचारिक नाम कुछ अधिक है। शब्दाडंबरपूर्ण है मसजिद-ए-इब्राहिम (इब्राहिम की मसजिद)। इसका मशहूर नाम अधिक उपयुक्त है, हालाँकि यह मसजिद पिछली ईद से थोड़ी बड़ी हो गई है। तेलिनीपाड़ा की आबादी बढ़ने के साथ इसकी जरूरत पिछले एक दशक से महसूस हो रही थी; लेकिन यह मुमकिन तभी हुआ, जब मसजिद के साथ लगी झोंपड़ियों के मालिक ने अपनी जायदाद मसजिद को बेच दी।

किसी भी सरकारी संस्था की तरह मसजिद के पास भी रोकड़ की कमी थी। उस संपत्ति के मालिक ने बाजार भाव से कम मूल्य पर मसजिद को अपनी संपत्ति दे दी, हालाँकि दूसरे लोग उसे ज्यादा देने को तैयार थे। वह एक हिंदू था। वह कम कीमत लेकर खुश था, क्योंकि उसका कहना था कि मसजिद भी 'भगवान् का घर' है। 500 बोरे सीमेंट कलकत्ता के एक प्रतिष्ठित मारवाड़ी परिवार ने भेंट किया, जिसका काफी बड़ा कारोबार था। दोनों में से किसी ने भी चंदा नहीं दिया, क्योंकि उन्हें लगता था, उनके नाम भारत के सबसे बड़े अंग्रेजी अखबार में आ जाएँगे।

नमाज पढ़ानेवाला मौलवी एक गरम खून का जवान आदमी था। उसने आध्यात्मिक खंडन-मंडन से संबंधित एक बड़ी दुविधा का एक समाधान पेश किया। सच्ची धन-दौलत वह नहीं है, जो आप जिंदगी में देखते हैं, बल्कि असली दौलत तो वह होती है, जो जन्नत में आपको दी जाएगी। वह जन्नत अर्थात् स्वर्ग के सुखों के बारे में कुछ अधिक बोलता गया और उस जन्नती शराब का जिक्र करना नहीं भूला, जो आपको कोई सिरदर्द नहीं देगी और जन्नत तक पहुँचने का जो रास्ता उसने सुझाया, वह रास्ता कुछ अधिक ही छोटी सी बात, सस्ती चीज थी; वह रास्ता संगीत तक से परहेज की माँग करता था। लेकिन उसका तर्क एक निरर्थक दवा जैसा था, सवालों से विभ्रांत एक समुदाय के लिए एक शांतिकारक ओषधि।

बाद में मोहल्ले के करीब दस जोशीले जवान लोग मुझे एक कमरे के अपने क्लब में ले गए। वहाँ उन्होंने विजय मोदक की बढ़िया दुकान से लाए हुए संदेश खिलाए और मुझसे सलाह माँगी। उन्हें देने के लिए मेरे पास कोई सलाह नहीं थी। तेलिनीपाड़ा से दिल्ली तक के सड़क मार्ग का कुछ अनुभव था, जिसका सार मैंने उन्हें सुना दिया।

हिंसा फैलानेवालों के पास देने के लिए कुछ नहीं होता है—अपने विनाश के सिवा। मैंने कहा, और वे मेरी बात से सहमत थे। ऊपर चढ़ने की सीढ़ी है आधुनिक शिक्षा और शिक्षा का मतलब होता है—लड़कों एवं लड़कियों दोनों के लिए समान अधिकार। बाहर निकलोगे तो दूर-दूर तक खुला आसमान मिलेगा। और समाज तब तक टूटा हुआ रहता है, जब तक समाज में लैंगिक असमानता है। युवकों को अपने माता-पिता की गलतियों को पीछे छोड़ देना चाहिए। हम भारतवासी उर्दू और हिंदी तथा बँगला में हँसते और रोते हैं, लेकिन हम शासन अंग्रेजी में करते हैं। आर्थिक और प्रशासनिक शक्ति की भाषा अंग्रेजी है, अतः अंग्रेजी सीखो।

युवक ऐसी सलाह से आगे निकल चुके थे। वे क्लब में एक कमरा और जोड़ने को प्रतिबद्ध थे। उनका कहना था कि दूसरे कमरे का इस्तेमाल एक लाइब्रेरी तथा एक शिक्षा केंद्र के रूप में किया जाएगा, ताकि होनहार लोग, जिनके पास अपने सपनों को पूरा करने के साधन नहीं हैं, उपलब्ध सुविधाओं का लाभ उठा सकें।

बाद में, एक पिता अपनी दो किशोरी बेटियों को लेकर आया और उन्हें याद दिलाया कि वे मुझे बताना चाहती हैं। उनकी आँखें कुछ सकुचाई हुई थीं, लेकिन बढ़ते आत्मविश्वास के साथ उन्होंने कहा कि अगले साल उन्हें माध्यमिक परीक्षा देनी है और उनका कॉलेज जाने का पक्का इरादा है। पिता की आँखें गर्व से चमक उठीं। अन्यत्र एक माँ अपनी बच्ची को चंदन नगर स्थित सेंट जोसेफ कॉन्वेंट में किंडरगार्टन में भरती कराने की खातिर बचाकर रखी अपनी सारी रकम खर्च कर देने पर आमादा है। मेरा पहला स्कूल वही था। मैंने अलीगढ़ यूनिवर्सिटी के एक छात्र से बात की; वह सांख्यिकी का अध्ययन कर रही है और द्वितीय वर्ष में है। उसका अंग्रेजी का वाक्य-विन्यास एवं खोलने का ढंग एकदम सही था। एक दूसरी बातचीत में लोगों ने बड़ी शान से बताया कि हमारे मोहल्ले में अब हर पखवाड़े एक हाट लगता है, जहाँ लाखों की खरीद होती है। औरतें बहुत खर्च करती हैं। खरीदारी करने आए लोगों में सिर्फ 10 प्रतिशत पुरुष होते हैं और वे, जैसा कि किसी ने ठहाके की हँसी के साथ कहा, अंगरक्षक के रूप में आते हैं।

फिर भी, यह कोई लैंगिक क्रांति नहीं है, उससे बहुत दूर है। लेकिन यह लैंगिक विद्रोह का पहला संकेत अवश्य है।

मैं जिस समय प्रेसीडेंसी कॉलेज में द्वितीय वर्ष का छात्र था, तेलिनीपाड़ा की यह छोटी सड़क सांप्रदायिक हिंसा के चलते सुनसान हो गई थी। एक अँधेरी रात को मिट्टी और भूसे की बनी लगभग हर झोंपड़ी धू-धू कर जल उठी थी, जब हिंदू और मुसलमान भाले, बरछे, तलवारें, देसी कट्टे, मिट्टी का तेल और दियासलाई लिये एक-दूसरे का पीछा कर रहे थे। अब वे फिर साथ-साथ हैं। जो बीत गया, सो बीत गया।

तीन दशक से भी अधिक समय पहले छोटी मसजिद मुसलमानों के लिए हिंदुओं से बचने का आसरा बन गई थी। हिंदुओं की मदद से आज इसे 'बड़ी मसजिद' कहा जाता है, क्योंकि उनका मानना है कि यह भी भगवान् का एक घर है।

भारत अपने आपको दिल्ली, मुंबई, बेंगलुरु और अहमदाबाद में भले ही खो दे, लेकिन तेलिनीपाड़ा के लाखों लोगों के बीच यह बार-बार खुद को खोज लेता है।

□

देवबंद के लिए अनेक संग्राम

अगर देवबंद अपने संस्थापकों के आदर्शों के प्रति सच्चा रहता है तो यह सुधार की ओर ले जाएगा।

—30 जनवरी, 2011

किसी भी धर्म या मजहब के पुरोहित को व्यंग्य चित्र (कार्टून) का पात्र बनाना समकालीन संसार की बड़ी मूर्खताओं में से एक है। और इसीलिए इमाम को एक लंबी दाढ़ी तथा ऐंठी हुई आँखों के साथ विद्रूपित किया जाता है (हँसी का पात्र बनाकर पेश किया जाता है); पंडित को गुच्छेदार चोटी, मोटा पेट और कुटिल दृष्टि लिये दिखाया जाता है; ईसाई पादरी पाखंडपूर्ण दंभ ओढ़े रहता है और कुदृष्टि को छिपा नहीं पाता है। यह मूर्खता अधिकतर इस वजह से है, क्योंकि आधुनिक मानव के क्षीण होते नैतिक विश्व में धर्म की अवनति हो रही है और इसका एक आंशिक कारण यह भी कि प्रत्येक पुरोहिती वर्ग के किनारे पर एक मूलभूत अतिवादी तत्त्व मौजूद है, जो उच्चतर सत्ता के नाम में हिंसा को उचित ठहराता है।

इतिहास गवाह है कि धर्म—मसजिद, मंदिर या चर्च—विविध प्रकार की निरंकुशता और तानाशाही के खिलाफ लोगों के निरंतर संघर्ष में उनके लिए एक परंपरागत आश्रय-स्थल के रूप में डटकर खड़ा रहा है। ईश्वर की ये संस्थाएँ मनुष्य की संस्थाओं द्वारा सताए गए व्यक्ति को सांत्वना देने, विशेषकर दु:ख के क्षणों में उनके मन को ढाढस बँधाने का काम करती हैं। धर्म प्राय: प्रतिरोध का प्रतीक बन जाता है, जैसा कि स्वेच्छाचारी शासन-प्रणाली को आज पता चल रहा है, जब दंभी अधिनायक तंत्र के विरुद्ध बहुत समय से रुका हुआ विरोध सड़कों पर उतर आया है। ये तानाशाही सरकारें अपनी खुफिया सेवाओं को चातुर्य समझने के भ्रम में पड़ी रहती हैं।

सक्षम सरकारों ने, चाहे वे तानाशाही सरकारें हों या लोकतांत्रिक, पुरोहित की ताकत को समझ लिया है और एक दोहरी प्रतिक्रिया को अपनाया है—मूलभूत अतिवाद

का दमन और एक ऐसी प्रक्रिया के जरिए दूसरों को सरकार में सहयोगित करने का निरंतर प्रयास, जो प्रक्रिया चापलूसी तथा घूसखोरी के एक चतुर संयोजन से कम हो। पुरोहित के लिए असल परीक्षण का समय सापेक्ष शांति के समय नहीं, बल्कि सामाजिक व राजनीतिक उत्पीड़न के दौरान आता है।

यदि हम भारतीय मुसलमानों, विशेषकर उत्तर भारत में, उलेमा के प्रभाव को समझना चाहते हैं तो हमें अवनति के युग, 19वीं सदी में, उनके द्वारा अदा की गई भूमिका को अवश्य याद करना चाहिए, जब भरण-पोषण का हर सहारा, हर खंभा टूटकर गिर पड़ा था। या तो उसे सड़ाव तथा पतन के कीड़ों ने खा लिया था या अंग्रेजी अस्त्रों की बढ़ती ताकत ने पराजित कर दिया था। यह पुरोहित ही था, जिसने समाज को जोड़कर रखा, जिस समय छात्रों या तालिबान की अगुआई में शाह वलीउल्लाह के आत्यंतिक उग्रवादी समूह ने राजनीतिक सत्ता स्थापित करने के लिए जिहाद छेड़ा हुआ था। वह युद्ध विफल हो गया। जो लोग युद्ध में शामिल नहीं हुए, उन्होंने लघु स्तर पर नेतृत्व के माध्यम से एक ऐसे समुदाय को बेहतर सेवा एवं सहायता मुहैया कराई, जो समुदाय इतने अधिक आर्थिक व सामाजिक दबाव में था कि उसे न केवल भरण-पोषण का साधन खो जाने का डर था, बल्कि अपनी प्रिय भाषा और संस्कृति के अत्यंत महत्त्वपूर्ण तत्त्वों को खो देने का भी डर था, जिन्हें उस समुदाय ने दिल में सँजोकर रखा था। ऐसे मानसिक आघात ने करीब 150 साल पहले देवबंद में 'दारुल उलूम' जैसी एक संस्था को जन्म दिया।

देवबंद के संस्थापकों ने अंग्रेजों से चंदे के रूप में एक रुपया तक लेने से इनकार कर दिया। इस संस्था में जो थोड़े-बहुत शिक्षक और विद्यार्थी थे, वे वही खाते थे, जो स्थानीय समाज से उन्हें मिलता था। महात्मा गांधी ने इस गुरुकुल के न केवल धर्म-शास्त्रीय, ईश्वर-परक महत्त्व, बल्कि इसके तृणमूल संबंधों के अनुभव-सिद्ध प्रभाव को भी माना और समझा। देवबंद 20वीं सदी के देवबंद काल के विशिष्ट वर्गीय नवाब एवं जमींदार, प्रधान मुसलिम राजनीति का प्रतिपक्ष था।

देवबंद को अकसर किसी पाश्चात्य-प्रभावित प्रवचन द्वारा राक्षस-तुल्य बताया जाता है। जी हाँ, एक झब्बा है, जिसने देवबंद को अधोगामी घोषणाओं व निर्णयों के लिए एक फतवा फैक्टरी में बदल दिया है और इसके कुछ प्रभावों का इस्तेमाल उन्हें तोड़-मरोड़कर हिंसा को उचित ठहराने के लिए किया गया है। लेकिन शिक्षा के प्रत्येक महान् केंद्र से इने-गिने बच्चे ही ऐसे निकलते हैं, जो अपने बौद्धिक जनक का अनादर करते हैं। देवबंद उन मुसलमानों के लिए एक जबरदस्त साधन है, जिन्हें वंशावली का लाभ प्राप्त नहीं है। यह न केवल उन लोगों की उम्मीद और सपना है, जो मसजिद के जरिए अल्लाह की सेवा करना चाहते हैं, बल्कि यह उन युवकों की भी आस और

उम्मीद है, जो इसके शैक्षिक खजाने में बेहतर जिंदगी का एक मौका देखते हैं। मुसलमानों के मनोभावों में इसे जो स्थान प्राप्त है, वह देवबंद को एक शक्ति केंद्र बना देता है—और जहाँ शक्ति है, वहाँ राजनीति भी होगी। फिलहाल तो हम देख रहे हैं कि देवबंद पर कब्जा करने के उद्‌देश्य से वहाँ अलग-अलग गुटों और उनकी रोटी तोड़नेवाले निहित स्वार्थों के बीच एक राजनीतिक जंग चल रही है।

मौलाना गुलाम मोहम्मद वस्तानवी को मोहतमीम या असल वाइस चांसलर नियुक्त किए जाने पर उठे बवाल के अनेक कारण हैं। वस्तानवी एक असाधारण मौलाना हैं, जिन्होंने सन् 1979 में गुजरात-महाराष्ट्र सीमा पर एक आदिवासी क्षेत्र में सिर्फ छह विद्यार्थियों के साथ एक स्कूल की शुरुआत की थी और उसे इतनी बड़ी संस्था में बदल दिया, जिसमें देश भर के लगभग 2,00,000 विद्यार्थी शिक्षा पाते हैं। यही कारण है कि वह उ.प्र. के बाहर के पहले व्यक्ति हैं, जिसे यह सम्मान और उत्तरदायित्व दिया गया है। वस्तानवी की मौजूदगी से उन सुधारों की ओर जाने की उम्मीद जाग उठी, जिन सुधारों की माँग छात्र करते रहे हैं; लेकिन जो गुट (कार्टेल) दिल्ली तथा विदेशों से व्यक्तिगत लाभ पाने के लिए देवबंद का इस्तेमाल करता रहा है, उसे वस्तानवी की मौजूदगी से डर भी बना हुआ है। इन जमे हितों को वस्तानवी को चुनौती देने का कोई-न-कोई बहाना चाहिए था। उन्हें एक भावोत्तेजक बहाना मिल गया।

देवबंद, जैसा कि पहले हो चुका है, एक चौराहे पर है। अगर देवबंद किसी एक मजहबी गुट की जागीर बन गया है, जो इस महान् संस्था की प्रतिष्ठा का शोषण अपनी धन-लिप्सा के लिए करना चाहता है, तो वस्तानवी को बाहर कर दिया जाएगा। और देवबंद अगर अपने संस्थापकों के आदर्शों के प्रति ईमानदार रहता है तो यह शिक्षण संबंधी सुधारों और मुक्त चिंतन के रास्ते पर आगे बढ़ेगा, जो एक पद-दलित व शोषित मुसलिम बच्चे को एक विशेष सुविधा-प्राप्त वयस्क में बदल सकता है।

□

सह-अस्तित्व पर हमला

धर्मांधता के विरुद्ध संघर्ष में हमें ऐसे नेताओं की आवश्यकता होती है, जो तबाही के सामने भी अच्छे चिकित्सकों की सूझ-बूझ बनाए रखते हैं।

—23 सितंबर, 2012

हॉफ, जर्मनी में यहूदी लड़कों का खतना करने के लिए रब्बी डेविड गोल्डबर्ग के खिलाफ आपराधिक शिकायत; स्विट्जरलैंड में मीनारों पर प्रतिबंध लगाने; यूरोपियन अखबारों द्वारा कार्टूनों के प्रकाशन से मुसलमानों को बार-बार नाराज एवं अपमानित करने के प्रयासों; पाकिस्तान में एक युवा ईसाई को ईश-निंदा, जो उसने की ही नहीं, के लिए दोषी ठहराने का प्रयास करने; मिसूरी, अमेरिका में एक मसजिद पर हमले की घटना; या इन सबसे खराब, हाल ही में आई उस मुसलिम-विरोधी फिल्म के बीच सामान्य क्या है, जो सार्वजनिक भाषण में झूठ और दुर्भावना फ़ैलाती है?

उनमें से कोई भी साजिश 'दूसरे' के अस्तित्व नष्ट करने के लिए नहीं की गई थी। उनका उद्देश्य सभ्य जीवन-निर्वाह के मौलिक आधार सह-अस्तित्व को विषैला करना है।

कोई भी तर्क इनमें से किसी भी घटना को उचित नहीं ठहरा सकता। रब्बी गोल्डबर्ग गैर-यहूदियों का खतना करने का प्रयत्न नहीं कर रहा था; वह अपने धर्म का दस्तूर निभा रहा था। गगनचुंबी इमारतों के युग में स्विट्जरलैंड में मीनारों को एक सांस्कृतिक अपराध बताकर हमले का निशाना बनाना बहुत ही मूर्खता पूर्ण काम है। यूरोप के भड़काऊ प्रकाशक अभिव्यक्ति की स्वतंत्रता की रक्षा नहीं कर रहे हैं, जो उनका बहु-विज्ञापित स्पष्टीकरण है, क्योंकि लोकतांत्रिक जगत् में कहीं भी प्रकाशनाधिकार में बदनाम करने की छूट शामिल नहीं है, विशेषकर जब कोई झूठ या असत्य सार्वजनिक अव्यवस्था उत्पन्न कर सकता हो। पाकिस्तानी बालिका कोई अपराधी नहीं, बल्कि उन

कट्टरपंथियों की एक शिकार थी, जो उसे और उसकी रिश्तेदार को अपने मजहबी वातावरण में ईसाइयत का संरक्षण करने के लिए दंड देना चाहते थे। इस्लाम के पैगंबर के बारे में चिड़चिड़ी फिल्म किसी फिल्म निर्माता द्वारा नहीं बनाई गई थी, बल्कि एक हिंसक प्रतिक्रिया भड़काने के लिए कमर कसे हुए किसी धर्मांध द्वारा बनाई गई थी, जो चाहता था कि अनेक मासूम या भोले-भाले लोगों के मन में इसलाम की छवि हिंसा के मूल स्रोत के रूप में बैठ जाए और इस सच से अनजान बने रहें कि इसलाम का असली अर्थ है शांति। लीबिया में चार अमेरिकी राजनयिकों की हत्या करनेवाले बर्बर लोगों ने यथोचित एहसान कर दिया—एक तीव्र कालचक्र में घृणा घृणा को जन्म देती है।

विशुद्ध, असली आतंकवाद का अत्यंत नाटकीय उदाहरण 9/11 को न्यूयॉर्क की जुड़वाँ मीनारों का विनाश अमेरिका के वजूद को मिटाने के लिए नहीं किया गया था, बल्कि आपसी सम्मान और राष्ट्रों की समानता पर आधारित स्थिरता की एक उभरती हुई अंतरराष्ट्रीय व्यवस्था को भंग करने के इरादे से किया गया था। अन्यथा कोई पागल भी नहीं सोच सकता कि अमेरिका का अस्तित्व मिटाया जा सकता है। व्हाइट हाउस और पेंटागन की ओर जाते हुए विमानों में सैनिकों को नहीं ले जाया जा रहा था, जिन्हें वाशिंगटन जीतने का हुक्म दिया गया हो। उनका उद्देश्य विश्व में दो सबसे बड़े धार्मिक समुदायों के बीच भय, शत्रुता और युद्ध के हालात उत्पन्न करना था। वे सफल तो हुए, लेकिन आतंकवाद के आकाओं की उम्मीदों से बहुत कम और फिर भी युवा 21वीं सदी की बरदाश्त करने की क्षमता से बहुत अधिक। इसकी उन्हें बहुत भारी कीमत चुकानी पड़ रही है।

नवंबर 2008 में मुंबई पर हुए आतंकी हमलों का एक दोहरा उद्देश्य था—भारत-पाकिस्तान संबंधों को ज्यादा-से-ज्यादा कमजोर बना देना और भारत में हिंदुओं तथा मुसलमानों के बीच हिंसा भड़काना। संतोष की बात है कि उनकी दूसरी इच्छा बुरी तरह विफल हो गई, क्योंकि भारतवासियों को यह समझते देर नहीं लगी कि ऐसी फूट का मतलब कट्टरपंथियों की जीत माना जाएगा।

हम एक और दुर्लभ व अद्भुत घटना के साक्षी बने हुए हैं—राज्य तंत्र के बाहर के लोग, जो अधिकतर (हमेशा नहीं) अपने दम पर काम करते हैं, सामाजिक सामंजस्य को तानाशाहों, राष्ट्रपतियों या प्रधानमंत्रियों के नेतृत्वाधीन शक्तिशाली सैन्य दलों (रेजिमेंट्स) की अपेक्षा कहीं अधिक नुकसान पहुँचा सकते हैं। बेशक, ऐसी सरकारें भी हैं, जो राजनीतिक लाभ के लिए गंदी नाली में भी हाथ डालने के लिए तैयार हो जाएँगी; और आप एक ऐसी नासमझ खुफिया एजेंसी के होने से भी इनकार नहीं कर सकते, जो असैनिक आबादी को अस्थिर करने की रणनीति में विश्वास करती है। लेकिन सरकारें, अपवादों को छोड़कर, इन युद्ध पंक्तियों के अग्रभाग में शायद ही कभी रही हों।

सरकारों का स्वरूप चाहे जो हो—निरंकुश, लोकतांत्रिक या दोनों के बीच का वे इस बात को भलीभाँति समझती हैं कि आतंकवाद को बढ़ावा देने से उलटे उन्हें भी भारी नुकसान उठाना पड़ता है। जब वैध सेनाओं को रणभूमि में उतारा जाता है, तब भी सरकारें युद्ध का अंशांकन करती हैं। सरकारें जब उन आमूल परिवर्तनवादी विचारधाराओं के शिकंजे में फँस जाती हैं, जिनकी सहजबुद्धि क्लब के गुसलखाने में छूट गई है तो नुकसान गजब का होता है, जैसा कि राष्ट्रपति जॉर्ज बुश के इराक युद्ध के दौरान हमने देखा।

आजकल सबसे खतरनाक षड्यंत्र किसी बड़े शहर की भूलभुलैयों में खोए छोटे-छोटे कमरों में उन लोगों द्वारा रचे जा रहे हैं, जो अंतरराष्ट्रीय स्तर पर तब तक बदनाम नहीं होंगे, जब तक कि वे कामयाब न हो जाएँ। हम नहीं जानते कि कितने 9/11 या मुंबई हमले विफल हुए हैं, लेकिन ऐसे किसी हमले के बारे में सोचकर ही दिल दहल जाता है। कट्टरपंथियों के लिए नाकामयाबी कोई रुकावट नहीं है। उन्हें खतरे की सूचना के दायरे से बाहर रखनेवाली एक ऐसी चमत्कारिक टेक्नोलॉजी द्वारा लुभाया जा रहा है, जो हर रोज नए-नए हथियार पैदा करती है। खतरे की रोकथाम या उसका निवारण अनगिनत पुलिस बलों के लिए एक पूर्णकालिक काम बन गया है; जबकि किसी के पास कोई असल सुराग नहीं है कि इस बीमारी का इलाज क्या हो सकता है।

यह युद्ध वहीं लड़ा जाना जरूरी है, जहाँ इसकी हाँड़ी पक रही है—सड़क पर और मन में। हम ऐसे राजनीतिज्ञों को नहीं पाल सकते, जो किसी गंदी नाली से वोट माँगते हैं। यह एक व्याधि है, एक संक्रमण है, एक प्लेग है; एक ऐसा संकट है, जिसके लिए हमें उन नेताओं की आवश्यकता है, जो बड़े-से-बड़े कष्ट के सामने अच्छे चिकित्सकों की समझ-बूझ बनाए रखते हैं। शब्द से हिंसा भड़क सकती है और हर शब्द का चयन सावधानी से किया जाना चाहिए।

□

प्रवंचन मंच के रखवाले

नर जातीय अर्थात् मर्दजात तरफदारी के बारे में सिर्फ इसलाम कुछ नहीं है।

—13 जनवरी, 2013

यह खामोश है, यह जटिल है। बेचैनी है, मगर कोई हाहाकार नहीं। आत्मसंशय और अनिश्चितता है, क्योंकि ऐसा प्रतीत होता है कि इसे मंजूरी प्राप्त है—धर्म की नहीं, मगर कुछ श्रद्धालुओं की।

भारतीय उपमहाद्वीप की संस्कृति अनिवार्यत: विश्व के प्राचीनतम धर्मों—हिंदुत्व और अंतत: इसलाम की भावना से प्रभावित रही है। धर्म वर्तमान असमानता के विरुद्ध एक क्रांति, एक मुक्ति आंदोलन के रूप में आरंभ होता है। धर्म या मजहब पैगंबरों की वाणी और संतों के उपदेशों में प्रेरणात्मक होता है। सदियों बाद यह अपने स्वयं-नियुक्त रखवालों के नियंत्रण में क्या बन जाता है, वह एक अलग किस्सा है।

2 जनवरी को 'टाइम्स ऑफ इंडिया' के दिल्ली संस्करण ने कुहासे की अनेक परतों से ऐसे ही एक वृत्तांत को बचाने की कोशिश की। एक अपर सत्र न्यायाधीश, कामिनी लाव ने किसी मौलवी मुस्तफा राजा को पूर्वाभासी जमानत देने से इनकार कर दिया, जिसने अभियुक्त नदीम खाँ द्वारा एक किशोरी लड़की का अपहरण किए जाने पर दोनों के बीच निकाह कराने का काम किया; हालाँकि नदीम खाँ पहले ही शादीशुदा था। निकाह के लिए लड़की की सहमति नहीं थी और निकाह लड़की के माँ-बाप की गैर-हाजिरी में किया गया था। मौलवी की दलील थी कि मुसलमानों को चार-चार पत्नियाँ रखने की मंजूरी है। जज कामिनी लाव ने सशक्त शब्दों में नोट किया कि इसलाम कतिपय स्थितियों के अंतर्गत बहुविवाह को मंजूरी देता है, लेकिन उसे बढ़ावा नहीं देता है; तथा औरत की सहमति के बिना कोई निकाह न्यायसंगत या वैध नहीं हो सकता। जज ने यह भी कहा कि तुर्की और ट्यूनीशिया जैसे देशों ने बहुविवाह को गैर-कानूनी

कर दिया था। जज महोदया यह भी कह सकती थीं कि रिसेप तैइप इर्डोगन की मौजूदा तुर्की सरकार ने, जिसे व्यापक रूप से 'इसलामी' कहा गया था, विवाह के अंदर बलात्कार को भी आपराधिक अपराध घोषित कर दिया था और 'इज्जत की खातिर हत्या' (ऑनर किलिंग) के लिए आजीवन कारावास की सजा सुनाई थी।

कामिनी लाव ने अपने शब्दों का मलीदा नहीं बनाया। नदीम खाँ ने लड़की का बलात्कार किया था और मौलवी राजा उस अपराध में सहायक बना।

अदालत का आदेश अदालत की तरह ही स्पष्ट था, क्योंकि न्यायाधीश एक महिला थीं।

यह बात स्वत:सिद्ध है कि धर्मों में मतभेद होते हैं, अन्यथा वे भिन्न नहीं होंगे। किंतु हर धर्म में एक बात समान होती है। सभी पुरोहित व पादरी पुरुष हैं। धार्मिक नियम और व्यवहार को निर्धारित करनेवाले पुरुष होते हैं, चाहे कोई धर्म—एकेश्वरवाद में विश्वास करता हो या बहुदेववाद में—यह दिव्य की उपासना किसी मूर्ति के रूप में करें या किसी आत्मा के रूप में। केवल एक पुरुष ही पोप बनता है; शंकराचार्य, दलाई लामा या शेख-उल-इसलाम बनता है और सिर्फ पुरुष ही उनके वस्त्र धारण कर सकते हैं। थोड़ा-बहुत सुधार अवश्य हुआ है, इधर-उधर पैबंद की शक्ल में। लेकिन पिछले वर्ष चर्च ऑफ इंग्लैंड महिला पादरियों को बिशप का दर्जा नहीं दिला सका। कोई भी धर्म विभिन्न संप्रदायों, पंथों या मतों में बिखर सकता है। सुन्नी और शिया मुसलमान पैगंबर के उत्तराधिकारी के ऊपर अनंतकाल तक झगड़ सकते हैं; लेकिन ये पुरुष ही हैं, जो झगड़ा करते हैं।

इस पक्षपात के पीछे चेतन या अवचेतन में कोई ऐसी धारणा बसी हुई है कि महिलाएँ निकृष्ट अथवा निम्न स्तर की हैं और इस पक्षपात का अधिक ठोस तर्क यह दिया जाता है कि वीर्य घना एवं शक्तिशाली होता है, जबकि रजोधर्म मलिन या गंदा होता है। सेक्स (काम वासना) एक लैंगिक अधिकार है, प्रधानता का एक रूप है। यह पक्षपात एक से अधिक धार्मिक ग्रंथांश में देखा जा सकता है।

सभी धर्म-सिद्धांत मानते हैं कि नियम-कानून परिस्थिति के अनुकूल होना चाहिए। इसलामी कानून इस विकासमूलक प्रक्रिया को विशेष रूप से स्वीकार करता है। यदि औरतों को उच्च पुरोहिताइन का दर्जा मिला होता तो क्या कानून का विकास भिन्न तरीके से होता? हिंदूवाद के अधीन भारत में असीमित बहुविवाह को मंजूरी मिली और उत्तराधिकार से वंचित रखा गया, जब तक कि सन् 1955 में डॉ. बाबा साहेब अंबेडकर और जवाहरलाल नेहरू ने सत्तारूढ़ दल के अंदर कड़े विरोध के बावजूद, उस कानून के जरिए सुधारों को लागू किया, जिसे 'हिंदू कोड बिल' कहा जाता है। सन् 1962 में जब नेहरू से पूछा गया कि उन्होंने मुसलिम कानून में बहुविवाह पर सुधार का प्रयास क्यों

नहीं किया तो उन्होंने कहा कि मध्यकाल सही समय नहीं था। समय तो 1960 के दशक में भी सही नहीं था, जब भोपाल की एक विधवा शाह बानो ने तलाक के बाद अपने पूर्व पति से गुजारा-भत्ता के रूप में बहुत छोटी सी रकम माँगी थी। अदालत ने यह गुजारा-भत्ता मंजूर कर दिया; किंतु संसद् ने अदालत का फैसला रद्द कर दिया।

इसलाम के उच्च पदस्थ मुल्ला-मौलवियों को, जब भी उन्होंने चाहा, किसी धार्मिक व्यादेश को झटकने में कभी कोई परेशानी महसूस नहीं की। चोरी के लिए बहुत खास सजा है—हाथ काट देना। भारत में कोई मुल्ला या राजनीतिज्ञ इस बात को लेकर जन-आंदोलन की अगुआई नहीं करता है कि दोषी करार दिए गए प्रत्येक मुसलमान चोर के हाथ काट दिए जाने चाहिए। लेकिन जब कभी औरतों के लिए समानता सुनिश्चित करने के लिए कानूनों में सुधार की माँग की जाए, मुसलिम राजनीतिज्ञ अचानक उठकर ऐलान कर देंगे कि इसलाम खतरे में है। इसलाम कभी खतरे में नहीं रहा है और न कभी खतरे में रहेगा; यह तो मर्दजात का आधिपत्य है, जो खतरा महसूस करता है।

नर जातीय तरफदारी के बारे में सिर्फ इसलामी कुछ नहीं है। कुछ हिंदू पंडित अपने छद्म यौगिक आसन से उठकर उपदेश देने लगते हैं कि बलात्कार के लिए औरतें भी दोषी हैं। समाजवादी पार्टी के अबू आजमी जैसे राजनीतिज्ञ उनके सुर में सुर मिलाते हैं; उनके सुर-ताल में एकात्मता का कारण यह नहीं है कि वे एक ही धर्म के अनुयायी हैं, बल्कि इसका कारण पक्षपात में साझीदार बनना है। जब वे पश्चिम को दोष देते हैं, उन्हें भूगोल का डर नहीं रहता है; आधुनिकता उन्हें भयभीत करती है। आधुनिकता का अर्थ अंग्रेजी गाने गाना और जींस पहनना नहीं है। यह तो एक व्यंग्यात्मक दृष्टिकोण है। आधुनिकता का मतलब है—राजनीतिक और सामाजिक समानता।

भारत ने उस क्षितिज की ओर पहला ही कदम उठाया है। मंथन, परस्पर विरोध और विषैली भाषणबाजी इस बात का प्रमाण हैं कि रूढ़िवादी लोग आसानी से अपनी गहरी पकड़ का त्याग नहीं करेंगे और प्रवचन-मंच तथा मत-प्रचार पर आज भी उनका नियंत्रण है। बदलाव के संकेत स्पष्ट हैं, मगर लंबी लड़ाई अभी शुरू ही हुई है।

□

बिरनाम जंगल नहीं खिसक रहा है अभी तक

मुसलमान और गरीब चुनाव-क्षेत्र ममता बनर्जी को निर्णायक धार देते हैं।

—21 अप्रैल, 2013

मैकबेथ, शेक्सपीयर का सबसे अधिक आत्मनाशक राजनीतिज्ञ आश्वस्त था कि वह कभी सत्ता नहीं खोएगा, जब तक कि बिरनाम जंगल खिसकने न लगे। चूँकि यह बात अत्यंत असंभाव्य लगती थी कि पूरा-का-पूरा जंगल दुलकी मारता हुआ उसके किले की तरफ आएगा, इसलिए वह अजेयता की अपनी आत्मतुष्ट दुनिया में रहा करता था।

बंगाल में किसी भी सरकार को तब तक टिके रहने का कोई खतरा नहीं है, जब तक कि मुसलिम मतदाता उसके गढ़ से मुँह नहीं फेरता है। भारत में मुसलमानों की सर्वाधिक आबादी प. बंगाल में है; प. बंगाल में कुल जनसंख्या में 28 प्रतिशत मुसलमान हैं अथवा राष्ट्रीय औसत से दो गुना। फलित चुनावी प्रतिशत और भी अधिक है। मुसलमानों को अपने वोट का सामरिक महत्त्व मालूम है। इसी कारण वे मतदान में बढ़-चढ़कर हिस्सा लेते हैं। दूसरे, भूगोल उनकी तरफ है। उनकी घनी आबादी एक-एक पूर्वी वृत्तखंड में है, जो दक्षिण 24 परगना से शुरू होता है और मुर्शिदाबाद, मालदा तथा दीनाजपुर जैसे जिलों में पहुँचकर जनांकिकीय प्रबलता प्राप्त कर लेता है। उनके वोटों से बंगाल की, यदि अधिक नहीं तो, कम-से-कम आधी सीटों में फर्क जरूर पड़ता है।

प्रश्न पहेली : राष्ट्रपति प्रणव मुखर्जी के पूर्व निर्वाचन-क्षेत्र में मुसलिम वोट कितना है? 65 प्रतिशत से अधिक। अगला तथ्य और भी चौंकानेवाला है। 1950 के दशक में एक उदाहरण को छोड़कर न तो कांग्रेस और न मार्क्सवादियों ने इस चुनाव-क्षेत्र से किसी मुसलिम उम्मीदवार को खड़ा किया है। वर्ष 2012 में जाकर वामपंथ द्वारा

मुसलिम उम्मीदवार को उप-चुनाव में उतारा गया।

वन क्षेत्र होने के कारण यह वोट धीरे-धीरे लगभग अगोचर रूप से हिलता-डुलता है; लेकिन जब यह पाला बदलता है तो बंगाल में टक्कर निर्णायक होती है। वर्ष 1967 तक मुसलिम मतदाताओं ने कांग्रेस को समर्थन दिया। जब मिजाज बदला, संयुक्त मोरचा (यूनाइटेड फ्रंट) की सरकार सत्ता में आई। सन् 1971 में मुसलिम मतदाता श्रीमती इंदिरा गांधी के कारण वापस कांग्रेस की तरफ हो गया, लेकिन 1977 से यह लेफ्ट की तरफ घूम गया और इसने मार्क्सवादियों को तीन दशक से भी ऊपर सत्ता में रखा। अब यह ममता बनर्जी के विप्लवी डंके का प्रमुख सुर बन गया है।

कलकत्ता में रहनेवाले या कलकत्ता के भ्रमण पर जानेवाले देख सकते हैं कि ममता बनर्जी की शहरी लोकप्रियता घट रही है। कलकत्ता ने फिर से लाल चोगा नहीं ओढ़ा है, फिर भी मिजाज में गरमी है, युद्ध की तत्परता दिखती है। विशेषकर पिछले मार्क्सवादी मुख्यमंत्री बुद्धदेव भट्टाचार्य के प्रति उच्चवर्गीय भद्रलोक में आरंभिक व्याकुलता (घर पहुँचने की आतुरता) है, जिनका लोक-व्यवहार विनम्र था, जिसे सद्गुण माना जाता है।

ममता बनर्जी अत्यधिक एकांगी हैं और पूरी सरकार अकेले ही चलाना चाहती हैं। उन्होंने सहकर्मियों के लिए काम करने की गुंजाइश छोड़ना नहीं सीखा है। वह अगर ऐसा नहीं करतीं तो कुछ भी गलत हो जाने का सारा दोष खुद उनके सिर क्यों जाता; दोष में कुछ साझेदारी सहकर्मियों की भी तो बनती है, जो हमेशा रहेगी। अगर आप सिर्फ अपनी ख्याति चाहते हैं, सारी रोशनी आप अपने चेहरे पर ही पड़ने देना चाहते हैं तो कहीं और के दाग-धब्बे भी आपके चेहरे पर झिलमिलाएँगे। उनका स्वभाव आमने-सामने की टक्कर लेने का है। उनकी वाह-वाही होती है, जब वह दिल्ली कहे जानेवाले दानव को ललकारती हैं। भद्दा तब लगता है, जब वह अपना गुस्सा मीडिया से आए बौने लोगों पर उतारती हैं।

लेकिन महानगर से जैसे ही आप बाहर निकलेंगे, आप माहौल के साथ-साथ मिजाज में भी बदलाव को सूँघ सकते हैं। हुगली नदी के दोनों ओर पसरा ग्रामीण बंगाल उतना ही शांत है, जितना कि शहरी बंगाल घिनौना और कुत्सित है। जब हम साड़ी से शांति निकेतन की ओर जाते हैं, जहाँ बंगाल रवींद्रनाथ टैगोर की स्मृति को श्रद्धांजलि अर्पित करता है, उस रास्ते में गड्ढेदार अतीत के कुछ ही टुकड़े नजर आएँगे। एक छोटे से मार्ग पर एक बीसवीं सदी की सड़क 19वीं सदी की एक सतह पर आज भी 18वीं सदी के तरीकों से बनाई जा रही थी। लेकिन ये छोटे-छोटे गाँव तथा कस्बे, जो ईस्ट इंडिया कंपनी के इतिहास के आरंभिक दौर में गूँजते हैं, ममता का राज्यक्षेत्र बने हुए हैं। अंग्रेजों के साथ आया दुर्भिक्ष संबंधी विनाश भले ही विगत का एक दुःस्वप्न बनकर रह

गया हो, लेकिन गरीबी पसरी हुई है, जो निम्न मजदूरी और मजदूरों की रफू की गई लुंगियों में साफ प्रकट होती है।

गरीबों का यही वो चुनाव क्षेत्र है, जो ममता को राजनीतिक ताकत देता है। टी.वी. चैनल 'टाइम्स नॉउ' द्वारा हाल में की गई एक रायशुमारी के अनुसार ममता को 42 में से 27 सीटें मिलने वाली हैं। कलकत्ता ऐसे अनुमानों का मजाक उड़ाता है और मानता है कि ममता बनर्जी हारेंगी और हारनी चाहिए। परंतु ये मतदाता आज भी ममता पर विश्वास करते हैं। उन्होंने न्यूनतम मजदूरी बढ़ाई है। इसका गरीबों को रोजगार देनेवाले सबसे बड़े नियोक्ता घरेलू क्षेत्र—पर बुनियादी तौर पर अस्र न भी पड़ा हो, फिर भी इसके कारण गरीब की मोल-तोल करने की ताकत जरूर बढ़ गई है। पुलिस भरती में मुसलमानों का प्रतिशत बढ़ रहा है, हालाँकि संख्या अभी भी बहुत अधिक नहीं है। ममता बनर्जी बंगाली मदरसों या उर्दू संस्थाओं में किसी भी समस्या के प्रति संवेदनशील हैं।

लेकिन उनका असली मौका रहता है निर्णयन के क्षेत्र में, जिस पर कभी चर्चा नहीं होती है। कांग्रेस और कम्युनिस्ट पार्टी दोनों कभी यह दावा करने का मौका नहीं छोड़ते हैं कि धर्मनिरपेक्षता उनकी रोजी-रोटी की ठोस बुनियाद है; लेकिन दोनों में से किसी ने भी मुसलमानों का कभी सशक्तीकरण नहीं किया, जब उनकी सरकार थी। किसी दूसरे राज्य की बात होती तो कुल वोट में न्यूनतम 30 प्रतिशत वोट की हिस्सेदार बिरादरी ने मुख्यमंत्री पद का दावा ठोक दिया होता। बंगाल में ऐसा सोचना भी दूर की बात थी। न तो कांग्रेस और न कम्युनिस्टों ने किसी मुसलमान को वित्त विभाग जैसा कोई आर्थिक विभाग कभी दिया है।

ममता बनर्जी अब तक परंपरा का पालन करती रही हैं। उन्होंने कुछ मुसलिम सहयोगियों की राजनीतिक छवि को उन्नत तो किया है, लेकिन उस समाज के लिए इतना करना पर्याप्त नहीं है, जो समाज अब अपनी ताकत को समझने लगा है। अगर ढर्रा यूँ ही चलता रहा, दिखावे के लिए यदा-कदा कुछ कर दिया गया और उस समाज का समर्थन निश्चित मान बैठे तो जंगल पहले की अपेक्षा अधिक तेजी से इधर-उधर हिलने लगेगा। ममता बनर्जी के पास अभी समय है। और समय बताएगा कि क्या उनमें दूसरों से भिन्न होने की क्षमता भी है।

□

भारत और पाकिस्तान : आमने-सामने

भारत और पाकिस्तान के संबंधों को अगर हम संक्षेप में परिभाषित करें तो कह सकते हैं कि उनके संबंध निराशाजनक हैं। दोनों राष्ट्र एक ही गली के दोनों अलग-अलग किनारे चल रहे हैं, जिससे वे अँधेरी गुफा में चलते-चलते रसातल में पहुँच गए हैं।

एक अवसर आया और गुजर गया

अगर भारत और पाकिस्तान एक-दूसरे के सहयोगी बनकर काम करें तो ये दोनों समृद्धि की मिशाल बन सकते हैं, ऐसा विचार दोनों तरफ उभर रहा था।

—1 जुलाई, 2001

जब राजीव गांधी और बेनजीर भुट्टो अपने-अपने देशों के प्रधानमंत्री थे, उस दौरान राजीव गांधी ने बेनजीर भुट्टो को भारत आने का आमंत्रण दिया था। ऐसा स्वागत किसी भी मेहमान को प्राप्त नहीं था। क्या वह निस्स्वार्थ और आत्मविश्वास का पर्याय था? हजारों लोगों की निगाहें उस बेहतरीन जोड़ी राजीव और बेनजीर को लाल किले में चहलकदमी करते देखने की गवाही भरी थी। शांति के पक्ष में उनकी वार्त्ता को कैमरों ने नजदीक से कैद किया और वहाँ अपार जन-समूह की उपस्थिति थी। वह वार्त्ता शांति के नोबेल के अगले वर्ष के नामांकन के लायक बनी। दोनों नेताओं ने वादों के साथ अपनी शुरुआत की। राजीव गांधी ने पहल की और रोनेन सेन को उसकी पृष्ठभूमि तैयार करने को भेजा और दोनों तरफ से समझौते पर हस्ताक्षर किए गए कि कोई एक-दूसरे पर पहला परमाणु हमला नहीं करेगा।

हम वर्ष 1980 के दशक की बात कर रहे हैं। वह समय कुछ और था, आज के समय से काफी अलग, सिर्फ एक दशक में सबकुछ खत्म हो गया। सिर्फ एक के साथ सारे सिद्धांत और वादे मिट गए। राजीव गांधी, जिया-उल-हक, जजिबुल्ला—यहाँ तक कि सोवियत संघ भी खत्म हो गया।

वर्ष 1985 में जब राजीव गांधी चुने गए धे, दिल्ली में काफी वार्त्ताएँ हुईं। इसमें पाकिस्तान के साथ शांति संबंध के लिए सैन्य नेता जनरल जिया-उल-हक यानी निवेक्षित प्रजातांत्रिक नेता। किसी ने यह अनुमान नहीं लगाया था कि यह कितने दिनों तक चलेगा। जनरल जिया ने भारत के साथ शांति-स्थापना के लिए कई कोशिशें कीं। एक

संवेदनशील सैनिक की तरह उनमें दुश्मन को समझने की गहरी पकड़ और उन्हें सम्मान देने की समझ थी। यहाँ तक कि जब पाकिस्तान ने उनके दायरे में आनेवाले सियाचिन ग्लेशियर के कई ठिकानों को गँवाया, लेकिन उन्होंने उतावलापन नहीं दिखाया। यहाँ तक कि बर्फ और पत्थरों ने जो नुकसान किया, उसकी उन्होंने परवाह भी नहीं की।

जनरल जिया का ध्यान सिर्फ अफगानिस्तान में सोवियत सेना के खिलाफ युद्ध करने पर टिका था। सी.आई.ए और सऊदी अरब से बिना किसी सवाल-जवाब के उन्हें धन मिल रहा था। यह वह युद्ध था, जिसमें सोवियत संघ कभी जीत नहीं सकता था और पाकिस्तान कभी हार नहीं सकता था। जनरल जिया उल हक चाहते थे कि युद्ध के पश्चात् मुसलिम—देशों पाकिस्तान, अफगानिस्तान और सभी मुसलिम मध्य एशियाई लोकतांत्रिक देशों के साथ संधि स्थापित हो और सोवियत साम्राज्य से अलग होकर वे गौरवान्वित हो सकें। अफगानिस्तान में सोवियत संघ की हार की उसकी धारणा गलत साबित नहीं हुई। लेकिन यह इसलामिक संधि धुआँ बनकर रह गई। यह वास्तविकता से परे थी और राष्ट्रों के बीच संबंध ने किसी में रुचि नहीं दिखाई।

जिया उल हक की भारत नीति को कुछ महत्त्वपूर्ण बातों से समझा जा सकता है—वे पंजाब के माध्यम से कश्मीर मसले का हल चाहते थे। वह घाटी में पूर्ण शांति और इसे नियंत्रण में रखना चाहते थे। पंजाब दहक रहा था और आसपास के इलाकों में वह आग भड़का रहे थे। आधिकारिक रूप से वह शांति का दावा कर रहे थे। वह बार-बार गुहार लगा रहे थे कि वे दोनों ही मोरचों पर लड़ाई नहीं कर सकते थे और दिल्ली तक बात पहुँचाने के लिए भारत की ओर अपनी गेंदें फेंक रहे थे।

राजीव गांधी जनरल जिया के प्रति आश्वस्त थे। जिया की पहल पर उन्हें भरोसा था। जिया बेनजीर भुट्टो की तरह नहीं थे।

राजीव गांधी इसे राजनीतिक हथियार बनाने के लिए लालायित थे। उन्होंने इस्लामाबाद में दोबारा सार्क सम्मेलन कराया। उन्होंने इस्लामाबाद की पहली शाम में गांधी परिवार (सोनिया, प्रियंका और राहुल) सहित एक भोज में हिस्सा लिया था, जिसमें भुट्टो परिवार के तीन सदस्य—बेनजीर, उनकी माँ नुसरत और उनके पति आसिफअली जरदारी शामिल थे। दोनों मेहमानों ने कहा था कि इस भोज के मेन्यु में पॉलिटिक्स (राजनीति) नहीं थी उन्होंने सिर्फ मजे किए थे। यह पूरी तरह विश्वास करनेवाली बात थी।

नाभिकीय स्थापना पर आयोजित प्रथम सम्मेलन में समझौता हुआ था और एन.टी.पी. की सामान्य स्थिति के प्रति बात आगे बढ़ी थी। राजीव गांधी ने अधिकारियों के बीच गुप्त मशवरे की सलाह दी थी और इसे छिपाकर रखा गया था। आवश्यक हथियार और सियाचिन में सेना कम करने के लिए स्पष्ट वार्त्ता की गई। राजीव ने सूचना, यातायात

और संस्कृति के आदान-प्रदान को बेरोक-टोक बनाया। दोनों देशों में हथियारों पर खर्च कम कर गरीबी को दूर किया जा सकता है। बेनजीर ने कश्मीर की चर्चा की, जवाब में राजीव चुप रहे। उन्होंने महसूस किया कि यह चुप्पी घर वापसी के लिए अच्छी नहीं है। बाद में वे बेलग्रेड की नॉन-अलाइंड समिट से लौटकर आ गए। जब संयुक्त प्रेस कॉन्फ्रेंस में उनसे कश्मीर के बारे में पूछा गया तो उन्होंने जवाब दिया था कि यह भारत का अभिन्न अंग है।

नवंबर 1989 में जब वी.पी. सिंह प्रधानमंत्री बने तो उन्होंने कश्मीर को इस तरह से स्वीकार किया जैसे पंजाब हो। कुछ ही हफ्तों में घाटी की शांति काफूर हो गई और आज तक नहीं लौटी। सबसे बड़ी घटना उनके गृहमंत्री मुफ्ती मुहम्मद सईद की बेटी के अपहरण के रूप में घटी। इससे सहज ही अनुमान लगाया जा सकता है कि कश्मीर ने भारत के प्रथम कश्मीरी गृह मंत्री का स्वागत किया। सरकार ने आतंकियों को मनाया। फारुख अब्दुल्ला ने इस्तीफा दे दिया। शहर और घाटी में गोलियाँ बरसने लगीं। मीरवाइज मारे गए। उनकी मौत को लेकर भारत के खिलाफ विशेष प्रदर्शन होने लगे। पुलिस ने गोलियाँ चलानी शुरू कीं। उन्होंने जितनी कही उससे काफी अधिक लोग मारे गए। वी.पी. सिंह ने राज्यपाल जगमोहन को वहाँ भेजा, जिन्होंने स्थिति को किसी तरह सँभाला।

राजीव गांधी ने बेनजीर भुट्टो के साथ फिर से बेहतर माहौल बनाने की कोशिश की। नामीबिया दौरे पर वह और वी.पी. सिंह मौजूद थे। उन्होंने बेनजीर के राष्ट्रीय सुरक्षा सलाहकार इकबाल अखुंद के समक्ष नए प्रधानमंत्री से परिचय करवाया। वी.पी. सिंह को बेनजीर की तरफ से बार-बार संदेश दिया जा रहा था कि उनका और पाकिस्तान का कश्मीर को भड़काने में कोई हाथ नहीं है।

बेनजीर ने एक विशेष दूत भी भेजा, बाद में जो खबर में छाए रहे वह नई दिल्ली में पाकिस्तान के पूर्व उच्चायुक्त अब्दुल सत्तार थे। वी.पी. सिंह और उनके विदेश मंत्री इंद्र गुजराल ने उन्हें आश्वस्त नहीं किया। यहाँ बेनजीर भुट्टो को नजरअंदाज करना उचित था।

राजीव गांधी और बेनजीर भुट्टो ने कम-से-कम एक मुद्दे पर अपने विचारों का आदान-प्रदान किया। इसकी वजह यह थी कि दोनों निर्वाचित होकर सत्ता में आए थे। यह सत्ता की गरिमा होती है। दरअसल दोनों ही अपने माता-पिता के शहीद होने की वजह से सत्ता में आए थे। दोनों को अपना काम सीखना था और लंबे समय तक इस संबंध का निर्वाह करना था। वंशवाद ने उन्हें प्रधान्मंत्री बनाया था, जब वे युवा थे और उसके बाद वह दौर उनके अधिकार-क्षेत्र से खिसक जाने वाला था।

राजीव गांधी की सरकार दोनों छोरों और केंद्र में प्रतिचर्चा का सामना कर रही थी,

जब उन्होंने पाकिस्तान के प्रति पहल की थी। उनकी अपनी साख भी दाँव पर लगी थी। फिर भी, वर्ष 1980 के बाद के दशक में कश्मीर मुद्दे को सुलझाने के लिए कोई जादुई छड़ी या उपाय नहीं था : कश्मीर समस्या राजीव की कमजोरी से ही शुरू हुई थी।

बेनजीर भुट्टो की अक्षमता उनकी राजनीतिक पृष्ठभूमि के आधार पर समझा सकते हैं, लेकिन उसे इस आधार पर भुलाया नहीं जा सकता। यहाँ तक कि उन्होंने अपनी पहली सरकार के गिरने से भी सबक नहीं लिया। उन्होंने सोचा कि उन्होंने अपनी स्थिति सुधार ली और राजीव गांधी और उनके भारतीय चहेतों के बीच बेहतर तालमेल स्थापित हो चुका है तथा उनकी योजना बिल्कुल पुख्ता है।

वह एक लक्षण था, कारण नहीं। पाकिस्तान में कोई भी अपनी गैर-राष्ट्रभक्ति से स्थापित नहीं हो सकता है और उनके पास भी कोई वैसा कारण नहीं था। उनकी समस्या थी कि वह सेना से नफरत करती थीं, क्योंकि सेना की मदद से उनके पिता को फाँसी पर लटकवाया गया था और जनरल जिया सत्ता में आए थे। सेना को वह संदेह की दृष्टि से देखती थीं और सेना के वरिष्ठ अधिकारियों को अपना दुश्मन समझती थीं। वह सेना से कभी नहीं जुड़ सकीं, जो पाकिस्तान की सत्ता के केंद्र में थी। जनरल जिया ने सेना के लिए राजनीतिक आधार तय करने में अपने दस साल लगा दिए, नतीजतन वहाँ की राजनीति में सेना की पैठ हो गई। यही वजह है कि पाकिस्तान की एक-चौथाई जनता के रोजगार का आधार वहाँ की सेना बन गई। हर परिवार के सदस्य सेना से तुरंत जुड़ गए और भविष्य में जुड़ते रहे। इस पर नियंत्रण पाने के लिए उन्होंने अथक प्रयास किया। उनके पास इसके लिए न तो पार्टी में कोई नेता था और न ही सेना को सबक सिखाने के लिए पर्याप्त संसाधन था। उन्होंने अपने आपको क्षमता से अधिक आँक लिया। लेकिन जब वह दोबारा सत्ता में आए, फिर उन्होंने सोचा कि वह अपने विपक्षियों का दमन भारत के साथ पवित्र रिश्ते की मदद से कर देंगी। वह कश्मीर को लेकर उन्मादी हो गईं। चुनाव में नवाज शरीफ (वह शांत स्वभाव के थे और भारत से उनका बेहतर रिश्ता था) को हराने के लिए ऐसी बयानबाजी करने लगीं कि जिहादी उनके पक्ष में आ गए। उस समय प्रधानमंत्री की कुरसी पर पी.वी. नरसिम्हाराव थे। उन दिनों टी.वी. चैनलों पर उन दोनों की मुद्राओं की हास्यास्पद तुलना की जाती थी। बेनजीर के बड़बोलेपन पर राव की चुप्पी (होंठों को बिचकाकर चुपचाप बैठे रहना) वाली मुद्रा पर खूब चर्चा होती थी।

मजे की बात है कि वह पहला मौका था, जब बेनजीर भुट्टो और नवाज शरीफ जनरल के खिलाफ एक-दूसरे के साथ होने की कोशिश कर रहे थे। उन्हीं दिनों बेनजीर माँ बनीं और हनीमून मना रही थीं—एक अपने पति के साथ और दूसरा राजनीति के रूप में नवाज शरीफ के साथ, जिन्होंने अस्पताल में उन्हें गुलदस्ता भेजा था। पाकिस्तान

के प्रबुद्ध नागरिकों की तुलना में जनरलों की स्थिति बेहतर नहीं थी; लेकिन उनके पास देश की एक विशाल संख्या के रूप में बड़ा आधार था, जिसकी वजह से उसे झुकना नहीं पड़ा।

जब बेनजीर भुट्टो ने दावा किया कि सन् 1989 और 1990 में कश्मीरी विद्रोहियों के राहत पैक के बारे में उन्हें कोई जानकारी नहीं है, तो इससे स्पष्ट हो रहा था कि वह खुद का ही सबसे अधिक तरजीह देती हैं। सच्चाई क्या है, वह कश्मीर के दशकों के साथ पाकिस्तान के दशकों से तय हुआ, जो कुछ खास तत्त्वों के साथ कश्मीर से अफगानिस्तान की सीमा रेखा बयाँ करती है।

इसके लिए परिस्थितियाँ अनुकूल थीं। अफगानिस्तान का युद्ध हो गया, जिसने हजारों प्रशिक्षित, सक्षम और सशक्त लड़ाकों को जन्म दिया। उनमें से कइयों ने मिस्र और अल्जीरिया जैसे मुसलिम देशों में जेहाद को जारी रखा। इन लोगों ने कभी पंजाब की ओर कदम नहीं रखे, क्योंकि एक जिहादी खालिस्तान के रास्ते 'जन्नत' नहीं पहुँचता है। लेकिन कश्मीर उन शहीदों के लिए युद्ध का मैदान बन गया, जिस तरह एक सक्षम अफगानिस्तान मौत का मैदान था। कश्मीर में आतंकियों की कथित समस्या यह है कि वहाँ की जनता हिंसा पसंद नहीं करती है। घाटी में गन कल्चर को बढ़ावा मिल रहा था और विद्रोहियों एवं भारतीय सुरक्षा बलों के बीच संघर्ष चल रहा था।

युद्ध समय लेता है। आजादी की लालसा के लिए भी लड़ाइयाँ लड़ी जाती हैं। स्पष्ट रूप से नवाज शरीफ उन वादों को भूल गए, जो चुनाव प्रचार के दौरान उन्होंने किए थे और उसकी बदौलत उन्हें अप्रत्याशित बहुमत प्राप्त हुआ था। जब वह लाहौर आए तो उन्होंने वही नीति अपनाई, जिसे कुछ साल पहले कारगिल में मूर्तरूप दिया गया था। वर्ष 1990 की घटना पर सफाई देते हुए नवाज शरीफ ने दिल्ली संदेश भेजा कि कारगिल के पीछे उनका हाथ नहीं है। फिर भी उन्होंने इससे इनकार नहीं किया कि वहाँ क्या हो रहा था। क्या नवाज शरीफ छल कर रहे थे? सच पूछा जाए तो अब इसके कोई मायने नहीं रहे।

कारगिल युद्ध में जो मुख्य भूमिका में नहीं थे, वे पाकिस्तान की आधिकारिक जिम्मेदारी निभा रहे थे और वे भारत से अपनी बात मनवाना चाह रहे थे। क्या इसीलिए अबासिद भोज का आमंत्रण रखा गया था? अबासिदों की शक्ति बगदाद में छीन ली गई थी, जब उन्होंने अपने विरोधियों को भोज पर आमंत्रित किया था।

क्या पाकिस्तानी सेना के पास अपने स्वभाव को बदलने का स्थायी कारण था? भावुकता को किसी आकलन के लिए त्यागना होता है, जबकि उसका महत्त्व है। यह किसी चीज को साथ लेकर चलने में सहायक नहीं हो सकती। क्या किसी भी जिम्मेदारी को निष्ठा के साथ निभाने का यह सटीक कारण हो सकती है।

क्या पाकिस्तानी सेना यह मानती है कि कश्मीर में उसकी नीति असफल रही? नहीं, यह वजह नहीं है। हम समझ सकते हैं कि इस्लामाबाद यह मानने को तैयार नहीं है कि वह कश्मीर में एक दशक से असफल रहा है। वे मानते हैं कि इन दस वर्षों में भारत आर्थिक और मानसिक रूप से कमजोर हुआ है। जनरल यह मानने को तैयार नहीं हैं कि कारगिल में उनकी हार हुई थी, जबकि हम विजयी हुए थे और हमारी जीत का सामना करना पड़ा था।

यह एक जटिल परिणाम था। बिल क्लिंटन ने वह खुलासा किया, जो पहले से ही विदित था कि उन्होंने इस्लामाबाद को घाटी से अपनी सेना हटाने के लिए मजबूर किया, जहाँ युद्ध चल रहा था। कारगिल के बाद एक बात स्पष्ट हो गई कि संघर्ष किसी समाधान का निदान नहीं है। भारत के पास किसी भी लहर के रुख को मोड़ने की क्षमता थी। दूसरी तरफ, दुनिया दो परमाणु शक्तियों के युद्ध को मूक बनकर देखना नहीं चाहती थी। अचानक अंतरराष्ट्रीय मध्यस्थता से वह मतलब बदल गया, जो पाकिस्तान हमेशा से चाहता था। अमेरिका ने पाकिस्तान की बाजुओं को मरोड़ दिया, क्योंकि इस युद्ध की शुरुआत पाकिस्तान ने ही की थी। दुनिया शांति और समझौता चाहती है, न कि विजय।

यह 21वीं सदी की दुनिया है, न कि 1950 या फिर 1980 और 1990 के दशक की।

भारत और पाकिस्तान अब समान रूप से स्व–प्रेरित किसी परमाणु शक्ति की असुरक्षा से बचना चाहते हैं। यहाँ की जनता चैन की साँस लेना चाहती है और अपनी गरीबी से मुकाबला करना चाहती है, जिसके बारे में बेनजीर भुट्टो पहले ही कह चुकी हैं। कौन परमाणु विध्वंस की कामना कर सकता है, जिससे कुछ हासिल नहीं होता? यह विचार पूर्ण विश्वास के साथ व्यक्त किया जा सकता है कि भारत और पाकिस्तान एक–दूसरे की मदद करने में जुट जाएँ तो समृद्धि इनके कदम चूमेगी। यह सपना साकार होने का इंतजार रहेगा। अब सेना और भाजपा क्रमशः पाकिस्तान और भारत में सत्ता में हैं।

□

एक खामोश दीवार

भारत और पाकिस्तान को मौलिक रूप से विरोधी विचारों द्वारा परिभाषित किया जा सकता है।

—10 अगस्त, 2012

भारतीयों और पाकिस्तानियों में क्या अंतर है? जवाब आसान है—कोई अंतर नहीं। हम एक समान लोग हैं। हमारी शारीरिक क्षमताएँ समान हैं और हमारी कमजोरी भी एक जैसी हैं, तो फिर दोनों देश अस्तित्व में आने के बाद से पिछले छह दशकों से इस तरह अलग-थलग क्यों चल रहे हैं?

सिर्फ सरहद को छोड़ दें तो भारत और पाकिस्तान में कोई अंतर नहीं है। वे मौलिक रूप से विरोधी विचारों द्वारा परिभाषित किए जाते हैं। भारत धर्मनिरपेक्ष राज्य होने में विश्वास करता है, जहाँ सभी आस्थाओं का समान स्तर है; जबकि पाकिस्तान की स्थापना मजहब के आधार पर की गई है।

दोनों देशों के सिद्धांतों की बात करें तो जहाँ पाकिस्तान हिंदू उपमहाद्वीप से अलग होकर मुसलिम देश नहीं है, उसी प्रकार इस समय भारत में काफी मुसलिम रह रहे हैं और पाकिस्तान की तरह बिना किसी रोक-टोक के अपने मजहब और आस्था के मुताबिक जीवन जी सकते हैं। पाकिस्तान का निर्माण जिस सिद्धांत या विचार पर हुआ है, उसमें भारतीय मुसलिम की राजनीति या सामाजिक इतिहास का कोई आधार नहीं है कि वे हिंदू बाहुल्य भारत में संगठित या एकीकृत होकर नहीं रह सकते हैं। यह धारणा 'अहसास-ए-कमतरी' (आत्मविश्वास की कमी) की बंजर जमीन पर फलीभूत हुई थी।

इस नजरिए को नजरअंदाज करनेवाले मौलाना आजाद और देवबंद उलेमा जैसे भारतीय मुसलिम ने कहा था कि इसलाम भाईचारा है, न कि राष्ट्रवादिता। उन्होंने लोगों को राष्ट्र और ईश्वर के प्रति विश्वास पैदा करने के विचारों की ओर इशारा किया था।

उन्होंने साम्राज्यवाद का प्रमाण देते हुए कहा था कि यदि विश्वास या आस्था में पर्याप्त दम था तो इतने अरब देश क्यों हुए? भारतीय एकता के लिए लड़ रहे थे। उन पर अलगाववाद का स्वप्न दिखाकर उन्हें कब्जे में कर लिया गया और सांसारिक स्वर्ग की वकालत की गई। इन विचारों को स्वतंत्र रूप देने में तीन दशक लगे। सन् 1971 में द्विराष्ट्र सिद्धांत का पतन हो गया, जब पाकिस्तान सजातीय सत्ता का बहुमत बँगलादेश के मुकाबले काफी अधिक टूट गया।

1950 के दशक की पारंपरिक स्वतंत्रता के मुताबिक जो कथित मूल निवासी हैं, उनकी राजनीतिक पहुँच ऊँची है। यह तय था कि भारत का एकराष्ट्र सिद्धांत एक बुलबुले की तरह फट जाएगा और पाकिस्तान स्थिर व समृद्ध हो जाएगा। हालाँकि दस साल की आजादी के भीतर पाकिस्तान को मिला वह व्यवस्थित समाज बिखर गया शुरुआत में सामाजिक और आर्थिक स्थिति बहुत ही अच्छी थी। 1960 के दशक के आने तक पाकिस्तान के नेताओं ने अपने अनुभवों से गलत सीख ली। धर्मतंत्र से हटने के बावजूद वे उससे चिपके रहे।

विडंबना यह रही कि मुहम्मद अली जिन्ना, जो काफी शिष्ट और एक दक्ष बैरिस्टर होने पर भी 1940 के दशक में 1930 के दशक की सोच रखते थे। उन्होंने पाकिस्तान को एक नारा दिया कि—'एक बार अंग्रेजों ने फोड़ दिया, लेकिन हिंदू से इसलाम को खतरा है।' मार्च 1947 के दूसरे सप्ताह में एक विशाल जन-समुदाय को संबोधित करते हुए उन्होंने यह भाषण पहले पाकिस्तान विधान परिषद् के सामने दिया था। जिन्ना की परिकल्पना में पाकिस्तान एक मुसलिम बहुल धर्मसापेक्ष राज्य था। वह गांधी को कभी योग्य समझने के लिए तैयार नहीं हुए; लेकिन वह भारत के लिए महान छवि साबित हुए। गांधी एकता चाहते थे, हिंदू बहुलता के बावजूद भारत को धर्मनिरपेक्ष राज्य मानते थे। जबकि इस अंतर को समझना कठिन था। जिन्ना अपने देश को विशिष्टता प्राप्त अलग देश मानते थे; जबकि गांधी के देश की कल्पना सभी के साथ मिलकर चलने की थी। 1930 के दशक में ही विचलन शुरू हो गया था—पाकिस्तान की आजादी के लिए जिन्ना और मुसलिम लीग ने कांग्रेस से लड़ाई लड़ी। यहाँ अंग्रेजों ने दलाली की भूमिका निभाई और वे अपनी दलाली लिये बगैर कहाँ छोड़ने वाले थे। और भारत जल्द ही प्रजातंत्रवार में परिणत हो गया और भारतीय राष्ट्रवाद की रीढ़ की हड्डी बना—भारत का संविधान। पाकिस्तान को इसलामिक राज्य होना चाहिए या नहीं, इस पर बहस छिड़ गई। अहमदिया सेक्टर के खिलाफ लाहौर में दंगा छिड़ने के बाद सन 1950 में जस्टिस मुनीर आयोग का गठन किया गया, जिसने सलाह दी कि 'इसलामिक राज्य एक मृगतृष्णा थी। किसी भी हालत में राज्य का यह काम नहीं बना कि वह तय करे कि कौन मुसलिम था।'

पाकिस्तान के जनक जिन्ना पर पाकिस्तान के गॉड फादर और निर्माता मौलाना मौदूदी ने घात लगाकर हमला कर दिया था, जो पाकिस्तान आंदोलन से जुड़े थे। उन्होंने अपनी उग्रवादी नीति और पैदल सेना की मदद से पाकिस्तान में अपनी जड़ें जमा ली थीं। चुनावी मैदान में जमात की आंशिक भूमिका रहती है। अब मतदाता मुल्लाओं पर सरकार के रूप में भरोसा नहीं करते हैं; लेकिन धर्मवार की पकड़ की वजह से देश में उसकी अलग पहचान है।

मौदूदी की अतिवादिता और इसलामाबाद की असमर्थता की वजह से आतंकी मुहम्मद हाफिज सईद की तरह उसके उत्तराधिकार की भी जमीन तैयार हो रही थी। इसे न सिर्फ भारत-पाक संबंधों के लिए कम आँका जाना चाहिए, बल्कि इसने पाकिस्तान के सामाजिक संस्थाओं को भी संक्रमित किया है। मुसलिमों की संपन्नता बखान करनेवाले साहित्यों में हिंदू और मुसलिम को कम आँककर दिखाया गया था। अब उनके खिलाफ सही भाषा का इस्तेमाल करते हैं। पारिवारिक और अल्पसंख्यक कानूनों का स्तर गिरता जा रहा है। कई जनजातीय क्षेत्रों में लोगों को यातनाएँ दी जा रही हैं। जैसाकि मैंने 'टिंडरबॉक्स : द पास्ट एंड फ्यूचर ऑफ पाकिस्तान में' पाकिस्तान को 'जेली स्टेट' बताया था कि "पाकिस्तान का अतीत और भविष्य नहीं पिघलनेवाले मक्खन की तरह है।" पाकिस्तान आतंकी संगठन और आणविक हथियार की बुनियाद पर टिका है। यह एक जहरीले सर्प के समान है, जिसका मुख्य शिकार भारत है।

भारत का विचार अलग है। वह आपदाओं से खुद को सुरक्षित रखना चाहता है। भारत में खुद को सुधारने की क्षमता है, जिसकी वजह से उत्तर-पश्चिम और उत्तर-पूर्व के आघातों को सहलाकर अपना अतीत भुला लेता है। अलगाववादी आंदोलन की वजह से डर का माहौल बना, जिसकी वजह से धर्मनिरपेक्ष भारत में सिखों को धमकी मिली और हिंसक लहर के बाद उसे अपना आधार गँवाना पड़ा। भारत सन् 1980 की आग से उबरकर पुनर्जीवित हुआ और आधुनिकता में कदम रखा—इनमें राजनीतिक अधिकार, लैंगिक समानता, विध्वंसों की आजादी और आर्थिक संपत्ति शामिल है। भारत ने खुद को भारतीयों की उम्मीद से अधिक मजबूत कर दिखाया, जबकि पाकिस्तान पाकिस्तानियों की उम्मीद से भी कमजोर रह गया।

बँटवारा स्थायी होता है। भारत से पाकिस्तान और पाकिस्तान से बँगलादेश के बँटवारे के बाद वे फिर से मिलनेवाले नहीं हैं। पाकिस्तान का जवाब सिर्फ एक चुनिंदे चेहरे के पास है। वह है जिन्ना। व्यक्तिगत राय है कि जिन्ना स्थायी बँटवारे से पूर्ण सहमत नहीं थे। उन्होंने बुंबई के अपने घर को नहीं बेचा, जबकि हैदराबाद के निजाम उसके लिए 10 लाख रुपए देने को तैयार थे। सन् 1947 में यह कोई सामान्य राशि नहीं थी। शायद जिन्ना सोचते थे कि पाकिस्तान ब्रिटिश राज की स्वतंत्र देशी रियासत हो

जाएगा, लेकिन सीमाएँ खुली रहेंगी। किसी भी तरह जिन्ना को कट्टरवाद ठहरा दिया गया, जिसकी वजह से पाकिस्तान में यह जहर फैल गया।

इतिहास के अगर-मगर को वास्तविकता का स्वरूप दे दिया गया। सन् 1947 में अमेरिका भारत से सात समुद्र पार था। आज भारतीय मानसिक रूप से पाकिस्तान से अधिक अमेरिका को अपने करीब महसूस करते हैं। भारत और पाकिस्तान खामोशी की एक मजबूत दीवार से बँटे हैं, जो इसे तोड़ने के लिए बेताब हैं, जिनकी विचारधाराएँ मजबूत बनाने के लिए निर्धारित हैं और जिनकी जनता इसकी निंदा करने को मजबूर हैं।

□

जब विदेश नीति बनी उछल-कूद का खेल

पड़ोसियों को निभानी होती है संबंधों की गरिमा

—22 सितंबर, 2013

प्रत्येक पड़ोसी एक-दूसरे के साथ विशेष संबंध से जुड़ा होता है। पड़ोसियों का अपना एकाधिकार क्षेत्र होता है। जब सीमा या जमीन से जुड़ी राजनीति की बात आती है तो एक शीर्ष पर होता है तो दूसरा उसकी सेवा में लगा रहता है।

ईमानदार रहने या स्पष्ट बोलने की वजह से दुश्मनी पैदा होती है। किसी के लिए उकसाने पर उसका संभावित असर पड़ना स्वाभाविक है। पाकिस्तान और भारत इसके बेहतर उदाहरण हैं। उनके विदेश विभाग के अधिकारियों और सेना ने एक स्थापित फॉर्मूला मान लिया है : जितना अधिक संभव हो, उतना गोला-बारूद जमा कर लें। हाथों में हथियार और दिमाग में शैतानी सोच की वजह से वे इस हालात में पहुँच जाते हैं, जहाँ उनके सोचने की क्षमता खत्म हो जाती है कि दोषी कौन है। जीवन मौत में बदलता जा रहा है।

दिल्ली, जिसका हमेशा से ही असंतुष्ट पक्ष रहा है, उस पर इस असंतुलित झूले का असर सकारात्मक रूप से पड़ता रहा है। भारत के नक्शे को बदलने की कोशिशें हमेशा से ही शांति भंग होने की वजहें बनती रही हैं। दोनों तरफ की समझदार सरकारें महसूस करती हैं कि जब तक वे भरोसे में नहीं आती हैं, तब तक शह-मात के इस खेल का अंत नहीं होने वाला है। उन्हें यह समझना जरूरी है और उन्हें अपनी जिम्मेदारी स्वीकार करते हुए तय करना होगा कि विनाशकारी युद्ध से कभी इस खेल का अंत नहीं होने वाला है।

दोस्ताना संबंध स्थापित करने के लिए दोनों तरफ गहरे विचार और उसके लिए जोरदार कोशिश करने की जरूरत है। भारत के राजनयिक काफी जोर लगा रहे हैं, जैसे कि वही इस उपमहादेश का सबसे जिम्मेदार पुत्र हो; लेकिन पिछले पाँच वर्षों से उन्होंने

अपना उद्देश्य सीमित और स्थायी बना लिया है। यह नीति का परिणाम था और भारत सरकार ने विदेश नीति को उछल-कूद के एक खेल होप-स्किप एंड जंप में बदल डाला। परिणाम इसकी गवाही है। भारत ने उनके लिए खुला अवसर छोड़ दिया, जो इसके साथ मैत्री पूर्ण संबंध स्थापित कर सकते हैं।

दो उदाहरण सामने आए—श्रीलंका और बँगलादेश। मैंने इसका उल्लेख इसलिए किया कि कुछ साल पहले इन दोनों पड़ोसी देशों से कुछ ही कदम दूर थे, जिनके साथ अब हमारे संबंध बेमिसाल हैं।

भारत-श्रीलंका संबंधों का पतन राजीव गांधी के आदेश पर सेना की कमजोर मध्यस्थता का परिणाम है। विरोधी तत्त्वों की मध्यस्थता का एक विपरीत परिणाम सामने आया, जब श्रीमती इंदिरा गांधी ने प्रभाकरण के नेतृत्ववाले तमिल अलगाववादी आंदोलन को हथियार और प्रशिक्षण मुहैया कराया। इससे भारत सिंहलियों और तमिलों की घृणा का पात्र बन गया। जनवरी 2009 में हम इससे उबर गए, जब प्रणव मुखर्जी भारत के विदेश मंत्री थे। उन्होंने तमिल अलगाववादियों के आक्रमण के खिलाफ कोलंबो की मदद की थी। दिल्ली शांत थी, जबकि इसके एक प्रमुख सहयोगी दल डी.एम.के. से दबाव बनाया जा रहा था। कोलंबो ने लिट्टे को हरा दिया और प्रभाकरण की हत्या कर दी।

यह एक बड़ा निवेश था, जिसकी वजह से संबंध के निर्माण का एक बड़ा अवसर मिला। इसके बावजूद पाँच वर्ष बाद जब नवंबर में विभिन्न सरकारों के प्रमुखों की राष्ट्रमंडल बैठक हुई, प्रधानमंत्री मनमोहन सिंह ने उसमें हिस्सा नहीं लिया था। कारण कि स्पष्ट रूप से यू.पी.ए. तमिलनाडु में राजनीतिक विवाद से दुःखी था। वहाँ लिट्टे (LTTE) के खिलाफ श्रीलंकाई सेना की लड़ाई के दौरान मानवाधिकार का मुद्दा जोर पकड़ रहा था। हालाँकि दोनों कारणों को पर्याप्त वजह नहीं माना जा सकता है। पहला, लड़ाई के अंतिम दौर में जो कुछ हुआ, उसके लिए भारत भी दोषी था। दूसरा, यदि नीति घरेलू चुनावी गणित की बाधा को रोकती है तो इसे स्थिरता या राष्ट्र की रुचि नहीं कह सकते।

बँगलादेश ने शेख हसीना के पुनर्निर्वाचन के साथ नाटकीय ढंग से समान अवसर का मौका दिया। भारत ढाका में अपने बेहतर मित्र के लिए शेख मुजीबुर्रहमान की बेटी से पूछ सकता था, जो 1971 में बँगलादेश की मुक्ति के निर्माता और अविवादित नायक था और अब संवेदनशील पानी के मुद्दे पर दिल्ली ने शेख हसीना को धोखा देने का प्रबंधन किया था। शेख हसीना ने क्या माँग की थी, वह कसौटी नहीं थी, कसौटी थे डॉ. सिंह के वादे। दिल्ली अपने वादे पर कायम नहीं रह सकी, क्योंकि उसकी प्रबंधन-दक्षता काफी कमजोर और अपर्याप्त थी। यही वजह है कि कोलंबो भ्रम में और ढाका संशय में है।

निशाना चूक जाता है, अगर बंदूक की नली छोटी हो। अगर भारत का सदाबहार

संबंध किसी देश से है तो वह है भूटान। किसी भी मौसम में इसके रिश्ते कमजोर नहीं पड़ते हैं। भूटान के साथ इसके संबंध टूटने के लिए विशेष कारण होना चाहिए, जिसे हमने पिछले कुछ वर्षों में हासिल किया है।

यदि डॉ. मनमोहन सिंह की सरकार के पास किसी भी पड़ोसी देश के लिए समय था तो वह केवल विरोधी पाकिस्तान और निंदक चीन के लिए। दूसरे देशों के लिए सामान्य संकेत था—मुसीबत के मौकों पर प्रतिक्रिया देना, न कि हाथ मिलाने के लिए पहल करना। दुष्ट चीन जितना संभव हो सके, दिल्ली से लेना और भारत को खोखला बनाना चाहता है और दुष्ट पाकिस्तान हमेशा हँसने की फिराक में रहता है।

□

पाकिस्तान के विषय पर राष्ट्रपति भारत की आवाज होता है

प्रणव मुखर्जी जटिल सवाल पूछते हैं।

—6 अक्तूबर, 2013

यह थोड़ी राहत की बात है कि भारत और पाकिस्तान का शीर्ष स्तरीय विवाद नवाज शरीफ के कथित पंजाबी साथी के आसपास घूम रहा है, जिस तरह एक गाँव की वृद्ध चाची या चाचा सैम को कहानी सुनाती रही है।

न्यूयॉर्क में नाश्ते के दौरान हुई गपशप छिपाए बिना मैं उन हिस्सेदारों की कहानी की प्रामाणिकता की जमानत नहीं दूँगा, जिस तरह पेश किया गया, उसे उससे कहीं अधिक दावे के साथ नकारा गया था। यह हैरानी की बात है, किस तरह संक्षेप में गाँव की उस वृद्ध महिला ने इसकी तुलना की है तथा वह बचाव करेगी?

राहुल गांधी के असंयमी बचाव के बाद डॉ. सिंह को 'बेचारा' कहकर संबोधित किया गया। इसके बाद भी वे प्रभावहीन लगते हैं। मैं इस राजनीतिक माहौल के बारे में कुछ कहना चाहता हूँ, हम जिसमें रहते हैं। कांग्रेस के वारिस सोचते हैं कि चुनाव के दौरान कुछ अच्छे कामों की बदौलत बेहतर हासिल कर सकते हैं, जब वे कांग्रेस सरकार पर हमला बोलते हैं।

दूसरी तरफ, डॉ. मनमोहन सिंह और नवाज शरीफ के बीच की बैठक जा रहे मेमना और आ रहे शेर जैसी नहीं थी। लेकिन दोनों ही असहाय थे। डॉ. सिंह की साख कमजोर होने में कुछ साल लगे, जबकि नवाज शरीफ ने कुछ महीने में अपनी चमक गँवा दी। दोनों ने कमजोर सरकारे दीं—इधर सरकार हाशिए पर गई और उधर इस्लामाबाद में सरकार जमीन पर भी नहीं उतर पाई।

दोनों ने विदेश में मुलाकात की, क्योंकि वे अपने देश में नहीं मिल सकते थे। लेकिन

यदि इस मुलाकात का उद्देश्य सिर्फ घिसी-पिटी पुरानी बातों और संकेत के अंदाज में बातें करना और सुनना था तो उसका क्या फायदा? डॉ. मनमोहन सिंह ने कभी किसी तरह का सवाल नहीं किया और नवाज शरीफ ने कभी जवाब देना नहीं चाहा और वे सक्षम भी नहीं थे। युद्ध विराम रेखा पर अचानक हिंसा क्यों भड़क उठती है?

संघर्ष काफी जटिल और भ्रमित हो गया है। आसानी से उसका नुस्खा नहीं ढूँढ़ा जा सकता। लेकिन भारत और पाकिस्तान उस नतीजे पर पहुँच चुके हैं, जहाँ सामान्य प्रयास से उपचार संभव नहीं है। आधिकारिक रूप से कश्मीर को अपना हिस्सा नहीं मानने को पाकिस्तान तैयार नहीं है और वहाँ हो रही हिंसक गतिविधियों की जिम्मेदारी भी नहीं लेता है। वह इस फॉर्मूले पर टिका है कि कश्मीर का हासिल करने का एकमात्र विकल्प युद्ध है।

लेकिन भारत के प्रधानमंत्री ने कभी उस सवाल को नहीं उठाया, जिसे भारत के राष्ट्रपति प्रणव मुखर्जी ने बेल्जियम और तुर्की यात्रा के दौरान उठाया था—कहाँ के 'गैर-राज्य नायक' आए? एक सारगर्भित कहावत में उन्होंने कहा कि कोई स्वर्ग से नहीं आया है। वे पाकिस्तान के इलाके में पनप रहे हैं और युद्ध विराम का उल्लंघन करने में उन्हें पाक सेना की मदद मिल रही है। जब भी वे सीमारेखा के पाकिस्तानवाले इलाके में रहे, कभी उन्हें चुनौती नहीं दी गई। क्या उन्हें इसके लिए शरीफ सरकार से अनुमति मिली है या फिर यह पाकिस्तानी सेना द्वारा चलाया जा रहा स्वतंत्रता अभियान है, जो अपनी द्विअर्थी नीति के तहत आतंकवादियों को बढ़ावा दे रही है?

सही मायने में अनुमान लगाया जाए तो शरीफ निस्सहाय हैं। वह अपनी सेना का सामना या विरोध नहीं कर सकते। निश्चित तौर पर शरीफ ने जुबाँ नहीं खोली होगी और लश्कर-ए-तैयबा, जिसने मुंबई में आतंकी हमले का खाका खींचा था और भारत के खिलाफ नृशंस हत्या की साजिश रचता रहा है, का थोड़ा भी विरोध नहीं कर सकते हैं।

यह संभव है कि पेशावर चर्च में ईसाइयों या फिर पेशावर की गलियों में मुसलिमों की हत्या का डर दिखाकर पूरे देश के शियाओं को डराने की कोशिश की गई और सीमा पर आतंकी हमले कराना उनकी प्राथमिकता भी हो सकती है। यदि हाफिज सईद भारत को डराता है तो पाकिस्तानी तालिबान पूरे पाकिस्तान के लिए खतरे का संकेत हैं। अगर यह सच है तो भारत-पाकिस्तान स्थायी समाधान पर बेहतर ढंग से दिल्ली और इसलामाबाद में विचार कर सकते हैं। न्यूयॉर्क में भोज के दौरान हुई वार्त्ता तो निराधार थी।

नवाज शरीफ मनमोहन और सिंह अपनी जनता को नहीं ठग सकते। जनता उनकी सोच से अधिक समझ रखती है। वे खुद अपने आपको ठग रहे हैं।

भारत की जनता की राय प्रणव मुखर्जी के लिए यादगार रहेगी, वह इसलिए कि उन्होंने गाँवों और गलियों में रहनेवालों की स्थिति को समझकर आवाज दी है, उन्होंने

श्रीमती सोनिया गांधी ने नहीं बनाया। कांग्रेस ने कभी इसे स्वीकार नहीं किया, लेकिन प्रणव मुखर्जी के परामर्श और कथन के बिना आम चुनाव में निजी रूप से इसके नेताओं ने शीर्ष के खतरे को भाँपकर उनकी सराहना शुरू की। जैसा कि आप भारत में देखते हैं, मुखर्जी फेरी लगानेवालों से कोसों दूर हैं और अगर उन्होंने सरकार की चिकनी-चुपड़ी बातों पर ध्यान दिया तो उसकी वजह भारतीयों का कठोर मिजाज है।

डॉ. मनमोहन सिंह वर्ष 2014 के बाद भारत के प्रधानमंत्री नहीं रहेंगे। प्रणव मुखर्जी वर्ष 2017 तक भारत के राष्ट्रपति रहेंगे। शायद शरीफ और मुखर्जी के बीच बातचीत के लिए यह पर्याप्त समय होगा।

□

पाकिस्तान पुराने तानाशाहों का देश नहीं

***पाकिस्तान को वैसा देश होना चाहिए,
जो मलाला यूसुफजई को अपने घर वापस ला सके।***

—13 अक्तूबर, 2013

पाकिस्तान के प्रधानमंत्री और 16 साल की मलाला यूसुफजई, जिसने कुछ बनने की ठानी थी और वह शांति के लिए नोबेल विजेता हुईं, के बीच कई मामलों में काफी अंतर है। सामान्य तौर पर नोबेल पुरस्कार उसे मिलता है, जो अपनी योग्यता को लंबे समय तक बेचता है। पिछले नोबेल शांति विजेता राष्ट्रपति बराक ओबामा अंतरराष्ट्रीय हिंसा को काबू में करनेवाले महानायक रहे। नोबेल का तमगा और चेक मलाला को पाकिस्तान में राजनीतिक कॅरियर बनाने में मददगार होंगे।

यूसुफजई एक बहादुर लड़की है। स्कूल से आते समय रास्ते में बस में उस पर गोलियाँ बरसा दी गईं। वे गोलियाँ तालिबानियों ने चलाई थीं। पाकिस्तानी विद्रोहियों में लिंगभेद को लेकर बुरा हाल है। पाकिस्तानी तालिबानी और उसके आतंकी साथी अपने जाहिल समय और जिस अपमानजनक धर्म से जुड़े हैं, उससे लौटना चाहते हैं, मुक्ति पाना चाहते हैं।

यह सिर्फ पश्चात्ताप नहीं है। जमीनी स्तर पर वे अपनी वर्तमान स्थिति से उबरना चाहते हैं और वे पाकिस्तान की राजनीति में अपने दबदबे की परवाह छोड़कर तालिबान के साथ समझौता करना चाहते हैं। यह सवाल कभी-कभी ही पूछा जाता है और उसका कभी जवाब नहीं मिला है, जो बिल्कुल सामान्य है— उनके साथ बातचीत या समझौते का क्या हुआ? उन सचिवों के साथ बातचीत का एजेंडा क्या होना चाहिए, जिसमें उनका सिद्धांत सिर्फ हत्या है।

तालिबान और उसके भाड़े के साथी अपनी शक्ति या अपना अधिकार चाहते हैं। क्या पाकिस्तान की राजनीति में उन्हें यह अवसर मिलने वाला है? क्या सिंध के उत्तर-

पश्चिमी इलाके में कोई उन्हें अधिकार के साथ मिलाकर उन्हें संतुष्ट करना चाहता है? उनका प्रभाव शुरू से ही कानून की नजर में खतरनाक स्थिति में है। कोई भी मसजिद में जाकर और रैली कर उनकी बुरी पहचान को जनता के बीच जाकर नहीं मिटा सकता है। क्या चीजों को पैसे से खरीदा जा सकता है? संयोग से जबकि उनके पास स्थानीय और बाहरी आतंक की कमी नहीं है।

आप इन असहज सच्चाइयों को किसी भी प्रकार झुठला नहीं सकते।

अगर आज मलाला ब्रिटिश स्कूल में है तो इसकी वजह वे हैं। यदि वह निर्वाचित अधिकारियों को चुनौती दे रही है तो इसलिए कि वह जानती है कि पाकिस्तान कितना खतरनाक है।

मलाला अभी अल्पायु बच्ची है। उसे अपना सपना बुनने का अधिकार है, खासकर जब उसने दूसरी जिंदगी पाई है। उसके सपने 70 वर्षीय जनरल परवेज मुशर्रफ के माँगने-फिरने और कल्पनाओंवाली जिंदगी से काफी अधिक कीमती हैं। परवेज सचमुच सेवानिवृत्त हो चुके हैं, लेकिन कभी नहीं होंगे। मुशर्रफ कर सकते हैं और उन्हें करना भी चाहिए। मुक्तिदाता के रूप में उन्हें शक्ति और पहचान को छोड़कर दुबई, अमेरिका या ऐसे किसी स्थान पर चले जाना चाहिए, जहाँ वह डॉलर कमा सकते हैं। पाकिस्तान उनकी पहुँच से कॉफी आगे निकल चुका है। अब पुराने तानाशाहों के लिए यह देश नहीं रहा।

अगर पाकिस्तान को बचाना है तो यहाँ के युवा महिला-पुरुषों को दफ्तरों (ऑफिसों) में अवसर देना होगा। ऐसे अधिकारियों का समूह तैयार करना होगा, जो आधुनिक इतिहास के बोझ से मुक्त हों। इसे वैसा देश बनाना होगा, जहाँ मलाला लौट सकती है। मलाला के पास वे सारी चीजें हैं, जो वह इस उम्र में ब्रिटेन में सोच सकती है—शिक्षा, भविष्य और ब्रिटिश मीडिया की प्रशंसा।

इस घटना में असंगत क्या रहा? कुछ भी अच्छा नहीं, यदि एक भी ईमानदार होता। नवाज शरीफ एक स्थायी सरकार में प्रधानमंत्री बने, क्योंकि मतदाता चाहते थे कि वे देश में शांति बहाल करेंगे, जिस देश की शिराएँ एक छोर पर इकट्‌ठा हो गई हैं और जिसकी मानसिक शांति बिखर चुकी है। यही वजह है कि वह इत्मीनान से कहीं भ्रमण भी नहीं कर पाते हैं, जबकि उनके पास समय है। यदि शरीफ असफल होते हैं तो मलाला और उसकी पीढ़ी दूसरा सवाल खड़ी करेगी— क्या कोई करने वाला नहीं है?

एक अल्पआयु बालिका, जो हाल ही में जिंदगी से हारी, लेकिन उम्मीद नहीं छोड़ी, उसकी निराशा पर किसी के परामर्श की आवश्यकता नहीं हुई। सपना कभी सच हो, यह जरूरी नहीं है; लेकिन कैसे इतने लोगों ने दूसरी जिंदगी पाई है?

□

हाफ़िज सईद अपनी सरकार द्वारा संरक्षित है

राष्ट्र सर्वोपरि है।

—20 जुलाई, 2014

संत अपवाद हैं। जो कोई लेखन व्यवसाय में हैं, जिनमें हमारे जैसे साधारण स्तर के भी लोग हैं, वे भी मुश्किल से ही किसी महिमा के प्रलोभन का विरोध कर सकते हैं। इसका खतरनाक होना स्वाभाविक है—गुमान यातनाओं को जन्म देता है और वास्तविकता की सीमाओं को लाँघ जाता है। अहंकार हमें खुद को वास्तविकता से अधिक आँकने के लिए मजबूर करता है।

दिल्ली के स्तंभकार वेद प्रताप वैदिक की रिकॉर्डिंग से कुछ छिपा नहीं रहा, जिन्होंने पाकिस्तान दौरे के बाद पंद्रह मिनट के यश का लुत्फ उठाया था। उन्होंने खुद को रौसिउ और कार्ल मार्क्स जैसे पूर्व विद्वानों की श्रेणी में रखते हुए राष्ट्रवाद और पुनरुद्धार की असंबद्ध सीमाओं से स्वतंत्र घोषित किया था। रौसिउ और कार्ल मार्क्स फ्रांस आंदोलन के समय के विद्वान् थे, जिन्होंने कम्युनिस्ट घोषणा-पत्र तैयार किया था। वैदिक ने किस तरह ट्विटर पर खुद के बारे में उल्लेखित किया था, और हम बहस करनेवाले हैं कौन? विश्व नागरिक की बड़ी भूमिका में वैदिक ने कश्मीर विवाद को सुलझाने की वकालत की थी—एक संगठित और स्वतंत्र राज्य।

जाहिर है, इससे वैदिक पाकिस्तान में आदर्श भारतीय बन गए। इस्लामाबाद और लाहौर में उनका भव्य स्वागत किया गया। प्रधानमंत्री नवाज शरीफ के साथ उन्होंने बातचीत की और आतंकी हाफिज सईद, जिसने वर्ष 2008 में मुंबई हमले की साजिश रची थी और लाहौर में सामंत के तौर पर रह रहा है, उसके साथ स्वरुचि भोजन किया था। वैदिक ने दिल्ली लौटकर अपनी प्रतिक्रिया दी थी।

जब पत्रकारों ने कोशिश की और इसे समाचार बनाया तो उस स्टोरी ने जोर पकड़ लिया। वह स्टोरी तितली बन गई, जो आसपास बैठी और थोड़ी ही देर में उसे एक जम्हाई और हलचल ने मार डाला। यह संक्षेप रूप से वैदिक की कहानी के साथ हुई घटना है, जो कांग्रेस की राजनीतिक समझ का कारण बनता रहा और इसकी वजह से सरकार को नुकसान झेलना पड़ा।

यह संभव है कि कांग्रेस की जैसी हार हुई, वैसी हार उसे इतिहास में कभी नहीं झेलनी पड़ी थी और वह इस बड़ी हार से अब तक असंतुलित है और उसके पास इसे सोचने के लिए समय तक नहीं मिला। प्रधानमंत्री नरेंद्र मोदी का आतंकवाद को लेकर हमला करना दरशाता है कि पार्टी अब भी विषम दौर से गुजर रही है। वर्तमान में आतंकवाद के खिलाफ राष्ट्रीय लड़ाई लड़नेवाला मोदी की तुलना में कोई दूसरा नेता नहीं है।

इससे हैरानी होती है कि कांग्रेस ने पाकिस्तान यात्रा में वैदिक के साथियों के नाम नहीं देखे थे। सलमान खुर्शीद और मणिशंकर अय्यर जैसे दिग्गजों ने कांग्रेस शासन के पक्ष में मौका पाया, क्योंकि उन्होंने मोदी की अनवरत आलोचना की थी। इससे पार्टी का उद्देश्य स्पष्ट होता है कि पार्टी ने किस तरह खुद ही अपने गोल में गेंद डाल ली।

डॉ. मनमोहन सिंह और श्रीमती सोनिया गांधी का एक दशक निराशाजनक पहलुओं में से एक है कि उन्होंने भारत-पाक संबंधों का वास्तविक नियंत्रण ट्रैक 2 और ट्रैक 3 के व्यस्त और बहानेबाज शीर्षक के हाथों सौंप दिया था। प्रतियोगिता की इस दौड़ में शांति और ट्रैक 1 गायब हो गया। इस्लामाबाद ने काफी बुद्धिमानी से हमला किया। आतंकवाद जैसे कठिन सवाल का जवाब नहीं मिल सका। खासकर मुंबई हमले के बाद, जिसे हाफिज सईद और पाकिस्तानी सेना और उसकी खुफिया सेवा के सहयोग से अंजाम दिया गया। इस खोल में राष्ट्रीय हितों को लकवा मार गया और दिल्ली में दृढ इच्छा-शक्तिवाली पार्टी की माँग हुई।

उस माहौल में पाकिस्तान सक्षम था, यह दिखाने के लिए कि इसमें इस्लामाबाद का कोई हाथ नहीं है। हाफिज सईद को पाकिस्तान में किसी ने हाथ तक नहीं लगाया, क्योंकि उसे वहाँ की सरकार का संरक्षण प्राप्त था। कट्टरपंथी सुन्नी जनता का समर्थन मिलने से उसकी शक्ति और बढ़ गई थी। पाकिस्तान में मजहब के नाम पर शासकीय समर्थन मिलने से वहाँ हिंसा बढ़ती रही और भारत हमेशा निशाने पर रहा। जिहादियों की आस्था पर खरा नहीं उतरने की वजह से पाकिस्तान शियाओं का कब्रगाह बन गया है। यह विडंबना ही रही कि पाकिस्तान के जनक मुहम्मद अली जिन्ना भी शिया थे, लेकिन उन्होंने इस पर कुछ बोलना भी उचित नहीं समझा। वे अब जिन्ना के बुतों को ही निशाना बनाएँगे।

भारत का पाकिस्तान के साथ संबंध सांस्कृतिक सहयोग से मिटाने के लिए एक लाचार दृष्टिकोण हो सकता है, लेकिन कोई नहीं जानता कि आगे क्या होगा। हमारी सीमाओं पर हल्की-फुल्की लड़ाई होती रहती है, जबकि हाफिज सईद भारत में दूसरे आतंकी हमले की फिराक में हमेशा रहता है।

यह विश्वास के साथ कहा जा सकता है कि दिल्ली और इस्लामाबाद झगड़ा-फसाद के इस कठोर सत्य को खत्म कर देंगे। इस संघर्ष ने काफी नुकसान किया है।

□

सामरिक स्वास्थ्य के लिए

चीन के साथ इसके कारणों की तलाश।

—21 सितंबर, 2014

कूटनीति में शालीन भाषा का इस्तेमाल आवश्यक है और सिर्फ एक बार इसके गढ़ने से बात नहीं बनती। बार-बार इसे दोहराया जाता है। राष्ट्रपति प्रणव मुखर्जी द्वारा शाही सम्मान दिए जाते समय चीन के राष्ट्रपति शी जिनपिंग ने अपने सामान्य संबोधन में कहा था कि भारत-चीन के बीच युद्ध-कौशल और सहकारी भागीदारी से दोनों देशों सहित दुनिया के आसपास के देशों में प्रगति और समृद्धि आएगी। दूसरी बार के वक्तव्य में उन्होंने इस सामरिक साझेदारी का लालच दिया।

बीजिंग से संदेश—दूसरी बार जब सम्मेलन में हमारी मुलाकात होगी, हम उस पर गंभीर रहेंगे। लेकिन भारत कश्मीर के बातचीत का अंदाज अगली बार बदल जाएगा और अगली बैठक के लिए दोनों देशों को राजी होने के लिए भी हिसाब लगाना होगा। वह बदल जाएगा। इसलिए संक्षेप में सामरिक सहायता के लिए वजह होनी चाहिए, ताकि बड़े स्तर पर दुनिया इसकी मदद करेगी। लेकिन क्या इस जटिल दुनिया में यह संभव है?

शुरू करने के लिए हिमालय पर जाने की जरूरत नहीं है। विकास अपने घर से शुरू होता है। सन् 1948 से ही पड़ोसियों के बीच विवाद की जड़ सीमा है, जब माओवादी कम्युनिस्टों ने बीजिंग में शक्ति छीन ली गई और तिब्बत के लिए चीन पर आरोप लगाया गया। 1962 के युद्ध के अंतिम चरण के बाद 1988 में भारत और चीन इस समस्या के निदान के साथ उच्च स्तर पर पहुँच गया। उन्होंने महसूस किया कि कई विचारों को व्यक्त नहीं किया जा सकता। उसे नहीं कहना ही बेहतर था और व्यापार एवं यात्रा जैसे महत्त्वपूर्ण विषय पर बात करना जरूरी था। एक सरस वाक्यांश के माध्यम से इस नए रिश्ते की रूपरेखा व्यक्त की जा सकती है—सीमा पर 'शांति और

शांतचित्तता' देश के दावों से परे है और इसलिए आक्रमण और भ्रमण की दास्ताँ रुकी नहीं और गुस्से में कोई गोलीबारी नहीं हुई। इसके विपरीत भारत-पाक सीमा पर हर हफ्ते गोलीबारी होती है; लेकिन अस्थायी सीमा कभी स्थायी नहीं बनी, क्योंकि दोनों देशों ने माना कि यह अस्थायी है। लेकिन वह कौन सी बात है, जिससे प्रधानमंत्री नरेंद्र मोदी चिंतित हुए, जब चीन के राष्ट्रपति शी जिंनफिंग के साथ पाक्षिक ट्रेडमार्क प्रणाली पर बात हुई थी। उनके सादृश्य बयान पर चीन ने अपनी संकीर्णता दिखाई। एक कहावत है—एक दाँत दर्द पूरे शरीर को नाकाम बना देता है। भारत-चीन की आधी सीमा पर कोई विशेष विवाद नहीं हुआ और कम-से-कम शर्तों के आधार पर सीमा रेखा को स्थापित किया गया। यह अरुणाचल, लद्दाख, अक्साई चीन और कब्जेवाले कश्मीर का शेष हिस्सा है, जिसे अनावश्यक रूप से पाकिस्तान ने चीन को सौंप दिया है, जहाँ काफी ठंड रहती है। भारत तिब्बत पर स्वायत्तता चाहता है; लेकिन संप्रभुता (आधिपत्य) के मामलों को लेकर वर्षों से यह प्रयास विफल रहा है।

चीन को लेकर स्वीकार करना होगा कि अरुणाचल प्रदेश भारत का अभिन्न अंग है। हम इस पर पूर्वाकलन नहीं लगा सकते कि अंतिम समझौता क्या होगा, लेकिन सामान्य मुआवजे की बदौलत यह संभव नहीं है तथा किसी सामरिक सहायता या फिर इस तरह की जटिल वार्त्ता के लिए इंतजार करना पड़ेगा।

इस समय भारत और चीन दोनों सेना और आतंकियों की छाया में हैं। वे पाकिस्तान, अफगानिस्तान, इराक और आसपास के युद्धक्षेत्र में आते हैं।

अल कायदा, जो आतंकी संगठनों में से एक है, ने औपचारिक तौर पर भारत के खिलाफ युद्ध की घोषणा कर दी है।

प्रधानमंत्री नरेंद्र मोदी ने जब अल कायदा को जिहाद के नाम पर भारतीय मुसलिमों को पाँचवीं श्रेणी में खड़ा करने की बात को भूल जाने के लिए कहा तो अलगाववादी एजेंटों के गाल पर करारा तमाचा पड़ा। टी.वी. चैनल सी.एन.एन. में फरीद जकारिया के साथ एक इंटरव्यू में संकेत दिया कि भारतीय मुसलिम राष्ट्रभक्त हैं और वे देश के लिए जीना-मरना जानते हैं और मोदी के भरोसे से उनका गहरा लगाव है। इसे पूरी दुनिया जानती है। लेकिन उन्हें आगे और भी बहुत काम करना है।

चीन भी इसके दायरे में है। नीतिगत कारणों को लेकर इस चेतावनी को तवज्जो दिए जाने की बजाय बीजिंग ने स्वनियुक्त खलीफाओं को तवज्जो देना शुरू किया। जब तक जिंजियांग के प्रति उदार नहीं हो जाते, तब तक इस्लामाबाद और काबुल के नियंत्रण से बाहर अफगान-पाकिस्तान रुकेगा नहीं। चीन भी दुनिया के खतरनाक युद्ध से अलग नहीं रह सकता है।

भारत और चीन में कई बातें समान देखने को मिलती हैं, क्योंकि दोनों देश की

सुरक्षा को लेकर एक-दूसरे को प्रेरित करते हैं। उनके अधिक शक्तिशाली होने के पीछे इससे बड़ा कारण नहीं है। मैं नहीं जानता कि बीजिंग इस तरह की सहायता की सोच रखता है। कुछ लोग बीजिंग में यह तर्क देते होंगे कि इस लड़ाई में पाकिस्तान ने संधि की होगी; लेकिन अगर कोई इस्लामाबाद की सीमाओं को जानना चाहता है, तो वह वॉशिंगटन फोन करके पता कर सकता है। पाकिस्तान को लेकर कई विरोधाभासी बातें हैं, फिर भी उसका उद्देश्य स्पष्ट है।

मनोवैज्ञानिक तौर पर चीनी दीवार पर भरोसा करते हैं। लेकिन संचार तकनीकी ने दीवार से सुरक्षा के भरोसे को तोड़ दिया है और आतंकी सरहदों को लाँघने में सफल हो जाते हैं। अगर हम आगे नहीं बढ़ते हैं तो हम पीछे लुढ़कते जाएँगे।

□

उत्कृष्ट कृति

इन दिनों हम अनिश्चितता के ऐसे दौर से गुजर रहे हैं, जब एक ज्योतिषी जिस व्यग्रता के साथ राजनीतिकों की तलाश कर रहे हैं, उसी व्यग्रता के साथ राजनीतिक ज्योतिषियों के पीछे पड़े हुए हैं।

1937 से पहले के जिन्ना

अगर हम नायक और खलनायक वाली फिल्म के रूप में न देखें तो इतिहास को अच्छी तरह समझ सकते हैं।

—12 जून, 2005

'शाबाश!' यंगमैन। मुझे राजनीति तक पहुँचने के लिए इस धर्म के साथ कुछ करने की जरूरत नहीं है। मैं आंशिक रूप से कांग्रेस और गांधी के साथ हूँ। मैं भड़काऊ भीड़ के पक्ष में नहीं हूँ।'

वह यंगमैन थे युवा पत्रकार दुर्गा दास और वह वृद्ध व्यक्ति थे, मोहम्मद अली जिन्ना। यह वाक्यांश दुर्गा दास की पुस्तक 'कर्जन से नेहरू तक और बाद का भारत' (इंडिया फ्रॉम कर्जन टु नेहरू एंड आफ्टर) से लिया गया है। जिन्ना ने सन् 1920 में नागपुर अधिवेशन के बाद कहा था, जहाँ गांधीजी का असहयोग प्रस्ताव रखा गया था।

1 अक्तूबर, 1906 को 35 मुसलिमों को मिंटो के चौथे सरदार की पदवी दी गई, जो भारत के वायसराय कर्जन के उत्तराधिकारी थे। उनका नेतृत्व आगा खाँ कर रहे थे और भारत में पहली बार इस शब्दावली का इस्तेमाल 20वीं सदी में किया गया—भारतीय मुसलिमों का 'राष्ट्रीय प्रेम'। उन्हें बड़ी ही विनम्रता के साथ कहा गया कि उन्हें नौकरी करने के लिए समान अधिकार मिलें और कौंसिल, नगर पालिकाओं, यूनिवर्सिटी सिंडिकेट और हाई कोर्ट बेंच में अलग से सीटें दी गईं। उन्हें ऐसी सुविधाएँ देकर लॉर्ड मिंटो खुद को गौरवान्वित महसूस कर रहे थे। मुसलिम लीग का जन्म उसी वर्ष दिसंबर में ढाका में नवाब सलीमुल्लाह खाँ की अध्यक्षता में हुआ था। वह इतने बीमार थे कि अक्तूबर में उन 35 मुसलिमों के साथ शामिल नहीं हो पाए थे। आगा खाँ इसके पहले अध्यक्ष थे।

आगा खाँ ने बाद में लिखा था कि यह व्यंग्यात्मक उमंग की बात है कि सन् 1906 में हमारे विरोधी जिन्ना थे, जो मेरे और मेरे साथियों की दुश्मनी के बावजूद बचकर निकल गए थे। सिर्फ वही ऐसे मुसलिम थे, जो ऐसा कर सकते थे। उन्होंने कहा कि

अलगाववादी चुनाव का हमारा सिद्धांत फिर से राष्ट्र को बाँट रहा था।

संक्षेप में कहें तो उसी दिन ढाका में लीग की स्थापना हुई। जिन्ना 44 मुसलिमों के साथ कलकात्ता में थे और लगभग 1,500 हिंदू, ईसाई एवं पारसी भारतीय राष्ट्रीय कांग्रेस के अध्यक्ष दादाभाई नौरोजी की सेवा में लगे थे। दादाभाई इतने बीमार थे कि जिन्ना द्वारा तैयार और गोपालकृष्ण गोखले द्वारा पढ़े गए प्रारुप के बारे में वह संबोधित नहीं कर पा रहे थे।

वहाँ सरोजिनी नायडू पहली बार 30 वर्षीय जिन्ना से मिली थीं और उन्होंने उन्हें 'ऊर्जावान् देशभक्त' कहकर संबोधित किया था। उन्होंने जो कहा था, वह इस प्रकार था—लंबा और विशाल, लेकिन दुबले-पतले और कमजोर, निस्तेज, लेकिन शानदार व्यवहारवाले मोहम्मद अली जिन्ना की पहचान उनके कर्म से होती है और दुराग्रह थोड़ा हटकर, लेकिन निरंकुश व्यवहार के थे। वे शांत स्वभाव के भोले भी थे; लेकिन वे गुस्सैल स्वभाव के थे। वे महिलाओं की तरह झगड़ पड़ते थे और बच्चों की तरह उनमें जीतने की जिद थी। वे शरमीले, लेकिन शानदार विचारवाले व्यक्ति थे।

जिन्ना के 25 जनवरी, 1910 को केंद्रीय विधान परिषद् कलकात्ता (उन दिनों ब्रिटिश इंडिया की राजधानी) में प्रवेश किया। उनके साथ गोपाल कृष्ण गोखले, सुरेंद्रनाथ बनर्जी और मोतीलाल नेहरू भी थे। लॉर्ड मिंटो को उम्मीद थी कि परिषद् को रबर स्टैंप की तरह इस्तेमाल किया जाएगा; लेकिन जिन्ना के पहले भाषण में ही उसके सारे अनुमान पर पानी फिर गया। उन्होंने एक दूसरे गुजराती का मुद्दा उठाया, जो समुद्र पार अपने लोगों के लिए काम कर रहे थे—मोहनदास करमचंद गांधी। जिन्ना ने कहा, दक्षिण अफ्रीका में भारतीयों के साथ निर्दयता और बर्बरतापूर्ण व्यवहार किया जाता है। मिंटो ने 'निरपेक्षतापूर्ण' व्यवहार पर आपत्ति जताई। इस पर जिन्ना ने जवाब दिया, "माई लॉर्ड! मैंने काफी महसूस करने के बाद सोच-समझकर 'निर्दयतापूर्ण व्यवहार' शब्द का इस्तेमाल किया है।" में लॉर्ड मिंटो चुप रहे।

7 मार्च, 1911 को जिन्ना ने बताया कि ब्रिटिश भारत के इतिहास में पहला गैर-आधिकारिक कानून क्या था। सन् 1894 के वक्फ उपहार को वक्फ बिल के रूप में स्वीकार किया गया। भारतीय साम्राज्य के सभी मुसलिम आभारी हो गए।

जिन्ना बाँकीपुर में सन् 1912 लीग की पहली सभा में शामिल हुए, लेकिन सदस्य नहीं बने। वह बाँकीपुर कांग्रेस की सभा में शामिल होने आए थे। कुछ महीने बाद लखनऊ में लीग की एक विशेष सभा (वार्षिक सभा नहीं थी) में जब शामिल होने पहुँचे, उनके साथ प्लेटफॉर्म पर सरोजिनी नायडू थीं। डॉ. एम.ए. अंसारी, मौलाना आजाद और हकीम अजमल खाँ 1914 में जब लीग की बैठक हुई तो उनके साथ मदनमोहन मालवीय, सुरेंद्रनाथ बनर्जी, एनी बेसेंट, बी.जी. हॉर्निमैन, सरोजिनी नायडू

और महात्मा गांधी भी थे। जिन्ना सन् 1913 में जब लीग में शामिल हुए थे, उन्होंने एक शर्त रखी थी कि मुसलिम लीग और मुसलिम हित के प्रति उनकी निष्ठा उस समय नहीं रह पाएगी, जब राष्ट्र-हित की निष्ठा प्रभावित होगी। (जिन्ना : उनके भाषण और लेख, 1912-1917 को सरोजिनी नायडू ने संपादित किया था।) उस वर्ष गोखले ने जिन्ना को यह कहकर सम्मानित किया था कि वह समय के साथ चलते हैं—'यह सभी सांप्रदायिक पूर्वग्रह की स्वतंत्रता है, जो उन्हें (जिन्ना का) हिंदू-मुसलिम एकता का सर्वश्रेष्ठ दूत बनाएगा। सन् 1914 की बसंत ऋतु में जिन्ना की अध्यक्षता में कांग्रेस का एक दल प्रस्तावित इंडिया बिल के परिषद् में लंदन गया।

गांधी सन् 1915 में जब भारत लौटे, जिन्ना गुजरात सोसाइटी (भारत और पाकिस्तान के गुजरातियों के महात्मा) के अध्यक्ष थे। एक समारोह आयोजित कर उन्होंने गांधी को 'दक्षिण गुजरात का नायक' कहकर संबोधित किया। जिन्ना 1915 के महानायक थे। उन्हीं दिनों बंबई में कांग्रेस और लीग की सभा एक ही समय हुई। उन्होंने कांग्रेस अध्यक्ष सत्येंद्र सिन्हा और मजहरुल हक (कांग्रेस नेता, जिन्हें उसी वर्ष मुसलिम लीग का अध्यक्ष बनाया गया था) के साथ संयुक्त रूप से लगातार काम किया। लीग की सभा में मजहरूल हक और जिन्ना से मुल्लाओं ने इतने सवाल-जवाब किए कि सभा को स्थगित कर देना पड़ा। दूसरे दिन ताजमहल होटल में सुरक्षित परिवेश में फिर से सभा हुई। लखनऊ की सभा में दूसरे वर्ष जिन्ना लीग के पहले अध्यक्ष चुने गए।

इस बीच मोतीलाल नेहरू जिन्ना के काफी करीबी हो गए और उनके साथ परिषद् में काम करने लगे। जब उदार स्वभाववाले मोतीलाल नेहरू ने इलाहाबाद स्थित अपनी हवेली में उस साल अप्रैल में एक सभा बुलाई थी, जिसमें उन्होंने कहा था कि 'हमारे दूसरे राष्ट्रवादी साथियों की तरह हैं। वे हिंदू-मुसलिम एकता के लिए काम करते हैं।' इलाहाबाद की इस सभा के बाद जिन्ना छुट्टियाँ बिताने दार्जिलिंग चले गए और अपने मित्र सर दिनशॉ मनॉकजी पेतित के ग्रीष्मकालीन आवास पर गए और वहाँ 16 वर्षीय रुती से उनकी मुलाकात हुई। मुझे लगता है, उसी समय उनका प्यार परवान चढ़ गया था। रुती 18 साल की उम्र में घर से भाग गई और उन्होंने 19 अप्रैल, 1918 को शादी कर ली थी। महमूदाबाद के राजा ने शादी की अँगूठी उपहार में दी। रुती के पारसी परिवार ने अस्वीकार कर दिया। यह शादी प्रेम से भरे माहौल में हुई, लेकिन दूसरी तरफ परिवार में विरोध कायम रहा। एक दशक तक वे अलग रहे।

लीग के अध्यक्ष के रूप में जिन्ना ने कांग्रेस अध्यक्ष ए.सी. मजूमदार के साथ मिलकर लखनऊ समझौते की रूपरेखा तैयार की। अपने अध्यक्षीय भाषण में जिन्ना ने कहा कि हिंदू और मुसलिम एक साथ देशभक्ति की भावना से ओत-प्रोत हैं··· इसके लिए यही मूल कारण है।

मजूमदार ने घोषणा की कि सभी विवाद और विरोधाभाषी विचार खत्म हो गए। हिंदू और मुसलिम संयुक्त रूप से भारत में सरकार के प्रतिनिधित्व की माँग करेंगे।''

इस बीच गांधी का आगमन हुआ। उन्हें किसी भी विधायी चुनाव में नहीं चुना गया। उन्होंने भरोसा जताया कि सिर्फ अहिंसा के माध्यम से ही आजादी हासिल की जा सकती है और उसके लिए हमें संदेश तैयार करने होंगे।

सन् 1915 में गोखले ने गांधीजी को सलाह दी, ''आप अपने कान खुले और मुँह को एक साल तक बंद रखें, फिर भारत को देखें। गांधी उपमहाद्वीप की यात्रा पर निकल गए। गांधीजी कलकत्ता से ही रंगून चले गए और वहाँ छात्रों को संबोधित किया। मुसलिमों ने संकेत दिया कि वे राजनीति से मजहब की गाँठ जोड़ने के लिए तैयार हैं और अंग्रेजी हुकूमत के खिलाफ पहला विरोध खिलाफत आंदोलन के रूप में शुरू किया।

तीन साल बाद गांधीजी ने स्वतंत्रता आंदोलन के लिए नए सिरे से जमीन तैयार की—धार्मिक भावना के माध्यम से शिक्षित लोगों को प्रेरित किया जाने लगा। हिंदुओं के लिए स्वराज्य और मुसलिमों को खिलाफत का भरोसा दिलाया गया।

चंपारण राजनीतिक चमत्कार का स्थल बन गया। सन् 1919 में हुई जलियाँवाला हत्याकांड ने भारतीयों में आक्रोश भर दिया। गांधीजी के नेतृत्व में कांग्रेस ने पहला विद्रोह किया, वह था 1921 का असहयोग आंदोलन।

स्वराज के पक्षधरों ने जिन्ना में राजनीतिक महत्त्वाकांक्षा का गुण पाया और जो उनके प्रति सम्मान का भाव रखते थे, राजनीति में धर्म के समावेश को नजरअंदाज कर रहे थे। सन् 1920 में जब नागपुर अधिवेशन में अपनी बात उठाई, जहाँ गांधीजी ने असहयोग आंदोलन का प्रस्ताव रखा था। 50,000 से भी अधिक हिंदू-मुसलिम उस सभा में थे, जिनमें जिन्ना ही सबसे महत्त्वपूर्ण प्रतिनिधि थे। उनकी दो मुख्य आपत्तियाँ थीं। उन्होंने जो प्रस्ताव रखे थे, उनमें स्वराज के बारे में स्पष्ट उल्लेख था या फिर उसे पूर्ण स्वतंत्रता कह सकते हैं और वे लाला लाजपत राय के विचारों से सहमत थे, जिसकी अंग्रेजों ने कभी उम्मीद नहीं की होगी कि कांग्रेस ऐसा सोच भी सकती है। जिस अंदाज में उन्होंने अपना प्रस्ताव रखा, वह उचित समय नहीं था। आप लोग जिस कार्यक्रम के लिए भारतीय राष्ट्रीय कांग्रेस से वादा कर रहे हैं, उसे अभी पूरा करने का उचित समय नहीं है। (गांधीजी के स्वराज की प्रतिज्ञा लेने के एक वर्ष के अंदर सन् 1922 में केरल में हुए सांप्रदायिक दंगे और चौरी-चौरा घटना के बाद महात्मा गांधी ने असहयोग आंदोलन वापस ले लिया। कांग्रेस ने 1931 तक पूर्ण स्वराज्य प्राप्त करने का लक्ष्य तय किया।) जिन्ना की दूसरी आपत्ति थी—अहिंसा का मार्ग कभी सफल नहीं होगा। इसमें जिन्ना गलत साबित हुए।

इस भाषण में ध्यान देने योग्य कुछ बातें हैं। जब पहली बार जिन्ना ने गांधीजी को 'मिस्टर गांधी' कहकर संबोधित किया तो उसमें महात्मा गांधीवाली बात या भावना नहीं थी। बिना किसी झिझक के जिन्ना ने फिर इसमें सुधार किया और 'महात्मा गांधी' कहकर संबोधित किया। बाद में उन्होंने कहा, 'मोहम्मद अली दोनों अली बंधुओं में सबसे अधिक प्रभावशाली हैं।' दोनों भाई 'मौलाना' के नाम से प्रसिद्ध हैं। 'मौलाना' गुस्सैल स्वभाव के थे, इसलिए जिन्ना ने उन्हें नजरअंदाज किया। उन्होंने लगभग पाँच बार अली का जिक्र किया, लेकिन हर बार उन्होंने 'मिस्टर मोहम्मद अली' कहकर पुकारा।

हम गांधीजी की अंतिम दो बातों को छोड़ देते हैं। 8 जून, 1940 को 'हरिजन' में लिखे एक लेख में गांधीजी ने कहा था कि "खुद को कायद-ए-आजम कहनेवाले महान् कांग्रेसी थे। सिर्फ असहयोग आंदोलन के बाद ऐसा हुआ कि विभिन्न समुदाय से आनेवाले कांग्रेसियों को उन्होंने छोड़ दिया। उनकी कमी यह है कि वे पूरी तरह राजनीतिक हैं।" दूसरे शब्दों में कहें तो वे सांप्रदायिक नहीं हैं।

अगर हम नायक और खलनायक की तरह नहीं सोचें तो इतिहास के साथ हम सही न्याय कर सकेंगे। राष्ट्रीय संघर्ष के दिनों में हमारे नायक परिस्थितियों के अनुसार बदलते गए। महात्मा गांधी ने अहिंसा के रास्ते पर चलकर तीन दशक बाद साम्राज्य को हासिल किया और अंग्रेजों की ओर से उन्हें 3 जून, 1915 (उसी दिन रवींद्रनाथ टैगोर को 'नाइटहुड' की पदवी दी गई) को 'कैसर-ए-हिंद' का सम्मान मिला। सुभाषचंद्र बोस वर्ष 1920 तक गांधीवाद से काफी उत्साहित थे। उन्होंने सैन्य वरदी को अपना लिया और फासिस्टों की मदद से इंडियन नेशनल आर्मी का नेतृत्व किया। जिन्ना के राजदूत बनाए गए, जो एकता वे विभाजन के पक्षधर बन गए।

मौलाना अबुल कलाम आजाद, जिन्होंने विभाजन का विरोध किया, जबकि नेहरू और पटेल ने 1947 में विभाजन को स्वीकार किया था। सन् 1936-37 के बाद संघीय राज्य में इस मसौदे पर बातचीत असफल रही। भारत संघ ने 1946 में कैबिनेट मिशन प्लान को अपना लिया था।

15 अगस्त, 1947 के दिन महात्मा गांधी काफी दुखी थे (फैज के मुताबिक)। आजादी का जश्न मनाने के लिए वह दिल्ली में नहीं थे, कलकत्ता में उपवास पर थे। गांधी और एच.एस. सुहरावर्दी को धन्यवाद कि उनकी बदौलत 1947 में कलकत्ता में किसी तरह का सांप्रदायिक दंगा नहीं हुआ।

□

गुजरात के माओ

जैसा कि राहुल गांधी मानते हैं, किसी भी सवाल-जवाब में पत्रकारों के मुकाबले छात्र बेहतर कर सकते हैं।

—28 नवंबर, 2010

इसी सप्ताह अहमदाबाद के एक छात्र से एक सवाल पूछा गया था और राहुल गांधी से दो सवाल पूछे गए थे। उन्होंने यह साबित कर दिया कि जो काम छात्र कर रहे हैं, उसे पत्रकारों ने न तो किया है और न कर सकते, अगर उनसे कोई सवाल किया जाए। इस मामले में मीडिया अपनी रिपोर्ट की मदद से अपना बचाव कर लेती है। इसलिए पत्रकारों की गलतियाँ छिप जाती हैं और इसलिए हम 'टाइम्स ऑफ इंडिया' के रिपोर्टर को धन्यवाद देते हैं, जो सूत्र के तौर पर सभागार में मौजूद थे।

छात्र जानना चाह रहे थे कि जब नरेंद्र मोदी ने गुजरात का इतना विकास किया तो फिर कांग्रेस को वोट क्यों देना चाहिए। राहुल गांधी ने इसका जो जवाब दिया वह युक्तिसंगत नहीं था। माओ जिडांग ने राहुल गांधी से कहा, चीन ने भी विकास किया। लेकिन उसने अपने देश का नुकसान भी किया। मैं पूरी तरह आश्वस्त नहीं हूँ कि बीसवीं सदी के एक महान् व्यक्ति से तुलना करने के बारे में सोचेंगे। शायद राहुल गांधी के विचार उनके सुने अपरिपक्व भाषणों से प्रभावित हैं और उसमें चीन की चाशनी शामिल है। वे माओ की तरफ से इस तरह मुड़े, जिस तरह से कांग्रेस ने महात्मा गांधी को मोड़ा। माओ की मूर्ति तियनानइमेन स्क्वायर पर जमी बैठी है, जिस तरह देश का प्रतिनिधित्व हो रहा हो। यदि भारतीय नोट पर नरेंद्र मोदी की तसवीर दूसरे गुजराती के रूप में होती, तब वह मान सकते हैं कि उन्होंने जीवन से बेहतर उपलब्धि हासिल की।

एक युवती ने एक तीखा सवाल किया। उसने पूछा कि वह कांग्रेसी नेता कौन है, जो अपनी तुलना विकास के मामले में मोदी से कर सकता है। राहुल गांधी की जुबान पर चार नाम थे—मनमोहन सिंह, पी. चिदंबरम, जयराम रमेश और ए.के. एंटनी। मजे

की बात यह है कि इन चार में से तीन ने लोकसभा चुनाव कभी लड़ा ही नहीं। चिदंबरम के अपने लोकसभा क्षेत्र के मतदाता क्षेत्र में विकास नहीं कराने से उनके बारे में अच्छी राय नहीं रखते थे। नतीजतन वर्ष 2009 के चुनात्र में उनकी हार हुई। यह भी मजे की बात होती, अगर जयराम रमेश को एक विधानसभा सीट मिलती, जहाँ विकास के मुद्दे के आधार पर वह चुने जाते, लेकिन उनके मंत्रालय ने राहुल गांधी की यातायात योजना को महत्त्व दिया।

बहुत ही रोचक तथ्य है कि भारत के वित्त मंत्री प्रणव मुखर्जी को राहुल गांधी की सूची में विकास और ईमानदारी के आयकर पर नायक के तौर पर नहीं रखा गया। राहुल के विचार से तीन ही मंत्री भ्रष्ट नहीं थे—पी.एम., एंटनी और चिदंबरम। ईमानदारों की सूची में राहुल जयराम रमेश की गिनती नहीं करते थे। बेचारे जयराम या फिर कहना उचित होगा—संपन्न जयराम!

अहमदाबाद के छात्रों ने मोदी का पक्ष लिया। गुजरात के विकास में मोदी के सामने राहुल को क्यों नकार दिया गया? राहुल गांधी का जवाब था कि उन्हें कुछ मुद्दों का सामना करना पड़ा। इस बिंदु पर कहानी में अचानक मोड़ आ जाता है। इसकी वजह यह है कि राहुल निष्कर्ष पर और स्पष्टवादी हैं। इसके बावजूद इस कांग्रेस नेता ने आगे शामिल होने से नकार दिया, यह कहकर कि 'देर हो गई थी।' शायद वह अड़ियल थे। राहुल गांधी ने पाया कि छात्रों के मुकाबले पत्रकारों के जवाब देना ज्यादा आसान है।

जो युवकों को हल्के में लेकर चलते हैं, वे उन्हें नहीं समझ सकेंगे। युवा साज-सज्जा की परवाह नहीं करते हैं, लेकिन वे सच्चाई को बेहतर ढंग से पहचानते हैं।

□

अन्ना की मुसकराहट

सत्ता-विरोधी दिल्ली में सहजता पूरक नहीं है।

—24 अप्रैल, 2011

क्या भारत के स्वतंत्रता संग्राम की याद दिलानेवाला अन्ना हजारे जितना उम्रवाला कोई शख्स है?

हम लोग रालेगण सिद्धि गाँव में एक वटवृक्ष के नीचे संगमरमर के फर्श पर बैठे हुए थे। वहाँ ईंटों से बना एक मंजिला घर था और पास में एक मंदिर था। पुणे से हमें वहाँ कार से पहुँचने में 90 मिनट लगे। हमारी बातचीत के बीच वह सवाल कर रहे थे। कभी-कभी मुझसे सवाल कर रहे थे। कभी लगता था, वह खुद से सवाल कर रहे हैं—मैराथन क्या था, शायद अंग्रेजों के खिलाफ अहिंसा की लड़ाई? क्या गोरों को भागने के लिए हम सभी एकजुट थे?

हम लोगों ने स्थानीय अनाज से तैयार भोजन किया। साथ में दही-रोटी थीं। एक उत्साही शुभचिंतक उसे लाया था, जो पास की एक बिल्डिंग से लाए थे। थोड़ी ही दूरी पर एक बिल्डिंग है, जहाँ सोफे से सजा हुआ बैठक कक्ष है, बड़ा सा डाइनिंग रूम है तथा सुविधाओंवाला वॉशरूम है।

इस बिल्डिंग को अन्ना ट्रस्ट ने नहीं बनवाया था, बल्कि महाराष्ट्र सरकार ने बनाया था। वहाँ जरूरत का जितना सामान था, वह अन्ना के लिए नहीं। महाराष्ट्र के इस प्रसिद्ध गाँव में प्रदेश के राज्यपाल की इच्छा से उनके सम्मान में बनाया जाता था।

शायद राज्यपाल के कार्यालय ने यह विचार किया होगा कि प्लास्टिक की कुरसी और नारियल के गद्दे पर बैठने में उन्हें तकलीफ होगी, इसलिए वहाँ आरामदायक कुरसी-सोफे लगाए गए, ताकि राज्यपाल जब यहाँ आएँ तो वे दो घंटे वहाँ आराम से विश्राम कर सकें। अन्ना की आवाज में थोड़ा दुःख या निराशा झलक रही थी। जब उन्होंने अधिकारियों से पूछा कि वे जनता के पैसे को बरबाद क्यों कर रहे हैं, तो उन्होंने

जवाब में प्रोटोकॉल का तर्क दिया। अन्ना ने कहा, "इस तरह का प्रोटोकॉल अंग्रेजी शासन में था, लेकिन भारत के स्वतंत्र होने के बाद भी क्यों?"

अन्ना ने कहा, उस समय वह जवान थे। उन्होंने आत्महत्या करनी चाही थी, क्योंकि उनके जीवन का कोई उद्‌देश्य नहीं था। पर उसी समय उन्हें रेलवे स्टेशन के बुक स्टॉल पर स्वामी विवेकानंद की पुस्तक पढ़ने का मौका मिला और उन्होंने जाना जीवन का मुख्य उद्‌देश्य—सेवा।

उनकी मुसकराहट दुखी मनवालों के लिए तो अमृत का काम करती है। दिल्ली में लोगों ने उनकी मुसकराहट देखी। इसलिए यह याद रखनेवाली बात है कि सहजता दिल्ली में सत्ता—विरोधी पूरक नहीं है। रालेगण सिद्धि में लोगों को बिल्कुल अस्पृश्यता का अहसास नहीं होता है, क्योंकि अन्ना लोगों को बिना चालाकी और दिखावे के प्रेम करते हैं। उनका पहला नाम 'अन्ना' नहीं है। इस शब्द का अर्थ है—बड़ा भाई। यह रिश्ता और प्रेम उनके स्वभाव में झलकता है।

अन्ना का इस कवि के बदौलत भारत में युवाओं का अप्रत्याशित उन्माद देखने को मिला, जिसमें यह देखा गया कि उन्होंने क्या दिया और बदले में कुछ नहीं मिला।

उनके आंदोलन में भीड़ की एक अलग कहानी है। शिवाजी की बारात में काफी लोग शामिल हुए। इसमें वहाँ की संस्कृति की बात थी। दोनों ही बातों में काफी समानताएँ हैं।

यह कहना पर्याप्त होगा कि काम में व्यस्त रहने के बाद भी हर जिम्मेदार व ईमानदार व्यक्ति अपनी तुरही लेकर निकल पड़े और सभी मोर-मोरनियाँ नृत्य करने के लिए शामिल हो गईं। एक तरफ देखें तो अन्ना हजारे अन्य एन.जी.ओ. के मुकाबले सरकार के लिए कम नुकसानदायक हैं।

राजनीति की सेवा असत्कारशील हो सकती है। यह किसी राजनीतिक ने एक डिबेट (चर्चा) में कहा था। उन्होंने डिबेट में जनजीवन के प्रति ईमानदारी का मुद्‌दा उठाया था। क्या भारतीय भ्रष्टाचार है या फिर भारतीय संविधान भ्रष्ट है? हम अपने संविधान की गरिमा को सिर्फ सत्ता जाने पर क्यों भुला देते हैं?

□

संघर्ष करने की कला

शांत और गरम स्वभाव की राजनीति

—22 जनवरी, 2012

दक्षिण एशिया के राजनीतिक दाँव-पेंच में किन दो मुश्किल हालात का सामना करना पड़ता है—प्रेम या क्रोध। मौलिक तौर पर बेशक पहला जवाब सही है। किसी भी सामाजिक छविवाले व्यक्तित्व को प्रकाश में आने का मुख्य उद्देश्य अपनी पहचान बनानी चाहिए। जबकि यूसुफ रजा गिलानी इसलामाबाद में सुप्रीम कोर्ट के रास्ते में हैं या मुलायम सिंह यादव को लखनऊ में विधानसभा में संघर्ष करना पड़ा। उनके समर्थकों ने सामर्थ्य भर उनका समर्थन किया।

इस समय टेलीविजन का कैमरा नेताओं के लिए भगवान् बन गया है। यही वजह है कि नेता जनता से अधिक टी.वी. से प्रेम करने लगे हैं। टी.वी. स्क्रीन पर दिखने का मौका मिलना बड़ी बात हो गई है।

यह साफ तौर पर कहा जा सकता है कि राजनीतिक में अब वह गरमी देखने को नहीं मिलती है। अगर हम आचरण की बात न करें तो व्यवहार के तौर पर नेताओं में काफी अंतर देखे जा सकते हैं। पाकिस्तान में गिलानी जमे हैं—उनके बॉस आसिफ अली जरदारी शांत स्वभाव के हैं। लखनऊ में मुलायम गरम स्वभाव के हैं, लेकिन उनकी विरोधी मायावती शांत स्वभाव की? मैं कहूँगा, नहीं। मायावती भी अद्‌भुत स्वभाववाली हैं। राजनीतिकों को अपनी पहचान बनाने के लिए संघर्ष करना पड़ता है, जबकि पुरुष अपने साहस से पहचान बना लेते हैं। लेकिन श्रीमती इंदिरा गांधी और बेनजीर भुट्टो गरम स्वभाव की राजनीतिज्ञ थीं, जो एक इंच के लिए भी झुकने को तैयार नहीं थीं। मायावती का व्यक्तित्व कुलीन वर्ग की तरह है, वह खुद को अपने कार्यकर्ताओं से एक फासला बनाकर रखती हैं। और इसे तोड़ने के लिए उनकी सहमति लेनी जरूरी है।

अमेरिका के राष्ट्रपति बराक ओबामा और मिट्ट रोमनी दोनों ही विचित्र स्वभाव के हैं। इसकी अलग वजहें हैं। यदि ओबामा अपने पद के लिए, यानी अपनी कुरसी के लिए डॉन हैं तो रोमनी बोर्डरूम के अरबपति हैं।

सोनिया गांधी गरम राजनीतिक नहीं हैं, लेकिन उन्हें चुनाव जीतने में मदद नहीं मिली। राहुल गांधी ने चुनाव प्रचार के दौरान अपने तल्ख तेवर दिखाने का प्रयास किया, परिणाम स्पष्ट है। उनकी कोशिश को किसी ने तरजीह दी, किसी ने मनोरंजन का हिस्सा मान लिया; लेकिन चुनाव के दिन फैसला माहौल के आधार पर बदल गया।

डॉ. मनमोहन सिंह का स्वभाव गुनगुना है। लेकिन वह विश्वसनीय हैं। वह निस्संदेह विद्वान् हैं। वह जानते हैं कि चुनाव में उन्हें रीति-नियम का पालन करना है और वे इसके फायदे और सीमाओं को जानते हैं। लेकिन उनकी एक समस्या है—वह भ्रष्टाचार के माहौल को अप्रत्यक्ष रूप से लिफाफे में बंद कर देते हैं।

□

गणतंत्र दिवस पर बोस को क्यों भुला दिया गया था?

गणतंत्र भारत के निर्माण में किसी अन्य महान् स्थापक मुखिया से बोस का योगदान कम नहीं था।

—27 जनवरी, 2013

हम कद से शक्ति का अनुमान लगाते हैं, किसी राजनीतिक चेहरे को देख सकते हैं। मालिक को दिखाने के लिए एक बड़ा चेहरा बनाता है।

सुभाषचंद्र बोस को बंगाल गणतंत्र दिवस की उन प्रतिमाओं में क्यों दिखाया गया है, जो संघर्ष में पिछड़ रहे हैं? स्वामी विवेकानंद को गौरवपूर्ण स्थान दिया गया है, लेकिन बोस को उस भीड़ में बेहतर स्थान देने का प्रयास किया होगा। अगर बंगाल ही भूल जाता है तो भारत कितने दिनों तक याद रखेगा, जब भारतीयों का स्वतंत्र भारत संघ नेतृत्व करता है।

अंग्रेजों द्वारा सन् 1947 में आजादी घोषित करने से पहले ही बोस ने भारत को आजाद घोषित कर दिया था। उनकी सरकार को गांधीजी से अनुमति नहीं मिली थी। द्वितीय विश्व युद्ध के बाद से इसकी प्रक्रिया शुरू हो गई थी। उनकी चुनौती के बाद स्थानीय राजनीति में अंग्रेजों का दबाव कम हुआ। बोस कांग्रेस के विचारों के खिलाफ थे, क्योंकि उन्होंने गांधीजी को चुनौती दी थी। वह खुद को नेहरू के समान शक्तिशाली मानते थे। बोस ने भारतीयों से कहा था, 'तुम मुझे खून दो, मैं तुम्हें आजादी दूँगा।' गांधी ने बिना हिंसा के आजादी का वचन दिया था। गांधीजी ने सन् 1939 में अंग्रेजों की लड़ाई में शामिल होने से इनकार कर दिया। लेकिन बोस ने आगे बढ़कर भारतीय टोली को लेकर जर्मनी, इटली और जापान की तरफ से आगे बढ़े। इसी तरह से उनकी आजादी की भी लड़ाई थी।

लगभग छह दशक बाद तक पंडिताई और रूढ़िवादिता पर लोगों को तर्क करते पाया गया और 20वीं सदी में भारत ने दो विश्व युद्धों के अनुभवों को महसूस किया। जीत के बाद ब्रिटेन भारत को बिना किसी दखलंदाजी के स्वशासन की आजादी देनेवाले वादे से मुकर गया। सन् 1919 में भारत ने जलियाँवाला बाग नर-संहार और घातक रॉलेट एक्ट को झेला।

सामान्य तौर पर लोग नहीं जानते थे कि गांधी लड़ाई के समय शांत नहीं बैठे थे। वह दक्षिण अफ्रीका के बोअर और जुलू वॉर में अंग्रेजों की अगली कतार में थे। वह 1914 में फ्रांस के मैदान में मेडिकल यूनिट (चिकित्सा दल) का नेतृत्व कर रहे थे। सन् 1918 में गांधीजी ने अंग्रेजी सेना में बहाली के लिए काफी मेहनत की। वह यह साबित करना चाह रहे थे कि गुजराती बंदूक उठाने में असहज नहीं हैं। वे इसके लिए जान भी दे चुके हैं। विदाई भजन उनके ठीक होने से पहले ही गाया गया था। गांधीजी ने ब्रिटेन में उम्मीद छोड़ दी, जब उन्हें धोखा दिया गया।

जिस तरह 1918 में ब्रिटेन ने सुरक्षा की थी, वैसे ही 1945 में भी। लंदन में यह समझ लिया कि अगर भारत स्वतंत्र हो जाता है तो इसकी बखिया उधेड़नी शुरू हो जाएगी।

सन् 1947 के बाहरी दरवाजे को ब्रिटेन ने क्या देखा? निश्चित तौर पर कहा जा सकता है, महात्मा गांधी का राष्ट्र स्तरीय संघर्ष। लेकिन अंग्रेजों ने महात्मा गांधी के असहयोग आंदोलन से 25 वर्ष पहले ही इस चुनौती को जान लिया था। लेकिन बोस की राष्ट्रवादी भावना इससे अलग थी और उनके प्रति पूरे देश का विचार एक समान था। बोस की इंडियन नेशनल आर्मी (आई.एन.ए.) बताती है कि उन पर पूरे राष्ट्र की जिम्मेदारी थी। बोस की लड़ाई ने युवाओं को प्रेरित किया कि वे कांग्रेस को छोड़ने के लिए तैयार थे।

यहाँ तक कि गांधीजी ने बोस की वर्ष 1945 में आंशिक रूप से प्रशंसा की थी ('सुभाष बोस की सम्मानजनक मौत हुई। बेशक वह राष्ट्रभक्त थे, पर दिग्भ्रमित थे।') उन्होंने 15 फरवरी, 1946 को प्रकाशित एक लेख में इस बात को स्वीकारा था— "इंडियन नेशनल आर्मी ने हमें प्रभावित किया...नेताजी की राष्ट्रभक्ति प्रथम श्रेणी की थी...उन्होंने लक्ष्य ऊँचा रखा था। लेकिन असफल रहा। कौन असफल नहीं हुआ?..." नेताजी और उनकी आर्मी ने आत्मबलिदान दिया, समाज में एकता का संदेश दिया और अनुशासन का पाठ पढ़ाया। जब अंग्रेजों ने तीन आई.एन.ए. अधिकारियों—शाह नवाज जो मुसलिम थे, सहगल जो हिंदू थे और ढिल्लन जो सिख थे—को दंगा भड़काने के लिए रखा था, ताकि भारत पर कब्जा बनाए रख सकें। 24 दिसंबर, 1945 को नेहरू ने कहा था, "आई.एन.ए. ने जन-समुदाय को ऊपर उठाने का प्रयास किया।"

सशस्त्र सेना में अंग्रेजी शासन और भारतीयों के बीच विश्वास खत्म हो गया, तब

बोस ने अंग्रेजी हुकूमत की कमर तोड़ दी। कमांडर-इन-चीफ सर ऑकिनलेक ने स्वीकार किया कि आई.एन.ए. के अधिकारियों को प्रताड़ित करना असंभव है, क्योंकि भारतीय उन्हें देश के नायक (हीरो) मानते हैं। इस आधार पर उन्होंने अपनी राय व्यक्त की कि न सिर्फ यहाँ की जनता, बल्कि इंडियन आर्मी (भारतीय सेना) को अच्छी तरह समझना जरूरी है और उनकी बातों को महत्त्व देने की आवश्यकता है।

गणतंत्र भारत के निर्माण में जितनी भूमिका यहाँ की अन्य महान् विभूतियों की है, उससे कम सुभाषचंद्र बोस की नहीं है। बोस ने प्रायोगिक तौर पर यह दिखा दिया कि धर्मनिरपेक्ष भारत कैसा होगा। जिस समय मुसलिम लीग प्रभावी स्थिति में था, उन्हें मुसलिमों में भरोसा और विश्वास था।

जब उन्होंने कैप्टन लक्ष्मी सहगल की देखरेख में रानी झाँसी रेजिमेंट स्थापित की थी, उन्होंने महिला-पुरुषों में भेदभाव खत्म करने का सपना देखा था। जब उन्होंने जापानियों से कहा कि वह सिर्फ महिला सेना स्थापित करने जा रहे हैं, उन्होंने सोचा कि वह मजाक कर रहे हैं।

भारत बोस के बिना रह सकता है, लेकिन उन्हें भूल जाना भारत को अपमानित करने के समान होगा।

□

महात्मा गांधी एक हिंदू राष्ट्रवादी थे

गांधीजी उस विचारधारा के जनक थे,
जिससे आधुनिक भारत की जमीन तैयार हुई।

—21 जुलाई, 2013

जब तर्क हल्का पड़ जाता है तो विवेकशील प्रवचन में भी गलतियाँ नजर आएँगी। क्यों मुसलिम राष्ट्रवाद को सहर्ष स्वीकार किया जाता है, लेकिन हिंदू राष्ट्रवाद ा कलंकित किया जाता है? या फिर दोनों ही सही हैं या दोनों ही गलत हैं।

खिलाफत आंदोलन के खत्म होने के एक दशक बाद महात्मा गांधी ने 'मुसलिम ष्ट्रवाद' को महत्त्व दिया। मुसलिमों—एम.ए. अंसारी के साथ 27 एवं 28 जुलाई, 929 को ऑल इंडिया नेशनलिस्ट मुसलिम पार्टी गठित करने में विश्वास रखा था। मारे वर्तमान उपराष्ट्रपति हामिद अंसारी इस परिवार से जुड़े हैं।

गांधीजी उस विचारधारा के जनक थे, जिससे आधुनिक भारत की जमीन तैयार ई। उनकी नैतिक परिकल्पना के मुताबिक धर्म के बिना राजनीति अमर थी। इस त्रचार से मौलवी प्रभावित थे, जो बाद में जमात-ए-उलेमा-ए-हिंद की तरफ मुड़ गए गैर उनके सहयोगी असहयोग से आंदोलन से पल्लवित हुए। हिंदू और मुसलिम जन्म ााने जाते हैं वे बदल नहीं सकते, चाहे वे धर्म-परिवर्तन कर लें या नास्तिक बन जाएँ। नेकिन राजनीतिक परिदृश्य में राष्ट्रवाद निर्भर करता है।

गांधीजी मानते थे कि भारत वैसी भूमि है, जहाँ सभी संप्रदायों को समान महत्त्व मेलता है और यह सर्वधर्मसमभाव पर चलता है। गांधी का राष्ट्रवाद संप्रदायवाद का वेरोधी था। मुसलिम युवाओं को अलगाववाद की ओर बढ़ते देखकर महात्मा गांधी दुःखी थे।

यही विभाजन में तब्दील हो गया, जब जिन्ना ने मुसलिम राष्ट्रवाद की सोच को सीमित कर मुसलिम राष्ट्र के रूप में ढाल लिया। यह सोच बौद्धिक, तार्किक और

अंतिम रूप से भौगोलिक स्वरूप पर आधारित है। गांधी ने देश में खैबर से चिटगोंग तक मुसलिमों के सम्मान और समानता का वादा किया था।

हिंदू राष्ट्रवाद और हिंदू राष्ट्र में अंतर समझना आसान है। यदि कोई हिंदू राष्ट्रवाद चाहता है तो उसका तहे-दिल से स्वागत है और यदि हिंदू से बुलावा आता है तो वह याद रखे कि राष्ट्रीयता की सतह पर धर्म अप्रभावी है। पाकिस्तान इसका अच्छा उदाहरण है। वास्तव में, यदि धर्म राष्ट्र की पहचान के लिए पर्याप्त रहता तो इस धरती पर 22 अरब देश क्यों होते? गांधी के समय हिंदू अतिवादी बहुत थे, लेकिन उन्हें हिंदूवाद के रूप में सजने-सँवरने यानी पनपने का मौका नहीं मिला।

गांधी किसी सलाह को लेकर भ्रमित थे कि धर्मनिरपेक्षता में हिंदुत्व बालक है। उनका हिंदुत्व भाईचारा के रूप में आश्रय था, जैसा कि उनके सहकर्मी मौलाना आजाद ने आंतरिक तालमेल के लिए इसलाम को सर्वश्रेष्ठ बताया था। दोनों की आस्था और विश्वास द्वंद्वात्मक था। हिंदू बहुल भारत धर्मनिरपेक्ष नहीं है; लेकिन गांधी धर्मनिरपेक्ष थे, इसलिए भारत धर्मनिरपेक्ष है।

गांधी पर हिंदू होने पर गर्व था। उन्होंने रामराज्य का संकल्प लिया था, न कि चमकती-दमकती पाश्चात्य की नकल का, जो आजकल देखने को मिल रहा है। रामराज्य का मतलब समृद्धि और समानता से था, न कि दमन से। जाति को लेकर गांधी कभी शर्मिंदा नहीं हुए थे। 22 फरवरी, 1931 को मुसलिम लीग के एक गुट की सभा में उन्होंने कहा था—भाइयो, मैं एक बनिया हूँ और मेरे लालच की कोई सीमा नहीं है। मेरा यह सपना रहा है और मेरी दिली तमन्ना रही है कि मैं सिर्फ 21 करोड़ नहीं, 30 करोड़ भारतीयों के लिए बोलूँ।''

जब सवाल किया जाता, वह जवाब देते थे—''मैं सिर्फ हिंदुओं के लिए बोलता हूँ।''

गांधीजी के न तो कोई शिष्य हैं और न ही कोई वारिस। जवाहरलाल नेहरू सोचा करते थे कि उनके नाम के पहले लगनेवाला शब्द 'पंडित' धर्मनिरपेक्षता के लिए दाग के समान है। व्यक्तिगत रूप से नेहरू घोर नास्तिक थे और बाद में आस्था रखने लगे। लेकिन उन्होंने गांधीजी से सीखा कि वह इस पर उपहास नहीं करेंगे और ब्राह्मण की पहचान त्याग देंगे। भारत आस्था की भूमि है। जो 'पंडित' पर विश्वास करते हैं, वे कोलकाता के धर्मनिरपेक्ष दुर्गा-पूजा को नहीं जानते हैं।

हैरानी की बात है, मुसलिम लीग के कुछ दिग्गज, जो धार्मिक पहचान और मौलिक अधिकार के लिए जुलूस निकालते थे, उन्होंने बेबुनियाद खबर फैलाई कि गांधी का राम-राज्य मुसलिमों को अपने वश में कर लेगा। हम हमेशा ही उस परिवर्तन को देखते हैं, जिसमें लोगों को कहते सुना जाता है कि मुसलिम मतदाता से विकास नहीं,

डर दिखाकर वोट माँगे जाते हैं।

उन्माद की कपटी शक्ति ने बड़े स्तर पर भारतीय मुसलिमों को सन् 1946 के चुनावों में अलगाववादी मुसलिम लीग की ओर बढ़ाया। गांधी ने इस पर ताना मारा था। फिर भी एक महत्त्वपूर्ण चेतावनी जरूरी थी। वर्ष 1946 में विशेष मताधिकार पर प्रतिबंध लगा दिया गया था और सिर्फ 11 प्रतिशत लोगों को वोट देने का अधिकार था। इनमें जमीन मालिक, करदाता, ग्रेजुएट शामिल थे। कैसा चुनाव होता गांधीजी का जन-समूह, गरीब जो बेहतर राजनीतिक न्याय कर सकते हैं, वे जितने वोट हुए, उनमें से बेहतर मतदान करते?

विश्वास हमें सांप्रदायिक नहीं बनने देता है। यह मानवीय स्वभाव है। एक राजनीतिक को हिंदू, मुसलिम, सिख या ईसाई का अधिकार किसी आम नागरिक की तरह है। सत्ता या शक्ति को लेकर किसी जिज्ञासु के मन में कोई संदेह है तो वह एक सामान्य सवाल से स्पष्ट हो सकता है—क्या वह सर्वधर्मसमभाव के प्रति प्रतिबद्ध है या नहीं? यदि जवाब अस्पष्ट है, किसी को वोट दे सकता है।

जो भारतीय प्रार्थना करना चाहता है, कर सकता है। जो टेलीविजन देखना चाहता है, वह स्विच ऑन कर सकता है। आस्था ही स्वतंत्रता है। हमें खुशीपूर्वक अपनी आजादी का जश्न मनाना चाहिए।

□

गहरी भक्तिवाले शिष्य

नेल्सन मंडेला 5 दिसंबर, 2013 को दुनिया से चले गए।

—8 दिसंबर,

ब्रिटेन के प्रधानमंत्री डेविड कैमरुन पाखंडी हैं या वह रचनात्मक राजनीति उन्होंने 10, डॉनिंग स्ट्रीट स्थित अपने आवास के बाहर नेल्सन मंडेला क संबोधन में श्रद्धांजलि दी। लेकिन वह यह कहना भूल गए थे कि जब वह यूनिर्वा थे तो उन्होंने अपने कमरे में 'हैंग मंडेला' का पोस्टर लगाया था।

कैमरुन और उनके साथ के नजदीकी लोग श्रीमती मारग्रेट थैचर का अ सम्मान करते हैं, जिन्होंने अमेरिका के बाद लंबे समय तक दक्षिण अफ्रीका के प्रश ढाँचे में सुधार लाया था। अफ्रीकी कंजर्वेटिव स्कूल (ब्रिटिश संरक्षक स्कूल) विकासोन्मुखी इतिहासकार का अंत में साथ छोड़ दिया था। आग्रहपूर्वक कहा ग कि औपनिवेशीय और इस तरह की अन्य दोषपूर्ण स्वरूप रंगभेद आदि उन नि के लिए अच्छे थे, जिनके इतिहास में यूरोपीय हस्तक्षेप का वरदान मिला थ स्वीकार किया जा सकता है कि ब्रिटिश राज में हस्तक्षेप की तुलना में मूर्खता ज्ञानहीनता की बातें उनकी नहीं थीं। लेकिन यहाँ चर्चा करना जरूरी है कि भारतीय दुष्काल में और चीनी अफीम के नशे की वजह से मारे गए थे।

20वीं सदी में दक्षिण अफ्रीका की दहशत से उबरकर निकले तीन महान् दू में से दो से यह जुड़ा हुआ है, जिनमें एक संयुक्त राष्ट्र में लंबी दक्षता के बाद उभरे लूथर किंग हैं। शायद नेल्सन मंडेला और महात्मा गांधी की प्रतिमा इससे भी कहं स्तर की प्रेरणा मिलने से उभरी होगी। यह अनुभव रहा है कि समान विकल्प कभी लेने का आधार नहीं हो सकता है, बल्कि बदला लेने के लिए अलग तरह क जुटाने की जरूरत होती है। महात्मा गांधी अकसर कहा करते थे कि "हम किसी के बदले आँख ले लेंगे तो जल्द ही पूरी दुनिया अंधी हो जाएगी।"

हमें कभी भी कमतर नहीं आँकना चाहिए, वह चाहे महात्मा गांधी हों या फिर नेल्सन मंडेला। उन्होंने व्यवस्था को चुनौती दी थी, जिसमें सदियों से झेल रहे देश को आजादी चाहिए थी। वे शक्तिशाली मालिक द्वारा कमजोर दासों के उत्पीड़न का दर्द बेहतर समझते थे। उन दोनों की चुनौतियाँ समान थीं। वे अपने लोगों का डर कम करने के लिए उन्हें प्रेरित करते थे। कहते थे, 'अगर आप तानाशाह को खत्म करना चाहते हैं तो डर छोड़ना होगा। तानाशाह आपके देश को बेकार बना रहा है। आपके अपने जीवन हैं, आपके साधन अनुकरणीय हैं और आपके बलिदान यानी त्याग व्यर्थ नहीं जाएँगे। ये आपके दीप-स्तंभ हैं, जो विभिन्न तरह के निरंकुश शासन से निराश और निस्सहाय पीढ़ियों को राहत दिलाएँगे।

"कभी नहीं, कभी नहीं, कभी नहीं!..." जेल में 27 वर्ष के एक युवा की मौत के बाद अपने कार्यालय में शपथ लेते समय मंडेला ने कहा। उन्होंने कहा, "दक्षिण अफ्रीका इस नृशंस दमन का परिणाम एक दिन देखेगा।" और 1947 में, एक बार गांधी ने अपनी हथकड़ी तोड़ी, अफ्रीकी एशियाई उपनिवेश का महान् यूरोपीय परियोजना टूटकर एक विशाल महल से रेत के ढेर में तब्दील हो गई। गांधी और मंडेला समझ चुके थे कि आत्मसत्कार की वजह से सभ्य और असभ्य युद्ध के बावजूद भविष्य सुरक्षित रहेगा।

किसी महान् व्यक्ति को अपने जीवन से निकाल फेंकना और किसी घिसी-पिटी पुस्तक के रसहीन पन्नों पर उनकी तसवीर चिपकाना आसान काम है। हम सामान्य तौर पर गांधी और मंडेला जैसे महान् व्यक्तित्व को नहीं अपनाते हैं, जिन्होंने अपने आरामदेह जीवन को त्यागकर आश्रम में संयमी और एकांत जीवन जिया और आराम का जीव[न] त्यागकर आत्मसमर्पण किया तथा जेल की यातनाएँ सहीं। जिस तरह गांधी ने अपन[ी] आत्मकथा में अपनी कमजोरियाँ, अपनी गलतियाँ, अपनी चूक, लोगों के बीच कि[स] तरह गुलामी की प्रताड़ना झेलनी—सभी बातों का बेहिचक जिक्र किया है। सामान[्य] लोगों के पास बेबाकी से ऐसी बातें कहने की शक्ति नहीं होती है। लेकिन हम उनक[ी] संवेदना के असाधारण दर्शन से बहुत कुछ सीख सकते हैं। गांधी और मंडेला गह[री] आस्थावाले छात्र थे। उन्होंने दुष्ट लोगों की मनोदशा भी अपने आचार-विचार से बद[ल] डाली। वे इस बात पर यकीन करते थे कि विनम्रता से दुनिया को जीता जा सकता है[।] वह अपने पड़ोसी से प्रेम करते थे, चाहे वे हिंदू और पड़ोसी मुसलिम क्यों न हो[ं] पड़ोसी गोरे और वह स्वयं काले क्यों न हों।

वे भी पूर्ण थे। अगर कोई बेहूदी बातें करता तो वे भी उस पर हँसते थे। नाय[क] को कभी चाटुकार बनने की जरूरत नहीं पड़ती है। अपने छोटे-मोटे फायदे देखनेव[ाले] ही मनुहार करते हैं। वे संत नहीं थे। वे इतने अनाड़ी भी नहीं थे कि विश्वास कर लें[।] आदर्श को हमेशा करके ही दिखाया जाता है। वे महसूस करते थे, पूरी जानक[ारी]

हासिल करने के बाद राजनीति में व्याप्त अहंकार और इसकी कमियों को मिटाने के लिए सेवा करते थे। लेकिन वे सबकुछ समझते थे।

वे दोनों ईश्वर पर विश्वास रखते थे। उन दोनों को जीवन में कभी मिलने का मौका नहीं मिला। लेकिन उनकी आत्माओं का मिलन स्वर्ग में अवश्य हुआ होगा। जिस तरह वे हमेशा नीचे की ओर देखते थे, वे अपने उत्तराधिकारियों को कभी भ्रष्ट बनते और विचलित होते नहीं देख पाते। लेकिन मैं भरोसे के साथ कह सकता हूँ कि वे दोनों कैमरुन की ईमानदारी से प्रसन्न होते। विंस्टन चर्चिल और मारग्रेट थैचर के ये वारिस जानते हैं कि एक अर्धनग्न व्यक्ति और काला युवा व्यक्ति लंबे समय तक लड़ाई में शामिल रहे, क्योंकि उन्हें शांति प्रिय थी।

□

आतिश-ए-चिनार

शेख अब्दुल्ला की आत्मकथा 'आतिश-ए-चिनार' के अनुवाद का यह संक्षिप्त परिचय है, जो जल्द ही आने वाला है।

शेख अब्दुल्ला की जिंदगी प्रेम और घृणा की लहर के बीच विकसित हुई। उनकी राजनीति कविताओं के साथ पल्लवित हुई और उनके विचारों में उनके दिल की बात है। वह अकसर कहा करते थे, ''एक प्रेमी और एक सिपाही का जीवन एक जैसा होता है।'' एक धर्म योद्धा ने अपनी आत्मा में रोमांचक संवेदनशीलता को स्थान दिया। उनके सहकर्मी और साथी यह देखकर हैरान थे। लेकिन उनके व्यवहार से सभी जानते थे कि वह अपने इरादों में कमजोर नहीं हैं।

इतिहास ने शेख अब्दुल्ला को कभी एक सैन्य शक्ति के रूप में पहचान नहीं दी। उन्होंने अगर आम लोगों का जीवन जीया तो उसकी वजह थी कि जनता की शक्ति को वह भलीभाँति पहचानते थे। जिस मिट्टी में उन्होंने अपने आदर्शों का पोषण किया था और उनकी शक्ति फलीभूत हुई थी, वह समकालीन और भविष्य की झूठी प्रशंसा से प्रेरित थी। वह शक्ति हासिल करना चाहते थे।

इसके लिए राजनीतिक पकड़ और सुविधाएँ मिलनी जरूरी थीं। उन्हें सर्वोच्च सम्मान पाने के लिए कुछ करना था। वह जानते थे—भले कोई काम थोड़ा क्यों न हो, लेकिन रोजाना करने से कमजोर लोगों का भी जीवन बदल सकता है।

शाही कश्मीर की शान को बढ़ाने के लिए उन्हें गरीबी दूर करनी थी और इस लिहाज से वह राजनीति में खिंचे चले आए। और हठ की कड़ी में पूरे राज्य पर आतंकवाद ने अपना स्थान बना लिया। शेख अब्दुल्ला बेइनसाफी के विरोध को सहना पड़ा, लेकिन उन्होंने अपने गुस्से को मुश्किल से बाहर आने दिया। वह एक घमंडी व्यक्ति थे, लेकिन वह अपने अहंकार को आसानी से दबा लेते थे।

यदि वह किसी बात को बरदाश्त नहीं करते तो वह एक शासक के रूप में खुद

को धोखा देते, जो कश्मीर निजी संपत्ति में बदल देता और उसके संसाधन का दुरुप होता। शेख अब्दुल्ला को अपने निजी जीवन को भी जीना था। वह अपने संभ्रांत जी को आसानी से जी सकते थे, लेकिन उन्होंने अँधेरी जेल की दीवारें और वनवास चुना, जहाँ उनके लोगों ने लाकर खड़ा कर दिया, क्योंकि उन्हें भरोसा था कि वह उ मुकद्दर को बदल देंगे। जब वह कारावास में जीवन बिता रहे थे, उन्होंने पक्षिय दोस्ती कर ली और समय व्यतीत करने का बेहतर रास्ता तलाश लिया। चरखे से निकालकर और मौलाना आजाद की 'तर्जुमन उल कुरान' पढ़ने में समय बिताने लेकिन उन्होंने कभी ईश्वर, कश्मीर और स्वयं से भरोसा नहीं छोड़ा।

आनेवाले दिनों में उन्होंने जाना कि गरीबी सबसे बड़ी चुनौती है और गरीबी धर्म नहीं है और यही उनकी राजनीतिक धर्म की धुरी थी। यही वजह है कि सन् 1 व 1939 में शेख अब्दुल्ला ने मुसलिम कॉन्फ्रेंस को नेशनल कॉन्फ्रेंस में तब्दील वि इस निर्णय ने इस उपद्वीप की तकदीर बदल डाली। जिस तरह कोई दूसरे भारती पूर्व बाद के पाकिस्तानी चाहते थे, उसी तरह वह भी आजादी चाहते थे। लेकिन हमेशा पूरक था—किसके लिए आजादी? यदि आजादी जमीन में सुधार नहीं ला तो उसका मतलब क्या? यदि लिंग भेद से महिलाओं को स्वतंत्रता नहीं मिले तं समझो, असफल है। नई कश्मीर योजना 1944 की धारा में कहा गया है कि देश महिला को पुरुषों के समान आर्थिक, सांस्कृतिक और राज्य सेवा जैसे हर क्ष अधिकार मिले। राज्य सर्वोपरि है, लेकिन हर व्यक्ति सर्वश्रेष्ठ है।

शेख अब्दुल्ला गालिब को याद करते हुए इस महत्त्वपूर्ण घड़ी के बारे में हैं—"गजल का स्वरूप मेरे विचारों में इतना सँकरा हो गया कि मुझे साँस लेने जगह नहीं मिल रही।"

वह आस्तिक थे, इसलिए उन्हें मानव-द्वेषी नहीं कहा जा सकता है। शेख अ ने अपनी शक्ति और अपना दर्शन पवित्र कुरान से पाया था, जहाँ अल्लाह को उल-आलिमीन' यानी सभी मानव का ईश्वर, न कि "रब-उल-मुस्लिमीन'। अ ने हमें इस दुनिया में सभी मनुष्यों के साथ रहने के लिए भेजा है। राष्ट्र के प्रति आस्था भी पवित्र पुस्तकों के पढ़ने से आई थी। कुछ नायक इतने भाग्यशाली रहे इतिहास में सहज ही चर्चित हो गए। इनमें 1947 से कई जुड़े हुए हैं। लेकिन इस भाग्य से अधिक लंबी राह के उस सफर की जरूरत होती है, जहाँ धार्मिक संकल प्रलोभन का कोई स्थान नहीं है। शेख अब्दुल्ला के पास आदर्शवाद और आ गहरा अनुभव था। वह ऐसे व्यक्ति थे, जिन्होंने दुश्मन के सामने कभी पीछे हट जाना था। हैरानी की बात है कि उन्हें हर बार अपने मित्रों से ही हारना पड़ा। 1 उन्हें गहरा झटका लगा था, जब उनके कॉमरेड ने उन्हें धोखा दिया था। लो

दशक बाद ही नेहरू–पुत्री इंदिरा गांधी के साथ उनका सामंजस्य स्थापित हुआ।

स्पष्ट रूप से कहा जा सकता है कि अंग्रेजी में यह अनुवाद प्रेम का परिणाम है। इसके पीछे एकमात्र प्रेम ही कारण है। शेख साहब के जीवन की सच्चाई सभी जानते हैं। और इसका पूरा विवरण पाया जा सकता है, यदि वर्ष 1953 में भारतीय पुलिस ने निर्दयतापूर्वक शेख अब्दुल्ला के निजी कागजात को नष्ट नहीं किया होगा। इस पुस्तक में उस गोपनीयता का खुलासा हुआ है, जिसे कोई भी नहीं नकार सकता है—मुआवजा और माँग एक बड़ा निर्णय था। शेख अब्दुल्ला की 'रोमांचक संवेदनशीलता' एक ऐसी कहानी से जुड़ी है, जिसे किसी आत्मकथा में नहीं समेटी जा सकती। इस विद्या में यह दुर्लभ है। अधिकतर राजनीतिक अपनी पहचान बनाने के लिए इतिहासकार की मदद लेते हैं; लेकिन 'आतिश–ए–चिनार' एक ऐसा दर्पण है, जिसमें अपनी इच्छा के साथ छेड़छाड़ और आंतरिक भावनाओं को बेहिचक पेश किया गया है। यह बिल्कुल सही है कि अपने बारे में शेख अब्दुल्ला ने पहले ही पृष्ठ पर कश्मीरी संत हजरत शेख नूरूद्दीन वली की कहानी को याद किया है, जिनके ध्यान को भंग करने के लिए यवन माची को भेजा गया था। क्रोधित संत के अभिशाप से वह भूरे बालोंवाली वृद्धा बन गई। यवन माची उनकी शिष्या बन गई। शेख अब्दुल्ला भी उनके शिष्य थे।

शेख अब्दुल्ला कहते हैं, इस पुस्तक को तब लिखना शुरू किया गया, जब एक सिपाही और एक प्रेमी उनके करीब आया। दोनों ही योद्धा हैं और जीवन में आजादी चाहते हैं। शेख अब्दुल्ला पर जो भरोसा करते थे, वे उनके करीब आ जाते थे।

जाहिद–ए–तंगनजर ने मुझे काफिर जाना
और काफिर यह समझता है कि मुसलमान हूँ मैं।

जिस दिन शेख अब्दुल्ला ने अपने बेटे का श्रीनगर में जनता के सामने अपने वारिस के रूप में परिचय कराया, उन्होंने एक पद्य का पाठ किया, जो उनके जीवन पर आधारित था—

औरों का है पयाम और, मेरा पयाम और है
इश्क के दर्दमन का तर्ज–ए–कलाम और है।

गलत दिशा में सिर हिलाना

जब राहुल ने संसद् में झपकी ली।

—13 जुलाई, 2014

सोते हुए नेता के एक विचित्र मामले में राहुल गांधी के साथ मेरी पूरी सहानुभूति है। दिल्ली में गरमियों की एक दोपहरी के बीच भारतीय लोकतंत्र के मंदिर के अंदरूनी प्रकोष्ठ में लोकसभा में माहौल मुरझाया हुआ सा है। कुछ भाषण से कोई मदद नहीं मिल रही है। राहुल गांधी से अधिक संसद् के विशेषज्ञ मध्याह्न के भोजन के बाद के कठिन समय में उबासी ले रहे थे। शरीर भारी हो चुका था और दिमाग भी सुस्त लग रहा था। झपकियाँ आने से मन खिन्न दिख रहा था।

सोमनाथ चटर्जी सांसदों के इस माहौल को नजदीक से देख रहे थे। उस समय की बातों की रिकॉर्डिंग के लिए टेलीविजन को स्वीकृति भी मिल गई थी। सांसदों ने स्क्रीन आइडल बनने के लिए इस मौके का स्वागत किया। उन्हें पूरी तरह से सराहा नहीं गया, क्योंकि कैमरे की आत्मा नहीं होती और उसे सँभालनेवाले कैमरामैन स्वभाव से ही बेवकूफ होते हैं। वे सिर्फ थोड़े समय की प्रतीक्षा करते हैं और पकड़ना चाहते हैं।

शायद राहुल गांधी ने सूचना एवं प्रसारण मंत्रालय के अपने उपयुक्त कर्मचारी को उन चौंकानेवाली तसवीरों पर सेंसर लगाने के लिए कहा होगा, जिसे उन्होंने उस हालत में खींच ली थी, जिसमें खाना खाने के बाद बच्चा चैन से सो जाता है। उस समय मूल्य-वृद्धि पर विचार-विमर्श चल रहा था। यह संभव हो सकता है, क्योंकि नौकरशाही को कभी जाँच करने की जरूरत नहीं होती है। उन्होंने बिना कहे ही स्क्रीन को साफ कर दिया था। दिल्ली में चाटुकारों की ऐसी संस्कृति है; लेकिन यह तब हुआ था, जब कांग्रेस सत्ता में थी। मैं नहीं जानता कि राहुल गांधी ने हार का पूरा मतलब समझा या नहीं। संसद् में उनकी दु:खद झपकी उन्हें जगने के लिए संकेत दे रही थी।

दूसरे दिन सुबह वह समय आने ही वाला था, जब वित्त मंत्री अरुण जेटली अपने

मैराथन बजट भाषण को जारी करने के लिए उठे। श्रीमती सोनिया गांधी (राहुल की माँ) ने कोई मौका नहीं लिया। वह अपने बेटे को सामने की बेंच पर बगल में बैठाए रहीं। राहुल गांधी उस समय अपने मोबाइल फोन को साफ कर रहे थे और उसके साथ छेड़छाड़ कर रहे थे, जब राष्ट्रपति के अभिभाषण पर प्रधानमंत्री नरेंद्र मोदी काफी देर तक जवाब दे रहे थे। वह समय उनके बेहतर व्यवहार का था। वह अपने हाथों में कलम और कॉपी लेकर आए थे।

यह जानना रोचक रहेगा कि जेटली के भाषण के समय राहुल गांधी क्या काम कर रहे थे? लेकिन एक संदेह है, इतिहास उस दस्तावेज को कभी तलाशेगा? यदि कांग्रेस बजट की किसी भी बात पर प्रतिक्रिया व्यक्त करती तो वह पेज जरूर समय गँवाने की गवाही देता।

लोकतंत्र बँटवारे का काम है। इससे पहले ही एन.डी.ए. के बजट में कांग्रेस में विरोध बढ़ गया था। दोनों समझने के लिए तैयार नहीं थे। अंत में कांग्रेस ने आग बुझाने का रास्ता चुना। उसका असर धीमा था, चाल धीमी थी, नतीजा बेहतर नहीं रहा।

यह यू.पी.ए. के बजट की सिर्फ कॉपी के रूप में एन.डी.ए. के पहले बजट का जय-जयकार था। अगर वह सचमुच सत्य था तो कांग्रेस को चाहिए था कि वह जेटली की प्रशंसा करे। या क्या डॉ. मनमोहन सिंह और पी. चिदंबरम द्वारा पेश किए गए जिस बजट की वजह से कांग्रेस इस हालत में है, वह कूड़े का ढेर था? आज छलाँग लगाने से पहले देखो और कुछ बोलने से पहले सोचो। असफल होने का कारण था कांग्रेस का हवा फैलाना कि बजट गरीब-विरोधी होगा। यह हैरानी भरा गलत फैसला था, जिसमें अनुकूलता थी; जिसके बारे में मोदी ने कहा था कि यदि सरकार गरीब-से-गरीब लोगों की सेवा नहीं कर सकती है तो वह सरकार बिल्कुल नहीं है। आज के समय में सकारात्मक विवेचक कल्याण योजनाएँ भाजपा-शासित राज्यों जैसे मध्य प्रदेश और छत्तीसगढ़ में चलाई जा रही हैं, जबकि कांग्रेस-शासित राज्यों महाराष्ट्र या कर्नाटक में नहीं। बजट ने ऐसी हवा को झूठा साबित कर दिया।

दूसरी बड़ी बात यह थी कि बजट में किसी बड़े उद्देश्य का अभाव था। यह भी बेतुकी बातें हैं। बजट में वादा किया गया है कि वर्ष 2022 तक प्रत्येक भारतीय के पास एक घर होगा। उसके घर में बिजली होगी। 100 नए सैटेलाइट शहरों में प्रारंभिक धन निवेश किया गया। घरों में सीधा विदेशी निवेश किया गया। इसके अलावा सेना, आधारभूत ढाँचे के विकास में निवेश किया गया। इसमें सड़कों और नदियों को जोड़ना भी शामिल है। महात्मा गांधी की 150वीं जयंती पर गंगा की सफाई और भारत का विकास दर 8 या 9 प्रतिशत का फिर से हासिल किया जा सकता है। और स्वच्छ भारत का निर्माण वर्ष 2019 तक गंगा की सफाई के साथ शुरू किया जा सकता है। क्या यह इतना छोटा काम

है कि पहले ही बजट में पूरा हो सकता है, जब हताश कांग्रेस सरकार द्वारा लापरवाही पूर्वक खर्च कर खजाने को उजाड़ दिया गया हो?

दिल्ली की सोच उन हाथों में है, जो समझते हैं कि सत्ता हाथ से जाना उनके लिए बड़ा संकट है। जिन्होंने कभी सत्ता को करीब से देखा नहीं, वे लुटियंस में रहना अपना सपना समझते हैं। दिल्ली बिना छत के मर रही है, जो दोपहर को आराम करना चाहते हैं; जबकि प्यास लगने पर साफ पानी नहीं मिलता है।

बजट में इन सब बातों का वादा किया गया है। यहाँ अभिव्यक्ति की स्वतंत्रता है। उद्देश्य भी स्पष्ट है। अब कठिन दौर आने वाला है—सरकार को राष्ट्र के सपनों को साकार करना है।

□

एक पुस्तक, जिसने भेद खोला

श्रीमती सोनिया गांधी नटवर सिंह से नफरत क्यों करती थी।

—2 अगस्त, 2014

जब एक वाक्य ही पर्याप्त है तो क्यों एक मोटी पुस्तक लिखी जाती है?

श्रीमती सोनिया गांधी के कहानी लिखने के कई कारण हो सकते हैं। लेकिन कुँवर नटवर सिंह की आत्मकथा, 'वन लाइफ इज नॉट एनफ', उनमें से नहीं है। एक बार उनकी नजदीकी दोस्त और जिन्हें सजा दी गई है, नटवर सिंह ने वर्ष 2004 से 2014 के दशक के बीच यूपीए की सत्ता के दौरान सोनिया गांधी की जरूरत और गैर-जरूरत पर सवाल उठाया था। उसके बाद में जवाब और टिप्पणी को मीडिया और देश की जनता के बीच न्याय करने के लिए फोड़ दिया गया। श्रीमती सोनिया गांधी ने कुछ साल पहले इसका जवाब दिया।

मुख्य सवाल है—क्या सोनिया गांधी कुछ बातों को छिपाना चाहती हैं? सिर्फ एक शब्द 'हाँ' और 'नहीं' में जवाब दें।

उस पर श्रीमती गांधी को कुछ छिपाना नहीं है तो वह और उनकी बेटी प्रियंका ने इस साल के छह महीने में नटवर सिंह को क्यों बुलाया कि वे चाहते हैं कि पुस्तक के कुछ निश्चित अंश को वहाँ से हटाया जाए?

यदि श्रीमती सोनिया गांधी भरोसा करती हैं तो उनके पुराने मित्र व सलाहकार क्यों उन्हें समझाने में लगे हैं कि उनके पास प्रभावशाली संसाधन हैं? वह लेखक और प्रकाशक को निवेदन कर सकती थीं कि वह जीतती हैं तो नुकसान की भरपाई का आधार हैं। उनकी पार्टी के थैले में अनेक वकील हैं, जो निस्स्वार्थ उनके लिए काम कर सकते हैं, एक घंटे के अंदर कानूनी नोटिस भेज सकते हैं।

अब तक, निजी विचार और सार्वजनिक विरोध के बीच कांग्रेस कमजोर होकर मुड़ चुकी है। निराश प्रवक्ता ऊँची आवाज में टेलीविजन पर अपनी बातें रख चुके हैं,

जब दिल्ली से सवाल किया गया मुंबई हमले के बारे में। पूछो, श्रीमती गांधी ने वर्ष 2004 में प्रधानमंत्री बनने से इनकार किया, क्योंकि उनके विचार लोगों तक प्रचारित हैं, या फिर अपने बेटे के डर से या फिर लेखक से सीधे इसका जवाब दिला सकते हैं। इसके पहले कोई केस बना है कि नौकरशाह पुलक चटर्जी ने श्रीमती गांधी को कार्यालय की फाइलों को दिखाया है। यह गैर-कानूनी नहीं है और डरने की बात नहीं है; लेकिन अगर कार्यालय की गोपनीयता का उल्लंघन होता है तो वह गैर-कानूनी है। डॉ. मनमोहन सिंह ने कहा है कि उन्हें जानकारी नहीं है कि श्रीमती गांधी के पास कोई फाइल भेजी गई या नहीं, लेकिन वह कहते रहे कि उन्होंने नहीं भेजा है। अन्यथा वह भी दोषी होते।

नटवर सिंह ने आरोप लगाया है कि उन्हें मुख्यालय से हटा दिया गया और वर्ष 2005 में कांग्रेस से अलग कर दिया गया। उसके बाद उनका नाम गैर ठेके के लाभकारियों की सूची में शामिल कर दिया गया, जो सद्दाम हुसैन के तेल के बदले कार्यक्रम था, क्योंकि सोनिया गांधी को बलि का एक बकरा चाहिए था। ध्यान दें, 'लाभकारियों' बहुवचन में क्यों लिखा गया है। उनमें से एक था 'ए. आई.सी.सी.'। श्रीमती गांधी गुस्से से नटवर सिंह पर बरसीं, क्योंकि ए.आई.सी. सी. को छोड़कर उन्होंने किसी का नाम नहीं लिया था और न ही किसी के लिए उन्होंने या कांग्रेस ने पता किया कि मुख्य रूप से ए.आई.सी.सी. में किसकी भूमिका थी। न ही श्रीमती गांधी ने बाद में कभी भ्रष्टाचार के खिलाफ उत्साह दिखाया। जबकि टेलिकॉम या कोयला खदान घोटाला हुआ था, वास्तव में तब उनके दामाद रॉबर्ट वाड्रा एक ही छलाँग में अमीर बन गए।

नटवर सिंह अपनी ईमानदारी के लिए जाने जाते हैं। उन्होंने एक राजनयिक में अपना भविष्य तलाशा। वह विद्वान् हैं। वह श्रीमती सोनिया गांधी के परिवार की तीन पीढ़ियों के करीबी रह चुके हैं। सोनिया गांधी ने उनके सामने अपनी बेटी प्रियंका से मई महीने में एक बैठक में कहा था कि वह कोई भी जानकारी इस तरह छिपाते हैं कि अपने बच्चों तक को नहीं बताते। श्रीमती गांधी और कांग्रेस अब उनकी छवि धूमिल करने की कोशिश कर रही हैं।

लेकिन मूल प्रश्न कहीं नहीं जाएगा—क्या श्रीमती सोनिया गांधी ने उनके घर जाकर मानसिक रूप से काफी कोशिश की और कहा कि अगर आप विश्वास करें तो वह पुस्तक बकवास का पुलिंदा थी।

नटवर सिंह वर्ष 2005 में सचमुच आपदा के शिकार हुए थे, जब उनकी सत्यनिष्ठा को कम दिखाकर उन्हें राजनीति का शिकार बनाया गया था। दर्शनशास्त्र में कहा जाता है कि ऐसे घाव को कभी भरा नहीं जा सकता और उसे मिटाने का कोई साधन नहीं होता। लेकिन उन्होंने श्रीमती गांधी और कांग्रेस का भारी पक्ष लिया—उन्होंने प्रकाशक को आम चुनाव से पहले पुस्तक को प्रकाशित करने से रोका। इससे कांग्रेस को काफी

नुकसान पहुँच सकता था।

यदि श्रीमती सोनिया गांधी समय का उपयोग नहीं कर पा रही हैं और वह सचमुच अपनी बातों को लिखना चाह रही हैं तो उन्हें पैंफ्लेट पर नहीं, बल्कि पुस्तक में अपने नाम का जिक्र करना होगा। प्राचीन काल में सम्राट् अपने न्यायालय में तीक्ष्ण बुद्धि और तेज–तर्रार लोगों को नियुक्त करते थे। मुगलों के बाद सामंतों और राजाओं ने अंग्रेजों के समय में भारत पर राज किया। सेवानिवृत्ति और विदाई का वह समय था। सन् 1947 के बाद 'अंग्रेज भारतीयों' के उत्तराधिकारियों की विधाएँ और शैली उतनी बुरी नहीं थी। यह बड़ी परंपरा रही है।

जिन्होंने सत्ता का स्वाद चख लिया, उनका ऐतिहासिक महत्त्व यादगार बन गया। सन् 1945 में द्वितीय विश्वयुद्ध की समाप्ति के दौरान फ्रैंकलिन रूजवेल्ट, जोसफ स्टालिन और विंस्टन चर्चिल याल्टा सम्मेलन में अपनी बातें रखकर राहत महसूस कर रहे थे। रूजवेल्ट तलाश रहे थे कि इतिहास उनके साथ कैसा व्यवहार करता है। रूजवेल्ट निराशावादी, स्टालिन रहस्यमय, लेकिन चर्चिल दिलेर थे। इतिहास गवाह है कि चर्चिल उनके प्रति दयालु थे, क्योंकि उन्होंने इसे लिखा था। तथास्तु।

□

उम्मीदों को चुनौती

दिल से निकली आवाज।

—17 अगस्त, 2014

स्वतंत्रता दिवस पर लाल किले की प्राचीर से जब जनता को संबोधित करने जा रहे थे, उस समय प्रधानमंत्री को तीन विकल्पों में से किसी एक को चुनना था। वह सरकार के बारे में कहें या अपना गुणगान करें या फिर भारत की जनता की बात करें। इनमें से पहला विकल्प सबसे आसान है। अब तक सरकार कहनेवाला और सुननेवाला दोनों है और अपनी आदत बनाते हैं तो उनके लिए यह बेहतर विकल्प था, क्योंकि उनकी सोच अलग है। डॉ. मनमोहन सिंह का मामला अजीब था। उन्हें बिना क्रियाशील संबंध में मुखिया नेता के सामने झुकना पड़ता था। वह अपनी जिम्मेदारियों में फँसे हुए थे, जब श्रीमती सोनिया गांधी और उनके मिजाजी पुत्र राहुल गांधी ने सत्ता का उपयोग किया। इसे देश को भुगतना पड़ा।

प्रधानमंत्री के रूप में नरेंद्र मोदी को पसंद किया गया। उन्होंने जनता से बात की। उनकी समस्या से अधिक आसान था इस प्रतियोगिता में आगे निकलना। उनकी चुनौती खुद उनसे थी। चुनाव प्रचार के दौरान उन्होंने असाधारण मानक तय किए। अब उन्होंने अपनी जगह को पा लिया है। उन्होंने अपना मार्ग स्वयं तय किया और उसे हासिल किया। अगर आप दिशाहीन सफर में निकल जाएँगे तो लंबे समय तक भटकना पड़ेगा।

15 अगस्त की सुबह हमने एक संपूर्ण नरेंद्र मोदी को देखा और सुना। उन्होंने अपने दिल से सीमाएँ आँकीं और दिमाग से उसे तय किया। उनके संदेश का सारांश मौलिक विचारों से नियंत्रित था—भारत का विकास सिर्फ सरकार की परियोजनाओं से नहीं, यह यहाँ की जनता की परियोजना पर निर्भर है। जैसा कि अपने लुभावनी उपमा देते हुए कहा, '125 करोड़ भारतीय एक कदम चलते हैं तो भारत 125 करोड़ कदम आगे बढ़ता है।'

उन्होंने एक ऐसा नजरिया पेश किया, जिसने पूरे देश की मनोदशा ही बदल डाली कि सफलता हासिल करना संभव ही नहीं है, बल्कि वह हमारे हाथ में है। देश विभिन्न हिस्सों से आए बच्चे और युवा लाल किले के मैदान में उम्मीद की खुशी से शोर करने लगे और तालियाँ बजाने लगे।

यह जिंदादिली का उद्‌गार था। भारत ने न सिर्फ एक प्रधानमंत्री पाया, बल्कि एक नेता भी पाया। नरेंद्र मोदी ने कहा कि किसी ने कोई सवाल नहीं किया—बेटी के मुकाबले बेटे के प्रति हम नम्र क्यों हैं? घृणास्पद कन्या भ्रूण-हत्या के लिए कौन जिम्मेदार है? क्यों हमें किसी ऐसे कानून की जरूरत है, जो हमारे घर, हमारी गलियों, हमारे देश को साफ रख सके? कब जाति और संप्रदाय की हिंसा चरम पर पहुँच गई है। उन्होंने भारतीयों को दस वर्ष में भाईचारा और शांति का गवाह बनने का वादा किया और इस चुनौती को स्वीकार किया। शायद यह दिल्ली से बाहर के लोगों का कहना है, जिन्होंने प्रधानमंत्री को सुना। स्पष्ट रूप से दिल्ली में रहनेवालों ने इस सच्चाई को परख भारतीय लोकतांत्रिक व्यवस्था में मानना पड़ेगा सिविल वार ने सरकार की हालत बिगाड़ी है। ऐसी स्थिति में बदलाव ही एकमात्र विकल्प है।

सूचना आयोग के लिए एक मृत्यु लेख पढ़ा गया। कारण यह कि शायद इसका उद्‌देश्य खत्म हो चुका था। पिछले दशक से यह विभाग अपनी आत्म-संतुष्टि के लिए देश की सबसे बड़ी समस्या गरीबी बनी रह गई। एक सामान्य लक्ष्य को पिछले छह दशक से बताया गया कि गरीबी रेखा के नीचे रहनेवाले भारतीयों की संख्या हमने कम की है, वह भी ज्यादा-से-ज्यादा आधा प्रतिशत वार्षिक। यह आश्चर्यजनक और अस्वीकार्य है। इसके अतिरिक्त इसका समाधान राज्यों के सहयोग से तलाशने के बावजूद योजना आयोग ने अपनी मजबूत पकड़ के साथ काम किया।

राज्य सरकार को दिल्ली से माँगने के लिए कहा गया, ताकि उन्हें बाकी या दोनों चीजें मिल सकें। भारत एक संघीय राज्य है, कानून और प्रक्रिया के दृष्टिकोण से। कुछ संघ-शासित प्रदेशों को छोड़कर केंद्र सरकार सीधे सभी राज्यों पर शासन नहीं करती है। विकास के कार्य राज्य सरकारों के माध्यम से कराए जाते हैं। दिल्ली साधन मुहैया करानेवाली हो सकती है, तानाशाही नहीं।

जैसा कि प्रधानमंत्री ने महसूस किया, दुनिया बदल रही है। हम सीमित नहीं रह सकते, जिस तरह से विभिन्न राज्यों में निजी क्षेत्र में तकनीकी विकास हो रहे हैं, ऐसे दौर में हमें अंतरराष्ट्रीय स्तर पर रचनात्मक ऊर्जा पैदा करने की जरूरत है। गरीबी को दूर करने के लिए उद्योग और कृषि क्षेत्रों में रोजगार के अवसर पैदा करने होंगे, जो विशेष रूप से देश के कल्याण के साथ जुड़े हुए हैं। भारत को दुनिया का उत्पादक केंद्र

बनने के लिए तैयार करना होगा।

प्रधानमंत्री नरेंद्र मोदी जानते हैं कि दिन में सपना देखने से ही हम लक्ष्य को हासिल कर सकेंगे। किसी जादू के सहारे आप सपना देखते हुए मंजिल तक नहीं पहुँच सकते। उनमें देश में बदलाव लाने की क्षमता है। अगले महीने हम देखेंगे, यह कैसे हुआ।

□

धन्यवाद जीवेश और पटौदी

वास्तविकता की गलियों से गुजरकर ही
सपनों की दुनिया सजती है।

संगीत को गीत और आवाज को शब्द चाहिए

रफी और किशोर के गाने

—17 अगस्त, 2008

एक बच्चे ने उस वर्ष जन्म लिया था, जिस वर्ष किशोर कुमार का देहांत हो गया था। अगस्त के पहले हफ्ते में वह 21 वर्ष का हो जाएगा। कॉलेज के अतिरिक्त सिनेमा और संगीत के क्षेत्र में उसने अच्छी पकड़ बना ली। अगर वह 31 जुलाई, 1980 को पैदा हुआ होता, उस दिन मोहम्मद रफी का देहांत हुआ था, तो क्या होता। क्या संगीत के उस दौर से वह वाकिफ होगा, जिससे वह चूक गया?

स्वभाव की दृष्टि से रफी और किशोर अलग-अलग थे। मैं उनके भौगोलिक जुड़ाव के बारे में बात नहीं कर रहा हूँ। हालाँकि एक लाहौर से आए थे और एक खंडवा से। किशोर कुमार बंबई गाने के लिए आए थे, लेकिन शास्त्रीय संगीत की शिक्षा नहीं लेने की वजह से उन्हें काम नहीं मिल पाया था। उनके बड़े भाई अशोक कुमार ने उन्हें अभिनय कर पैसे कमाने की सलाह दी। उस समय अशोक कुमार का काफी नाम हो चुका था। यह कहना गलत नहीं होगा कि किशोर द्वारा बनाई गई हर फिल्म आत्मकथा थी। वह परदे से बाहर जिस तरह मजाक किया करते थे, परदे पर भी वैसे ही दिखते थे। लेकिन उन्होंने हिम्मत नहीं हारी और बातचीत के अंदाज में व्यंग्य गीत वाली उनकी पहली फिल्म आई। वह पहले और इकलौते हिंदी फिल्म गायक हुए, जिनमें अभिनय करने का गुण था। सच्चाई है कि अभिनय की वजह से उन दिनों उनकी पहचान बन गई। अपनी आवाज को नए अंदाज में पेश करने और 'इना-मिना-डिका' जैसे निरर्थक शब्दों को अपने गीतों में पिरोकर वह अद्वितीय बन गए। यह उस समय की बात है, जिसके बाद देवानंद शीर्ष पर पहुँचे थे। इसके साथ ही 'तीन देवियाँ', जिसमें तीन प्रतिष्ठित महिलाओं ने देवानंद के साथ काम किया और वह फिल्म असफल रही थी, जिसमें किशोर के गीत ही सफल थे और इसके साथ ही वह चमक गए। राज कपूर ने

चहेते मुकेश तो दिलीप कुमार ने रफी साहब को ऊपर उठाया और देव भी छा गए। बंबई में बी ग्रेड फिल्म 'मिस्टर एक्स' में किशोर कुमार ने गीत गाया तो वह फिल्म से अधिक उनकी चर्चा हुई। जब उन्होंने 'दूर गगन की छाँव में' फिल्म बनाई, उनके गीत सुपर हिट रहे। किशोर ने साबित कर दिया कि उनका स्तर रफी के समकक्ष का है। 'गाइड' फिल्म में गाया गया उनका गीत अतुलनीय रहा।

रफी अति विनम्र, बंबई में काफी सम्मानित व्यक्ति और बिना अहंकारवाले गायक थे। शास्त्रीय संगीत उनका आधार था। हालाँकि उन्होंने प्रसिद्ध भजन 'हरि ओम' नहीं गाया। 'ओ दुनिया के रखवाले' से लेकर 'अपनी तो हर आह एक तूफान है', 'ये दुनिया अगर मिल भी जाए तो क्या है', 'छू लेने दो नाजुक होठों को कुछ और नहीं है जाम है ये', 'चाहे कोई मुझे जंगली कहे' का कोई जोड़ नहीं था। उस तरह के हजार गीतों के नाम मैं कह सकता हूँ और आज भी महसूस करता हूँ कि हमने रफी के साथ न्याय नहीं किया।

किशोर कुमार ने अपनी पहली फिल्म बनाई 'चलती का नाम गाड़ी' यह फिल्म इंडस्ट्री की सबसे पुरानी और व्यावसायिक फिल्म रही। उन्हें ऐसा लग रहा था कि फिल्म असफल रहेगी और उनका पैसा डूब जाएगा। लेकिन वैसा नहीं हुआ। वह आयकर देनेवाले शीर्ष लोगों की श्रेणी में आ गए। उन्होंने हास्य पर आधारित फिल्म बनाई, जिसमें तीनों भाई—किशोर कुमार, अशोक कुमार और अनूप कुमार थे और यह फिल्म सुपर हिट रही। किशोर कुमार इस बात को लेकर निराश थे कि फिल्म का सारा अधिकार अपने सेक्रेटरी पर छोड़ दिया था।

फिल्म की कहानी सच्चाई में बदल गई। किशोर कुमार को छोड़कर किसी ने इसे सोचा भी नहीं होगा। किशोर कुमार अपनी फिल्म की मुख्य अभिनेत्री मधुबाला से प्यार करने लगे और उनके साथ शादी रचा ली, जो उनके लिए काफी महँगा साबित हुआ।

किशोर आज जीवित रहते तो वह 79 वर्ष के हो गए होते। यह उम्र औसतन बड़े नेताओं और आम भारतीय की औसत उम्र से अधिक है। रफी साहब लाहौरी-पंजाबी व्यंजनों के शौकीन थे। उनके बाद से संगीत की अवनति शुरू हो गई।

मेरा मकसद समकालीन संगीत को नीचा दिखाना नहीं है। इनमें से कई संगीत आकर्षक और सेहत के लिए लाभदायी हैं। इनमें से कुछ संगीत की मदद से हम व्यायाम (एक्सरसाइज) भी कर सकते हैं। और इस सच्चाई को कोई नकार नहीं सकता है कि तराने की दुनिया में भारत का विकास दर 3 प्रतिशत था और आवाज के जमाने में 9 प्रतिशत है। अगर आप चाहें तो इसे महसूस कर सकते हैं। यह साधारण बात है कि दोनों ही दुनिया अलग समय की नहीं है। लेकिन दोनों ही संस्कृति की ऐसी परिधि में हैं कि उन्हें एक नहीं समझा जा सकता है। आप आजकल के हिंदी फिल्मी गीतों के साथ–

साथ गा नहीं सकते, लेकिन आप नाच सकते हैं। यह अब डिस्कोथेक की संस्कृति में पहुँच गया है। इसे टेलीविजन पर भी प्रमुखता से दिखाया जाने लगा है। गानों के अंताक्षरी जैसे कार्यक्रम और सेक्सी डांस स्पर्धा जैसे टेलीविजन कार्यक्रम छोटे शहरों से लेकर मध्य भारत में खूब देखे जा रहे हैं।

तराने को गीत और आवाज को शब्द की जरूरत होती है। शाहिर लुधियानवी, मजरूह सुलतानपुरी, शैलेंद्र, हसरत जयपुरी, नीरज आदि के लिए बेहतर रहा कि उनकी स्वाभाविक मौत हुई। इन दिनों आपको अपनी कविता को लेकर मुंबई सिनेमा आयोग के सामने भूखों मरना पड़ता।

पुराने जमाने की महान् शख्सियतों से—लता मंगेशकर, गीता दत्त, आशा भोंसले, मोहम्मद रफी, मुकेश, मन्ना डे, हेमंत मुखर्जी और अंत में किशोर कुमार। इनमें से मुकेश और हेमंत के गीत अन्य के मुकाबले कम चर्चा में रहे। लेकिन आजकल के कलाकारों के मुकाबले उनके गीत ज्यादा गाए गए। अंतर टाइप और स्टीरियो टाइप में है। यह माना जाता है कि स्टीरियो टाइप का बैंक बैलेंस जाना होता है।

शायद सभी मानकों के संकेत हिट गानों से हैं। वर्ष 1960 और '70 के दशकों तक के प्रसिद्ध गीत दुकानों की अलमारियों में आज भी हैं। यहाँ तक कि '50 के दशकवाले भी देखने को मिल जाते हैं। आजकल के गीत समुद्री तूफान की तरह हैं। वे तेजी से मार्केट में आते है और खत्म हो जाते हैं। वे अचानक सभी जगह छा जाते हैं और अचानक ही गायब हो जाते हैं। पिछले 21 सालों के कितने गीत आपको याद हैं? रफी की मौत के पहले के कितने गीतों को आपने भुलाया है? हैमबर्गर बनाम बिरयानी—अगर आप इसे जानेंगे नहीं तो हासिल नहीं कर पाएँगे।

क्या अंतिम दौर उबाऊ था? मानो यह विचार मेरे दिमाग में नहीं आया था, जब मैंने कॉलम लिखना शुरू किया। लेकिन मुझे उनपर बहुत तरस आता है, जिनका जन्म दो और तीन दशक पहले हुआ और रफी या किशोर को नहीं सुना, नहीं जाना। उनके लिए एक फायदे की बात है कि उनके पास अब भी समय है।

□

बी.बी.सी. ने गोलियों को छिपाया

किसी को यह सामान्य समझ है?

—21 दिसंबर, 2008

किसी जमींदार परिवार का मुख्य रसोइया अपने मालिक की हर बात मानता है। वह विरोध या आंदोलन नहीं करता है। आंदोलन करने के लिए गांधी या फिर लेनिन की सोच होनी चाहिए, ताकि उसमें तोड़-फोड़ नहीं हो। मैं बी.बी.सी. के साथ निराशा व्यक्त करना चाहूँगा। मैं प्रदर्शन के माध्यम से 'आंदोलन' को परिभाषित करना नहीं चाहूँगा। कुल मिलाकर गांधीवादियों ने इसे कम महत्त्व दिया। शायद मेरे कहने का मकसद था—असहयोग आंदोलन।

मुंबई में लगातार 60 घंटे के आतंक ने कम-से-कम सुरक्षा बलों के साथ-साथ एक वर्ग की माँग बढ़ा दी, वह पत्रकार है। मीडिया ने खबर को समय और स्थान दिया और एक पत्रकार ही है, जिसने हर कीमत पर मौके की स्थिति को स्वतंत्रतापूर्वक उपलब्ध कराया। कई ऐसे अंतरराष्ट्रीय रेडियो और टेलीविजन स्टेशन हैं, जिन्हें बिल्कुल शुद्ध व्याकरण की माँग या जरूरत नहीं होती है। शब्दों के चयन में दोष, टूटे-फूटे एवं घिसे-पिटे अंदाज में शब्दों को व्यक्त करूँगा।

यह ताज पर हुई गोलीबारी की घटना यानी अंतिम आतंकी हमले की बात है, जिसमें बी.बी.सी. लंदन से एंकर ने टेलीफोन बातचीत का अपने समाचार में दिखाना चाहा था। मैंने इसे नकार दिया। मैंने कहा था कि मैं बी.बी.सी. का तब तक साथ नहीं दूँगा, जब तक वह मुंबई के हत्यारों को 'गनमैन' के बदले आतंकी नहीं कहेंगे।

बी.बी.सी. मित्र की तरह मुझसे जुड़ा है, जिसके साथ मेरे व्यावसायिक संबंध 1970 के दशक से हैं। मैं बताना चाहूँगा, भारत में बी.बी.सी. के जनक माने जाने वाले मार्कटुली मेरे मित्र जैसे रहे हैं। दूसरी हैं रीता पैने, जो इन दिनों दक्षिण एशिया टेलीविजन सेवा से जुड़ी हैं। मैंने बी.बी.सी. वर्ल्ड न्यूज के मुखिया रिचर्ड पॉर्टर को लिखने की सलाह दी थी। शायद मेरी भाषा में थोड़ी तल्खी थी, लेकिन यह महसूस की गई

परिस्थितियों का परिणाम था—"मैं मुंबई के आतंकी हमले की घटना को बताने की आपकी अक्षमता से हैरान हूँ। आपने उन्हें 'गनमैन' (बंदूकधारी) कहा, "जैसे उन्हें रात भर की पहरेदारी के लिए सुरक्षा गार्ड के रूप में रखा गया है।

"जब ब्रिटेन ने कुछ लोगों के समूह को 'होम लैबोरेटरी' (घर में प्रयोगशाला) के साथ पकड़ा तो आपकी सरकार ने उसे अंतरराष्ट्रीय मुद्दा बनाने में देर नहीं लगाई और बी.बी.सी. ने उन्हें आतंकी कहने में थोड़ी भी हिचक नहीं दिखाई। अब लगभग 200 भारतीयों को अपनी जान गँवानी पड़ी तो आपको अपने शब्दकोश में उन्हें 'गनमैन' (बंदूकधारी) कहने के अलावा कोई सटीक शब्द नहीं मिला। आप न सिर्फ भावना विहीन हैं, बल्कि रिपोर्टिंग में आपने पक्षपात रवैया अपनाया है। शर्म आती है आप पर और आप जैसे लोगों पर।"

श्रीमान पॉर्टर का जवाब बड़े ही शालीन अंदाज में आया—"'आतंकी' शब्द के इस्तेमाल में लोगों की राय लेने के बाद बी.बी.सी. उस नतीजे पर पहुँचती है। यह बी.बी.सी. की नीति है। हमने अपने कर्मचारियों को स्पष्ट दिशा-निर्देश दे रखा है—हमने 'आतंकी' शब्द के इस्तेमाल पर रोक नहीं लगा रखी है; लेकिन हम इसके लिए वैकल्पिक शब्द का इस्तेमाल करते हैं। शब्दों के इस्तेमाल में मौलिकता का ध्यान रखा जाता है। हमने अपनी भाषा में 'गनमैन' (बंदूकधारी) या 'किलर' (हत्यारा) या 'बमर' 'बम बरसाने वालों' को अधिक सटीक मानते हैं।

श्रीमान पॉर्टर ने कहा कि "बी.बी.सी. की सटीक और स्वच्छ नीति श्रोताओं को यह समझाने में मदद करती है कि जिस दुनिया में हम रहते हैं, वह कैसी है। मुझे विश्वास है कि मेरे श्रोता यह समझ गए होंगे कि जिन्होंने मुंबई में हमला किया, वे कौन थे और उन्हें निर्णय लेने में किसी तरह की मदद पहुँचाने की जरूरत नहीं है। यह उनकी जिज्ञासा पर निर्भर करता है। क्या उनके लिए 'किलर' (हत्यारा) शब्द का इस्तेमाल करना उचित नहीं है? बी.बी.सी. अब आपको हत्यारा या बंदूकधारी या फिर बम बरसानेवाले कहते हैं तो क्या वह नहीं हो जाएगा जो आप हैं?

बंदूकधारी और आतंकी में अंतर साफ है। अपराधी बंदूक को इस्तेमाल करते हैं और बंदूकधारी कहलाते हैं। उनका मकसद चोरी करना या अपराध करना या लूट करना था। आतंकी राजनीतिक और व्यक्तिगत मुद्दों पर निर्दोष लोगों की जान लेता है और इसके लिए वह बम या फिर बंदूक का इस्तेमाल करता है। छत्रपति शिवाजी रेलवे टर्मिनस, ताज, ओबेरॉय और जेविस लोगों के घरों में वे हत्यारे कला की चोरी करने या पैसे या रेलवे संपत्ति चुराने नहीं आए थे। मैं पूरे जोर के साथ श्री पॉर्टर को इस आधार पर बताना चाहता हूँ—"यह शर्मनाक है कि बी.बी.सी. अपराधी और आतंकी में फर्क नहीं समझ पाता है—और इस शब्द का चयन कर उन्होंने रंग बदलनेवाले आतंकियों का

बचाव किया है। यह सिर्फ अर्थ बताने का विषय नहीं है। आतंकी हमेशा अपनी पहचान को छिपाने की कोशिश करते हैं।''

जवाब में श्रीमान पॉटर ने एक बार फिर शालीनता दिखाई। उन्होंने मुझे बी.बी.सी. की संपादकीय नीति एवं दिशा-निर्देश पढ़ने को कहा। 'कैमोफ्लैग' के इस्तेमाल पर उन्होंने कहा, ''मुंबई की हमारी रिपोर्टिंग काफी प्रभावशाली और भयावह थी, जो हमारी नीति के खिलाफ थी। और मैं फिर से दोहराता हूँ कि हमने इस शब्द के इस्तेमाल पर प्रतिबंध नहीं लगाया है और हमने मुंबई मामले में कई बार इस शब्द को दुहराया है।''

हाँ, मैं भारतीय और ब्रिटिश उद्घोषक के मामले में आश्वस्त हूँ, लेकिन बी.बी.सी. के बारे में नहीं।

यह संभव है कि श्रीमान पॉटर की भौंहें हैरानी से उस समय तन गई होंगी, जब भारतीय वेबसाइट पर उन्होंने इसे देखा होगा। उन्होंने लिखा—''मैं अच्छी तरह जानता हूँ कि मैंने आपसे जितनी बातें कहीं हैं, वे प्रकाशित होंगी; लेकिन मैं नहीं जानता, वह आपका अपना स्वार्थ होगा। वास्तव में ऐसा नहीं था। मैं सिर्फ यह नहीं सोचता हूँ कि किसी स्टोरी के लिए एक व्यक्ति की राय पर्याप्त है। लेकिन इसका मतलब यह नहीं था कि निजी तौर पर खबर को वह स्थान दिया गया।'' श्रीमान पॉटर के इस पत्राचार से पहले मुझे जानकारी नहीं थी कि वह भी हमसे अलग नहीं है। आखिरकार मैंने बी.बी.सी. के साथ निजी पत्राचार क्यों किया? बी.बी.सी. की नीति जन-समुदाय पर आधारित है और वह जन-समूह से संबंधित है।

निजी तौर पर बातचीत पर आधारित नहीं है। मुझे अनुमान नहीं था कि श्रीमान पॉटर अपनी संस्था की नीति को निजी तौर पर किसी को बताएँगे।

सिर्फ एक विरोध पर कोई संस्थान अपने आपको नहीं बदलता है; लेकिन मीडिया की एक बड़ी बात है, जब आम दर्शक या श्रोता के सामने उनकी संस्थाओं से जुड़ा कोई मुद्दा सामने आता है, या उनके वकील सूझ-बूझ से काम करते हैं, या अपनी शक्ति का प्रदर्शन करते हैं तो सामान्य समझ की जरूरत होती है। सामान्य समझ अपराधी और आतंकी के बीच के अंतर को स्पष्ट करता है।

मैं यह जानना चाहूँगा कि बी.बी.सी. के नजरिए से न्यूयॉर्क में ट्विन टावर को गिरानेवाले 'गनमैन' (बंदूकधारी) या 'हत्यारे' या 'एक प्लेन बमर' या आतंकी की ट्रेनों और बसों पर बमबारी की निर्दोषों की हत्या की थी, वे कौन थे? मैं उस कवरेज की प्रकृति से इत्तफाक नहीं रखता हूँ।

क्या मैं मुंबई पर हमला करनेवाले को सिर्फ 'गनमैन' (बंदूकधारी) कहकर अपना मुँह चुप कर लूँ, घुटने टेक दूँ?

□

चाय की दुकान पर कैसी चर्चा?

मनुष्य के जीवन में सोशल मीडिया सबसे बड़ी चाय की दुकान बन गई है।

—11 दिसंबर, 2011

प्रवक्ता खुद अपनी इच्छा से नहीं बोलते हैं, वे अपने मालिक की भाषा बोलते हैं और वे अपनी बातों को लंबे समय तक याद नहीं रखते हैं। मंत्री सामान्यतया अचानक किसी प्रस्ताव या नीति आदि की घोषणा आला कमान की आज्ञा के बिना नहीं करते हैं। यह एक मानक प्रचलन है। कपिल सिब्बल सोशल मीडिया की प्रस्तावित चर्चा के प्रति आत्मा से जिम्मेदार नहीं हैं, जो इन दिनों इंटरनेट पर बातचीत या संवाद की सबसे प्रभावशाली प्रक्रिया है। वे सिर्फ अपने कार्यालय की वकालत करते हैं।

काट-छाँट सामान्य तौर पर स्वयं वे भ्रमित सरकारों के लिए अंतिम साधन होता है, जो हमेशा अपने कामों पर खुद को सांत्वना देने के लिए होता है। काट-छाँट करनेवालों के लिए बहाना हमेशा राष्ट्र-हित में होता है। आपातकाल की स्थिति में सरकार यह बात भुलाती है कि सी.आई.ए ने उन पत्रकारों को है, जिन्हें अपनी गति पर नियंत्रण नहीं है। के.जी.बी. की सोवियत संघ में मौत हो गई थी और सी.आई.ए मैत्री कर रही थी। इस तरह के दाग धोए नहीं जा सकते हैं। उन दिनों सरकार ने विपक्षियों पर संप्रदायवाद का आरोप लगाया था।

दिल्ली के वर्तमान शासक को अगर ज्ञानी नहीं कह सकते हैं तो कम-से-कम चालाक जरूर कह सकते हैं।

वे सोचते हैं कि उन्होंने किराए की मान्यता हासिल कर ली है। यानी जिसकी लाठी उसकी भैंस। जो अभियुक्त नहीं हैं, उन्हें भी मंत्री आदि धकेल देते हैं और जो कमजोर हैं, उनपर अपना दबदबा बनाते हैं। कभी-कभी पत्रकारों पर जाँच के हथकंडे का दबाव बनाकर उनका मुँह चुप करा देते हैं।

मीडिया के मालिक कभी अपनी गरदन पर सत्ता के हाथ महसूस करते हैं, कभी-कभी गुप्त रूप से उनकी पीठ थपथपाई जाती है। भरोसेमंद होने के कुछ फायदे हैं, जो आगे बढ़ने में मददगार होते हैं।

मीडिया प्रबंधक और लेखक इन बातों को जानते हैं, कहते हैं। जो गरमी बरदाश्त नहीं कर सकते, वे किचन से बाहर हो जाते हैं और सीधे राजनीति के आरामदायक ड्रॉइंग रूम में चले जाते हैं। यानी जो सच्चाई और विश्वसनीयता की कसौटी में नहीं रहना चाहते हैं, वे राजनीति के पहलू में चले जाते हैं। दूसरे, जो पत्रकारिता का धर्म निभाते हैं, वे कठिनाइयों और प्रताड़ना की परवाह नहीं करते हैं। जब माहौल शांत रहता है, मंत्रियों पर आदतन दबाव डाला जाता है। जब माहौल कठिन हो जाता है, वे लड़ाई के मूड में आ जाते हैं।

विलियम वेस्टमोरलैंड एकमात्र अमेरिकी व्यक्ति थे, जिन्होंने विदेशी लड़ाई को गँवाया और खुद को यह तर्क देकर समझाया कि वियतनाम की लड़ाई आधुनिक समय में बिना नियंत्रण के लड़ी गई। उन्होंने 'वाशिंगटन पोस्ट' में कहा, "बिना नियंत्रण और चर्चा की कोई भी बात जनता की समझ में नहीं आती है।" यही दुःख की बात है कि जनता सच्चाई से भटक जाती है। वे चर्चा करना, सवाल खड़े करना और उसे जानने की कोशिशें छोड़ देते हैं; क्योंकि उनके कार्यालय के लालच असीम हैं। वे अपने नियंत्रणवाली मीडिया की सफाई करते हैं, जैसे दूरदर्शन और ऑल इंडिया रेडियो उनके लिए फायदा पहुँचानेवाली चीजों को दिखाते हैं। लेकिन उनके नियंत्रण में जो मीडिया नहीं है, वे उन पर कैंची चलाती हैं।

तकनीकी के अलावा नेट पर कोई नियंत्रण नहीं है, जैसे सर्वर बंद कर देना। उदाहरण के लिए, ऐसी घटना हो चुकी है। एक लोकतांत्रिक सरकार तानाशाही रवैया नहीं अपना सकती है और चीनी कम्युनिस्ट पार्टी की तरह अपने बाहुबल का प्रयोग नहीं कर सकती। लेकिन भारत सरकार को पता चलेगा कि वह आसानी से नेट को बंद नहीं करा सकती, क्योंकि यह निजी क्षेत्र में भी संचार से जुड़ा होता है। सोशल मीडिया व्यक्तिगत और सामूहिक रूप से एक बुलंद आवाज हो गई है। आप चाय की दुकान पर चर्चा कैसे करते हो? सन् 1975 में इंदिरा गांधी ने विरोधियों को जेल में डलवा दिया और समाचार-पत्र के पहले पन्ने पर इसके लिए खाली छोड़ दिया गया, लेकिन वह सभी चाय की दुकानों को बंद नहीं करा सकीं। मानवीय इतिहास में सोशल मीडिया सबसे बड़ी चाय की दुकान रही है।

यहाँ एक जीवंत सवाल है। कपिल सिब्बल प्रवक्ता हैं—मालिक कौन है? किसी भी तरह से डॉ. मनमोहन सिंह का नाम जवाब नहीं लगता है। उनके हाव-भाव से ऐसा नहीं लगता है।

अगर गौर करें, कांग्रेस अपनी पूरी शक्ति आगामी उत्तर प्रदेश विधानसभा चुनाव में राहुल गांधी को केंद्रित कर लगा रही है, ताकि उन्हें प्रधानमंत्री की कुरसी तक पहुँचाया जा सके। कांग्रेस के भविष्य के लिए सभी राजनीतिक निर्णय लिये गए। अजित सिंह को मंत्रिमंडल में कभी शामिल नहीं होने दिया गया और पश्चिमी उत्तर प्रदेश के चुनावी गठबंधन में उनके शामिल होने की संभावना भी नहीं थी। राहुल गांधी जान चुके हैं कि व्यवस्था-विरोधी संदेश फैलाने में अन्ना हजारे के आंदोलन का सबसे ज्यादा असर सोशल मीडिया का रहा। हजारे ने लोकपाल बिल को सदन में नहीं लाने के लिए राहुल गांधी को जिम्मेदार ठहराया। सरकार अन्ना हजारे का कुछ नहीं कर सकी। क्या हजारे के संदेश फैलानेवाले इंटरनेट पर प्रतिबंध लगाने की कोशिश हुई?

यदि इस विचार के पीछे कपिल सिब्बल का तर्क है तो यह एक ताजा खबर है। सच्चाई है, इस चाय की दुकान की कोई दीवार नहीं है।

□

धन्यवाद जीवेश

वास्तविकता की गलियों से गुजरकर ही सपनों की दुनिया सजती है। यह एक रोमांचक आदर्श है, लेकिन यह वास्तविक आधार भी नहीं है। अंग्रेजी नामचीन रूमानी कवि वर्ड्सवर्थ ने एक सिद्धांत या मिथ्याभिमान स्थापित किया कि हम जन्म से ही पवित्र हैं—संभवत: स्वर्ग के उतरे हैं या चमत्कार ही है, जहाँ से बच्चा आया है—और वह उम्र पवित्रता के बिल्कुल करीब है।

लेकिन समय-समय पर साहित्य के विद्वान् पवित्रता के दौर से भी गुजरते हैं और उन जादुई मौकों का पोषण होता है, जिनमें रोजमर्रा के जीवन से जुड़े लालच, ईर्ष्या, लक्ष्य, असफलता जैसी विषय-वस्तु जुड़े हैं। लेविस कैरोल की कल्पना में आई। एलाइस ए स्लीपी आफ्टरनून। ए रैबिट होल। वंडरलैंड। लेकिन अगर आप गलती से भी स्वादिष्ट केक को चख लेते हैं तो उसे खाने की इच्छा होने लगती है। जिस तरह से एक प्रौढ़ व्यंग्योक्ति की चाशनी में सनी 'एलिस इन वंडरलैंड है'।

निर्दोष की सच्चाई है पी.जी. वॉडहाउस। इसे स्पष्ट करने के लिए हम कह सकते हैं, वह अंग्रेजी भाषा के जादूगर हैं। एक ब्रिटिश लेखक ने कहा है—उनकी रचना में पाँच तरह की मूल मुसकराहट झलकती है, जिसमें जीवंत लेखनी शामिल है, लेकिन 'अंग्रेजी के जादूगर' कहकर उन्हें संबोधित करें तो गलत नहीं होगा।

यह असंभव था कि ईडन के बगीचे में कोई दूसरा ईश्वर आया, जिसने सर्प को निकाला था या अगर सर्प उसके चारों तरफ से लटक जाता तो उसके ऊपरी होंठ को रँग देते। गरम लोहे के महल, जो लॉर्ड्स, प्रेम करनेवालों एवं महिलाओं के लिए खेल का मैदान है। उसे परी और उसके माली ने फूलों से सहेजकर स्वर्ग बना दिया। समय-समय पर आक्रमण होने से वहाँ के निवासी जिनका नेतृत्व लॉर्ड एम्सवर्थ कर रहे थे, वे लंदन की ओर कूच कर गए। रॉड्रिक स्पॉड की तरह कृत्रिम फासीवाद बेवकूफी जैसी राजनीति की ओर आगे बढ़े। उनके निर्दय स्वभाव की वजह से उनकी मूल बातें टूटे हुए गुलदस्ते

की मिट्टी से मानो ढँक गईं।

वुडहाउस में बर्टी वूस्टर की बेसुरी आवाज और ड्रोन क्लब की प्रसिद्ध शृंखला तैयार हुई और उसे तैयार करनेवाला वही शिल्पकार था। वह ऐसा लग रहा था जैसे मस्ती के लिए खेल का मैदान है, जहाँ चाचियों की भीड़ हो या टाई के भड़काऊ रंग का साम्राज्य हो। वुडहाउस की सभी पुस्तकों की शुरुआत सुखों के पल से होती है, बीच में भी सुख की बातें और अंत भी सुखी माहौल में। एक गरीब का युवा प्रेम और पुराने सत्ताधारी नासमझी और चिड़चिड़ापन के बीच डगमगाना, खुशी के साथ चारण गीत के विश्लेषण के बीच के अंतर्द्वंद्व को कहानी में पिरोया गया है। जीवेश के लिए मालिक और नौकर के बीच कोई भेदभाव नहीं, सज्जन के लिए बर्टी सज्जन, अपने आप में एक अलग पहचान थी। यथार्थ की जमीन पर चलनेवाला हमेशा सिर उठाकर जीता है। जीवेश की बहुत जरूरत है, जबकि गौरवान्वित होना सहज है।

वुडहाउस ने अपनी आधी से अधिक जिंदगी अमेरिका में बिताई, लेकिन वह कभी उसके आगे नहीं गया। वह उसे अपने साथ ढोकर इंग्लैंड ले गए।

अपने गुस्सैल चचेरे भाई को दिखाने के लिए अटलांटिक ले गए, जिसने अपनी आजादी के लिए अपनी समृद्धि को दाँव पर लगा दिया।

पेल्हम ग्रेनविले वुडहाउस, अपने मित्र या जिसने भी उसे बुलाया, उसे सम्मान के पद पर लाकर बैठा दिया। उसका जन्म सन् 1882 में हुआ था। उन्होंने 98 पुस्तकें लिखीं, जो ज्यादातर कल्पित कथाएँ हैं। कविताओं का एक संग्रह था 'द पैरट एंड अदर पोएम्स' जिसे मैंने नहीं पढ़ा। लेकिन मैं निराश ही हुआ। इन कविताओं में तीन कहानियाँ हैं। एक ही तरह की बातों को कविताओं में दुहराते हुए पाया गया है। मूर्ख बकरियाँ, उन्होंने नीला आकाश, सुवासित हवा, अपनी उपस्थिति, दुनिया को बार-बार अपनी कविताओं में पिरोया है, जिस तरह रूस के एक निराश उपन्यासकार ने बार-बार युद्ध, आत्महत्या, अपराध, सजा और व्यभिचार के बारे में लिखा है। वुडहाउस में वयस्क के बारे में मुश्किल से उल्लेख किया गया है, तो फिर व्यभिचार की बात की कल्पना भी कैसे की जा सकती है? वुस्टर का विकल्प दोस्तों के आधार पर निर्भर करता है। जीवेश की चतुराई को परखने के लिए उन्हें थोड़ा जटिल होना होगा, ध्यान लगाना होगा। अगर आप श्रीमान म्यूलिनर की कहानी को समझना चाहते हैं तो वे जटिल महसूस होंगे।

अगर कोई साहित्य का दावा करता है तो उसे वुडन हाउस की प्रत्येक कहानी ध्यान से पढ़नी होगी, जो हवाई अड्डे के बारे में है। मैं आपको सलाह देना चाहूँगा कि आप नजदीक की किताब दुकान के पास जाएँ और 'पी.जी. वॉडहाउस : अ लाइफ इन लेटर्स', जिसे सॉफी रैटक्लिफ ने संपादित किया है, वे पत्राचार के महान् लेखक हैं। मैं श्रम और प्रेम में अंतर करने से हिचकता हूँ; क्योंकि अगर यह प्रेम है तो इसे कभी श्रम

नहीं कहा जा सकता। लेकिन रैटक्लिफ ने अपने एकेडमिक नोटवाले पृष्ठ के निचले हिस्से पर अपना धन्यवाद ज्ञापित करते हुए इस संग्रह के प्रति अपना लगाव जताया है।

मैं उस खजाने की चमक से प्रभावित नहीं होता, जो दूर से ही चमकते हैं। इसके लिए आपको किताब बेचनेवाले को कीमत चुकानी होगी। मुफ्त की किताबों का कुछ नहीं कहा जा सकता। यही वजह है कि माँगी गई पुस्तकें खो जाती हैं। उधार देनेवाले किताब की अच्छी तरह देखभाल नहीं करते और पुस्तक लेनेवाले बिल्कुल ध्यान नहीं देते। लेकिन भिखारी को इसकी बिल्कुल जरूरत नहीं होती। सन् 1921 में वुडहाउस ने अपनी सौतेली बेटी लिओनारा के बारे में लिखा, जब वह न्यूयॉर्क पहुँची। बहुत ही धीमी गति से देशांतरवास हो रहा था, लेकिन फोटोग्राफर सभी तरफ से फोटो ले रहे थे। सबसे बड़ी बात यह रही कि मैंले एक भी प्रिंट नहीं पा सका।

अगर कोई किसी के ऊपर हँसता है तो उसे पहले खुद पर हँसना सीखना चाहिए।

और वुडहाउस ने न्यूयॉर्क में अपने पड़ोस में भटकनेवाले कुत्तों के लिए घर बनाया था। इससे अच्छा उदाहरण किसी महान् हृदयवालों का नहीं हो सकता।

□

आई.पी.एल. क्रिकेट का सच

आई.पी.एल. इनामों को समेटने का मौका है

—22 अप्रैल, 2012

ए क सवाल मुझे हमेशा हैरान करता है—महान् किस्मत के लिए महान् सोच कितना उत्तेजक है? इतिहास इसे याद रखेगा कि किस तरह सही समय पर सही विचार ो पल्लवित किया जा सकता है। ललित मोदी ही वह तेज-तर्रार व्यक्ति हैं, जिन्होंने इंडियन प्रीमियर' लीग की खोज की। अगर वह दस साल पहले इसके बारे में विचार रते तो उनका आइडिया असफल हो जाता। यदि आई.पी.एल. को सिर्फ क्रिकेट समझें ो इसे मूल क्रिकेट का बीमार रूप कहा जा सकता है। यह युवाओं के लिए चमत्कारपूर्ण ो गया है, क्योंकि इसमें एक खेल में साथ-साथ दर्शकों की दिलचस्पी भी शामिल हती है।

यह कहा जा सकता है कि बिना सामाजिक या अन्य सुधार के आर्थिक सुधार की ल्पना नहीं की जा सकती है। किसी भी मामले में भारत में दोनों ही नीतियाँ लागू होती । आई.पी.एल. में सिक्स के साथ सेक्सुअल प्रदर्शनी की झड़ी लगी रहती है। चीअरलीडर्स बकनी पैंट्स में अंग-प्रदर्शन करते हुए नृत्य करती हैं और खेल खत्म होने के बाद पनी अदाओं से सभी 22 खिलाड़ियों का मनोरंजन करती हैं। एक समय खेल को युद्ध दूसरे स्वरूप में समझा जाता था।

आई.पी.एल. एक रात का खेल है। कोई इससे खास परवाह नहीं रखता है कि ौन जीतता है और कौन हारता है। सभी अंतिम ओवर तक तनाव और जोश का लुत्फ ठाते हैं। सेक्स की तरह दोनों तरफ ही जीत होती है।

सामूहिक मनोरंजन व्यक्तिगत भावनाओं का संयोजन होता है। पिछले दो दशकों भारत में सेक्सुअल क्रांति ने जोर पकड़ा है। मुंबई को व्यावसायिक सिनेमा का नेतृत्व मला, जिसकी टिकटें गलियों में बिकने लगीं और इसे एक बड़ी पहचान मिली। हेलन,

जो जानी-मानी फिल्म डांसर हैं, ने सन् 1950 में अपना कॅरियर शुरू किया, जो 1980 तक चला और वह हमेशा के लिए प्रसिद्ध हो गईं। आजकल आइटम नंबरवालों की न तो लंबे समय तक पहचान कायम रहती है और शरीर साथ होता है और उनका ध्यान सिर्फ लक्ष्य हासिल कर लेना भी सीमित रहता है। आप सभी जानते हैं कि सेक्स स्कैंडल को किस तरह राजनीतिक मदद से धो दिया जाता है। खबरों में ऐसे मामले आते रहते हैं।

सिनेमा को एक बंद हॉल में देखा जाता है और सेंसर की कैंची चलने के बाद उसकी रेटिंग होती है। टेलीविजन में आइटम सॉन्ग की बदौलत खास म्यूजिक बनाया गया है और वह ड्रॉइंग रूम का हिस्सा बनकर रह गया है। प्रिंट मीडिया ने उसका अनुसरण किया। बाजार का दबाव भी प्रभावशाली था।

नई नीति किसी परित्यक्त धर्म से नहीं था। हमने लंबे समय से ईश्वर से गिड़गिड़ाते हुए उतार-चढ़ाव से भरा गीत सुना है (ओ दुनिया के रखवाले, सुन दर्द भरे मेरे नालें) और ईश्वर को चुनौती (भगवान् कभी दो घड़ी इनसान बन के देख, धरती पे कभी चार दिन मेहमान बन के देख), लेकिन गीत में ईश्वर की भक्ति में वर्जन अब भी प्रभावशाली है। ईश्वर की भक्ति में श्रद्धा से गाई जानेवाली कव्वाली मशहूर थी। ईश्वर की भक्ति का कभी मूल्यांकन नहीं होता है। लेकिन नैतिकता मध्य वर्गीय लोगों के सोने के कमरे की तरह नहीं है। इसकी भूमिका विस्तृत है। भ्रष्टाचार के खिलाफ उठनेवाली आवाज खुद ही उसके हाल को बयाँ करती है। मीडिया जुलूस और प्रदर्शक को लीड बनाती है और जीवन जिन जरूरी मुद्दों से जुड़ा होता है, वह पिछले पन्ने पर चला जाता है।

ललित मोदी के भाग्य ने उन्हें बीच में ही रन आउट कर दिया, लेकिन वह वित्तीय पारदर्शिता को भूल गए और वह बिना शर्तों पर आम जीवन जी रहे हैं। लेकिन हमें यहाँ उनके द्वारा लाए गए आई.पी.एल़. के प्रभाव को समझना चाहिए। इससे होनेवाला पूरक लाभ अंतिम साँसें गिन रहा है। यह मेरी राय है कि आई.पी.एल. ने वेस्टइंडीज में क्रिकेट को पुनर्जीवित किया है। क्रिकेट की गुणवत्ता और विशेषता की वजह से उसे काफी यश और धन मिला है। सर गारफील्ड सोबर्स आज क्रिकेट खेलते होते तो वे सचिन तेंदुलकर की तरह अमीर होते। नाइटहुड अच्छा है, लेकिन एक निश्चित सीमा में यह अपना बिल नहीं चुका पाता है। पश्चिमी भारत के बच्चे क्रिस गेल बनने का सपना देख रहे हैं। क्या आप उस भीड़ के बारे में सोच सकते हैं, जो विवियन रिचर्ड्स के लिए आती है? बैटिंग, बॉलिंग और फील्डिंग की तकनीकी में जबरदस्त सुधार आया है। इस समय एक कैच छोड़ने से लोग उसे भूलते नहीं हैं। इससे आप का ही बैंक-बैलेंस बिगड़ता है।

आई.पी.एल. ने भारतीय क्रिकेट को एक मनमौजी रहस्यमय समाज, जिसे

'चयनकर्ता' कहते हैं के चंगुल से मुक्त कराया है। पहले कभी इतना आसान नहीं हुआ था, जिससे क्रिकेटर आसानी से चमक सकें और उनकी प्रतिभा छिपी रह जाती है। आज जनता मैदान में कल के भविष्य को देखती है और उपलब्ध होनहारों को पहचान पाती है। इसमें चयन संभव है, लेकिन आसान नहीं है।

आजकल आई.पी.एल. सभी मौसमों का क्रिकेट हो गया है। सभी मौसम एक तरह के नहीं होते, लेकिन हम उसका लुत्फ हमेशा उठाते हैं। आई.पी.एल. इनामों को समेटने का खेल है।

□

वास्तविक तथ्य

लोकतंत्र में दोष है कि यह व्यावहारिक रूप से सभी को समानता की गारंटी नहीं दे सकता।

—22 जून, 2012

तथ्यों के विभिन्न बनावट, आकार और स्वरूप होते हैं। वह अपने मूल्यों के आधार पर नहीं, बल्कि सार्थकता के आधार पर जाना जाता है। मुझे बताया गया है कि मानव जाति में 23,000 जीन्स पाए जाते हैं, जो टमाटर से सिर्फ आधा है। लेकिन यह निर्माणात्मक सच्चाई जीवन के लिए उदार हो सकती है। यह मौत की तरह जटिल नहीं होती है, खासकर जब मौत कुछ कारणों की सीमाओं को लाँघकर निकल जाती है। प्लेग किसी प्रायद्वीप को तबाह कर देता है, युद्ध एक पीढ़ी को खत्म कर देता है या फिर पागलपन पूरी मानव जाति को खत्म कर देता है। दिए हुए आँकड़े तथ्य को समझना और आसान कर देते हैं। सितंबर 1939 और अगस्त 1945 के बीच द्वितीय विश्वयुद्ध हुआ और इस दौरान रोजाना औसतन 27,000 लोग मारे गए। (यह आँकड़ा युद्ध में मारे गए लोगों से नहीं जुड़ा है। जिस तरह से ब्रिटिश युद्ध नीति के हिसाब से 30 लाख बंगाली अकाल में मारे गए थे।

युद्ध से हमेशा ही सीखने को मिला है। अनुमान लगाइए, दुनिया में तेल खरीदनेवाला सबसे बड़ा कौन है? यदि आप सोचते हैं कि वह कोई देश है तो गलत है। वह पेंटागन है। अमेरिकी सेना साल भर में पूरे अफ्रीका के मुकाबले ज्यादा तेल खपत करती है। ब्रिटिश शासन के सैनिकों ने उन सभी उपनिवेशों के मुकाबले ज्यादा तेल खपत किया, जिन पर उनका शासन था। न तो हम उसका अनुमान लगा सकते हैं और न ही हमारे इतिहासकारों के पास ठोस जानकारी है। लेकिन आप दावे के साथ कह सकते हैं कि

सिर्फ रोम के पास जितने रथ थे, रोम साम्राज्य के पास उतने नहीं थे। युद्ध में सिर्फ विनाश जीत का संकेत नहीं है, बल्कि युद्ध के बाद शांति ही इसका असली पुरस्कार है। पहले पैक्स रोमना था, अब पैक्स अमेरिकाना हुआ।

इसकी कहानी क्या है? सत्ता में राहत कम नहीं हुई, लेकिन दुनिया को यह हासिल हुआ।

यदि अमेरिका का उदय प्रथम विश्वयुद्ध की विजय के बाद हुआ तो द्वितीय विश्वयुद्ध तक उसकी प्रभुता और तीसरे विश्वयुद्ध (शीत युद्ध) में उभरा। उसके बाद अमेरिका आदर्शवाद के रूप में पूरी दुनिया में उभरा। अमेरिका खुद को एक बड़ी शक्ति के रूप में देखता है। खासकर सन् 1992 के बाद एक चलन स्थापित करने की कोशिश थी, जिसमें बुरे साम्राज्य (रोनाल्ड रीगन द्वारा वर्णित सोवियत संघ) पर अपनी अच्छाइयाँ स्थापित करनी थीं। विस्तृत रूप में यह सिद्धांत था—सभी राष्ट्र एक समान हैं। उपनिवेश के बाद के देशों को जनता की इच्छा के मुताबिक स्थापित किया गया। पूरी दुनिया लोकतंत्र के इसी सिद्धांत का पालन करती है।

भारत जैसे देशों में गरीबी के गिरते स्तर की वजह से आदर्शवाद या ज्ञान द्वारा लोकतंत्र के साथ न्याय नहीं हो पाता है, लेकिन गरीबी में दोनों बातें हैं—निरंकुशता और तुलनात्मकता। अमेरिका के गरीब दुनिया के अन्य देशों के मध्यवर्गीय लोगों से बेहतर हैं। फिर भी वे उप-सहारीय अफ्रीका से अपनी तुलना नहीं करते और वे अपने सौभाग्य के लिए ईश्वर को धन्यवाद देते हैं और हमेशा सुखपूर्वक जीवन व्यतीत करते हैं। जब उनका सहज जीवन प्रभावित होता है तो वे अपने राष्ट्रपति से नाराज हो जाते हैं। ग्रीस में कोई भी बच्चा कुपोषण का शिकार नहीं होता था और अभी ग्रीस में कई समस्याओं की वजह से लोगों के रहन-सहन का स्तर काफी नीचे गिर गया है।

पूरी दुनिया इस समय पक्षपात और अन्याय को लेकर लड़ रही है। असमान समाजवाद, आर्थिक समानता के अवसर, जो असंभव हैं, लोकतंत्र नहीं है, बल्कि आर्थिक समानता इसकी रूह है। जब शीर्ष की 5 प्रतिशत और सतह के 50 प्रतिशत के बीच का अंतर अस्पष्ट हो जाता है तो हमेशा के लिए चुप्पी कायम नहीं रह पाती है। जो पीड़ित है, उसे ही दोषी ठहराया जाता है। लेकिन लोकतंत्र पीड़ितों को अपनी आवाज बुलंद करने का अवसर देता है। यूनान में यह कायम है। यूरोप और अमेरिका ऐसा करने की कोशिश कर रहे हैं और उन्हें ऐसा करना चाहिए।

यह थोड़ा अटपटा-सा लगता है, भारत में जहाँ ग्रीस से 50 गुना अधिक आबादी है, जो गरीबी की रेखा से नीचे जीवन जी रहे हैं, उसे 10 अरब डॉलर मदद करना चाहिए, ताकि उसकी समस्या का हल हो सके। दो दशक पहले से अमीर देशों ने नैतिक

मदद की, ताकि उनकी सहायता से गरीबी दूर हो सके। अब वे गरीबों से मदद की उम्मीद करते हैं। चमत्कारपूर्ण ढंग से उन्होंने ऐसा पाया। दिल्ली द्वारा बंगाल को 20,000 करोड़ की भी मदद नहीं दी जा सकी, लेकिन यूनान को उसने 56,000 करोड़ रुपए सौंपा दिए।

क्या भारत इस पैसे को कभी वापस पाएगा? इतिहास गवाह है—ग्रीस द्वितीय विश्वयुद्ध की क्षतिपूर्ति के लिए अब तक जर्मनी के लिए इंतजार कर रहा है।

□

पुरुष अपेक्षाकृत कमजोर होते हैं

महिला क्रिकेट महिलाओं में बदलाव की स्थिति का प्रतिबिंब है।

—3 फरवरी, 2013

इस अनिश्चित कारोबार की निश्चित सच्चाई विज्ञापन कहलाता है, जिसके बिना आप कुछ नहीं कर सकते। इस तरह से जोर डालने का मतलब यह नहीं है कि यह मारो और भागो वाली बात पर ही काम करे। यह अनुमान लगाना मुश्किल है कि कब कोई प्रचार काम कर जाता है और कब एजेंसी सिर्फ अपनी जेबें गरम करने की फिराक में हैं।

छल के दिनों में सबसे खराब खेल निश्चित तौर पर विज्ञापन में सिमट गया था और उसे भुला देने लायक था। भारत और पाकिस्तान का मुकाबला पिछले दिसंबर में हुआ था। एजेंसी ने खेल का प्रचार नहीं कराया। सन् 1739 के एक सप्ताहांत में दिल्ली में नादिरशाह फ्रेंडली खेल आयोजित हुआ था। मैंने देखा था कि उसके लिए टेलीविजन पर बड़े स्तर पर विज्ञापन आए थे, जो महिला क्रिकेट टूर्नामेंट था और पुरुषों ने काफी उत्साहित होकर उसका प्रचार किया था।

इसके पीछे कोई रहस्य नहीं था। महिला क्रिकेट शानदार रहा, क्योंकि जनता इस पर यकीन करती थी। इससे इस खेल के लिए फंड जमा करना आसान हो गया।

महिला क्रिकेट लंबे समय तक चला और यहाँ लोगों के आकर्षण का केंद्र बना रहा, जिससे लोगों ने इसे खूब सराहा। अंत में यह योजना फलीभूत हो गई। यह खेल की दुनिया में तीसरा बड़ा बदलाव है, जो सामाजिक रिवाजों का एक आईना बन गया।

पहली मुक्ति तब आई, जब 'व्यवसायियों' ने ब्रिटेन में 'अव्यवसायियों' के साथ समानता की। व्यवसायी अपने ऊपर इतना अधिक भरोसा करने लगे हैं कि उन्होंने स्पोर्ट्स की मेधाओं में अपनी कमाई तलाश ली। इसने 20वीं सदी में द्वितीय विश्वयुद्ध का रूप ले लिया। अपनी झूठी शान के लिए व्यवसायियों के समूहों ने अपनी पैठ खेल के मैदान तक बना ली।

दूसरा बदलाव भारत और पाकिस्तान में आया, जब मध्य वर्ग के लिए क्रिकेट परिचय बन गया और भारत व पाकिस्तान की गलियों में यह मशहूर हो गया। शहरी मध्य वर्ग से सफेद या भूरे अभिजात वर्ग का कोई-न-कोई लक्ष्य क्रिकेट से जुड़ा पाया जाता है। इनमें लक्ष्य प्राप्त करने का कोई-न-कोई वैकल्पिक गुण भी होता है। हालाँकि उनके लिए क्रिकेट मनोरंजन का सामान हो सकता है। लेकिन वे क्रिकेट के भूखे भी नहीं हैं। यदि किसी ज्योतिषी ने 10 साल पहले एम.एस.धोनी के माता-पिता से कहा होता कि आज जैसे हैं, उस तरह के अमीर बनेंगे तो वे उसे एक कप चाय पिलाकर कहते—जाएँ अब किसी और को बेवकूफ बनाएँ। इसी तरह अनेक लोगों के बारे में कहा जा सकता है, जिन्होंने अपना मुकाम हासिल किया है। धोनी के मुकाबले काफी अच्छी आर्थिक स्थिति बचपन के समय यूसुफ या इरफान पठान की थी।

महिला क्रिकेट महिलाओं की स्थिति में परिवर्तन के कई बिंदुओं को उजागर करता है। महिलाओं को एक समय कमजोर माना जाता था, क्योंकि वे पुरुषों की हिंसा का जोरदार मुकाबला नहीं कर पाती थीं। सच्चाई है कि बच्चे को जन्म देने के लिए मजबूत शरीर और इरादा होना जरूरी है। इस मामले में पुरुष कमजोर हैं। पुरुषों के पास सिर्फ शारीरिक शक्ति होती है। महिलाओं के पास इससे कहीं अधिक मजबूत इरादा होता है।

लेकिन यह वक्तव्य सिर्फ इस कहानी का एक हिस्सा भर है। पुरुष महिलाओं से उनकी बढ़ती उम्र के साथ दोहरा व्यवहार करने लगते हैं और उन्हें झूठी सांत्वना देते हैं। खेल भेदभाव से दूर रखता है। हम भारत में इसे नहीं देख सकते, जहाँ जीन्स और ट्राउजर महिलाओं के लिए पसंदीदा पहनावा हो गया है। लेकिन यह सच है कि पाकिस्तानी महिलाएँ जब मैदान में बल्लेबाजी करने उतरती हैं, तभी ट्राउजर पहनती हैं। जनरल जिया उल हक के समय में पाकिस्तान के रूढ़िवादी चाहते थे कि वहाँ टेलीविजन में क्रिकेट का कवरेज बंद हो जाए, क्योंकि महिलाएँ अपने घर में बैठे इमरान खान को अपने ट्राउजर के सामने के हिस्से में क्रिकेट बॉल को रगड़ते हुए देखेंगी। उसके बाद लंबा समय बीत गया। हमें इस दौर को सलाम करना चाहिए और उसका जश्न मनाना चाहिए। पाकिस्तान में लिंग समानता के लिए उदारवादियों के भाषणों के मुकाबले सौ गुना असर दिखाया।

कुछ देश महिलाओं को ओलिंपिक में नहीं भेजते हैं, क्योंकि उन्हें लगता है कि महिलाओं का दिखना नैतिक पतन को बढ़ावा देता है। मैं इसे मूर्खता के सिवा कुछ नहीं कह सकता। चेहरा दिखना न तो महिला और न ही पुरुष के लिए नंगापन है। महिलाओं का आम पुरुष की तरह व्यवहार करने की आजादी क्यों नहीं है? एक बात स्पष्ट है कि पुरुष महिलाओं से कमजोर हैं।

□

लैटिन अमेरिका की लातिनी जिम्मेदारी

नए पादरी की सच्ची आवाज

—17 मार्च, 2013

चार शतक से भी अधिक समय में पहले प्रथम गैर-इटली पादरी कैरोल जोजेफ वाजिला सन् 1978 में सिर्फ इसलिए गद्दी के लिए नहीं गए, क्योंकि चुनावी मंच ने उनका साथ नहीं दिया। जब वह जॉन पॉल द्वितीय हुए थे, उस समय उनके पद के लिए प्रचार नहीं हुआ था; लेकिन आज कार्यालय में उनकी चर्चा शान से होती है।

सन् 1964 में जब क्रैको के प्रधान पादरी बने तो उन्होंने अपनी ख्याति को आगे बढ़ाया। उसके 3 साल बाद जर्मनी और बर्लिन में विभाजन हो गया और दो साल बाद क्यूबा में मिसाइल समस्या उभरी और पूरी दुनिया आणविक आपदा की जद में आ गई। शीत युद्ध का वह सबसे अधिक शीतकाल का दौर था। तब जॉन पॉल द्वितीय को उस समय की सबसे कठिन जिम्मेदारी सँभालनी थी, क्योंकि कैथोलिक देश पोलैंड को उन्हें तानाशाह और कम्युनिस्ट के तनाव भरे शासन में चलाना था। जब वह रोम पहुँचे तो उनका मिशन रंग लाया—सोवियत संघ को चर्च और उसके सहयोगियों के विध्वंसकारी तत्त्वों से सुरक्षा करने में।

लेक वालेसा और उनके व्यापार संघों से जुड़े लोगों ने लेनिन एवं स्टालिन के 'मजदूरों के स्वर्ग' को विरोधाभास के माध्यम से अलग रखा। यहाँ तक कि न्यायाधीश सी.आई.ए ने इसे मैत्री लेखकों के माध्यम से जाना कि इसने सोवियत संघ के खिलाफ पादरी पद के साथ की हिस्सेदारी में काम किए। जॉन पॉल 2 अप्रैल, 2005 तक रहे; लेकिन उनका मुख्य अभियान तब पूरा हुआ, जब वर्ष 1992 में सोवियत संघ टुकड़ों में बँट गया। वेटिकन ने अपनी चरम उपलब्धि की घोषणा की प्रक्रिया शुरू करने में कम-से-कम पाँच साल लगाए। और उसे पूरा होने में चार वर्ष लगाए। इसका काम रहस्यमय ढंग से शुरू हुआ। आधिकारिक रूप से जॉन पॉल के बारे में कहा जाता है कि उन्होंने

पार्किंसंस बीमारी से पीड़ित एक नन को ठीक किया।

अर्जेंटीना के जॉर्ज मारियो बरगोगलियो प्राचीन समय से बारहवीं सदी में पहले गैर-यूरोपीय पोप नहीं बने, क्योंकि उनके पूर्वजों का मूल इटली है। दुनिया में सबसे शक्तिशाली धार्मिक क्रम संवेदना पर नहीं टिका है। इस वर्ष के कॉलेज चुनाव में 115 कार्डिनल के भू-राजनीति और उनकी वास्तविक चुनौतियों का मूल्यांकन हुआ, जो पूर्वाभासी था। सहानुभूति रखनेवाले पर्यवेक्षकों में से एक ने कहा कि उनकी सोच वेटिकन के लिए है। इस प्रकार बेनेडिक्ट के अचानक समर्पण पर समीक्षाएँ आईं कि नए पादरी उन्हें ही चुना जाएगा, जो गर्भपात के खिलाफ आवाज उठाएँगे और लैंगिक समानता की वकालत करेंगे। हमारे पास ऐसे पोप हैं, जो इस तरह के सामाजिक मामले में गहराई से सोचते हैं। वेटिकन में बाल शोषण समस्या है, लेकिन प्लेग की तरह महामारी नहीं है। इस तरह के अपराध के मामले में बचाव करनेवाले सीमित हैं। इस लिहाज से चर्च किसी तरह की दुविधा के संकट के बिना इसे आगे बढ़ा सकता है।

मेरे नजरिए से, वेटिकन आनेवाले दशक में ऐतिहासिक अवसर उपलब्ध कराया जाएगा।

लैटिन अमेरिका रोमन कैथोलिक के लिए बहुत बड़ा खंड नहीं है; लेकिन वह नए अंदाज में विकास के मसले को नए वाम प्रोत्साहित कर रहे हैं। पुराने वामपंथी को सोवियत संघ के विनाश के बाद फिर से सँवारा था। पारंपरिक स्थिति, खासकर मौलिक रूप से चीन में इस तत्त्व को महत्त्व दिया गया। लेकिन राज्य को समाजवाद से पूँजीवाद में ढालने में आर्थिक गिरावट बाधा बनी। चीन इस कहानी का उपसंहार है।

लेकिन क्यूबा कुछ अलग ही रहा। उसने परिवर्तन का कोई संकेत नहीं दिया। वेनेजुएला जैसे मजबूत संधि के लिए यह तलाश थी, जिसमें झगड़ालू स्वभाव के ह्यूगो शॉवेज स्थान पर धार्मिक संत के रूप में बदलाव हुआ, जब उनकी मृत्यु हो गई। प्रजातंत्र के माध्यम से वामपंथियों को संबल मिला और उपमहाद्वीपीय इलाकों को सेना की प्रताड़ना का शिकार होना पड़ा। क्या प्रथम अमेरिकी पादरी क्यूबा और लैटिन अमेरिका में वामपंथियों की चुनौती में सच्चे आह्वान को स्वीकार किया गया?

वेटिकन गिरगिट की तरह रंग नहीं बदलता है। अमेरिका में जनता दिवस के दौरान नए पादरी के रेबॉर्ड के बारे में आलोचकों ने सवाल किया, उस समय फेडरिको लोंबार्डो प्रवक्ता थे। उन्होंने कहा कि फ्रांसिस प्रथम पर किसी शिकायत कर्ता ने विश्वसनीय आरोप नहीं लगाया। चर्च ने अपनी जिम्मेदारी दिखाई। यदि क्यूबा कमजोर पड़ जाता है तो रुकावटों का उल्लंघन किया जाता है।

पोप फ्रांसिस को 'पूर्व गरीब' के रूप में आगे बढ़ाया गया। यह जरूरी था, अगर व्यापार संघों के लेफ्टि जॉन पॉल से लैटिन गरीब को जीतना चाहते थे। फ्रांसिस झोंपड़ियों

का इस्तेमाल कर सकते थे। बराक ओबामा ने फ्रांसिस को 'गरीबों के विजेता और हम सभी में अति संवेदनशील' के रूप में काम किया है। उनकी पहली कहानी उनकी सहजता को बयाँ करती है। इसका मतलब यह नहीं कि कहानी सच्ची नहीं है। यह आनेवाले मुकाबले में काम आती है।

कितना असामान्य लगता है कि पहला एशियाई पादरी वर्ष 2020 में शायद चीन का होगा।

□

हवाई अड्डे के कूड़े खुशियों का खजाना

इस जमाने के डान ब्राउन

—23 जून, 2013

किसी उच्च किस्म के आजाद खयालोंवाले और संवेदनशील व्यक्ति की इच्छा के मुताबिक हवाई अड्डे पर मिलनेवाली पुस्तकें उन्हें संतुष्टि नहीं दे सकती हैं। लेकिन इसे कौन नकार सकता है कि यह उदारपंथी नहीं है? माहौल किसी भी विषय-वस्तु का जनक होता है। आप हवाई अड्डे के स्टोर पर मुश्किल से ही सभ्यता से जुड़ी ज्यादा पुस्तकें पा सकेंगे। मसालेदार पुस्तकें और खुद को सेक्स सिंबल दरशानेवाली पुस्तकें पा सकते हैं। लेकिन अच्छे-से-अच्छा कूड़ा दुनिया को बदलने के लिए पर्याप्त नहीं हो सकता; पर इसे किसी सरगना द्वारा नियंत्रित शैतानी ताकत से बचा सकता है। अब तक सुपरमैन में कोई बदलाव नहीं हुआ है, सिर्फ सुपरमैन डोली-प्लांक की जगह पर दांते (इटली के कवि, जो धार्मिक हास्य सिखते हैं)। डान ब्राउन हवाई अड्डे पर धमाके के साथ लौट आते हैं, जिस आवाज को सभी ने सुना।

मैंने डान ब्राउन के बारे में पता किया, जब मैं लंबी कतार में खड़े उनसे मिला जिन्होंने उन्हें करोड़पति बनाया और महसूस किया कि उन्हें कतार में क्यों खड़ा रखा गया है। 'द दा विंची कोड' में कैथोलिक पंथ की सत्ता-पिपासु की कहानी है, जो ब्राउन के अहंकार की वजह से उसे नष्ट करना चाहता था उसके पहले का बिल्कुल सटीक समय था। ब्राउन हार्वर्ड के प्रोफेसर थे, जिन्होंने पढ़ाने में अपना ज्यादा समय नहीं गँवाया। एक दशक पहले मेरे दुःखी मन ने कल्पना की दुनिया में एक सपना सजाया था। मैं आपको वेटिकन और डान ब्राउन दोनों पर हमले के बारे में बताते हुए गर्व महसूस करता हूँ। यह पोटबॉयलर के इस मास्टरथेफा के लिए सम्मान की बात है कि जब उन्होंने ऐसा किया तो वेटिकन चौंक उठा।

यह उसी तरह है जैसे कि मखमल के नीचे खुशबूवाली एक बोतल में घटिया इत्र

डाला गया हो। ब्राउन की बोतल पर कलाकृतियाँ हैं, जिसमें पवित्र विषय बसते हों और आप पर संगत न्याय नहीं करने पर सवाल उठाने के लिए भड़काता है। लेकिन इसके विपरीत, बिना लेखन कला के यह संभव नहीं है और एक भूखा सिर्फ अपनी हिम्मत दिखा सकता है। कई बिंदुओं के माध्यम से शब्दों को अलग किया गया है। वाक्य में विस्फोटक शब्दों का इस्तेमाल किया गया है। वाक्यों को छोटे-छोटे पैराग्राफ में ऐसे लिखा गया है जैसे गरमी के दिनों अंडरवियर हो। अध्याय ऐसे ढीले-ढाले हैं जैसे कोई चोगा हो। हम लोग अपने भाग्य के साथ लुका-छिपी का खेल खेलते हैं।

लेकिन विरोधाभास को पहचानें : तनाव वास्तविक और झूठा भी हो सकता है। इटली की पुलिस नायक को पहले ही पृष्ठ से मारना चाहती है, पर नायक नहीं मरता है और इसी में पूरी कहानी खत्म होती है। यह अपराध गुत्थी के विपरीत है, जहाँ कोई भी मर सकता है। यदि आप सोचते हैं कि इस तरह की कविता पढ़ना कितना कठिन है, तो इसे भी समझें कि इसे लिखना भी कठिन है। घटनाएँ इतनी तेजी से हो जाती हैं कि उन्हें ठीक से समझा नहीं जाता है। लेकिन वह भी ठीक है। डान ब्राउन पाठकों को चाहते हैं, नोबल प्राइज नहीं। नोबल का महत्त्व पैसे से अधिक है।

समस्या यह हो सकती है कि ब्राउन बिना खुशबू की दौड़ लगाते हैं, जैसे किसी संगीत चैनल पर जिस तरह किसी सस्ते डियोड्रेंट का विज्ञापन दिखाया जाता है। हमारे हार्वर्ड हीरो का अभियान दुनिया की एक-तिहाई आबादी को प्लेग से मारने के बाद रुक जाता है। इसमें किंगकांग के बेटे के विचार का मौलिक रूप देखने को मिलता है। ज्यादातर गतिविधियाँ फ्लोरेंस से जुड़ी हैं, लेकिन नाटकीयता को इसमें शामिल किया गया है, जैसे कि किसी अच्छे शहर की गाइडबुक हो। पर्यटक इसे पसंद कर सकते हैं। इसमें कल्पनाओं को इतना अधिक क्यों बढ़ाया-चढ़ाया गया है कि सच्चाई काफी लचक हो गई है? पुस्तक खरीदकर पढ़ने की रुचि आनुवंशिक ललक होती है। वेस्टलैंड के एक हवाई सफर में कामुक आनंद के लिए पुस्तक पढ़ना एक घुट्टी भी शरीर को राहत देती है। ब्राउन मस्तिष्क को विश्राम देते हैं। जंक फूड इतना अच्छा हो गया है कि वह अब बुरा हो गया है। मैं इससे डरता हूँ कि जबकि ब्राऊन खुद को खतरनाक स्थिति में ले आते हैं, जिसमें क्राफ्ट (छोटा हवाई जहाज) में मौत हो सकती है। आत्म-सम्मान की जरूरत महसूस करते हुए उन्होंने अपनी कहानी में ऐसे शब्दों का इस्तेमाल किया है, जो मानो पाठक के धैर्य की परीक्षा लेने जैसी है। क्या आप 'Chthonic' (थोनिक) शब्द का अर्थ जानते हैं? मैं नहीं जानता। आप इसकी परवाह करते हैं? मैं नहीं। यहाँ 'Ch' अक्षर साइलेंट (उच्चारण नहीं) है।

उक्त जो कभी-कभार पढ़ता है, उस पाठक के लिए यहाँ कुछ नुस्खे हैं। अपनी पुस्तकों को छोड़कर ब्राउन कभी लंदन से बाहर नहीं गए। ब्रिटिश म्यूजियम का खजाना

शाश्वत है। उदाहरण के लिए, इसके केंद्र में इजिप्ट के काले पत्थर का खोखला वर्ग बना है, जिसमें दस लकीरें खींची गई हैं, जैसे कि किसी बच्चे ने इसे सूर्य की किरणें बनाई हैं। शायद इसे फराओह (मिस्त्र के राजा) अल्प-बुद्धि बच्चों ने बनाया हो। लेकिन एक हार्वर्ड प्रोफेसर को ये कहने के लिए कौन रोक सकता है कि आधुनिक कला का पहला उदाहरण गहरी चेतावनी से लदा हुआ है कि न्यूरॉन्स पदार्थ का नाश कर देगा 8000 इसा पूर्व के दस सदियों के बाद।

(को...एक मिनट के लिए ठहरो...इसका मतलब अब!

शायद डान ब्राउन ने इस संकेत को अगली पुस्तक डिफर्नो के लिए सुरक्षित रखा होगा।

□

भविष्य का इतिहास

एक भावभेदक फिल्म

—14 जुलाई, 2013

जीवन के सभी चरणों का गौर से आकलन किया जाए तो सचमुच यह दर्द से भरा है। इसे दफन किया जा सकता है, लेकिन खत्म नहीं किया जा सकता। न तो भूल जाना और न ही बदला लेना समाधान है; फिर भी, जो बुजदिल है, उसे पहले सांत्वना मिलती है और फिर उसके सामने हिंसा का दूसरा विकल्प आता है। व्यक्तियों, समाजों, देशों को एक जज्बा हासिल करना होगा कि वे पिछली व्यथा (मानसिक पीड़ा) को मिलकर कम कर सकें, ताकि भविष्य में डर से दूर उम्मीद की नई सरजम तैयार हो सके।

यह कोई बॉलीवुड फिल्म नहीं है कि किसी भावभेदक अनुभव जैसे भारत को प्रेरित करने के लिए 'भाग मिल्खा, भाग' फिल्म बनाई गई। इसमें विभाजन के बाद की घटना को दिखाया गया है, जो मर्मस्पर्शी है। उन्होंने एकतरफा सच्चाई की खतरनाक स्थिति को दिखाया है। इस स्क्रिप्ट में बदला लेने के खेल को दिखाया गया है। लेकिन मिल्खा शुक्रवार को रिलीज होनेवाली फिल्मों की तरह नहीं थी। इसे विभिन्न नजरिए से सजाया गया है, जिसमें निराशाजनक ढंग से प्रकृति का चित्रण किया गया है और विभिन्न घटनाओं एवं चरित्र को काफी बारीकी से गूँथा गया है।

बॉक्स ऑफिस हमेशा ही सरलता और सहजता को परख पाता है। अच्छे और बुरे का चित्रण होना जरूरी है। यह सूत्र सरल है। पहले खुशी, बीच में रोना-धोना और अंत में राहत और खुशी-खुशी घर चले जाएँ; लेकिन फिल्म में वास्तविकता है, अतिशयोक्ति नहीं। न तो ज्यादा लिखा गया है और न ही दबाया गया है।

मिल्खा के बचपन को कत्ल करनेवालों ने नष्ट कर दिया। पंजाब से पाकिस्तान गए उनके परिवार को कत्ल कर दिया गया। इस विध्वंस के बाद एक सच्चा मनुष्य

उभरता है, जो न तो संत है और न ही पापी। मिल्खा दौड़ता है। वह दिल्ली स्थित रिफ्यूजी कैंप में पहुँच जाता है। वह खुद को अकेला पाता है। उसका पहला प्यार खत्म हो जाता है। उसका बचपन एक अपराधी में तब्दील हो जाता है और अंत में वह अंतरराष्ट्रीय एथलीट स्टार बन जाता है। उसके बचपन के रेस के सबसे अच्छे साथी, जो एक हिंदू था, का धर्मांतरण कर दिया जाता है। वह एक मौलवी के स्कूल में है। वह दूसरे तरीके से जीवन जीता है। कौन कहता है कि उसने कम कष्ट झेले? हिंदू 1947 से धर्म बदलकर रह रहे हैं। यहाँ कहने का मकसद सामान्य है, बिना किसी झंझट-झमेला, बिना शिकायत या प्रशंसा के जीवन और मृत्यु के बीच जीवन संभव नहीं है। एक बड़े दु:ख की बात है कि सात दशक बाद कुछ ही हिंदू पाकिस्तान में रह सके और उन्हें अब भी कभी-कभी अपने विवेक के साथ द्वंद्व करना पड़ रहा है।

भारतीय और पाकिस्तानी में कोई अंतर नहीं है। हम सभी एक ही हैं। हमारी कमजोरियाँ और हमारी खूबियाँ एक समान हैं। यदि दोनों अलग होकर पड़ोसी बनकर भी अलग सोच रखते हैं तो इसकी वजह है उनके मूल विचार के प्रभाव। पाकिस्तान में जो हिंसा भड़का रहे हैं, वे सच्चाई को नहीं समझ पा रहे हैं। अगर आपका लक्ष्य किसी से नफरत करना है तो आप उसे लगातार पाएँगे। कल तक वे सिख और हिंदू थे, आज वे शिया या बरेलवी हो गए या फिर किसी कृत्रिम पवित्र के झमेले में उलझे हुए हैं।

फिल्म निर्माता राकेश ओमप्रकाश मेहरा ने संवेदनशीलता और अपनी समझ को बेहतर इस्तेमाल किया है। रिफ्यूजी कैंप में एक पति द्वारा अपनी पत्नी को जोरदार तमाचा मारना, जब वह तुरंत यौन संबंध बनाना चाहता है। यह पागलपन के साथ-साथ घृणित है। मिल्खा की प्रेयसी को घसीटा जाता है। जब वह वहाँ नहीं रहता है, उसकी शादी करा दी जाती है। यहाँ यह दिखाने की कोशिश की गई है कि छोटे-मोटे अपराध को छोड़कर कोई सफल हो सकता है। जब वह अपने नुकसान का आकलन करता है तो पाता है, उसका पुराना साथी मोहल्ले को छोड़कर सादगी से चला जाता है। आप जानते हैं, हम भारतीय महिलाओं के साथ कैसा व्यवहार करते हैं। सोनम कपूर ने मिल्खा सिंह की प्रेयसी की भूमिका निभाई है। 180 मिनट की फिल्म में वह 15 मिनट के लिए दिखती हैं। किसी भी कमर्शियल सिनेमा, जिसमें मायका बिना नायिका के रहता है तो उसकी चुनौती बढ़ जाती है। मैं फिल्म का विश्लेषण नहीं करूँगा, लेकिन मैं एक संकेत देना चाहूँगा कि जो थिएटर में आएँगे, उन्हें अपने पूर्व सोच को लेकर हैरानी होगी।

मानवीय भावना की विचारधारा असाधारण है। यह संक्रमित भी है और इस फिल्म में इन सारी बातों को लिया गया है। फरहान अख्तर को इस लिहाज से इस फिल्म में काम सौंपा गया है कि वह सिर्फ पुरस्कार के लिए रहें। प्रसून जोशी के गीत

एवं ऐशान लॉय का संमीत पारदर्शी है। दोनों ने कैफे और रेडियो की तुलना में फिल्म में बेहतर काम किया है।

महात्मा गांधी ने एक बार छुट्टी की वजह के बारे में कहा है। शायद वह उनका विचार हो, क्योंकि महात्मा गांधी की कही बातें उपदेश का पर्याय बन चुकी हैं। और किसी के पास गंभीर सलाह देने के लिए समय नहीं है। लेकिन गांधीजी हमें सीख दी है, जिसे सन् 1947 में भारत ने अपना लिया और आगे भी मान रहे हैं। और वह बात आज दुनिया में गूँज रही है। हिंसा, दोनों जो अपराधी हैं और जो पीड़ित है, को नष्ट कर देती है। यह हमारे हृदय से करुणा को खत्म कर देता है और इसे बंजर बना देता है। यहाँ तक कि हिंसा की वजह से न्याय को जरूरत पड़ी, जो नियम–पालन और सभ्यता के लिए जरूरी है।

गांधीजी ने भविष्य का इतिहास लिखा है, न कि अतीत का।

□

धन शोर मचाता है, सच्चाई सिर्फ बुदबुदाती है

खेल के मैदान पर सम्मान

—21 जुलाई, 2013

क्या आप जानते हैं ?

इसके बारे में सोचें। आपके पास समय है, लेकिन स्टुअर्ट ब्रॉड के पास नहीं था, जब वह पहले एशेज टेस्ट क्रिकेट के तीसरे दिन इंग्लैंड के लिए बल्लेबाजी कर रहे थे। इस खेल में परिणाम निकालना था और प्रत्येक रन दहाई अंक में जुड़ रहा था। स्टुअर्ड ब्रॉड को तय करना था, उसे ईमानदारी और मुनाफा दोनों में से एक को चुनना था। उसी क्षण जोरदार आवाज के साथ अपील हुई और फर्स्ट स्लिप में बॉल उठाने के बाद अंपायर का फैसला आने वाला था। उन्होंने स्वीकार किया, जिसे सभी ने देखा—सिर्फ अंपायर को छोड़कर, जो बिना आँख से बिना नाम वाला हो रहा था। ब्रॉड ने समझा कि वह आउट हो गए हैं। ईमान कह रहा था, क्रीज छोड़कर चले जाओ; लेकिन वह फैसले का इंतजार करते रहे, जबकि वह जानते थे कि गलती हो चुकी है।

और आप सोफे पर धँसकर बैठे हुए हैं या फिर क्रिकेट के प्रेमी हैं और टी.वी. पर मैच देख रहे हैं, जो आपके विवेक पर होनेवाली चर्चा में सिर्फ सिद्धांत की बातें होंगी। लेकिन क्या इसका कम महत्त्व है? मूल्यों पर चर्चा होनी चाहिए। क्या ईमानदारी छोड़ने के लिए है? क्या जीना और सफलता ही जीवन का मकसद है?

क्रिकेट हमेशा काला और सफेद नहीं होता। कुछ स्थितियाँ होती हैं, जब बल्लेबाज को जोरदार अपील के बाद भी मैदान में टिके रहने का अधिकार होता है। क्योंकि कई बार यह निश्चित नहीं हो पाता है कि सच्चाई क्या है, जैसे लेग बिफोर विकेट (LBW) का निर्णय या फिर जब स्पष्ट रूप से कैच नहीं हुआ हो। तकनीकी विकास ने तीसरे

अंपायर को खोज लिया। लेकिन स्टुअर्ट ब्रॉड के मामले में सब कुछ स्पष्ट दिख रहा था। वह आउट थे। मैदान में हर कोई और बाहर बैठे लाखों लोग सच्चाई को जान रहे थे।

क्रिकेट के जज्बे के लिए ईमानदार होना वहाँ जरूरी था। बुरे व्यवहार, खेल के दबाव में स्वभाव में तल्खी आ जाना—ये विवादास्पद हैं। मनुष्य का इतिहास रहा है कि कोई भी जानकार असफल नहीं होना चाहता है और बिना ईमानदारी के क्रिकेट में सफल होना मुश्किल है। जीवन के इस विशाल मैदान में ईमानदारी से ईमानदार व्यवस्था बनती है। इससे समाज की विलक्षणता का पता चलता है। अकसर कहा जाता है कि आपके पास पैसे हैं तो आप अपने रास्ते के लिए घड़ियाल (घंटा) खरीद सकते हैं।

धन का उपयोग धीरे से बोलकर किया जाना चाहिए, लेकिन आजकल यह शोर करता है। इस शोर में सच्चाई या विवेक दबकर रह जाता है।

क्रिकेट हमेशा ही गर्व की कुरसी पर सवार रहा। इसे सुविधा के हिसाब से ऊपर-नीचे कर लिया गया। सन् 1950 तक यह बदनाम लोगों का खेल था, जिसमें शौकिया लोग शामिल थे। वे खेल के मैदान में क्लब गेट से होकर आए, लेकिन उनकी सफलता को व्यवसायियों ने चार चाँद लगा दिए। एक व्यक्ति को उसके पद के मुताबिक भुगतान किया जाता है। दैनिक मजदूरी करनेवाला अपने काम से दुखी होकर साप्ताहिक छुट्टी नहीं बिता सकता। लेकिन खेल के मैदान में वर्ग के हिसाब से किसी को नहीं बाँटा जाता है।

हम यह दावा कर सकते हैं कि हम अधिक समतावादी युग में जी रहे हैं; लेकिन हम 'व्यवसायी' हो गए हैं, जिसे अनैतिकता का दूसरा नाम दे सकते हैं। ब्रॉड अपनी 'व्यावसायिक' पहुँच की वजह से दोष-मुक्त रहे, जैसे उपदेशकों का बेतुका सम्मान बनकर रह गया।

सन् 1980 में मुंबई जो बी.सी.सी.आई. द्वारा आयोजित में भारत एवं इंगलैंड के बीच एक टेस्ट मैच खेला गया था, भारत के कप्तान जी.आर. विश्वनाथ थे। इंग्लैंड की ओर से नेतृत्व माइक ब्रियरली कर रहे थे। मैच में निर्णायक बिंदु पर इंग्लैंड के विकेटकीपर बॉब टेलर को एल.बी.डब्ल्यू. आउट दे दिया गया। वे नाराज हो गए। वे विरोध करने लगे। उस समय रिव्यू सिस्टम नहीं था। विश्वनाथ से लेकर सभी हैरान थे। उन्होंने अंपायर से टेलर को खेलने देने का निवेदन किया। उन्होंने ऐसा ही किया और इंग्लैंड ने उस टेस्ट को जीत लिया। क्या जिस समय दुनिया ने उस क्रिकेट को देखा होगा, पवित्र माहौल होगा? नहीं। कुछ क्रिकेटर क्रीज पर अड़ जाते हैं, ऐसा चलन देखा गया है। ऑस्ट्रेलियाई खिलाड़ी एडम गिलक्रिस्ट का वर्ष 2003 में श्रीलंका के साथ व्यवहार चर्चित है और दक्षिण अफ्रीकी हाशिम अमला अगर जान जाते हैं कि वह आउट हो चुके हैं तो वह क्रीज पर नहीं रुकते हैं। लेकिन दोनों का फैशन अब पुराना हो चुका है।

क्या आप चलना चाहेंगे? यह सवाल क्रिकेट से भी अधिक लंबा है। मंत्रियों के सामान्य, विलक्षण, मुख्य या प्रधान कोई भी भ्रष्ट छवि बन जाने के बाद नहीं टिकता है या फिर अति दुष्ट प्रशासक मिड-डे मील में बच्चों का हक मारकर भी। सत्ता या शक्ति की सीढ़ियों से सचिव अपने डिपार्टमेंट से उतर जाता है या फाइल देखनेवाले क्लर्क को रिश्वत लेने पर चलता कर दिया जाता है। क्या बिजनेस इग्जीक्यूटिव को निकाला जाता है? यदि हम सभी को गलत करने पर सजा मिलती है या फिर चले जाना होता है तो दुनिया छोटे से यूटोपिया का उदाहरण क्यों नहीं बन सकती?

समकालीन धर्म का प्रथम आज्ञा-पत्र अपवित्र होता है—तुम जीत सकते हो। हर कोई बचत करना चाहता है और जीत से प्रेम करता है। दूसरा आज्ञा-पत्र है— जो पकड़ा जाता है, वह मूर्ख नहीं होता। तीसरा आज्ञा-पत्र नहीं है। यदि स्टुअर्ड ब्रॉड इस खेल में एक सदस्य भर होते तो कोई बात नहीं थी; लेकिन वह लाखों युवाओं के लिए आदर्श हैं। यदि किसी भी तरीके से जी लेना है तो पुराने मॉडल से सीख लेने की जरूरत है।

जीने के लिए स्वादपूर्ण फल का आनंद उठाएँ, भटकें नहीं।

□

अंतिम रात्रिभोज की मीडिया व्यंजन सूची

विश्वसनीयता स्वामित्व नहीं, मीडिया हाउस की सफलता की कुंजी है।

—18 अगस्त, 2013

'समाचार-पत्र के मालिक और प्रकाशक अमीर व्यक्ति होते हैं। सभी अमीर व्यक्तियों का स्वभाव एक जैसा ही होता है। बिल्कुल, उनमें प्रतियोगिता है, बहुत ही कठिन प्रतियोगिता—सर्कुलेशन के लिए, खबरों में पीछे छोड़ने के लिए एक्सक्लूसिव स्टोरी में। यह इसलिए कि इसमें मालिक की प्रतिष्ठा, विशेषाधिकार और स्थिति जुड़ी है।'

यह किसी पुस्तक से उद्धृत नहीं है, लेकिन सलाह देता है कि सच्चाई को किसी ग्रंथ में तलाशने से अच्छा अपने घर में तलाशना चाहिए। लेखक रेमंड चैंडलर हैं, जो आधुनिक उपन्यास के जाने-माने लेखक हैं। उन्होंने दो प्राइवेट जासूस, जो ढीले-ढाले और धूर्त हैं, को चरित्र में ढाला है। वे फिलिप मार्लोव हैं—और चैंडलर लॉस एंजिल्स में 20वीं सदी के मध्य संपत्ति और अपराध के बीच रहते थे। उन्होंने जाना कि वे अधिक बोले तो उनके बीच बहुत कम का अंतर रहा, लेकिन उनकी कीमत अधिक थी। मार्लोव बहुत अधिक बोलते थे। वे बहुत ऐसा काम करते थे, जो जोखिम भरा था। लेकिन वह सत्य बोलते थे।

उनके समय में समाचार-पत्रों में राजनीतिक विस्फोट और विज्ञापन अमीर को और अधिक अमीर बना देता था। सन् 1930 में ब्रिटिश प्रधानमंत्री ने समाचार-पत्रों पर चार्ज लगाया और अपने आनंद एवं मौज-मस्ती के लिए वेश्या को महत्त्व दिया। उन्होंने बिना जिम्मेदारी के अपनी सत्ता का इस्तेमाल किया, लेकिन यह खुद का उपहास उड़ाने जैसा था। पैसे की मदद से मीडिया के माध्यम से सत्ता का पीछा किया जा सकता है। प्रत्येक लोकतंत्र को यह अवसर मिलता है। परिवर्तन किसी में उद्योग को स्थापित नहीं होने देता है और समाचार-पत्र के साथ भी यह बात है। कम-से-कम कुछ अमीर

आदमी तो गरीब हो रहे हैं। समाचार-पत्र चलानेवालों को धन्यवाद। 'वॉशिंगटन पोस्ट' में बेहद नाटकीय चित्र बेचा गया था, जिसे ग्राहम परिवार ने जेफ बेजोस के लिए बनाया था और उसका मालिक था अमेजन। यह परिवर्तन सलाह नहीं देता है कि जब ज्यादा लोग विलाप कर रहे हों तो समाचार व्यवसाय से बाहर निकल जाता है। बेजोस ने 'पोस्ट' को खरीद लिया और इसमें काफी परिवर्तन किया।

समाचार-पत्र को नया स्वरूप दिया गया, जैसा कि समय-समय पर होता रहता था; लेकिन यह सूचना के क्षेत्र में मौलिक जरूरतों को नहीं बदल सका।

यह दो चालकों वाली कार है। मालिक ने पत्रकार की जगह ले ली और खुद को प्रकाशक बना लिया। संपादक रोमांच की आजादी से खुश रहता है और कभी-कभी काफी शक्तिशाली व्यक्तित्व वाला भी बन जाता है और कभी-कभी शेयरधारक बनकर न्यूज रूम में अपनी धाक भी जमाता है; लेकिन यह अपवाद है। संपादकीय निर्णय कंपनी लेती है। 'वॉशिंगटन पोस्ट' मीडिया जगत् में एक उदाहरण बन गया है। जब उसकी रिपोर्ट मेरे सामने आई तो वॉटरगेट ने खुलकर कहा, उसके ठीक बाद रिचर्ड निक्सन आया। ठीक उसके पहले उसने लोगों से भारी संख्या में विज्ञापन हासिल किया था। लेकिन कैथरीन ग्राहम द्वारा की गई खोज को चलाने का निर्णय किया गया। जिसका मालिक वह स्वयं था और बेन ब्रैडली संपादक था।

बेजोस एक समझदार लड़का है। उसे वॉटरगेट के सितारों में से एक वूडवर्ड जो प्रबंध निदेशक ने काम पर रखा था। मीडिया की मुख्य भूमिका मालिक के पास नहीं होती, लेकिन श्रेय उसी को मिलता है। बिना श्रेय और महत्त्व का मीडिया मछली या चिप्स को पैक करनेवाला रैपर है। महत्त्व मिलने से पढ़कर प्रकाशक की नजर में छा जाता है।

क्या प्रकाशक पत्रकार पर निर्भर रहता है? हाँ, पत्रकार सबकुछ जानता है, लेकिन वह एक बात नहीं जानता है—व्यवसाय कैसे किया जाए। समाचार-पत्र उद्योग भी एक उद्योग के समान है। यह घटना नहीं है कि किसी पुराने मीडिया 'टाइम्स ऑफ इंडिया' की तरह ढेर लग जाता है और जी की तरह सम्मानजनक लाभ कमा लेता है। वे जानते हैं और समझते हैं कि पत्रकार को क्या चाहिए। यही वजह है कि कोई भी समाचार-पत्र या चैनल सरकार के खिलाफ नहीं जाता है, जब तक कोई ठोस आधार नहीं मिल जाता है। वे अपने कंधे पर कुछ लेते हैं, जब तक कि वह यह नहीं जान लेते हैं कि सत्ता में बैठी सरकार कितनी महँगी साबित हो सकती है।

मीडिया हाउस पिछड़ जाता है, जब तक वह महत्त्व को छोड़कर धन को महत्त्व नहीं देता है। भारत में ऐसी कई मीडिया कंपनियाँ हैं, जो इस आधारभूत नियम को भूल गई हैं और तरक्की कर रही हैं। पतले परदे के पीछे बड़े नाम चमक रहे हैं। हम पूरी

तरह से सच्चाई का पता नहीं लगा सकते।

चाहे वह अमेरिका हो या भारत, मीडिया खत्म नहीं होगा, न ही उसके मालिक। सूचना का कोई अंत नहीं है। यह चुनने लायक होता है, जब मामला संबंधित होता है। बिल्कुल यह रुचि की बात है। जैसा कि दोषदर्शी रेमंड चैंडलर ने महसूस किया। लेकिन जो बहुत अमीर हैं, वे समाचार-पत्र का धंधा नहीं करना चाहते हैं। वे इसे अपने व्यवसाय में शामिल नहीं करते हैं तो उन्हें कोई नुकसान नहीं होता है।

एक अच्छे अखबार के मालिक मुरगी को इसलिए खिलाते हैं, क्योंकि वह सोने के अंडे देगी। वे उसे हलाल नहीं करते।

□

पौराणिक भारत में सपने का संयोग

सोने के लिए पागलपन और मूर्खतापूर्ण खोज

—20 अक्तूबर, 2013

क्या प्रसिद्ध भारतीय साहित्य से वीभत्सता एवं डर जैसी कपोल-कल्पना की विधा कभी खत्म होने वाली नहीं है? समाचार-पत्रों से काफी अधिक प्रतियोगिताएँ हैं। संपादक दिन भर की खबरों के साथ स्पर्धा में जुटा रहता है। आपको ब्रैम स्टॉकर बनने की जरूरत नहीं है और न ही ड्रैकुला की तरह मोती जैसे जहरीले दाँतों को चुभोकर महिला के गले से खून पीना है। भारत में कुछ ऐसे भी धूर्त व्यक्ति हैं, जो अपना पेट भरने के लिए जोंक की तरह चिपक जाते हैं और वे अपनी आय को ईश्वर के रूप में पेश करते हैं। उनके पास हजारों एकड़ जमीन होती है। यह कैसी मूर्खतापूर्ण बात है। क्या एक भारतीय के पास यह सब हो सकता है?

इसका भेद खुलता है तो सचमुच यह मूर्खतापूर्ण लगता है। ऐसे पागलपन समूह की लंबी और जटिल कहानी है। उत्तर प्रदेश के डौंडिया खेड़ा में स्वामी शोभन सरकार ने कुछ दिन पहले सपने के आधार पर घोषणा की थी कि यहाँ के 150 वर्ष पूर्व राजा रामबक्श ने हजारों टन सोना जमीन के अंदर गाड़ रखा है। उसके बाद पागलों की तरह सोने की खोज शुरू हो गई। स्वामी के सपने से पहले किसी ने उस राजा का नाम तक नहीं सुना था। और उस कथित स्वप्न ने स्वामी को रातोरात बॉलीवुड की तरह नायक बना दिया। स्पष्ट रूप से उस राजा ने सोने के इस खजाने को वर्ष 1857 से पहले जमीन में गाड़ा था, ताकि अंग्रेज उनके हाथों से भारत का यह सोना न ले जा पाएँ।

ऐसी बेतुकी बातों से लोगों को बदनाम न करें। यहाँ तक कि संस्कृति मंत्रालय और भारत के पुरातात्त्विक सर्वे ने अगस्त के उस महीने के दौरान अपने होंठों को चाटना शुरू कर दिया। और कंप्यूटर के जानकार हमारे युवा मुख्यमंत्री अखिलेश यादव ने स्वामी को संदेश भेज दिया कि उस सोने से राज्य का विकास होगा। वह जादुई सोना

अगर मिल गया होता तो उसका इस्तेमाल शायद राजनीतिकों के कल्याण के लिए होता। लेकिन वह दूसरी बात है।

व्यक्तिगत रूप से मैं आशा करता हूँ कि सोना मिल जाए। अगर ऐसा होता है, और मेरी उपेक्षा की जाती तो मैं कहता कि मेरे पैंट की पिछली जेब में एक औंस डाल दो। तब अखिलेश यादव उन कंप्यूटरों के एवज में भुगतान करते, जिसे उन्होंने उपहार में दिया है। वह बहुराष्ट्रीयों के लिए अच्छी खबर होती। मेरे खाली दिमाग में इस तरह के मूर्खतापूर्ण सवाल उमड़ने लगे।

भारत सरकार के पक्ष में सिर हिलानेवालों ने व्याख्या की कि वे इस सोने के लिए खुदाई कर रहे हैं, क्योंकि उन्हें वैज्ञानिक प्रमाण मिला है कि सोना है। बहुत ही रोचक। भारत माता की टोकरी में सोने की परत नहीं मिली, जिसके बारे में हम चर्चा कर रहे थे। वह सोना मिट्टी एवं लोहे के बरतन के रूप में जमा था। प्राचीन काल के राजा रामबक्श ने इसे चीन के उच्चाधिकारी से प्राप्त किया था। आप बरतन आदि के बारे में वैज्ञानिक प्रमाण कैसे पा सकते हैं? क्या कोई सक्षम लेजर किरण जमीन के अंदर चमकनेवाली चीज के बारे में पता लगा लेगी कि सभी चमकनेवाली चीजें सोना हैं? जहाँ तक मेरी जानकारी में है—सोना कभी सड़ता नहीं है और उस पर जंग नहीं लगता है। यही वजह है कि सोने से गंध नहीं आती। या फिर क्या यह कहा जा सकता है कि दिल्ली में कुछ बाबू 'ट्रेजर आइसलैंड' पढ़ते हैं छुट्टी के दिनों में?

यह एक सामान्य समझ की बात है। राजा रामबक्श कितने अमीर थे? वह अवध के नवाब नहीं थे, मराठा के पेशवा या बनारस के राजा या झाँसी की रानी नहीं थे और न ही हमने स्कूल की पुस्तकों में उनके बारे में पढ़ा है। वह निश्चित तौर पर होंगे। लेकिन वह प्रख्यात नहीं थे तो उन्होंने हजार टन सोना कहाँ से इकट्ठा किया था? यहाँ तक कि उस समय के सबसे बड़ा व्यापारी ईस्ट इंडिया कंपनी इतने बड़े खजाने का दावा नहीं कर सकते थे। दिल्ली के मुगल शासक के पास हो सकता है; लेकिन दुःख की बात है कि नादिरशाह सन् 1739 में अपना खजाना खाली कर चुके थे। आप इतने अधिक सोने को जमीन में कैसे गाड़ सकते थे, जब उस समय ज्यादातर खुदाई कुदाल से होती थी। बहुत अधिक श्रमिक लगा दें तो भी यह समझ से परे है। उस जमाने में यानी 200 साल पहले भारत के सभी किसान ईमानदार थे। भारत श्रम करनेवालों की भूमि रही है, न कि उसे सँभालनेवालों की। यह भी काल्पनिक है कि सन् 1867 या 1877 या 1887 तक उस स्थान पर कोई नहीं लौटा, न ही कोई अंग्रेज अधिकारी था।

अंधविश्वास और यथार्थ के बीच कोई भी लड़ाई होती है तो अंधविश्वास भारत की ओर अपना इशारा करता है। बाबा ने सपना देखा, लेकिन किसी ने भी यह पूछने की हिम्मत नहीं की कि रात को क्या हुआ था? सपनों का मनोविश्लेषण और व्याख्या का

कोई आधार नहीं होता, अगर सेगमंड फ्रायड भारत आए होते।

क्या भारत ऐसा देश है, जहाँ सपने सच होते हैं? दिल्ली की सड़कों के किनारे घूमते सुअरों को देखकर गरीबी का अनुमान लगाया जा सकता है, अर्थ स्पष्ट है—नहीं। अगर कुल घरेलू उत्पाद में (जी.डी.पी.) को जोड़ा जाता तो एशिया के कुल जी.डी.पी. से भी हम आगे निकल जाते। इस उत्पादन की बदौलत ह़म लाभ में रहते। सपने को निवेश करनेवाले का खाली हाथ आता है।

□

यादों को आने दो

हर क्रिकेट-प्रेमी सचिन तेंदुलकर में अपना चहेता लेखक और विश्लेषक नेविल कार्डस देखता है।

—24 नवंबर, 2013

सचिन तेंदुलकर 10 वर्ष के थे, जब सन् 1983 में भारतीय क्रिकेट उभरकर दुनिया के सामने भिनगे से तितली बनकर उड़ने लगा और तभी से अंग्रेज बल्ला गेंद और अंपायर के साथ खेलने लगे। यह टीम के लिए कोई अपवाद नहीं है। कपिल देव ने इंग्लैंड में उस साल विश्व कप खेला। क्रिकेटरों में वे चर्चित हो गए। इससे एक नए भारत का उदय हुआ। कपिल देव ने अपनी अंग्रेजी को हँसकर टाल दिया। वह न तो उनकी आक्रानकता थी और न ही हीन भावना का वह संकेत था। कपिल गेंद एवं बल्ला दोनों से बातें करते थे और पूरी दुनिया उनकी इस भाषा को समझती थी।

एक महान् व्यक्ति कभी भी अपने समय से पहले नहीं आता है! वर्ष 1983 के विश्व कप की जीत ने उन्हें सबसे अगली कतार में लाकर खड़ा कर दिया। सचिन ने जब जन्म लिया, उस समय भारतीय क्रिकेट अपनी बुलंदियों पर छा रहा था और परियों की कहानी से क्रिकेट पूरी तरह भारत की जमीन पर उतर चुका था।

सन् 1983 में विश्व कप लाने के पहले भारत वेस्टइंडीज से हार चुका था। उस समय अंतरराष्ट्रीय क्रिकेट भाव खाने लगा था। ब्राह्मणों का इंग्लैंड और ठाकुरों का ऑस्ट्रेलिया वर्चस्व का खेल हो गया। वेस्टइंडीज अकसर खबर की सुर्खियाँ बटोर लेता था। आखिरकार, सर गारफील्ड सोबर्स, रोहन कन्हाई, वेस हाल, चार्ली ग्रिफिथ को कौन भुला सकता था! लेकिन क्लाइव लॉयड सहित 11 खिलाड़ी टीम को तैयार करने में जुटे हुए थे। भारत, पाकिस्तान और न्यूजीलैंड समेत दक्षिण अफ्रीका को रात के मुख्य भोजन पर बुलाया गया (कभी नहीं देखा, रेडियो में सुना गया)।

उस समय अगर सुनील गावस्कर के साथ विलक्षण गुण था तो सचिन तेंदुलकर

उस जहाज को चलाने वाले हैं, जो अनजान देश में जाकर जीत हासिल करने वाले हैं। दर्शकों से उनकी प्रशंसा सुन सकते हैं। उनका पहला विज्ञापन का काट्रैक्ट एक विशेष प्रकार की छवि में प्रसिद्ध हुआ। मार्क मैस्करेनहस जिन्होंने असामान्य वादा किया, कभी संदेह नहीं हुआ कि यह इस व्यवसाय का ग्रुप नहीं है। युवा सचिन से भी किसी तरह का संदेह नहीं हुआ।

क्रिकेट की अपनी दुनिया थी, जब सचिन नहीं आए थे। जब सचिन ने अपना जलवा दिखाया तो और भी सितारे उभरे। लेकिन केवल एक ही व्यक्ति है, जिसने सेंचुरी (शतक) की परिभाषा ही बदल डाली। सचिन तेंदुलकर वह खिलाड़ी हैं, जिन्होंने बंजर जमीन पर थोड़ी घास उगाई और धीरे-धीरे भारत को हरियाली की दुनिया में तब्दील कर डाला। हरे-भरे अनगिनत स्टेडियम और टी.वी. स्क्रीन पर वास्तविकता का खेल दुनिया ने देखा।

मैं सचिन की मंत्रमुग्ध करनेवाली बल्लेबाजी की बात नहीं करता। मैं नॉर्डी के ईश्वर कॉड की तरह धमाकेदार रन बनाने की बात करता हूँ। हम उस दुनिया में जी रहे, जब स्थायी तौर पर टेलीविजन देखा जा सकता है, जिसमें आवाज और दृश्य भी हैं। प्रत्येक दर्शक जब सचिन का खेल देखता है, खुद को नेविल कार्डस समझता है। सचिन और उनके चहेतों का एक जादुई बंधन बन गया है। उनके प्रत्येक चहेते इस दुनिया में अद्वितीय हैं। सचिन ने कम-से-कम यादों की दो पीढ़ियाँ तैयार की हैं, जो अपनी बातों में उनके खेल का जिक्र करते हैं।

उनके बारे में अब बातें खत्म हुईं। उनके बारे में बातें अभी शुरू हुई हैं। दो दशक बाद यादें कहेंगी—यह कैसे संभव हुआ, अतिशयोक्ति; लेकिन वह इसलिए कि लोग कभी नहीं जान पाते कि इस आश्चर्यजनक सपने को फिर से कैसे देखें। सांसारिक दुनिया में प्रमाण कायम रह जाता है और आसपास उमड़ते-घुमड़ते रहते हैं।

जब सचिन 60 वर्ष के हो जाएँगे, वह अपने को कहानियों में देखकर पहचान जाएँगे; क्योंकि उन्हें कमरे में सजाकर रख दिया जाएगा। लेकिन उनके गुण और सच्चाई को लोग आँकड़ों में लिखकर याद करेंगे।

सचिन तेंदुलकर ख्याति-प्राप्त व्यक्ति हैं। वह अपने समय के नहीं, बल्कि हमारी जिंदगी के नायक हैं। उनका जीवन उनके लिए है, लेकिन उनकी यादें हमारे लिए हैं।

□

अलविदा, महाशय!

शम्मी कपूर की याद में

—19 अगस्त, 2011

एक चुलबुले स्वभाववाला नायक अपनी पूरी जिंदगी की यादों को मरने के बाद भी लोगों के दिलोदिमाग पर छोड़ जाता है। शम्मी कपूर उस कठिन दौर में आए, जब हास्य और आशावाद फिल्मों में नया अध्याय लगता था। शम्मी कपूर हमारे पथ-प्रदर्शक थे। कम उम्र की तीन जरूरी बातें उनमें थीं। वह पागल थे। वह अपनी शर्तों पर लड़कियों को अपनाते थे और उनकी फिल्मों में अंत हमेशा खुशियों के साथ होता है। उन्होंने उस दौर में दुनिया और प्यार का सपना बदल दिया था।

प्रेम लुका-छिपी का खेल हो गया था। वास्तविक जीवन की छाया में वह समाया हुआ था—गलियों के कवि गैस बत्ती जलाकर मुशायरा करते थे। बातों में हँसी-मजाक शामिल था। छोटे शहरों में संयुक्त परिवारों में बच्चे खूब पैदा होते थे। प्रेम का पूर्व और अंतिम परिणाम यौन संबंध था।

शम्मी अपनेपन और मेल-जोल से प्रेम हासिल करते थे और उनका संकेत यौन संबंध के लिए उत्तेजक होने का मिलता था। कॉण्ट्रैक्ट में सुरक्षा के नियम होते थे। उछल-कूद, हँसी-मजाक नायक के बनावटी प्रेम के संकेत के रूप में वे प्रदर्शित करते थे। लेकिन शम्मी कपूर का हृदय जब टूटता था और उनकी फरियाद आसमान से टकराकर लौटी आवाज के रूप में होती थी, उस समय उनकी भौंहें झुकती नहीं थीं। सेक्सोफोन की आवाज भी उसे बजानेवाले से अधिक, 'है दुनिया उसी की, जमाना उसी का, मुहब्बत में जो हो गया हो किसी का।' में शम्मी दिखते थे। पियानो पर उनकी उँगलियाँ इतनी जोर से पड़ती थीं कि 'ब्रह्मचारी' में मुमताज प्रेमालाप कर रही हों। उन्होंने सौ से अधिक फिल्मों में काम किया, लेकिन मैं नहीं समझता कि संवेदनशील पंजाबी प्रेम ग्रंथ हीर-राँझा की कृति कोई और होगी। यदि शम्मी राँझा होते, जो रावी

नदी के किनारे बड़ा सा पीपा रखवाते और उसे फिल्म के साथ जोड़ लेते।

40 साल बाद इसकी उपेक्षा करना आसान होगा। छिपाया हुआ गुलाब निकालते और अपने गाल के आसपास उसे फेरते और चिल्लाकर आपको अपने मस्तिष्क पर जोर देने के लिए बाध्य कर देते—'याहू···!' मेरे लिए सिनेमा हॉल की खटमल भरी कुरसियाँ भी सपना होती थीं। 'जंगली' का यह चिल्लाना मूर्खतापूर्ण उचाट व्यवहार लगता अचानक। प्रेमी कभी रोता नहीं, जैसा दिलीप कुमार ने रोया। या फिर आप उसी समकक्षीय राज कपूर की देशभक्ति देखें या फिर राजेंद्र कुमार के चेहरे पर पेट दर्द का भाव। शम्मी कपूर ने मुझसे कहा, "जब मैं दस साल का था, उसी समय मुझे बोर्डिंग स्कूल की सजा मिली थी। उसी समय से मुझमें चिल्लाने-चीखने की आदत सी पड़ गई। अगर आप मूर्ख हो सकते हैं तो आप विद्वान् भी हो सकते हैं। लेकिन यह अलग मसला है। हर रूप में आनंद लिया जा सकता है।"

शम्मी के लिए मोहम्मद रफी ने आवाज दी। दोनों की आवाज का रेंज हिमालय की तरह ऊँचा था और वह सुबह से लेकर शाम तक के उतार-चढ़ाव जैसा, मखमली रात से लेकर धुँधली शाम तक। 'सर पर टोपी लाल' सूर्यास्त के साथ दिखाए गए बेशुमार और विस्मरणीय दृश्यों में से एक है। गोधूलि होनेवाली होती है और 'साधना' में शम्मी प्रेमगीत गाते हैं—'इस रंग बदलती दुनिया में इनसान की नीयत ठीक नहीं, निकला ना करो तुम सज-धजकर ईमान की नीयत ठीक नहीं···'। 'तीसरी मंजिल' में जब ढोल बजाते हैं तो रात 'रॉकी' की गिरफ्त में आ जाती है, जब महान् नृत्यांगना घूमती थीं। शम्मी, रफी, शंकर जयकिशन या ओ.पी. नैयर और शायर हसरत जयपुरी का गजब का समूह था, जिसने संगीत और गीत की ऐसी मिसरी घोली कि दुनिया पर उसका आज भी असर है, इसमें शम्मी कपूर की ऊर्जा ने तो चार चाँद लगा दिए हैं। शम्मी की बॉलीवुड संगीत के साथ उत्तम किस्म की कला प्रशंसित है। जब तलत महमूद ने अभिनय करने की कोशिश की, शम्मी ने उन्हें संवेदनशील सलाह दी, "तलत साहब, आप इतना अच्छा गाते हैं···आप अभिनय में अपना समय बरबाद क्यों कर रहे हैं?"

अंग्रेजों की नजर में सिर्फ रफी और शम्मी की धमाकेदार छवि बनी थी, जिनके बारे में अंग्रेजी हुकूमत भी टल्ली होकर गुनगुनाने लगते थे। 'टल्ली हो!' अंग्रेजी शासक वर्ग खरगोश के शिकार के दौरान शीतकाल में इस तरह का शोर करते हैं, जिस तरह से पी.जी. वुडहाउस के किसी भी उपन्यास में ताबीज का जिक्र है। शम्मी और रफी के आसानी से ऊपर के स्वर लगाने की खासियत है। आज से चार दशक पहले के उनके गीत और गीत के साथ शारीरिक लचक एक अलग खासियत थी। आप सुन सकते हैं—'बार-बार देखो, हजार बार देखो' और आपको इसके साथ थिरकना पड़ेगा। यदि आप एक गीत 'किसी-न-किसी से कभी न कभी, कहीं न कहीं दिल लगाना पड़ेगा' को

सुनते हैं तो बिना कोशिश किए आप अंतरात्मा तक सिहर उठेंगे।

हम शम्मी के मोटापे को भूल गए, जब हेलीकॉप्टर से स्नान के समय पहने जानेवाले चोगे में देखते हैं और वे पटरी के समान स्वीमिंगसूट में शर्मिला के इर्द-गिर्द घूमते हैं। उनका गुनगुनाना और फिर अंत में 'गुड बाय!' कहकर विदा लेना हमें बहुत कुछ सिखा जाता है। 'तुमने मुझको हँसना सिखाया, रोने कहोगे रो देंगे हम…' आपने हमें हँसना सिखाया, अगर आप कहेंगे तो हम रो देंगे। यानी आप जो कहेंगे हम वही करेंगे।

□

टाइगर, टाइगर हमेशा चमकता है

पटौदी का जादू

—25 सितंबर, 2011

मैं एक छोटे से शहर में पैदा हुआ था और बोर्डिंग स्कूल में बंद हो गया। मेरा सपना अंग्रेजी के पाँच अक्षरों टी आई जी ई आर (TIGER) के साथ जुड़ गया था। मंसूर अली खान का जादू ऊँचे दर्जे की गपशप से आगे बढ़ते हुए रेडियो पर क्रिकेट कमेंट्री तक पहुँच गया। टेस्ट क्रिकेट में दाहिने तरफ बैठे चमकीली हल्दी हरी आँखोंवाले इस शख्स की छवि यादगार है। दूसरी तरफ ब्लैक एंड व्हाइट (बिना रंगीन) अखबारों में उनकी भूरे रंग की तसवीर कौन भुला सकता है। एक आँख बंद से जब वह अपनी बातों को शुरू करते थे तो उनके सुर्ख लाल रंग और ऊँची नाक को देखकर लगता था, जैसे ईश्वर ने बड़ी ही फुरसत में उन्हें बनाया है। उनकी वह रेडियो यादगार बन गई। उनकी तसवीर को प्यार से उनके समकक्ष नील हार्वे, रिची बिनॉड, वेस हॉल, गारफील्ड सोबर्स और फ्रैंक वॉरेल में वॉरेल को इसलिए नहीं रखा कि वह अच्छी बैटिंग कर सकते, बल्कि वह नेतृत्व कर सकते हैं।

पटौदी का वंशानुगत उपनाम दो तरीकों से समझा जा सकता है। अगर हमने नहीं भी सुने हों, तब भी विवेक के आधार पर कोई भी समझ सकता है। दूसरी मजेदार बात है कि लोगों के कहते-सुनते हमें पता चल जाता है। सन् 1960 में नवाब की एक प्रभावशाली छवि थी। आजादी के पहले से भी अंग्रेजों की नजर में नवाबों की पहचान थी। 18वीं सदी में उनका सुनहरा समय था। यहाँ तक कि हिंदी सिनेमा में छोटे नवाब से उनकी शुरुआत हुई। इसके अलावा, नवाब ने जब अपनी कीमती विरासत को नीलाम किया, वह दुःखद समय था। 'मेरे महबूब' ने उन्हें सम्मान दिलाया।

उसके बाद इंदिरा गांधी आईं। सन् 1969 में उन्होंने 'नवाब' और 'राजा' जैसी उपाधियों को गैर-कानूनी करार दिया और उनके गुप्त धन को खैरात में बँटवा दिया। इसी दौरान

उन्होंने जाना कि बदलते भारत से बदलाव लाया जा सकता है। उन्होंने सन् 1971 में श्रीमती गांधी को आम चुनाव में चुनौती दी। श्रीमती गांधी जीत गईं। भारत की नई रानी श्रीमती इंदिरा गांधी थीं। उन्हें लोक 'लोकतंत्र की बेगम', कहा गया।

टाइगर निराश हो गए। लेकिन उन्होंने अपने चेहरे पर शिकन तक नहीं आने दी। वह सच्चे मायने में इंडो-एंगलियन थे। वह लंबी शेरवानी पसंद करते थे। जंगल में जब वह शिकार करने जाते थे तो ऐसी ही पोशाक पहनते थे। पी.जी. वुडहाउस की कल्पना में जिस तरह ड्रोन्स क्लब का उल्लेख है, वह किसी ऐसे क्लब से नहीं जुड़े, क्योंकि उन्होंने खुद अपने अंदर ड्रोंस को समा लिया, जब वह वहाँ कभी गए। वे भड़कीली पोशाक पहनने के शौकीन थे और उत्सवप्रिय थे। यह दुःख की बात है कि उनके जीवन की अंतिम घटना ने उन्हें झकझोर दिया। एम.सी.सी. से उन्हें जब अपमानित होना पड़ा। उस साल ग्रीष्म ऋतुओं में भारत-इंग्लैंड शृंखला से पारंपरिक पटौदी ट्रॉफी को हटा दिया गया।

इस भारतीय राजकुमार को इंग्लैंड क्रिकेट से प्रतिबंधित कर दिया गया। एक समय उस शासक से उनकी दोस्ती थी, जैसा कि मुगल काल में शिकार के उन दिनों में होता था। इस शाही शान को दिखाने के लिए व्यक्तिगत नाटक का मंचन किया गया। यह अंग्रेजों को न तो चेतावनी देने के लिए था और न ही उनकी ताबेदारी में रहने का संकेत था।

उनके पास राजनीति ही एक विकल्प बचा था; लेकिन इसके लिए कंधा मजबूत करने की जरूरत थी। टाइगर का शुरू से ही चमक-दमक से रिश्ता रहा था। वह पाखंडी नहीं थे, इसलिए उन्होंने कभी चमक-दमक को त्यागा नहीं। लेकिन उन्होंने अपने चेहरे से प्यार नहीं किया।

इस दौड़ में तुलनात्मक कुछ कमियों के बारे में जिक्र किया जा सकता है—उन्होंने सिर्फ छह शतक लगाए। जब वह ऑक्सफोर्ड में थे, तभी एक दुर्घटना में उन्हें अपनी एक आँख गँवानी पड़ी थी। मुझे विश्वास है, वह किसी के लिए बोझ नहीं बने होंगे। क्रिकेट एक खेल था, धर्म नहीं। उन्होंने अपने उत्साह को कभी आँकड़े के रूप में बदलना नहीं चाहा।

अपनी छरहरी देह की वजह से पटौदी टाइगर के रूप में पहचाने जाते थे। वह टाइगर का एक स्तर था—रॉयल बंगाल। जब उन्होंने एक बंगाली लड़की से शादी की, कलकत्ता ने उसे सहर्ष स्वीकार किया, जब बंगाल के महान् टैगोर परिवार की लड़की शर्मिला से उनकी शादी हुई थी। वह एक टाइगर की तरह ही हिम्मत रखते थे। वह जमीन पर मौत के बाद ही गिरे। कंधे को उचकाना, सिर को हिलाना और उनकी मुसकराहट उनकी पहचान थी। टाइगर ने जब क्रिकेट का बल्ला छोड़ा, उसके बाद इसमें तकनीकी से लेकर विभिन्न स्तरों पर सुधार हुआ। लेकिन उनकी मौत से दुनिया गरीब हो गई। □

मौत को कैद नहीं किया जा सकता

वह व्यक्ति, जो कहता है, 'मरने की बात न करो।'

—9 दिसंबर, 2011

देव आनंद मौत से नफरत करते थे। वह जान–बूझकर समय की माँग को ठुकराते थे। उम्र खुद ही सहनीय होकर ताबूत में तब्दील हो जाती है। अपने अथाह विश्वास के आधार पर वह कहते थे कि मौत को असंभव रूप से टाला जा सकता है। वह मौत को व्यक्तिगत हार की मौत मानते थे। और उनके शब्दकोश में 'हारना' शब्द नहीं था। वह कभी–कभी डगमगाते थे, लेकिन डिगते नहीं थे। छह दशक तक वह ऐसे कलाकार बने रहे, जिन्होंने कभी नकल नहीं की और वह कला का रूप ही बन गए।

उनकी फिल्मों में हमेशा ही अंत सुखद होता है। और कोई ऐसी वजह नहीं थी कि वह अपने में कभी नहीं देखते थे। वह पीटर पैन की तरह थे, जिसे बच्चों ने समय में जमा दिया था और अपने 20 वर्ष होने पर उसे अपनी याद आई। प्रेम, सेक्स, सफलता अयोग्य और अनचाहे कदम हैं।

लेकिन किसी शरीर के लचीलेपन का अनुमान नहीं लगाया जा सकता और देव आनंद ने अपनी गरदन को लचकाना अपनी पसंद बना लिया था। उन्हें देखकर ऐसा लगता था जैसे गरदन की त्वचा मांस से बिल्कुल अलग हो गई है। वह मुश्किल से अपने चेहरे को छिपा पाते थे। लेकिन जब भी मैं उनसे मिला, उन्हें देखकर चमत्कार सा लगता था। उनकी मुसकराहट एक रहस्यपूर्ण वातावरण तैयार कर देती थी और उनकी याद आते ही हम अतीत में चले जाते हैं। कहीं जाने की जरूरत नहीं होती। अतीत सिर्फ स्वर्णिम काल था और यदि सोने को नियमित रूप से चमकाना है तो उसे घिसना होगा। यह जरूरत का सारा संदेश ले जाएगा। उस खुशी की कहानी में देव आनंद दो नामों में मशहूर थे—खुशी का देवता और कामदेव, प्रेम का देवता। दोनों का कोई अता–पता नहीं।

उनकी शुरुआती फिल्म 'गाइड' थी, जिससे उन्होंने अपने कॅरियर की शुरुआत

की। फिल्म में के.आर. नारायणन की पुस्तक की मूल बातों में कुछ ज्यादा करने की गुंजाइश नहीं थी। देवानंद और उनके होनहार छोटे भाई विजय आनंद ने देव के रोल में पूरी ताकत झोंक दी। गाइड की रोजी बहुत ही नजाकत से वहीदा रहमान के साथ खेला गया। यह विद्रोह नहीं, लेकिन आंदोलन था, जो सन् 1960 में रूढ़िवादी सामाजिक सिद्धांत में जागरूकता से परिवर्तन लाकर लैंगिक स्वतंत्रता का समावेश किया।

'गाइड' ही एकमात्र फिल्म है, जिसमें देव आनंद मरता है। लेकिन यह मौत एक कौशल थी। उन्होंने दुःख के उस समय में शाश्वत सत्य के रूप में दूसरी जीत हासिल की थी। ऐसा सुंदर भूत कभी नहीं देखा गया।

दिलीप कुमार ने जनता से सहानुभूति बटोरने के लिए रोनेवाली छवि बनाई और 'आवारा' से लेकर 'जिस देश में गंगा बहती है' में राज कपूर अपनी पैंट (ट्राउजर) को सँभालने में लगे थे। देव आनंद एक ओर खड़े होकर विश्वास के साथ मुसकराते हुए दिखते हैं, यहाँ तक कि 'बाजी' के जुए के हलके खेत या फिर 'ज्वैल थीफ' में हीरों से घिरे। वह चालाकी से चोरी करने के लिए अपना दोहरा भाव दिखाते हैं।

कानून और व्यवस्था के प्रति उनकी निष्ठा झलकती है। लेकिन हमेशा एक सलाह दी जा सकती है कि उनका हृदय रोबदार अपराध करने में विश्वास रखता था।

देव आनंद 42 साल के थे, जब सन् 1965 में 'गाइड' फिल्म रिलीज हुई थी। उन्होंने अपनी स्टाइल से बीच के जीवन के संकटों का हल निकाला। वर्ष 1960 में उन्होंने कई यादगार हिट फिल्में बनाईं—'काला बाजार', 'हम दोनों', 'बंबई का बाबू', 'असली नकली', 'तेरे घर के सामने', 'गाइड', 'ज्वैल थीफ', 'जॉनी मेरा नाम', 'तेरे मेरे सपने' और 'हरे राम हरे कृष्णा'। वह साठ के थे। ऊँची कॉलरवाली शर्ट, आकर्षक टोपियाँ, एड़ी तक मोटे कपड़ेवाली बैगी। उनकी नायिका को देखने से लगता है कि वे स्वर्ग से उतरी हैं—वहीदा रहमान नंदा, साधना, सुचित्रा सेन, नूतन, वैजयंती माला, हेमा मालिनी और अंत में वह महिला जिसने उनका हृदय तोड़ा; क्योंकि वह उन्हें छोड़कर राज कपूर के पास चली गई। जीनत अमान, जो अपनी भूमिका 'सत्यं शिवं सुंदरं' के लिए बदल लीं। उनकी उम्र बढ़ती गई और उनकी प्रेयसी और जवान होती गईं। उन्होंने कइयों का हृदय तोड़ा, लेकिन सच्चाई यह थी कि किसी ने कम-से-कम एक बार तो उनका दिल जरूर तोड़ा।

जब इतिहास लिखा जाए गिनती के कुछ बिंदु हैं, जिन पर तर्कसंगत वाद-विवाद किया जाना चाहिए। देव आनंद के पतन की शुरुआत कब हुई थी? 'काला बाजार' (1960) से उनके हाथ तंग होने लगे थे। लेकिन अपने अनोखे स्वभाव की वजह से ये उन हालात से जल्द ही निपट लिये। फिर भी जब 'ज्वैल थीफ' में उनकी पिस्तौल सीधा न होकर 45 डिग्री दक्षिण की ओर चली थी तो उन पर बड़ा इल्जाम आया था। 'गैंबलर'

के साथ उनके बुरे दिन की शुरुआत हुई। 1971 में दर्शकों को गहरा झटका लगा—देव आनंद की मूँछें ग्रोचो मार्क्स की तरह सीधी थीं। आकर्षण उनकी पहचान थी, जो खत्म हो गई। सन् 1980 में उनकी फिल्में दिखावटी भर ही रह गईं, लेकिन एक कहावत उनमें साथ रह गई कि 'मरने की बात कभी नहीं की।'

देव आनंद में अजनबी को भी मित्र बनाने की गजब की प्रतिभा थी और मित्र कभी अनादर महसूस नहीं करता। जब कोई उनके संपर्क से लौटता तो कम-से-कम एक छोटी कहानी उनके जीवन से जरूर जुड़ जाती थी। उनसे किसी का कोई विवाद नहीं हुआ। देव आनंद की व्यक्तिगत कहानी असरदार है। यही वजह है कि वह महान् हो गए।

□

वह दुनिया, जहाँ दिल की चलती है

सुचित्रा सेन और उत्तम कुमार के रिश्ते समझ से परे

—12 जनवरी, 2014

पुराने दिनों की यादों में जीनेवालों के लिए पिछली यादें अच्छी नहीं होतीं। हालाँकि उम्र के साथ शोक गीत के सुर धीमे पड़ जाते हैं। इन्हें याद करना कठिन है, लेकिन छिपाना भी मुश्किल है। उत्तेजित स्वभाववाले वर्तमान से काफी तेजी से भविष्य की ओर बढ़ते हैं और इसमें बीते समय की यादें स्वत: ही खिंची चली आती हैं। लेकिन पुराने दिनों की याद करने से दु:ख का अंत नहीं होता। यह अवसादग्रस्त व्यक्ति के लिए खोज हो सकता है, जैसे कूड़े के ढेर में सोने को तलाशना।

सुचित्रा सेन को जीवन के अंतिम दिनों में कलकत्ता के एक अस्पताल में भरती कराया गया। यह पुरानी खबर नहीं है। सन् 1950 और 1960 में बंगाल में सिर्फ सुचित्रा सेन का नाम गूँजता था, जब वह अपने महान् कलाकार उत्तम कुमार के साथ परदे पर आईं। सुचित्रा सेन ने किसी और से शादी कर ली। कोई नहीं जानता, वह कौन थे। किसी को कोई परवाह नहीं थी : सुचित्रा और उत्तम के रिश्ते लोगों की समझ से परे थे। वह बेमेल शादी थी। लेकिन कितनी ही खूबसूरत महिलाओं और सुंदर पुरुषों ने प्रेम किए, तो क्या वे समाज-विरोधी और बदनाम हो गए? दुनिया दिल के चारों तरफ घूमती है।

मैंने उन्हें पहली बार सिनेमा में देखा, जब मैंने अपने गाल पर रेजर भी नहीं लगाया था। मैंने उस फिल्म को 'ज्योति' नाम के सिनेमाघर में देखा था। मुझे जो सीट मिली, उस पर खटमल भरे हुए थे। हम लोग एक छोटे से कस्बे में रहते थे, जो हुगली नदी के किनारे बसे जूट मिल के बाहर था। लेकिन मेरी कल्पना वहाँ से उड़ान भरकर सपनों की दुनिया में सजती रहती थी। सुचित्रा की मुसकराहट के सामने कुछ नहीं था। उत्तम कुमार इस देवी के सामने एक वयस्क युवक की तरह रहकर खुश थे।

मुझे फिल्म का नाम अच्छी तरह याद नहीं आ रहा है। शायद वह 'सप्तपदी' थी

या नहीं थी। मैं आधुनिक तकनीकी इंटरनेट पर देखकर बता सकता हूँ, लेकिन यह सिर्फ कंधे को उचकाकर बात को टाल देने पर होगा। उस समय ब्लैक एंड व्हाइट (श्याम-श्वेत) का समय था। उस समय सिर्फ मखमल के परदे पर दृश्य उभरते थे।

वर्ष 1960 में कुछ स्पष्ट नहीं था। नौकरी के लिए उस समय कोई साइट नहीं होती थी। आर्थिक स्थिति बिगड़ी हुई थी। उन दिनों एक और बात थी कि पूरे दशक में माओवादियों की वजह से हिंसा और फसाद का माहौल था। इसकी वजह नस्लीय और सामुदायिक भड़काव थी। सुचित्रा सेन और उत्तम कुमार सुरक्षा घेरे में थे।

यह सिर्फ एक पहलू नहीं था। देव आनंद का सैर करना, उनकी टेढ़ी-मेढ़ी गलियों में छोटे-मोटे अपराध (सिनेमा के टिकट की कालाबाजारी करना, पॉकेटमारी करना, जुआ खेलना) से लोग जुड़े हुए थे और इससे जीवन चला रहे थे। मुझे यह समझ में नहीं आया, 'बंबई का बाबू' फिल्म में सुचित्रा सेन देवानंद के करीब क्यों नहीं दिखीं। फिल्म का हर हिस्सा अलग-अलग तैयार किया गया था : नायक और नायिका अपने खेल खेल रहे थे। संगीत बहुत ही पवित्र था। कहानी का प्लॉट घटिया और उबाऊ था, जो स्क्रिप्ट के लिए आहार होता है। इसका एक कारण था। सुचित्रा और देव आनंद शांत प्रकृति के थे। उनमें कुछ भी व्यक्तिगत नहीं था। हम जानते हैं कि बँगला सिनेमा सहज होता है। यह चाहे सुचित्रा और उत्तम या सुचित्रा और कोई भी हो। सुचित्रा और उत्तम ने जो फिल्म की थी, उनमें से एक फिल्म 'ऑथेलो' का बँगला प्रस्तुतीकरण था।

सुचित्रा हिंदी सिनेमा के लिए कभी अनुकूलित नहीं थीं और न ही उत्तम। सुचित्रा तभी सफल हुई थीं, जब उन्हें फिल्म में उत्तम की जरूरत नहीं थी। जहाँ वह मुख्य भूमिका में नहीं होतीं, सहायक नायिका की भूमिका थी। अगर किसी ने उनकी धमाकेदार प्रस्तुति 'ममता' में नहीं देखी है अभी एक कॉफी मँगवा लें। यह प्रेम खत्म होने और विश्वासघात की कहानी है। इसमें दो शास्त्रीय गीत हैं— लता मंगेशकर की 'रहते थे कभी जिनके दिल में हम जान से भी प्यारों की तरह, बैठे हैं उन्हीं की महफिल में हम आज गुनाहगारों की तरह', और हेमंत कुमार के विस्मरणीय गीत 'छुपा लो ये दिल में प्यार मेरा'। दूसरी सफल फिल्म थी 'आँधी।' जहाँ सुचित्रा को राजनीतिक मॉडल श्रीमती इंदिरा गांधी के रूप में पेश किया गया। सुचित्रा बंगाल से हैं और वह बंगाली हैं।

तीन दशक पहले अचानक उत्तम कुमार की मृत्यु हो गई। उस समय मैं साप्ताहिक समाचार-पत्र 'सनडे' का संपादक था। उनकी स्मृति में स्मारक बनाने का मुद्दा न सिर्फ कलकत्ता, बल्कि कई जगह उठा था। उनके पार्थिव शरीर को छूने के लिए लोग पागल की तरह उमड़ पड़े थे। एक बार उनको स्पर्श करने की होड़ में युवकों की भीड़ उमड़ पड़ी थी। पूरा शहर उनके अंतिम दर्शन करना चाह रहा था।

□

वर्ष 2013 में मुक्ति और 2014 में लंबी जिंदगी मिली

अपनी गलतियों को दबाने के लिए राज्य ने बार-बार रहस्य का शोषण किया।

—29 दिसंबर, 2013

समाप्ति की समझ—जूलियन बैरन की चालू पुस्तक से उधार ली हुई कहावत है। यह पुस्तक यादों की प्रजाति पर आधारित है, जो एक साल पहले गुजरी है। दुर्भाग्यवश यादें शीर्षक की तड़प से नहीं समझ में आती हैं, उसे रोजाना ध्यानपूर्वक देखने की जरूरत होती है। अहंकार के बाद जन सामान्य में उठनेवाला पागलपन आत्मा की आवाज होती है। अकेलेपन में कई बार उम्मीद की किरणें जागती हैं।

वर्ष 2013 का वह खुशी का दिन आज भी यादों में है—भारत और दक्षिण अफ्रीका क्रिकेट टेस्ट का पहला परिणाम आया था, जिसे मैंने केरल के होलीडे रिसोर्ट में देखा था। यह टेस्ट कला आत्मसात् करनेवाला था, जिसमें दो टीमें अपनी जीत निश्चित कर रही थीं। अगर वे नहीं जीतते हैं तो अपनी विरोधी टीम को भी जीतने नहीं देंगे। अंतिम दिन शराब की बड़ी बोतल और संगीत के साथ थिरकन, उछल-कूद उस खेल से जुड़ गई। भारत की हार देखना कष्टकर था, लेकिन टेलीविजन को झूठा साबित करना मुश्किल था।

हार स्वीकार करना आसान है। हम अपने दैनिक जीवन में अकसर ऐसा करते हैं। लेकिन हार जीत के करीब होती है कि यह अलग कहानी है। हारने की बड़ी वजह क्षमता नहीं है, लेकिन हारनेवाले यह कहकर अपने मन को तसल्ली देते हैं। अगर आप किसी चीज को हल्के में लेते हैं तो आपकी नजरों के सामने से पुरस्कार निकल जाएगा। मैं नहीं जानता कि कला जीवन को दूसरा रूप दे सकती है। लेकिन खेल में यह

बिल्कुल संभव है। जब तक अंपायर का इशारा न हो जाए और मुख्य चुनाव आयुक्त घोषणा न कर दे, तब तक खेल खत्म नहीं होता है।

मैंने इस वर्ष जो दो किताबें पढ़ीं, वे अमेरिका की थीं। 'द ब्लड टेलीग्राम': इंडियाज सीक्रेट वार इन ईस्ट पाकिस्तान'। इस पुस्तक को गैरी बास ने लिखा है। दिल्ली में हुई छद्म लड़ाई और वाशिंगटन में गुप्त नीति, जिसमें पाकिस्तान की नीति की वजह से हुए नर-संहार को उसमें शामिल किया गया है। सन् 1971 में पूर्वी पाकिस्तान से बड़े स्तर पर भाग्य की लड़ाई शुरू हुई थी, लेकिन वह एक बड़े युद्ध के रूप में खत्म हुआ था। इसी लड़ाई से नया देश, बँगलादेश बना। जो दूसरी सबसे बड़ी पुस्तक पढ़ी थी वह है—'द ब्रदर्स : जॉन फॉस्टर ड्यूल्स', 'एलन ड्यूल्स एंड देअर सीक्रेट वर्ल्ड वार'। स्टीफन किंजर इस पुस्तक के लेखक हैं। इस पुस्तक में दो भाइयों के जीवन की कहानी है। एक राज्य का सचिव है और दूसरा सी.आई.ए. प्रमुख है। सन् 1952 और 1960 के बीच आइजनहावर के प्रशासन के दौरान उन्होंने विदेश नीति का नियंत्रण किया था।

यदि आप समझते हैं कि मुख्य पृष्ठ पर कई रहस्य हैं तो बाकी लोग कहेंगे कि मुख्य पृष्ठों के बीच क्या छिपा है, यह बताने से निर्णय की अतिशयोक्ति नहीं होगी। यदि आप अमेरिकी प्रहार का जवाब देना चाहते हैं तो आगे बढ़ें। इसके लिए पर्याप्त ईंधन की जरूरत होगी। मैंने बिना लिखे विषय-वस्तु देखी है, जिसका तनाव संपादक झेलता है।

राष्ट्रीय रुचि घूम-घूमकर खानेवाला भोज है। इस दशक का पूर्ण विश्वास अगले दशक के लिए आपदा का हो सकता है। हर अच्छाई में कुछ-न-कुछ बुराई होती है; किंतु पहले की स्थिति हमेशा उस तरह से काम नहीं करती है; लेकिन वर्तमान परिदृश्य में अगर राष्ट्रीय परिदृश्य को शामिल करते हैं तो वह छिपनेवाला नहीं है। सन् 1950 में अमेरिका को विश्वास था कि पूरी दुनिया और कम्युनिस्टों में शीतयुद्ध लड़ा गया था। और अगर इस विरोध में नैतिकता युद्ध को आयोजित करती तो ऐसा संभव था। आइजनहावर की अमेरिकी और यूरोपीय पीढ़ी, स्टालिन और चर्चिल ने एक लड़ाई झेली थी, जिससे पश्चिम और पूर्व पूरी तरह शामिल था। उदाहरण के लिए, सन् 1945 में जर्मनी परमाणु हथियार बनाने लायक नहीं था। इतने बड़े स्तर पर जान-माल के नुकसान पर बहुत अधिक चिंता की जरूरत नहीं।

सन् 1971 में रिचर्ड नीलसन व हेनरी किसिंजर दूसरे बड़े गेम पर ध्यान केंद्रित कर रहे थे। बाँगलादेश मुश्किल से उनके रडार था। वे इस पर ध्यान केंद्रित किए हुए थे कि किस तरह से च्वियांग काइ शेक के ताइवान को समर्पण करना पड़े और चीन के माओवादियों की पहचान हो सके। रूस और चीन ने अलग-अलग तैयारी शुरू कर दी।

कम्युनिस्ट देशों में यह सिद्धांत स्पष्ट था कि किस तरह से उनके साथ अंतरराष्ट्रीय स्तर पर कम्युनिस्ट देश जुड़ गए। सन् 1971 से 1991 के बीच अच्छे सिद्धांतवादी सोवियत संघ रूसी कम्युनिस्ट को अलग करने में नाकाम रहे।

जब भारत अपनी विदेश नीति से अपनी रुचि के हिसाब से किसी देश को तैयार नहीं कर पाएगा तो उसे अच्छे नजरिए से चैरिटी की दुकानें खोलनी पड़ेंगी। यह अच्छी बात है कि भारतीय राजनयिक अमेरिका में अपने स्तर से काम कर रही थी। देवयानी खोबरागडे राजनयिक विवाद में गिरफ्तार हुई थीं। लेकिन इसका प्रमाण यही है कि वे क्या कर सकते हैं, यदि उन्हें देश की ओर से पूरी तरह छूट मिले।

अन्य पुस्तक की यादगार बातों को दूसरी पुस्तक में जोड़ा गया और इससे मिश्रित खुशी मिली। मैंने महसूस किया कि वर्ष 2013 बीत गया और अब नहीं लौटेगा और 2014 तक जीना है।

□

गद्देदार सोफे पर दिखती है भारत के फुटबॉल की पहचान

आराम की दीवानगी के साथ भारत का फुटबॉल

—29 जून, 2014

अप्रदूषित स्वच्छ याददाश्त के साथ पाठकों ने किसी समाचार को कुछ महीने पहले यादों में बसाया था कि उत्तरी कोरिया की ब्लेस्ड भूमि के दिग्गज नेता किम जोंग-अन के नेतृत्व में प्रजातांत्रिक विवाद हुआ तो सभी देशभक्त युवाओं ने खास अंदाज में अपने बाल कटवाए थे। यह किम कट ऐसा था, जिसमें कान तक बालों को गोल आकार में काटा गया था। उत्साही पत्रकारों ने इस स्टोरी को बड़ी मेहनत से कवर किया था। फुटबॉल के मैदान में ब्राजील ने यह साबित कर दिया था कि किम कट अंतरराष्ट्रीय स्तर का कट हो गया है।

मैं उम्मीद करता हूँ, आप पक्षपात की गहराई को समझेंगे। यदि फुटबॉल खिलाड़ी 2014 विश्व कप में बराक ओबामा के सिर पर नमक और काली मिर्च छिड़कने का विकल्प दिया जाता या फिर 20वीं सदी में डेविड कैमरुन गंजे सिर पर या लॉन में टहलने के शौकीन ब्लादिमिर पुतिन का पक्ष लिया जाता तो मीडिया क्रेडिट लेने के लिए उसके पीछे पागल हो जाता, लेकिन इसकी वजह से कॉमरेड किम पूरी तरह से चुप रहते। मैं निश्चित तौर पर इसे अंतरराष्ट्रीय साजिश कहता।

टिप्पणी करते हुए दुःख होता है कि भारत अपना पुराना हिसाब-किताब इसलिए चुकता नहीं कर पाता है, क्योंकि इसका नेतृत्व कमजोर है। इसने दिखा दिया है कि विश्वकप के कठिन दौर में क्या किया। अखिल भारतीय फुटबॉल फेडरेशन को एक प्रतिशाली और अनुकूल हल तलाशना होगा, कि किस तरह से हमने दो घमंडी देशों—इंग्लैंड और स्पेन—के घमंडों को तोड़ा है। दो सीधी और घृणित हार की वजह से उन्हें

घर लौटना पड़ा। उन्हें भारत से सीखना चाहिए।

कभी बेहतर नहीं हो सके और आप हार को भी स्वीकार नहीं करना चाहते।

इंग्लैंड को भारत से सीख लेकर और अधिक अभ्यास करना होगा। क्या करोड़ों लोग टी.वी. सेट के सामने बैठकर उनके अपमान का मजाक नहीं उड़ाते होंगे?

अगर आपने नहीं खोया है, कोई आपके प्रशिक्षक या कप्तान या सभी खिलाड़ियों से 75 साल की उम्र के पहले रिजाइन करने के लिए नहीं कह सकता है। हर कोई सुरक्षित है। क्या आपने कभी सुना है कि किसी भारतीय फुटबॉल खिलाड़ी के सिर या गरदन की माप की गई है? नहीं, कभी नहीं। चीजें पहले जैसी ही हैं। हर अधिकारी चाहता है कि वह अपनी तरफ से बेहतर करे। प्रत्येक मौके पर रचनात्मक कामों को बढ़ाना चाहिए, जैसे कि मोंटे कार्लो और रियो डी जैनेइरो ने किया।

ओह! ब्रिटिश फुटबॉल प्रशंसकों को सावधानी से अधिक शौक पसंद है। मैंने पाया, उनमें से सैकड़ों सेल्समैन की तरह समझा रहे थे, जैसे किसी स्कूल में समझा रहे हों कि आमेजन उसकी कीमत में छूट दे रहा है और इंग्लैंड विश्व कप जीत जाता है तो कीमत बढ़ जाएगी। वे अदालत में मानो न्याय तलाश रहे हों। लेकिन वह उनका भोलापन है। ब्रिटिश प्रशंसक भारतीयों की तरह होते हैं। वे फुटबॉल के मैदान में उतरे अपने खिलाड़ियों से नाउम्मीदी रख सकते हैं।

असफलता पर भारत का किसी खास स्थिति पर हँसना रचनात्मक काम का दूसरा पहलू हो सकता है। यह शारीरिक और मानसिक दोनों ही लिहाज से स्वास्थ्यवर्धक हो सकता है। कभी भावनात्मक रूप से तनाव में नहीं आना चाहिए, क्योंकि डॉक्टर भी मानते हैं, यह दिल के लिए खतरनाक है। देखिए, किस तरह ईरान और घाना के खिलाड़ी संघर्ष करते हैं। इटली के कोच हॉस्पिटल में काम करके और स्पेन के कोच मनोचिकित्सक वॉर्ड में काम कर सकते हैं। लेकिन किसी को कभी नहीं देखा गया कि भौंह को नचानेवाला चेहरा भारतीय अधिकारी का होगा। वे आराम से 100 साल तक जिंदगी जी लेते हैं, क्योंकि उन्हें नौकरी जाने का डर नहीं रहता है।

भारतीय अधिकारियों के सामने एक गंभीर चुनौती यह है कि विश्व कप 2074 तक भारतीय टीम को कैसे तैयार करें। अच्छी बात यह है कि भारतीय प्रशंसक लंबे समय तक किसी बात को याद नहीं रखते हैं। उन्होंने दोनों ही दुनिया में जीने का अंदाज सीख लिया है। वे विदेशियों को टेलीविजन स्क्रीन पर देखकर भी खुश हो सकते हैं और वे फुटबॉल की मानसिक बीमारियों को भी समझते हैं। यदि कलम और कागज के साथ पूर्ण रूप से परीक्षा होती है और पर्यवेक्षक परीक्षा कक्ष में घूमते रहते तो सिद्धांतों की प्रतियोगिता में फुटबॉल विश्व कप में भारत को कोई नहीं हरा सकता। कई लोग ऐसा सोचते हैं कि फुटबॉल कुश्ती लड़नेवालों का खेल है। इसमें धोखा देने की नीति और

भाग्य का अवसर काम करता है। भारतीयों के लिए यह संगीत सुनते हुए सुर में सुर मिलाना और गद्देदार सोफे पर बैठकर विश्व कप देखते हुए कटोरी में रखे आलू के चिप्स का स्वाद लेने जैसा है।

फिर भी, भारतीयों को अपना समय टेलीविजन स्क्रीन पर आँख गड़ाकर क्यों बैठे रहना चाहिए? उनके पास दो विकल्प हैं—या तो टेलीविजन पर घरेलू झमेलों को देखें या फिर मैनचेस्टर्स, लिवरपूल, आर्सेनल, बार्सीलोना और मैड्रिड के वैश्विक कार्यक्रम को देखें।

जो असली नायक है, वह हमेशा आसमान की ओर देखता है। आसमान कभी किसी देश की सीमा में नहीं है।

यह आदर्श विचार है। यह बहुत ही बेहतर ढंग से काम करने में मदद करता है, जब आपके पास अपना कोई सितारा नहीं होता।

□

युद्ध का नया स्वरूप

वर्ष 2005 में अमेरिकी विदेश मंत्री कोंडोलिजा राइस ने एक नीति बनाई कि विध्वंस इराक और मध्य-पूर्व (खाड़ी प्रदेश) के डर से नील नदी को पार कर अफ्रीका अरब के राज्यों में सहारा के कुछ निश्चित इलाकों में समुद्री मछली पकड़ सकते हैं। अमेरिका ने लंबे समय तक ऐसा नहीं किया। अमेरिका प्रजातांत्रिक महत्त्वाकांक्षा को पाले हुए है। प्रजातंत्र की वजह से सभी का सम्मान किया। 2005 में सद्दाम हुसैन से जुड़े समाचार छिपे नहीं हैं। क्या से क्यों के बीच सवाल उलझे हुए थे। विशेषकर इराक की कथित परमाणु क्षमता को लेकर कई प्रमाण मिले थे। इसका जवाब प्रजातंत्र की योग्यता पर सवाल उठा रहा था। जब उनका भेद खुलने लगा, सेना पीछे लौट गई। सीरिया, मिस्र, लीबिया और ट्यूनीशिया जैसे देशों की जड़ें हिल गईं। उसी दौरान बराक ओबामा पद पर आए। जैसा कि भविष्यवाणी की गई थी—स्थिरता काफूर हो चुकी थी, प्रजातंत्र विरोधी लगने लगा।

रिपब्लिकन स्वतंत्रता के लिए बुश-राइस के विचार हवा हो गए थे। इसकी वजह से जनरल ने सेना को स्थिरता प्रदान करने की कोशिश की। अकादमी की चर्चा में साज और साधन के बीच तालमेल बिगड़ने लगा। राष्ट्रवाद का तख्ता पलट गया और विचारों के बीच खाई बढ़ गई। सन् 1979 में अफगानिस्तान पर सोवियत संघ ने आक्रमण किया। अमेरिका ने 21वीं सदी में युद्ध किया, जिससे इराक खाली हो गया और भू-राजनीति से जुड़े सुन्नी-शिया वॉशिंगटन का कुछ नहीं बिगाड़ सके।

सबसे बड़ी बात है कि इस संघर्ष को किराए पर लड़ा गया और उसका फायदा बिल्कुल उस देश को नहीं हुआ। आतंकी सुन्नी सैनिक, आई.एस.आई.एस. या इसलामिक स्टेट ऑफ इराक एंड सीरिया इसके अच्छे उदाहरण हैं। यह आई.एस.आई.एल. (लिवेंट इंस्टीड ऑफ सीरिया) की तरह शुरू हुआ।

हवाई हमले के लिए तुरंत 300 सैन्य सलाहकार भेजे गए। ब्रिटेन और अमेरिका के संयुक्त सैन्य प्रमुख ने तेहरान में इस अभियान को फिर से छेड़ा और अपने अधिकारियों

को बगदाद भेज दिया। ईरान वहाँ पहले से था। मेजर जनरल कासिम सुलेमानी ईरान का कुदस फोर्स 67 सलाहकारों के साथ दक्षिण इराक के दूसरे बड़े शहर माम्सुल शहर के लिए आगे बढ़ गए। वह युद्ध को खत्म करने का मकसद नहीं था। महान् आयातोलला अली–अल–सिस्तानी–शिया के पूर्व क्लेरिक ने सुन्नी सेना को निर्णायक युद्ध लड़ने के लिए कहा।

इतिहास आईना बनकर मुँह चिढ़ा रहा था। एक आम दुश्मन अमेरिका पर दबाव बनाए हुए था। शायद बेमन से बनाया गया 1979 का ढाँचा चकनाचूर हो गया। ओबामा अपनी सेना को घर लाने के लिए बेताब थे। सितंबर 2011 में वे वर्तमान में सीमाओं की पहचान नहीं कर पा रहे थे। और उसका मुख्य उद्देश्य सीरिया के सुन्नी बहुल इलाके में राज्य करना था। शेख ओसामा बिन लादेन द्वारा शुरू की गई लड़ाई के लिए इसके उत्तरी कुर्दिश और शिया बहुल मध्य व दक्षिण में जेहाद शुरू हुआ। माना जाता है कि इस लड़ाई में अल कायदा ने अपने वादों को खत्म कर दिया।

इसका नाटकीय अंदाज में परिणाम आया। सन् 1979 के बाद पहली बार ईरान आंदोलन ने रुख बदला, क्षेत्रीय पहचान बना। अमेरिका आदि युद्धक्षेत्र के किनारे खड़े हो गए। ईरान के राष्ट्रपति हसन रुहानी ओबामा पर तंज कसने लगे। ईरान सहायता करने के लिए तैयार था। उन्होंने कहा, ''अमेरिका किसी भी समय आतंकी समूह पर हमला कर सकता था। उनका इशारा आई.एस.आई.एस. की ओर था। ओबामा ने मुश्किल से समय गँवाया, जब इराक जल रहा था। उन्होंने तुरंत निर्णय किया कि आई.एस.आई.एस. पर घोषणा की कि युद्ध का उफान धीमा पड़ चुका है। ''अब सँभल जाना ठीक होगा। पिछले वर्ष अगस्त में उन्होंने सोचा कि अल कायदा अपने पैर पर खड़ा है। इसे नष्ट करना जरूरी है।''

कई खतरनाक पीढ़ियों की मदद से उसे बदल दिया गया। ओबामा ने इस साल जनवरी में आई.एस.आई.एस. का मजाक उड़ाया और कहा कि तुम बास्केट–बॉल स्टार नहीं हो सकते। सिर्फ लैकर का पोशाक पहन लेने से कोई स्टार नहीं हो जाता। ओबामा अल कायदा का अर्थ—आधार, शायद भूल गए थे।

यह दु:खद बात है कि निर्दोष भारतीय मजदूर पंजाब और हिमाचल प्रदेश से उस क्षेत्र में जाते हैं। मोसुल में उन पर जमीनी और हवाई हमले किए जाएँगे। दिल्ली पर दबाव बनाया जाएगा कि वह अपने आदमियों को वापस बुला ले। हालाँकि यह उतना आसान नहीं है कि मोसुल किसी को पहचान सके और नियंत्रित कर सके।

यह एक बड़ा खतरा है। इस जहरीले युद्ध में अफगानिस्तान और पाकिस्तान से होते हुए जहरीली हवा दक्षिण एशिया पहुँचती है। यह समय दुश्मनों को पहचानने का है, जो आजादी से अपना मित्र बदलते हैं।

□

पीटर ओबोर्ने की पुस्तक 'द वुंडेड टाइगर्स' (जख्मी बाघ) की समीक्षा

—1 अगस्त, 2010

नजर मोहम्मद पहले पाकिस्तानी क्रिकेटर थे, जिन्होंने लखनऊ में सन् 1952 में टेस्ट शतक लगाया था, लेकिन 1953 में बाँह में चोट लगने से उनके अरमान अधूरे रह गए। क्रिकेट के इतिहास में नजर की वीरतापूर्ण कहानी में वेस्ट इंडीज के तेज गेंदबाज हॉल और ग्रिफिथ शामिल हैं। वह घटना दुर्भाग्यपूर्ण थी। नजर पहली मंजिल पर बेडरूम में अपनी प्रेमिका पर इस तरह गुस्से से झपटे कि खिड़की से बाहर निकल गए। यह रोमांचक कहानी पीटर ओबोर्ने की पुस्तक 'वुंडेड टाइगर' में पृष्ठ संख्या 24 पर टिप्पणी के रूप में लिखी गई है। पीटर की यह पुस्तक पाकिस्तान क्रिकेट के इतिहास पर है। पीटर को यहाँ पर एक टेक लगानी चाहिए थी—उनकी काल्पनिक टिप्पणी एक खजाने में तब्दील हो गई और कहानी के मुख्य हिस्से में बढ़ा-चढ़ाकर कही गई बातों में काट-छाँट करनी चाहिए थी।

लेकिन पीटर, जिन्होंने बिना नीरस होते हुए भी इस कहानी में नीरसता दिखाई, इतिहासकारों के लिए बहस के कारण बन गए हैं। हालाँकि वह इस लघुकथा को खारिज नहीं कर सकते हैं कि यह उस पाकिस्तानी क्रिकेटर के सम्मान के लिए उचित नहीं था। उन्होंने एक शानदार सितारे के कोमल हृदय को संक्षिप्त में बताया है। महान् पाकिस्तानी क्रिकेटर इमरान खान ने ऑस्ट्रेलिया के एक दौरे अपने टी-शर्ट पर लिखे वाक्य 'महान् लड़के रात में खेलते हैं' (बिग बॉयज प्ले एट नाइट) की घोषणा कर दी।

मैं जानता हूँ, नजदीकी मित्र होने की वजह पीटर ओबोर्ने पर कोई आरोप नहीं मढ़ रहा। लंदन के एक दौरे में मुझे उनके साथ भोजन करने का मौका मिला। हालाँकि वह थोड़ी दूर कोने पर बैठे थे। पीटर की बेड राजनीतिक रिपोर्टिंग और कॉलम (स्तंभ) से मक्खन अलेस्टिया कैंपबेल की शानदार पुस्तक से आई—नया श्रमिक और उभरा

मीडिया वर्ग, नई राजनीति को जन्म देना, राजनीतिक वर्ग का समूह और बेसिल डी' ओलिवेश, क्रिकेट और विवाद—अनकही कहानी। टाइगर पीटर ने दोनों ही क्षेत्रों में मजे लूटे हैं—राजनीति और क्रिकेट। मैं हैरान होता, अगर वह महसूस करते कि राजनीतिक कमेंट्री में विशेषज्ञ राय देते समय कम झोल रखते हुए वुंडेड टाइगर लिसते—साजिश, राजनीति की शक्ति, स्थानांतरण वर्ग और नकदी संबंध, दखल देनेवाला मीडिया और खेल की बारीकियों से जुड़ी बातें।

पाकिस्तान का क्रिकेट विभिन्न मामलों में थोड़ा अलग खेल है। इस पर राजनीति और सेना की पकड़ दिखती है, जैसे खेल के मैदान में वे दोनों ही खिलाड़ियों के साथ हों। जिस तरह हॉकी थोड़ी हल्की पड़ गई, भारत और पाकिस्तान दोनों ही देशों में क्रिकेट ने रफ्तार पकड़ी। इसमें बड़े-बड़े उद्योगपति जुड़ गए। आजकल भारत और पाकिस्तान दोनों ही देशों के युवा भविष्य बनाने के लिए इस नीति को अपना रहे हैं। जितना वे उम्मीद करते हैं। यही वजह है कि उनमें से कई खिलाड़ी गैर-कानूनी तरीके से बैटिंग कर पैसे कमाने का वैकल्पिक जरिया तलाश लेते हैं। यही वजह है कि आतंकवाद, नस्लीय हिंसा और पाकिस्तान क्रिकेट शरणार्थी खोजे गए हैं, जहाँ अस्थायी तौर पर रहते हुए टेस्ट क्रिकेट खेल सकते हैं। अगर यह सच नहीं होता तो यह इतना असरदार होता कि हर कोई सोचने के लिए मजबूर हो जाता। यह क्रिकेटरों का दोष नहीं है। ये एक साधारण युवा हैं, जिन्हें गलत स्थान पर गलत समय में पकड़ लिया जाता है।

अपने 'वुंडेड टाइगर्स' के मामले में पीटर ने पर्याप्त सोचा है; लेकिन वह इससे संतुष्ट नहीं हैं कि टाइगर का वह जख्म खुद का है। यह समझने की बात है। उन्हें अपनी विषय-वस्तु से प्रेम है। और प्रत्येक प्रेमी सोचता है कि उसकी प्रेयसी चाँद के समान है। उसके चेहरे पर थोड़ा भी दाग नजर आ जाए तो वह उसे हटाने की कोशिशें तेज कर देता है।

भ्रष्टाचार के विभिन्न स्वरूपों में जब कई महत्त्वपूर्ण समस्याएँ सख्ती से खोज ली जाती हैं तो वे खत्म हो जाती है—स्पॉट फिक्सिंग, मैच फिक्सिंग, अंपायर फिक्सिंग और यहाँ तक कि ऑर्गेनाइजर फिक्सिंग उस स्थान को बंजर बना देती हैं। पीटर युवा मोहम्मद आमिर के प्रति दयावान हैं, जो सलमान भट और मोहम्मद आसिफ के साथ हैं। उन्हें स्पॉट फिक्सिंग के मामले में पकड़ा गया तो सार्वजनिक रूप से दंडित किया गया। जब उनसे बुकियों ने उनसे फिक्सिंग का सौदा किया तो उन्होंने पत्रकार की तरह जानकारी क्यों नहीं दी? उदाहरण के लिए, उन्हें एक प्रकाशक अली का नाम लेकर धोखा दिया गया। किसी भी समाचार-पत्र का संपादक होता तो वह अवश्य ही पूछता, आपका सरनेम? विवरण? अली कहाँ काम करते हैं? और अन्य? अली खिलाड़ियों में अजनबी नहीं थे। वे बात कर सकते थे। लेकिन ओबोर्ने बिना आधारवाली चीजों से असंतुष्ट हैं।

सन् 1979 में पाक कप्तान माजिद खान ने अपनी टीम को बस में स्पेगवनी देते थे, 'बड़ा मोटा छोकरा।' अजनबियों से सावधान रहना। बस में मोटे छोकरे की जो बात कही थी, वह क्या था। कप्तान ने कभी उन्हें आदेश नहीं दिया। टीम उसे खुद ही आदेश के रूप में स्वीकार करती थी। ओबोर्ने ने कभी भी उस 'बिग फैट चैप' (बड़े मोटे फोड़े) का जिक्र नहीं किया, जबकि दमेन ने उस पहचान का खुलासा कर दिया। उन्होंने साधारण तौर पर नहीं पूछा, न ही सटोरिए के नाम का खुलासा किया, जिसने दिल्ली दवाई अड्डे पर उनका स्वागत किया था और टीम को महँगी बी.एम.डब्ल्यू.—सुंदर कार, जो उन दिनों इस महाद्वीप में मुश्किल से देखने को मिलती थी और संपन्नता का प्रतीक थी। पीटर पिछले दिनों में तेजी से लौट रहे थे। लेकिन उन्होंने कभी वर्णन करने में लीपा-पोती नहीं की। लेकिन निर्णायक मौके पर फिसल जाते थे। उन्होंने आसिफ इकबाल पर उँगली उठाई, जो अपने भारतीय प्रतिद्वंद्वी जी. विश्वनाथ से हैरान थे, जिन्होंने बाद में टॉस जीत लिया।

पीटर ने आगे कहा, "खुले तौर पर आरोप लगाए गए कि आसिफ इकबाल ने भारत के बड़े स्तर के सट्टेबाज और जुआरियों से हाथ मिला लिया है और उनकी टीम के खिलाड़ी इतने कमजोर साबित हुए कि वे इस लालच में फँस गए।" पाकिस्तानी कभी कुछ गलत नहीं कर सकता, जब तक भारतीय दोष न लगाएँ।

यह सचमुच सही था कि भारतीय कप्तान मोहम्मद अजहरुद्दीन और दक्षिण अफ्रीका के हैंसी क्रोनिए का कॅरियर इस घोटाले से खत्म हो गया। (क्रोनिए की मौत एक टूटे हुए इनसान के रूप में हो गई और अजहरुद्दीन कांग्रेस सांसद बन गए।) लेकिन भारत और दक्षिण अफ्रीका पर इस संक्रमण का कोई असर नहीं पड़ा, जिस तरह पाकिस्तान का क्रिकेट की काबिलियत पर दाग लग गए। न्यूजीलैंड दौरे में सलीम मलिक ने उर्दू में एक फोन करने के बाद कहा कि उसने टॉस जीत लिया है। उसने उसके बाद मेहमान टीम के कप्तान केन रुदरफोर्ड से सिक्का ले लिया।

जनता की नजर में भ्रष्टाचार का एक उदाहरण आया। जब इमरान खान पर पाँच से सात खिलाड़ियों के गेम फिक्स करने पर उँगली उठी। 1996 विश्वकप में भारत के खिलाफ वह मैच था। मैंने लिखा है—"एक अफवाह फैली है (लाहौर के गद्दाफी स्टेडियम) कि वसीम का घायल होना बहाना था और उसने सटोरियों से रुपए लेकर भारत के खिलाफ मैच गँवा दिया। गुस्साई भीड़ ने लाहौर में उनका पुतला जलाया और उनके घर में तोड़-फोड़ की। वसीम (अकरम) ने कटयूम आयोग के सामने इस अफवाह को खारिज किया, जिसका उनपर आरोप लगाया गया था। यादों ने वसीम को नहीं छोड़ा।

पाकिस्तान की टीम के ईमानदार सदस्य जान चुके थे कि क्या चल रहा था। 1994 में उनके मैनेजर इंतिखाब आलम ने खिलाड़ियों को पवित्र कुरान की कसम खिलाई।

लेकिन न तो झंडे के और न ही ईश्वर की किसी टेस्ट क्रिकेट, जो सन् 1994 में दक्षिण अफ्रीका बनाम पाकिस्तान में खेला गया, जिसमें क्रोनिए और मल्लिक कप्तान थे। बाहर से किस कप्तान ने ज्यादा पैसे कमाए! उस वर्ष मजाक- सा लगा कि पाकिस्तान ने जिंबाब्वे को 64 रनों से और एक पारी से हरा दिया। मैच रेफरी जैकी हैंड्रिक्स ने मलिक के आरोप को नकार दिया कि उसने टॉस जीता था और दूसरे सिक्के को उछाला गया। इस बार जिंबाब्वे ने टॉस जीत लिया।

इसी तरह से पाकिस्तान को अपना सम्मान बचाने के लिए यह जरूरी है— अंपायर को मैच के निर्णायक दौर में और सजग रहना होगा। एक समय बहुत दिन पहले क्रिकेट को टेलीविजन पर नहीं दिखाया जाता था और न ही कैमरा और कंप्यूटर था, जो बता सके कि गेंद कहाँ जा रही है। उस समय अंपायर ईश्वर होता था। रन आउट और लेग बिफोर पर विवाद छिड़ जाता था।

यहाँ किसी तरह से स्पष्ट करना पीटर के लिए चुनौती की बात है। पाकिस्तानी अंपायर ने कई बार भारतीय खिलाड़ियों के रन आउट और एल.बी.डब्ल्यू. दिया।

अंपायरिंग कितनी गंदी हो सकती है, सन् 1978 में भारत-पाकिस्तान के बीच खेले गए आपसी मैच में देखने को मिला। जब इस खेल को 17 वर्ष बाद फिर से देखा गया तो पता चला। मेहमान और मेजबान की शालीनता और सौजन्यता यादें बनकर रह गईं। लाहौर के सपूत लाला अमरनाथ को आरामदायक मर्सिडीज में हवाई अड्डे से सम्मानपूर्वक लाया गया, जब वे कॉमेंट्रेटर के रूप में गए थे। भारतीय क्रिकेट टीम के मैनेजर बड़ौदा के महाराजा फतेहसिंह राव गायकवाड़ के लिए लिमोजीन कार भेजी गई और उन्होंने नम्रता के साथ कहा था कि मैं टीम के साथ बस में जाऊँगा। आप महाराजा का पूरा नाम पूछ सकते हैं—(लेफ्टिनेंट कर्नल फर्जंद-ए-दौलत-इंग्लिशिया श्रीमंत महाराजा फतेहसिंह राव प्रताप राव गायकवाड़, सेना खास खेल शमशेर बहादुर।) लेकिन यह सुखद अध्याय समाप्त हो गया, जब भारतीय कप्तान बिशनसिंह बैदी मैदान में तीसरे एक दिवसीय मैच के दिन उतरे, क्योंकि सरफराज खान पाकिस्तानी अंपायर को बताए बिना भारतीय बेट्समैन को बाउंसर गेंद फेंकने लगे।

1987 में टॉम ग्रेविनी ने कहा था कि पाकिस्तान 37 वर्षों से धोखा दे रहा है और हालात और भी खराब हो रहे हैं। यह कहना अतिशयोक्ति हो सकती है, लेकिन सभी दर्शकों को यह कड़वेपन का संकेत मिलता है। इयान बॉथम ने कबीलावासियों के लिए कहा है कि वह पाकिस्तान जैसी जगह आप अपनी सास को भी भेज सकते हैं। (इतिहास ने कभी नहीं दर्ज किया है कि इस विषय में इयान बॉथम ने आपकी सास को क्या कहा है?) पाकिस्तानी स्पष्ट रूप से आनंद उठाने के लिए पितृभूमि से बाहर जाते हैं।

1993 में वसीम अकरम और उनके अन्य तीन साथियों को वेस्ट इंडीज की पुलिस ने दो विदेशी महिलाओं के साथ मादक पदार्थ लेने के मामले में गिरफ्तार किया था। अधिक विवरण, कृपया पीटर, अगले संस्करण में। यह इमरान खान के व्यक्तित्व के लिए नुकसानदायक था और उन्हें ईमानदार अंपायर के साथ प्रचार करना पड़ा। पाकिस्तान के इतिहास में इमरान खान सबसे सम्मानित खिलाड़ी थे। इमरान खान के पिता इक्रमुल्ला खान नियाजी 1948 में इंपीरियल कॉलेज से स्नातकोत्तर कर लौटे थे। आधा शहर उनके 'इंग्लैंड रिटर्न' पर उनका स्वागत करने पहुँचा था। इमरान ने अपने चचेरे भाई जावेद बुखारी को शतक लगाते देखकर क्रिकेट में अपना भविष्य बनाने का फैसला किया। कुछ समय बाद इमरान सन् 1968 में लाहौर क्रिकेट टीम से जुड़ गए और पाकिस्तानी क्रिकेट का अंदाज उनके साथ ही बदलना शुरू हो गया। जैसा कि उन्होंने अपनी आत्मकथा में लिखा था, वह अपनी टीम के खिलाड़ियों से खुलकर बातें करने लगे। जब जरूरत होती, तब उनके साथ संपर्क करते थे। उनके अधिकतर साथी उर्दू माध्यम के स्कूलों में पढ़ते थे। इमरान ने जिन दोनों दुनिया से जुड़कर चीजों को आत्मसात् किया और उनके बीच सेतु का काम किया। ये दोनों दुनिया थीं—पश्चिम देशों से प्रभावित अनीश्वरवाद और अपने धर्म से संबंधित मूल्य। उन्होंने दावा किया था सांस्कृतिक झटके से वह विचलित हो उठे थे, जब 1972 में ऑक्सफोर्ड गए और उन्हें बी.बी.सी. पर मोंटी पैथोन की अराजकता, क्रांतिकारी प्रकृति, मूर्तिभंजक मनोवृत्ति से सामना करना पड़ा था। इमरान ने मियाँ बशीर के सूक्ष्मदर्शी विचारों पर भरोसा किया, जिन्होंने उनके भविष्य के बारे में अनुमान लगाया था और उनकी पत्नी जेमिना, जो स्वार्थी लंदन के कुलीन परिवार से जुड़ी थीं। वह अपनी जिंदगी से तीन चीजें चाहती थी।

सन् 1978 में कराची टेस्ट में और 2004 में लाहौर एक दिवसीय में बेहोशी में उन्हें भावनात्मक उथल-पुथल का सामना करना पड़ा। उन्होंने कहा कि "मैं जानता हूँ कि वह खेल, राजनीति, संस्कृति और स्मृति का मिला-जुला असर था। लेकिन वह स्थिति कलंकित नहीं थी।" उन्होंने कहा, "मेरे साथ जुड़े सभी विवाद भारतीय पत्रकारों की गलत जानकारी और 1978 में कराची टेस्ट के दौरान स्थानीय पत्रकारों तैयारी के साथ नहीं आने का परिणाम है, हमारे दहशत और डर के बाद महान् खिलाड़ी हनीफ मोहम्मद मेहमान टीम की ओर से बल्लेबाजी करने आए। हनीफ ने जब मेरी तरफ सीधे शॉट लगाई तो मैं मैदान छिप गया था। मैंने पूरी क्षमता के साथ गेंद की तरफ उछाला, लेकिन मैंने हनीफ की ड्राइवर को रोककर उँगली तुड़वा ली और गेंद को सीमा से बाहर जाने से रोक लिया।

मेरे साथियों ने मैदान में मेरी प्रशंसा की और भारतीय चहेते मैदान पर पहुँच गए।

□

कंधे पर एक नर्म स्पर्श

खुशवंत सिंह और उनकी विशेष शैली।

— 10 अगस्त, 2014

जब एक तानाशाह ने प्लेटो से एथेंस के संविधान के बारे में पूछा, जो ईसा पूर्व पाँच शताब्दी पहले एक प्रजातांत्रिक राज्य था, दार्शनिक ने उनके पास आरिस्टो फैंस का नाटक उसके पास भेज दिया था। उनमें से एक है क्लाउड, जिसमें सीक्रेट्स, जो पश्चिमी दर्शन और प्लेटो के गुरु थे, का मजाक उड़ाया गया था। वह संदेश उसका प्रमाण था। एक स्वतंत्र राज्य में कुछ भी पाक नहीं है और न राजनीतिक मोर की पूँछ है और न ही किसी बुद्धिमान हाथी का भारी चाप है।

यदि एक समकालीन तानाशाह आधुनिक भारत के संविधान को जानना चाहता तो उन्हें 99 भेज देता : खुशवंत सिंह का लेख जिसमें अविस्मनीय कल्पना, अकाल्पनिक, कविता और मनोवृत्ति है, जिसे उनकी प्रिय पोती माला दयाल ने संग्रहीत किया है और डेविड दाविवार एक महान् संपादक जिन्होंने एक बार उनके साथ काम किया था।

हँसना आजादी की सबसे बड़ी कृपा है। खुशवंत सभी को प्रेम कर खुशी पाते हैं। तो क्या यह उन्हें पक्षपाती बना देती है? वह मध्यवर्गीय मानवतावादी से प्रभावित शराब और सेक्स से आनंद को बढ़ावा देनेवाले थे। क्या इसने उन्हें कामुक बना दिया है? वह अश्लीलता देखकर आसानी से फिसल जाते थे। क्या इससे वह गंदे वृद्ध व्यक्ति बन गए? नहीं, खुशवंत सिंह भारत के प्रसिद्ध लेखक और इतिहासकार हुए, क्योंकि वह गहरी सोच, तार्किक क्षमता, काल्पनिक क्षमता रखते थे और अनुभवी व्यक्ति थे।

अन्य विद्वान् लोगों की तरह वे कभी किसी के सामने बेवकूफ नहीं बने, बल्कि वह शानदार व्यक्ति थे। यदि आप महान् लोगों की तसवीर की ओर देखें तो आप पाएँगे कि वह उनके साथ हैं। अकसर वे उनकी कही बातों पर हँसते थे। उनकी छवि ऐसी बन गई थी कि अश्लील बातों की वजह से कोई उनकी सुनना नहीं चाहता था।

खुशवंत सिंह अपनी सहजता की वजह से पहचाने जाते थे। सामाजिक इतिहास और मानव संबंध विषय पर उनकी जबरदस्त पकड़ है। वह अपने वाक्य में एक युग समेट लेते थे। विभिन्न विषयों पर गहरी पकड़ और बिना तालमेल के विषय-वस्तुओं को प्रस्तुत करने की उनकी गजब की क्षमता थी। इस संग्रह के प्रारंभिक अध्याय में अपने जन्म-स्थान हलदाली के बारे में उन्होंने विस्तार से लिखा है। वह इलाका अब पाकिस्तान के मध्य में स्थित है। पहले ही वाक्य में उनके गाँव की तसवीर नजर के सामने घूम जाती है। उनका वाक्य है—''गाँव में मरुभूमि। यह सुरक्षा के साथ ही शुरू हुई।'' समय के साथ छह पेज बाद उन्होंने विदाई की अंतिम संवेदना को जाहिर किया है। आपकी आँखें उनकी तरह भर जाएँगी। 3,000 से भी कम शब्दों के सफर में आप गरमाहट, तनाव, दुःखांत महसूस करेंगे। और अलग हुए पंजाब की खुशबू भरी यादें भी साथ होंगी।

वह भाईचारा, वह संबंध बच्चों के खेल की तरह और महिलाओं के लिए गीत भर के लिए रह गई। सिंधु से यमुना और हिमालय की घाटी से लेकर सिंध और राजस्थान की मरुभूमि उनकी लेखनी में समाहित है। वह पंजाब अब अद्‌भुत और समृद्ध बन गया है। मैं उस कहानी में उलझ गया, लेकिन भाषा हजारों वर्षों तक जीवित प्राणियों के लिए नया संदेश देती रहेगी, उम्मीदें जगाती रहेगी।

अतीत के दिल दहला देनेवाले दर्द को भुलाया नहीं जा सकता। खुशवंत सिंह स्वयं से सवाल करते थे। वह कौन सा सवाल है, जिनका संतोषजनक जवाब नहीं दिया जा सकता, मृत्यु के बारे में?

उनके लिए जीवन एक शक्तिशाली बाँसुरी के समान है! क्या मौत का मतलब कुछ और चीजें खत्म हो जाना है? मृत्यु कभी विपरीत जीवन में संतुष्टि नहीं दे सकती। सुखवंत सिंह का धर्म के प्रति ज्यादा झुकाव नहीं था। यही वजह है कि उनके लेखों में आस्था की झलक नहीं दिखती। लेकिन उनमें किसी अज्ञात शांति के प्रति लगाव देखा गया है। मृत्यु के सिद्धांतों ने उन्हें सिखाया है कि किस तरह जीना है। वह एक बार दिल्ली स्थित निगम बोध घाट पर गए। उन्होंने जलती हुई चिता को देखा और उन्हें भाव विरेचक अनुभव प्राप्त हुआ। चिताओं से उठनेवाली राख से उन्हें जीवन-दर्शन का अहसास हुआ।

आस्था नहीं रहना विश्वास नहीं होने का विकल्प नहीं है। फिर भी रूढ़िवादिता का कहीं-न-कहीं अहसास हो जाता है। जब उनकी शादी हुई थी तो वह मानसिक रूप से बीमार थे। वह रात में गुरुद्वारे में रात बिताकर ठीक होने की प्रार्थना कर रहे थे।

खुशवंत की अवसरवादिता उन्हें आसानी से समर्पण करने पर मजबूर कर देती थी और मैं सोचता हूँ, वह भक्ति के रास्ते पर आ जाते थे—टोकियो में कई बार देखा, जब

मैं 3 बजे सुबह गुरु नानक के उपदेशों का अनुवाद करता था, मैं महसूस करता था, गुरु का हाथ मेरे कंधे पर है। इससे मुझे उम्मीद जगती थी और मैं सहज हो जाता था।

क्या वास्तव में 'आस्था' है? मुझे संदेह है। खुशवंत सिंह असत्य कभी स्वीकार नहीं कर पाते थे। वह खुद से करना चाहते थे। जब समय आया, गुरु ने उनके कंधे को नर्म स्पर्श का सहारा दिया।

□□□